1954:

UM TIRO NO CORAÇÃO

HÉLIO SILVA

1954:

UM TIRO NO CORAÇÃO

L&PM 30 ANOS

Capa: Marco Cena sobre foto de Getúlio Vargas (arquivo Hélio Silva)
Editoração: Jó Saldanha
Revisão: Larissa Roso e Renato Deitos

ISBN: 85.254.1175-2

S586m Silva, Hélio
1954 ; um tiro no coração / Hélio Silva, Maria Cecília Ribas Carneiro -- Porto Alegre: L&PM, 2004.
356 p. - 21 cm (Coleção L&PM Pocket)

1.Brasil-História-Era Vargas 2.Carneiro, Maria Cecília Ribas. I.Título.

CDU 94 (81).085"1954"

Catalogação elaborada por Izabel A. Merlo, CRB 10/329.

Porto Alegre: Rua Comendador Coruja 314, loja 9 - 90220-180
Floresta - RS / Fone: (0xx51) 3225.5777
informações e pedidos: info@lpm.com.br
www.lpm.com.br

Impresso no Brasil
Inverno de 2004

O ciclo de Vargas: uma obra fundamental

O primeiro contato da L&PM Editores com Hélio Silva ocorreu no final da década de 70, quando editamos, sob sua orientação, o livro *Memórias – a verdade de um revolucionário,* do general Olympio Mourão Filho, cujos originais foram recebidos por Hélio Silva do próprio general, com a incumbência de serem publicados. Na época, a ditadura militar dava seus últimos suspiros. O livro foi apreendido por representantes do general Golbery do Couto e Silva e mais tarde liberado pela justiça brasileira, depois de memorável batalha judicial. *Memórias,* do general Mourão Filho, foi o último livro apreendido no Brasil por motivos políticos. A L&PM publicou ainda, de Hélio Silva, *O poder militar, O poder civil, A ameaça vermelha, 1964 – 20 anos de golpe militar, 1964: Golpe ou contragolpe?* e *Vargas* (Coleção L&PM POCKET).

Nessa época, Hélio já era um dos mais conceituados e importantes historiadores do país. Sua consagração foi justamente a publicação – em colaboração com a historiadora Maria Cecília Ribas Carneiro – da monumental série *O Ciclo de Vargas,* em dezesseis volumes, com uma média de quatrocentas páginas cada um. Ou seja, tudo o que se deseja saber sobre a história republicana, da Proclamação da República até o suicídio de Vargas, está nesta série. Os personagens, os fatos, os registros oficiais, os depoimentos, os documentos (muitos deles descobertos e trazidos à luz por Hélio Silva), tudo está aqui, narrado de forma impecável e atraente.

Reeditar esta obra é uma responsabilidade que nos conforta. E o compromisso da editora é colocar nas livrarias até o final de 2005 todo *O ciclo de Vargas*, restabelecendo este canal de consulta e informação absolutamente fundamental para quem quer conhecer o Brasil republicano. E mais que isso, a reedição do *Ciclo de Vargas* recoloca nas livrarias um dos grandes intelectuais e historiadores contemporâneos. Aquele que, no dizer de Antônio Houaiss, foi "dos mais destacados entre os estudiosos (do que quer que seja) brasileiros e merece a consagração de todos os brasileiros".

Os editores (agosto de 2004)

"Pour la victoire d'un ideal il ne faut pas toujours tuer, parfois il suffit qu'on sache mourir."

Sumário

Página de gratidão

Uma longa convivência termina neste momento.

Todos aqueles que me acompanharam, como presenças atuantes ou ausências saudosas, desde 1920, quando iniciei este trabalho de restauração dos quadros históricos do Brasil, ficarão nesta Página de gratidão que serve de pórtico aos dezesseis volumes publicados do *Ciclo de Vargas*.

Sinto que é um mundo desaparecido de que me desligo. Não que a História Contemporânea possa dispensar este esforço, estes ensinamentos de uma fase marcante da vida nacional.

Mas, tanto quanto procurei dar vida às personagens e animação aos episódios, a numerosa coleção, que se enfileira nas estantes das bibliotecas, retrata e enfeixa; imobiliza quanto retrata; limita quanto enfeixa, numa era pretérita onde a linguagem, a indumentária, os gestos envelheceram mais do que os episódios que animam.

Pretendi ilustrar estes volumes com as fotografias do tempo. Malgrado a técnica apurada de Carlos e Alberto e o traço inimitável de Álvaros, a reconstituição iconográfica imprimiu o cunho inapagável do tempo.

Permanece o título escolhido para esta página, expressando a minha gratidão.

Em nome dela convoco e evoco aqueles que me animaram e ajudaram na longa e difícil tarefa: Otávio Tarquínio de Souza, Lúcia Miguel Pereira, Mário Tarquínio de Souza, Edmundo Falcão, Carlos Lacerda, Sérgio Lacerda, Odylo Costa, filho, José Olympio, Enio Silveira, Maria Cecília Ribas Carneiro, Maria Helena Silva, Alice Pinto da Cunha.

Mais recentemente, o grupo que formei no Centro de Memória Social Brasileira, do conjunto Cândido Mendes, dirigido pelo professor Cândido Mendes de Almeida.

Na pesquisa, José Augusto Drumond, Gilson Antunes da Silva, Marisa Sobral Milliei e Júlio Henrique Latorre Boechat; na coordenação das entrevistas gravadas, Maria Luiza Barreto e Dalmo Medeiros, do Departamento de

História Oral; na organização do álbum fotográfico, Ângela Maria Rodrigues e Tereza Cristina Ferreira de Almeida, do Departamento Iconográfico. Na mecanografia e ordenação dos textos, Julieta Rocha Moreira Cabral e Leila Maria de Melo da Silva; na classificação dos documentários, indexação coordenada, microfilmagem, índice remissivo e ficha estalográfica, Maria Luíza Campos Marta, Zulmira Branco Pope e Jorge Artur Wiemer.

Estas páginas não teriam sido escritas, nem coordenadas e fotografadas, se não tivesse mais do que a colaboração, a ajuda carinhosa e a amizade prestante dos que nelas aparecem, na citação de um nome ou na apresentação de um documento.

O meu trabalho de beneditino só pôde ser escrito porque deles recebi tudo de que precisava.

Por isso aqui ficam seus nomes, que o meu apenas substitui, como um índice, como uma síntese, na lombada do último volume do *Ciclo de Vargas.*

A eles, muitos dos quais já não me podem ouvir, meus agradecimentos, enquanto posso falar:

Acúrcio Torres
Adauto Lúcio Cardoso
Ademar Scaffa de Azevedo Falcão
Ademar de Barros
Adroaldo Mesquita da Costa
Adolfo Alencastro Guimarães
Afonso Arinos de Melo Franco
Afonso Pena Júnior
Agnaldo Caiado de Castro
Aliomar Baleeiro
Almir de Andrade
Alzira Vargas do Amaral Peixoto
Ângelo Mendes de Moraes
Apolônio Sales
Artur Bernardes
Artur Bernardes Filho
Barbosa Lima Sobrinho
Benedito Valadares Ribeiro
Benjamim Vargas
Carlos Coimbra da Luz
Cirilo Júnior
Cleanto Paiva Leite
Eduardo Gomes
Epaminondas Gomes dos Santos

Ernâni do Amaral Peixoto
Euclides Aranha
Eurico Gaspar Dutra
Felicíssimo Cardoso
Francisco Negrão de Lima
Francisco Teixeira
Getúlio Carvalho
Getúlio Vargas
Glauco Carneiro
Horácio Lafer
Humberto Ribeiro da Silva
Josué de Paiva
Jesus Soares Pereira
João Alberto Lins e Barros
João Batista Luzardo
João Café Filho
João Goulart
João Neves da Fontoura
Joaquim Pedro Salgado Filho
Joel Silveira
José Américo de Almeida
José Eduardo do Prado Kelly
José Soares Maciel Filho
Juarez Fernandes Távora
Juracy Magalhães
Juscelino Kubitschek de Oliveira
Kardec Leme
Lino Machado
Lourival Fontes
Luís Galloti
Lutero Vargas
Medeiros Lima
Miguel Teixeira
Milton Campos
Murilo Melo Filho
Napoleão Alencastro Guimarães
Nelson Werneck Sodré
Nelson de Melo
Nereu Ramos
Oswaldo Aranha
Oswaldo Aranha Filho

Osvaldo Cordeiro de Farias
Otávio Mangabeira
Ovídio de Abreu
Pedro Aurélio de Góes Monteiro
Reginaldo Fernandes
Ricardo Nicoll
Rômulo de Almeida
Rui Moreira Lima
Samuel Wainer
Tácito de Freitas

Cronologia

1949

Janeiro

4 – O senador Victorino Freire declara que o partido PST é favorável à prorrogação do mandato do presidente general Eurico Gaspar Dutra até 1952.
– O governador de São Paulo, Ademar de Barros, e o deputado mineiro Benedito Valadares encontram-se para tratar da sucessão presidencial.

6 – O governador de Minas Gerais, Milton Campos, manifesta-se pelo adiamento do debate sucessório.

10 – O deputado paulista Paulo Nogueira Filho afirma que o governador Ademar de Barros não é candidato à Presidência da República.

24 – O deputado mineiro Carlos Luz diz que é possível uma união das forças políticas mineiras para a próxima sucessão presidencial.

Fevereiro

9 – O deputado Dioclécio Duarte afirma que o PSD só desistirá da luta se o candidato único sair de seus quadros.

10 – Prado Kelly, presidente da UDN, declara-se favorável a uma candidatura de união nacional.
– Cirilo Júnior, do PSD paulista, é eleito presidente da Câmara.

24 – Afonso Arinos declara que a UDN aceitaria o apoio do PTB ao brigadeiro Eduardo Gomes e que esse apoio demonstraria que o PTB se reconciliaria com o espírito de 1945.

Março

8 – Em entrevista ao *Correio do Povo,* Getúlio Vargas diz que não será candidato.
– Victorino Freire declara não crer na volta de Getúlio Vargas ao poder.

19 – Conferência do presidente Eurico Gaspar Dutra com o governador de Minas Gerais, Milton Campos, no Palácio Rio Negro, em Petrópolis.

31 – O deputado Prado Kelly afirma na Câmara que seu partido só negociará com o PSD a base de um candidato extrapartidário.

Abril

1º – O senador Góes Monteiro declara-se preocupado com a possível divisão das Forças Armadas no caso do lançamento de duas candidaturas de militares.
2 – O governador Ademar de Barros declara-se contra a candidatura única.
8 – Encerra-se a III Convenção Estadual da UDN em Porto Alegre.
19– Homenagem prestada a Getúlio Vargas, por motivo de seu aniversário, na granja de propriedade de João Goulart.
20– Café Filho diz-se convencido do perigo de uma solução extralegal para a próxima sucessão presidencial.

Maio

1º – Discurso do presidente Eurico Gaspar Dutra, comemorativo do Dia do Trabalho.
5 – O deputado Benedito Valadares declara que a unificação política em Minas Gerais está praticamente consolidada.
13 – Nereu Ramos assume interinamente a Presidência da República.
15 – O presidente Eurico Gaspar Dutra parte do Rio de Janeiro com destino aos Estados Unidos.
20 – Instala-se em Porto Alegre a Convenção do PSB.
21 – José Américo de Almeida declara que o acordo interpartidário foi violado pelo Catete, que entregou a coordenação da sucessão presidencial a um elemento subalterno do PSD.
27 – Cassado o mandato do deputado federal pelo PTB, Barreto Pinto.
28 – O presidente Eurico Gaspar Dutra retorna dos Estados Unidos.

Junho

2 – A comissão executiva da UDN convoca os governadores Milton Campos e Otávio Mangabeira para um reexame conjunto do problema sucessório.
12 – João Neves da Fontoura diz-se favorável à *fórmula Jobim.*
18– Chega ao Rio de Janeiro o governador do Rio Grande do Sul, Walter Jobim.
20– O governador Walter Jobim conferencia com o presidente Eurico Gaspar Dutra
22 – Getúlio Vargas declara-se favorável à *fórmula Jobim.*
23 – Conferência do presidente Eurico Gaspar Dutra com o governador da Bahia, Otávio Mangabeira.
24– Encontro dos governadores Otávio Mangabeira e Walter Jobim.
– O Conselho Nacional do PSD aprova a *fórmula Jobim* com consulta posterior aos outros partidos.

Julho

10 – Getúlio Vargas aconselha a bancada do PTB paulista a prestigiar o governador Ademar de Barros, rejeitando o seu *impeachment.*
12– O governador Walter Jobim manifesta-se contrário à intervenção federal em São Paulo.
– Concentração no Palácio do governo gaúcho, promovida por próceres pessedistas, em homenagem ao governador do estado.

28 – Os presidentes do PSD, UDN e PR emitem nota conjunta resolvendo ouvir todos os partidos sobre a escolha de candidatos comuns à Presidência e à Vice-Presidência da República.

Agosto

2 – PSD, UDN e PR indicam Cirilo Júnior e Cilon Rosa para emissários junto a Ademar de Barros e Getúlio Vargas, respectivamente.
9 – Encontro de Cilon Rosa com Getúlio Vargas em São Borja.
11 – Encontro de Ademar de Barros e Cirilo Júnior.

Setembro

3 – O deputado federal Café Filho manifesta-se contra a tentativa de uma candidatura presidencial única.
21 – Artur Bernardes apresenta projeto de criação de uma empresa estatal para exploração petrolífera.

Outubro

3 – O presidente Eurico Gaspar Dutra afirma ser favorável a uma candidatura interpartidária.
5 – O senador Victorino Freire, presidente do PST, esclarece seus entendimentos com Ademar de Barros e diz que seu partido não tem compromisso com os partidos do acordo interpartidário.
7 – Criado no Rio de Janeiro o Movimento Nacional Popular Pró-Eduardo Gomes.
14 – Comício no Rio de Janeiro em favor da candidatura do brigadeiro Eduardo Gomes.
17 – Nota do PSD, declarando que, em virtude de sua situação de partido majoritário, entende que a candidatura presidencial comum aos partidos do acordo interpartidário deve sair de seus quadros.
18 – A UDN responde à nota do PSD, não aceitando tal critério para a escolha do candidato.
20 – Conferência de Prado Kelly com o presidente Eurico Gaspar Dutra no Palácio do Catete.
24 – Prado Kelly, discursando na Câmara dos Deputados, diz que "O episódio do entendimento dos três partidos está definitivamente encerrado".
28 – Discursando no Senado, o general Góes Monteiro lê carta do ministro Canrobert Pereira da Costa, desautorizando qualquer movimento em prol de sua candidatura.

Novembro

3 – Encontro de Ademar de Barros e Nereu Ramos em São Paulo.
4 – Encontro de Nereu Ramos e Getúlio Vargas no Rio Grande do Sul.
14 – A Convenção do PTB paraibano lança a candidatura de Getúlio Vargas à Presidência da República.
21 – A UDN do Maranhão manifesta-se favoravelmente à candidatura do brigadeiro Eduardo Gomes.

– Em reunião do Conselho Nacional do PSD, Benedito Valadares apresenta os nomes de Ovídio Abreu, Israel Pinheiro, Bias Fortes e Carlos Luz como possíveis candidatos.

22 – O PSD de São Paulo manifesta-se favoravelmente à *fórmula mineira.*

26 – Em reunião do Conselho Nacional do PSD, a *fórmula mineira* é aceita.

– Nereu Ramos pede demissão da Presidência do PSD.

30 – Cirilo Júnior assume a Presidência do Conselho Nacional do PSD.

Dezembro

7 – O Conselho Nacional da UDN comunica oficialmente que não aceita a *fórmula mineira* para a sucessão presidencial.

13 – Ademar de Barros conferencia com Walter Jobim em Porto Alegre e com Getúlio Vargas em Santos Reis.

16 – Encontro de Ademar de Barros com o presidente Eurico Gaspar Dutra no Palácio do Catete.

1950

Janeiro

1º – Mensagem de Ano-Novo de Getúlio Vargas.

2 – Almoço oferecido pelas Forças Armadas ao presidente Eurico Gaspar Dutra.

24 – Salgado Filho expõe na Câmara as instruções que recebera de São Borja para entrar em negociações com o PSD.

25 – O deputado Cirilo Júnior, por intermédio de Prado Kelly, dirige convite à UDN para tomar parte numa comissão visando à elaboração de um programa comum.

Fevereiro

25 – O presidente Eurico Gaspar Dutra chega a Porto Alegre e declara ter entregue a questão da sucessão aos partidos.

27 – Conferência do governador Walter Jobim com o presidente Eurico Gaspar Dutra.

Março

5 – O POT lança, através de comícios, a candidatura de Canrobert Pereira da Costa.

9 – O deputado Maciel Terra informa ter conhecimento de uma consulta feita a Góes Monteiro sobre o lançamento de uma chapa Getúlio/Góes.

12 – Em mesa-redonda, convocada por Milton Campos, é sugerido o nome de Afonso Pena Júnior como possível candidato extrapartidário.

14 – Afonso Pena Júnior escreve a Milton Campos, aceitando a candidatura.

17 – Conferência de Ademar de Barros com Bias Fortes.

– O PR aceita o nome de Afonso Pena Júnior como elemento conciliador.

18 – Conferência de Walter Jobim com Otacílio Moraes, Gaston Englert, Erlindo Salzano, Ernesto Sepe e Gabriel Pedro Moacir.

21 – Cirilo Júnior participa a Afonso Pena Júnior que o PSD examinará a sua candidatura.

Abril

11 – Rejeitada pelo PSD a candidatura extrapartidária.
14 – Milton Campos faz apelo ao PSP e ao PTB, pedindo apoio para a candidatura de Afonso Pena Júnior.
18 – O Diretório Nacional da UDN indica à Convenção Partidária o nome do brigadeiro Eduardo Gomes.
19 – Getúlio Vargas pronuncia discurso em São Borja, durante homenagem que lhe foi prestada.
30 – Getúlio Vargas dirige mensagem aos trabalhadores.

Maio

7 – A Comissão Executiva do PSD gaúcho investe de amplos poderes uma coligação tríplice para funcionar no Rio de Janeiro.
10 – O deputado Ulisses Guimarães pronuncia discurso no Catete, testemunhando a solidariedade do PSD paulista ao chefe da nação.
12 – Homologada unanimemente pela Convenção Nacional da UDN candidatura do brigadeiro Eduardo Gomes.
15 – O PSD indica o nome de Cristiano Machado à Convenção Nacional.
16 – Realizam-se as eleições do Clube Militar.
20 – Salgado Filho dirige-se a Itu, a fim de consultar Getúlio Vargas sobre a possibilidade de apoiar o candidato pessedista.
23 – Dissidentes do PSD resolvem pleitear nos diretórios municipais gaúchos que não se adote a candidatura de Cristiano Machado.
24 – Agamenon Magalhães declara que Pernambuco apóia a candidatura de Cristiano Machado.
27 – João Neves denuncia que a escolha de Cristiano Machado foi uma imposição do Catete.
29 – Encontro de João Neves e Getúlio Vargas.
31 – O ministro da Guerra, general Canrobert Pereira da Costa, desaconselha a candidatura de Getúlio Vargas.

Junho

3 – Brochado da Rocha afirma que o presidente Eurico Gaspar Dutra vetou a candidatura Nereu Ramos.
– O presidente Eurico Gaspar Dutra declara que dará posse a quem for eleito.
– A Convenção Nacional do PL indica o nome do brigadeiro Eduardo Gomes para candidato à Presidência da República.
6 – O Diretório Nacional do PTB resolve encaminhar à Convenção Nacional o nome de Getúlio Vargas.
7 – Getúlio Vargas envia carta a Salgado Filho, propondo um reexame da situação sucessória.
9 – A Convenção Nacional do PSD homologa a candidatura de Cristiano Machado.
15 – João Neves declara que apoiará a candidatura de Getúlio Vargas.

– Ademar de Barros lança em comício a candidatura de Getúlio Vargas.
16 – Homologada pela Convenção Nacional do PTB a candidatura de Getúlio Vargas.
22 – Levantada no Instituto dos Advogados a questão da inelegibilidade de Getúlio Vargas, pelo dr. José Tomas Nabuco.
28 – Odilon Braga é eleito presidente da UDN.

Julho

1º – O presidente da República recebe comissão do PST que lhe comunica a adoção da candidatura de Cristiano Machado e o lançamento da candidatura de Victorino Freire à Vice-Presidência.
9 – O PR escolhe como candidato à Vice-Presidência o sr. Altino Arantes.
11 – O PR adota a candidatura de Cristiano Machado.
22 – Homologada a candidatura de Eduardo Gomes pelo PRP.
26 – O PTB dá entrada no registro da candidatura de Getúlio Vargas junto ao TSE.
28 – O Conselho Nacional da UDN indica o nome de Odilon Braga para candidato à Vice-Presidência da República.
– Lançada pelo PSB a candidatura de João Mangabeira à Presidência da República.
30 – Salgado Filho morre em desastre de avião.

Agosto

5 – O advogado Álvaro de Sena Vale dá entrada no TSE a uma petição impugnando o registro da candidatura de Getúlio Vargas.
6 – Ademar de Barros lança em Natal a candidatura de Café Filho para a Vice-Presidência da República.
9 – Discurso de Getúlio Vargas em Porto Alegre.
10 – Discurso de Getúlio Vargas em São Paulo.
11 – Realiza-se a V Convenção da UDN, onde se homologa a candidatura de Odilon Braga à Vice-Presidência da República.
– Discurso de Getúlio Vargas em Santos.
12 – Discurso de Getúlio Vargas no estádio do Clube de Regatas Vasco da Gama, no Rio de Janeiro.
15 – Instala-se o Comitê Nacional pró-Getúlio Vargas, sob a presidência de Batista Luzardo.
18 – Os dirigentes do POT comunicam ao presidente Dutra a decisão de apoiarem Cristiano Machado.
19 – Discurso de Getúlio Vargas em Pirapora, MG.
– Registrada no TSE a candidatura de Getúlio Vargas.
20 – Discurso de Getúlio Vargas em Carolina, MA.
– Discurso de Getúlio em Marabá, PA.
– Discurso de Getúlio Vargas em Santarém, PA.
– Discurso de Getúlio Vargas em Manaus, AM.
21 – Discurso de Getúlio Vargas em Belém, PA.
22 – Discurso de Getúlio Vargas em São Luís, MA.
– Discurso de Getúlio Vargas em Teresina, PI.

23 – Discurso de Getúlio Vargas em Parnaíba, PI
– Discurso de Getúlio Vargas em Fortaleza, CE.
25 – Discurso de Getúlio Vargas em Mossoró, RN.
– Discurso de Getúlio Vargas em Natal, RN.
26 – Discurso de Getúlio Vargas em Souza, PB.
– Discurso de Getúlio Vargas em Campina Grande, PB.
27 – Discurso de Getúlio Vargas em Recife, PE.
28 – Discurso de Getúlio Vargas em Caruaru, PE.
29 – Discurso de Getúlio Vargas em Maceió, AL.
– Discurso de Getúlio Vargas em Penedo, AL.
– Discurso de Getúlio Vargas em Aracaju, SE.
30 – Discurso de Getúlio Vargas em Feira de Santana, BA.
– Discurso de Getúlio Vargas em Salvador, BA.
31 – Discurso de Getúlio Vargas em Ilhéus, BA.
– Discurso de Getúlio Vargas em Vitória da Conquista, BA.
– Discurso de Getúlio Vargas em Vitória, ES.

Setembro

1 – Discurso de Getúlio Vargas em Campos, RJ.
3 – Discurso de Getúlio Vargas em Niterói, RJ.
5 – O PSB envia ao TSE o pedido de registro das candidaturas dos srs. João Mangabeira e Alípio Corrêa Neto à Presidência e à Vice-Presidência da República, respectivamente.
– Discurso de Getúlio Vargas em Petrópolis, RJ.
7 – Discurso de Getúlio Vargas em Volta Redonda, RJ.
8 – O PTB encaminha ao TSE o pedido de registro do sr. Café Filho à Vice-Presidência da República.
9 – Discurso de Getúlio Vargas em Governador Valadares, MG.
– Discurso de Getúlio Vargas em Belo Horizonte, MG.
10 – Discurso de Getúlio Vargas em Uberaba, MG.
– Discurso de Getúlio Vargas em Uberlândia, MG.
11 – Discurso de Vargas em Cuiabá, MT.
13 – Discurso de Getúlio Vargas em Presidente Prudente, SP.
– Discurso de Getúlio Vargas em Araçatuba, SP.
– Discurso de Getúlio Vargas em São José do Rio Preto, SP.
– Discurso de Getúlio Vargas em Barretos, SP.
14 – Discurso de Getúlio Vargas em Ribeirão Preto, SP.
15 – Discurso de Getúlio Vargas em Araraquara, SP.
– Discurso de Getúlio Vargas em Campinas, SP.
16 – Discurso de Getúlio Vargas em Poços de Caldas, MG.
– Discurso de Getúlio Vargas em Taubaté, SP.
17 – Discurso de Getúlio Vargas em Sorocaba, SP.
– Discurso de Getúlio Vargas em Piracicaba, SP.
18 – Discurso de Getúlio Vargas em Londrina, PR

– Discurso de Getúlio Vargas em Ponta Grossa, PR.
– Discurso de Getúlio Vargas em Curitiba, PR.
19– Discurso de Getúlio Vargas cm Joinville, SC.
– Discurso de Getúlio Vargas em Florianópolis, SC.
20– Discurso de Getúlio Vargas em Erechim, RS.
– Discurso de Getúlio Vargas em Passo Fundo, RS.
21– Discurso de Getúlio Vargas em Carazinho, RS.
– Discurso de Getúlio Vargas em Santa Maria, RS.
22– Discurso de Getúlio Vargas em Cachoeira, RS.
– Discurso de Getúlio Vargas em Santa Cruz do Sul, RS.
23– Discurso de Getúlio Vargas em Caxias, RS.
24– Discurso de Getúlio Vargas em São Jerônimo, RS.
25– Discurso de Getúlio Vargas em Pelotas, RS.
26– Discurso de Getúlio Vargas em Rio Grande, RS.
27– Discurso de Getúlio Vargas em Bagé, RS.
28– Discurso de Getúlio Vargas em Uruguaiana, RS.
– Discurso de Getúlio Vargas em Alegrete, RS.
29 – Discurso de Getúlio Vargas em São Gabriel, RS.
– Discurso de Getúlio Vargas em Santo Ângelo, RS.
30– Discurso de Getúlio Vargas em São Borja, RS.

Outubro

3 – Getúlio Vargas é eleito presidente da República.

1951

Janeiro

5 – Reunião do PTB mineiro, sob a presidência de Ilacir Pereira Lima.
18– Getúlio Vargas chega a Campos do Jordão, acompanhado de Ademar de Barros.
– A Justiça Eleitoral proclama Getúlio Vargas e João Café Filho presidente e vice-presidente eleitos.
22– Getúlio Vargas chega ao Rio de Janeiro.
23– Diplomados o presidente e o vice-presidente da República, no TSE.
– O Conselho Nacional do PSD resolve apoiar o governo Getúlio Vargas.
24– Hugo Borghi encontra-se com Getúlio Vargas, propondo a fusão PTB/PSP.
25– Almoço oferecido pelos governadores eleitos a Getúlio Vargas.
27 – Diplomados o presidente e o vice-presidente da República.
– O PSD emite nota anunciando apoio ao novo governo.
31 – Entrevista coletiva concedida por Getúlio Vargas, em que anuncia o seu Ministério.
– Posse de Getúlio Vargas.

Fevereiro

10– O presidente do Banco do Brasil S/A, Ricardo Jaffet, institui uma comissão de inquérito naquele estabelecimento.

12 – O presidente da República assina decreto, nomeando o general Pedro Aurélio de Góes Monteiro para exercer o cargo de chefe do Estado-Maior Geral das Forças Armadas.
– Conferência de Getúlio Vargas com Ademar de Barros em Petrópolis.
18 – Getúlio Vargas pronuncia discurso no Maracanã.

Junho

19 – Mensagem de Vargas ao Congresso Nacional, propondo a criação do Serviço Social Rural.

Agosto

8 – Mensagem de Getúlio Vargas ao Congresso Nacional, propondo a criação do Plano Nacional do Carvão.

Setembro

7 – Discurso pronunciado por Getúlio Vargas por ocasião da comemoração da Independência.
8 – Discurso pronunciado por Getúlio Vargas durante as comemorações do IV Centenário da cidade de Vitória.
29 – Discurso de Getúlio Vargas pronunciado no 150º aniversário de Resende.

Outubro

25 – Mensagem de Getúlio Vargas ao Congresso Nacional, propondo a criação do Banco do Nordeste do Brasil.

Dezembro

6 – Mensagem de Vargas ao Congresso Nacional, propondo a ampliação do Fundo Rodoviário Nacional.
8 – Mensagem de Getúlio Vargas ao Congresso Nacional, propondo o Programa do Petróleo Nacional e a criação da Petrobras.
18 – A Comissão de Inquérito do Banco do Brasil, presidida por Miguel Teixeira, apresenta seu relatório.
21 – Assinatura de decreto, tratando do reaparelhamento dos portos nacionais.
24 – Assinada por Getúlio Vargas a nova lei do salário mínimo.
31 – Discurso de Getúlio Vargas.

1952

Janeiro

3 – Reunião no Itamaraty, sob a presidência de João Neves da Fontoura, contando com a presença do embaixador norte-americano, para o estudo de um plano de defesa do continente.

4 – O presidente Getúlio Vargas assina decreto, dispondo sobre o retorno do capital estrangeiro.
6 – Almoço de confraternização das Forças Armadas, onde discursam o presidente da República e o ministro da Guerra, general Estillac Leal.
28 – Cria-se a Comissão Federal de Abastecimento e de Preços (COFAP).

Fevereiro

7 – Mensagem ao Congresso Nacional, propondo a criação do Banco Nacional do Desenvolvimento Econômico (BNDE).

Março

18 – O general Zenóbio da Costa demite-se do comando da I Região Militar.
25 – O general Estillac Leal é exonerado da pasta da Guerra.
27 – O general Ciro do Espírito Santo Cardoso assume o Ministério da Guerra.

Abril

8 – O presidente Getúlio Vargas discursa no programa *A Voz do Brasil.*
22 – O general Alcides Etchegoyen vence as eleições do Clube Militar.
– O presidente Getúlio Vargas dirige mensagem à IV Convenção Nacional do PTB.
– O presidente Getúlio Vargas fixa o preço mínimo para a aquisição da cera de carnaúba.
28 – Mensagem de Getúlio Vargas ao Congresso Nacional, propondo a criação do Instituto Nacional de Imigração e Colonização (INIC) e da Carteira de Colonização do Banco do Brasil.
31 – Getúlio Vargas preside o lançamento da pedra fundamental das Indústrias Manesmann, em Belo Horizonte.

Junho

5 – Em Genebra, o ministro do Trabalho Segadas Viana é eleito presidente da Conferência Internacional do Trabalho.
13 – Getúlio Vargas aprova o projeto da Comissão Mista Brasil-Estados Unidos, para a compra de equipamentos destinados à indústria da Usina Hidrelétrica de Itutinga, em Minas Gerais.
21 – Discurso de Getúlio Vargas em Juazeiro, CE.
22 – Discurso de Getúlio Vargas em Paulo Afonso, por ocasião da visita às obras da Companhia Hidrelétrica do São Francisco.
27 – Getúlio Vargas assina decreto, criando, no Ministério da Viação, a Comissão de Coordenação e Desenvolvimento dos Transportes.
30 – Vargas exara despacho, autorizando o Instituto do Açúcar e do Álcool a requisitar metade da produção de cachaça para transformação em álcool anidro, visando à aplicação industrial.

Julho

2 – Getúlio Vargas discursa no Rio de Janeiro, por ocasião da comemoração do 96º aniversário do Corpo de Bombeiros.

3 – Encontro do secretário de Estado norte-americano Dean Acheson com o presidente Getúlio Vargas, no Palácio do Catete.

4 – O presidente Getúlio Vargas assina ato, assegurando o preço mínimo do café.

12 – Discurso de Getúlio Vargas no Sindicato dos Portuários de Santos e no banquete oferecido pelo governador às classes produtoras de São Paulo.

17 – Getúlio Vargas envia mensagem ao Congresso, propondo a criação da Companhia Nacional de Seguro Agrícola.

Setembro

2 – Getúlio Vargas sanciona lei do Congresso Nacional proibindo a exigência do atestado de ideologia.

Outubro

3 – Getúlio Vargas discursa em *A Voz do Brasil*, comemorando a Revolução de 1930.

– Getúlio Vargas assina decreto, criando no IAPI a Carteira de Acidentes de Trabalho e outros benefícios aos segurados do mesmo Instituto.

12 – Discurso de Getúlio Vargas na sessão inaugural do II Congresso Nacional de Municípios Brasileiros, em São Vicente.

16 – Enviada, ao Congresso Nacional, mensagem acompanhada de projeto de lei que dispõe sobre a instituição do salário adicional para os que trabalham em condições de perigo e insalubridade.

17 – Getúlio Vargas assina decreto, reajustando o preço do carvão nacional, atendendo reivindicação dos trabalhadores das minas de carvão de Santa Catarina, que se achavam em greve.

1953

Janeiro

5 – Sancionada a nova lei que define os crimes contra o Estado e a ordem política e social.

6 – Sancionada a Lei do Plano de Valorização da Amazônia.

12 – Ricardo Jaffet demite-se do Banco do Brasil.

Fevereiro

11 – Nereu Ramos É reconduzido à Presidência da Câmara dos Deputados.

25 – Eleições para prefeito de São Paulo (Jânio Quadros sairia vitorioso).

Junho

15 – O ministro da Justiça, Negrão de Lima, apresenta seu pedido de demissão.

16 – João Cleófas, ministro da Agricultura, apresenta seu pedido de demissão.
17 – Empossados nos cargos de ministros da Fazenda, do Trabalho e da Viação, respectivamente, Oswaldo Aranha, João Goulart e José Américo de Almeida.
24 – Getúlio Vargas exonera Simões Filho do Ministério da Educação e nomeia para aquela função o sr. Antônio Balbino.
– Tancredo Neves assume a pasta da Justiça.
26 – Término da greve dos marítimos.

Dezembro

16 – Miguel Couto Filho é nomeado ministro do recém-criado Ministério da Saúde.

1954

Fevereiro

8 – Oitenta e dois coronéis do exército enviam um memorial ao ministro da Guerra.
18 – O general Ciro do Espírito Santo Cardoso é exonerado do cargo de ministro da Guerra.

Abril

10 – Mensagem de Getúlio Vargas ao Congresso Nacional, propondo o Plano Nacional de Eletrificação.

Agosto

5 – Atentado da rua Toneleros.
9 – Afonso Arinos reclama da Tribuna a renúncia de Getúlio Vargas.
13 – Encontro de Café Filho e Carlos Lacerda.
16 – O ministro Nero Moura solicita demissão do cargo de ministro da Aeronáutica.
19 – O brigadeiro Epaminondas Gomes dos Santos é nomeado ministro da Aeronáutica.
21 – Getúlio Vargas recebe Café Filho.
22 – Brigadeiros reunidos no Clube da Aeronáutica dirigem nota ao presidente da República.
24 – A Secretaria da Presidência da República distribui nota, dizendo que Getúlio Vargas resolveu entrar em licença.
– Suicídio de Getúlio Vargas.
– Mensagem de Café Filho ao povo brasileiro.

Introdução

A volta de Vargas ao poder assinala uma interrupção e um retrocesso no desenvolvimento da reação conservadora, onde se aliavam a tradição liberal de uma ala udenista e a tendência pan-americanista, se não os interesses confessáveis ou inconfessáveis das multinacionais.

Vargas creditara ao seu ativo político a implantação do Estado Novo, que lhe permitira desalojar o governador Flores da Cunha do Palácio Piratini, reconquistando o domínio do seu estado; assegurara-se um longo período, que não teria fim presumível, não fosse o desfecho da Segunda Guerra Mundial. Mas carregara o seu passivo de uma imagem que não se desfaria jamais, a do *ditador* que se ajustava como uma luva ao seu indiscutível apego ao poder.

Assomando ao primeiro plano, assimilando o momento totalitário, usando a inteligência e a preferência ideológica de Francisco Campos, Vargas encobriu a iniciativa e a atuação dos chefes militares que, tendo à frente Góes Monteiro e Eurico Gaspar Dutra, pregaram, preconizaram e instalaram o autoritarismo no Brasil, sob a égide dos militares.

Foi assim que, a 29 de outubro de 1945, misturaram-se, na mesma ação, militares e civis, liberais e pan-americanistas, patriotas sinceros e representantes dos interesses estrangeiros, para forçar a renúncia de Vargas, sob o pretexto de impedir o continuísmo.

Era um movimento de elites, porque a massa popular dele não participou. O brilho e a combatividade dos adversários de Vargas tiveram o apoio da grande imprensa. Assim, formou-se a imagem do *ditador,* déspota, autoritário, cuja solércia era denunciada ao mesmo tempo em que se pedia o seu banimento da vida pública.

Curiosamente, os defensores da legalidade violaram-na. A um pretexto fútil – a nomeação de um chefe de Polícia –, foi deflagrado o golpe, ardilosamente preparado, desde a escolha de um chefe militar, de tradição revolucionária.

E, porque o povo não participou do processo, o pronunciamento popular, pelo voto direto, foi a consagração do presidente deposto, que se elegeu senador por dois estados e deputado por nove. Nascia a representação parlamentar do Partido Trabalhista, que se tornaria o terceiro do País.

A crise periódica da política nacional – a sucessão presidencial – iria equacionar, em 1949, o balanço das forças.

O desenvolvimento da campanha de sucessão é analisado em um capítulo deste livro. Ainda uma vez se evidencia, ao contrário do que muita gente pensa, que *o presidente não faz o seu sucessor.* Ao longo do processo sucessório, evidenciaram-se as tendências, os defeitos e os cacoetes da nossa vida política. Prevaleceu, na UDN, a corrente brigadeirista, dificultando o acordo interpartidário.

A tentativa de suceder o antigo ministro da Guerra, general-presidente, por outro ministro da Guerra, presidente-general, candidato ao Catete, esboroou-se com o desmoronamento do POT (Partido Operário Trabalhista), e a inviabilidade do nome do general Canrobert Pereira da Costa, afinal por ele próprio reconhecida e proclamada.

Divorciado da UDN e desligado de seu irmão gêmeo, o PTB, o PSD viveu uma inglória experiência de orfandade política, ignorando a paternidade getuliana. Do resultado ficou um novo verbo no vocabulário: *cristianizar,* ou seja, o abandono do candidato pelo seu partido.

O resultado inequívoco das urnas não satisfez nem convenceu aqueles que se uniram para depor Vargas. A sua volta ao poder vai marcar o recrudescimento da campanha que não terminou em outubro de 1943. Outra vez, aglutinam-se os antigetulistas, quaisquer que sejam as motivações. A palavra de Vargas e o seu conselho são desprezados, porque não querem confiar nele. Não ouvem o seu apelo em favor da paz, porque preferem e desejam golpeá-lo. E quando sua candidatura surge, em um movimento previsto e irresistível, novamente arma-se o dispositivo de um veto militar, que só não se efetiva porque outro grupo militar mobiliza-se na defesa da Constituição e na segurança do respeito ao pronunciamento das urnas.

Evitada a conspiração militar, afirmada a vitória eleitoral, arma-se uma nova política da impugnação da posse, sob a exigência da *maioria absoluta* que a Constituição não exigia.

Vencida ainda essa manobra, diplomado e empossado o novo presidente, de nada valeram as afirmações e os propósitos de que desejava *ser recebido como amigo e governar sem revanchismo.*

De janeiro de 1951 a agosto de 1954, a oposição estendeu uma cortina opaca sobre o governo de Vargas. A grande imprensa, comprometida na campanha oposicionista, silenciou aspectos positivos, enquanto dava ressonância aos erros e, sobretudo, aos ataques de uma oposição parlamentar tão ruidosa, que sua vanguarda autodenominava-se "banda de música".

Oposição, sem dúvida brilhante, onde se destacavam parlamentares do porte de um Afonso Arinos, de um Adauto Lúcio Cardoso, de um Aliomar Baleeiro.

Vargas só tinha um jornal a seu favor: a *Última Hora,* que chegou a ter destacada atuação e grande circulação. Por isso mesmo, contra esse jornal concentraram-se os fogos de barragem da imprensa antigetulista e dos parlamentares que combatiam Vargas, em uma luta sem tréguas, até a desmoralização de Samuel Wainer e seu jornal.

Também a facção militar, que assegurou a posse de Vargas, os *nacionalistas* do Clube Militar, que formavam ao lado do general Estillac Leal, foram duramente tratados. A demissão do primeiro ministro da Guerra é o primeiro passo da longa derrota que culminou com o suicídio de Vargas.

A pesquisa que precedeu a redação deste livro veio revelar a face oculta, ou melhor, ocultada, de um governo que marcou o início auspicioso da política de desenvolvimento nacional.

Vargas tinha o seu nome indestrutivelmente ligado à criação da Siderurgia de Volta Redonda, como símbolo da emancipação econômica do Brasil. Também a batalha da Petrobras e a criação da Eletrobrás têm a marca inconfundível de sua visão extraordinária.

A segunda presidência de Vargas revela o homem maduro que se dispõe a oferecer a seu povo o que lhe resta de vida. Oblação que se consuma no próprio holocausto.

Os analistas do segundo período de Vargas acentuam o cunho nacionalista que imprimiu a seu governo. Esta foi a linha mestra, seguida quer na política externa, quer no trato dos assuntos internos.

Não era fácil a nova tarefa, a que metia ombros na idade avançada em que as forças começam a declinar. A Segunda Guerra Mundial deixara graves problemas sem solução. O Brasil seria, inevitavelmente, envolvido em muitos deles, a começar pela Guerra Fria.

A orientação nacionalista e o cunho populista de seu governo, que inaugurou o nacional-populismo, exacerbavam as correntes da esquerda, entre as quais sobressaía o comunismo; ao mesmo tempo em que provocava a reação do centro e da direita, onde se alinhavam os elementos favoráveis à política norte-americana, se não comprometidos com os interesses das multinacionais.

Dentro de uma conjuntura mundial mutável e complexa, a situação política do Brasil sempre se apresentou tumultuada e instável na era de Vargas. Coube-lhe, em 1930, chefiar um movimento que representa, até hoje, a única revolução política que houve na República. Candidato oposicionista na campanha da Aliança Liberal; chefe civil da Revolução de Outubro de 1930; chefe do governo Provisório em 1931, 1932 e 1933; presidente constitucional de 1933 a 1937; ditador de 1937 a 1945; deposto e, em seguida, eleito senador por dois estados e deputado por nove; candidato, triunfalmente eleito, voltando ao poder "nos braços do povo", Vargas teve uma popularidade crescente que não desapareceu nem com a sua morte. Mas o respaldo dos militares não foi constante. Nem o apoio dos políticos lhe assegurou tranqüilidade.

Emergindo de uma revolução que abalou a estrutura política partidária do País, aposentando os seus valores tradicionais, Vargas não teve oportunidade, ou não procurou aproveitá-la, para comandar a renovação das elites partidárias. Mesmo fundando dois partidos – PSD e PTB, que representam uma hábil solução da política nacional –, a era de Vargas se apresenta como aquele *deserto de homens,* se não de idéias, denunciado por Oswaldo Aranha.

Não é por outra razão que ao retornar ao Catete, em 1951, ele cria uma assessoria econômica de elementos que não haviam participado dos longos e demorados anos de seu domínio anterior. E, pois, cabe-lhe a prioridade de estabelecer no governo da República um planejamento e criar uma assessoria econômica com a qual estude e debata os problemas, antes de apresentar a solução.

Então é possível compreender a soma de realizações que deixou no último e atribulado período do seu governo.

As medalhas têm duas faces. É comum que em uma delas figure o desenho de uma máquina, o símbolo da realização. A outra estampa a efígie de quem se pretenda homenagear. Vargas teve a sua efígie profusamente reproduzida em retratos, painéis, medalhões, notas de dinheiro, moeda. Se pretendessem cunhar uma medalha, depois de 24 de agosto, em um dos lados figuraria um poço de petróleo, um forno siderúrgico, a Eletrobrás, um símbolo da política de desenvolvimento, que marca a passagem de Vargas na direção dos negócios públicos do Brasil. Na outra, deveria ficar uma recordação do combate que sofreu, dos obstáculos que enfrentou, da campanha de silêncio do que fazia de bom, para lhe atribuírem todos os crimes de todos os criminosos, e essa imagem poderia ser a última que o povo teve de sua presença física, tombado no leito de morte, com uma bala ferindo o coração.

Primeira Parte

Sucessão presidencial

Vargas em São Borja

Vargas voltara aos *pagos*. O Rio de Janeiro não retivera o ditador deposto em outubro de 1945. Eleito senador por dois estados, não fizera opção. Foi a Justiça Eleitoral que determinou a prioridade da inscrição pelo PTB do Rio Grande do Sul. Nem o Senado, nem os trabalhos da Constituinte, onde podia liderar a numerosa bancada trabalhista, eleita pelo seu nome, como cabeça de chapa, conseguiram prendê-lo. É verdade que não o trataram muito bem. Velhos adversários quiseram forçar o ajuste de contas a que não se recusou, aceitando mesmo o desforço pessoal. Assim, não assinou a Carta de 1946, nem iria desrespeitá-la, ele a quem acusavam de ter deixado de cumprir as Cartas de 1934 e 1937. Outros se incumbiriam dessa tarefa...

Também a Academia Brasileira de Letras, que reformara os estatutos para convidá-lo a se candidatar e elegê-lo, atraiu-o, moderadamente. Foi três ou quatro vezes aos chás das quintas-feiras, assistiu às sessões, conversou, na planície, com alguns acadêmicos com os quais não tinha tido condições de diálogo quando estava no alto.

Na velha estância da família, acordava cedo, *bebia o amargo,* campeava com os seus peões. Vida primitiva. Comia junto com o capataz.

O burburinho dos primeiros dias, quando os aviões pequenos levantavam a poeira nas pistas malcuidadas de São Borja, levando políticos e curiosos jornalistas, havia cessado, logo depois das eleições cuja sorte decidira com o *slogan* que julgava os acontecimentos de 29 de outubro: "Ele disse".

A solidão da quietude do pampa ia ser a moldura dos seus dias por muito tempo. Até que o minuano político, o vento da sucessão, a crise periódica da República sacudisse, outra vez, a poeira da estrada.

O problema sucessório do presidente Eurico Gaspar Dutra não se apresentou fácil. As legendas dos onze partidos políticos, inscritos na Justiça Eleitoral, não significavam, na verdade, a arregimentação partidária de um povo politizado. Mesmo os três rótulos, mais credenciados, do resultado do último pleito – PSD, UDN e PTB – eram vistosas fachadas de construções cinematográficas, em madeiramento leve de papelão pintado. Isso se iria demonstrar na primeira oportunidade. A primeira oportunidade seria a eleição presidencial.

Face à sucessão presidencial, as três principais organizações partidárias aprestaram-se para se colocarem de maneira a assegurar mais um período de predomínio. O partido majoritário, o PSD, assim considerado pela sua representação parlamentar, fizera presidente da República o seu candidato, general Eurico Gaspar Dutra. Na realidade, a eleição foi decidida pelo apoio de Getúlio Vargas, materializado na votação do PTB. Essa situação invulgar assinala e caracteriza o início de um processo sucessório tumultuado. Porque o partido majoritário, ocupando a Presidência da República e os principais postos executivos, além de dispor da maioria do Congresso, não vai ter condições para traçar normas na escolha do futuro presidente. Assim, vamos assistir a toda uma competição interna com a proliferação de candidatos e, finalmente, à escolha de um nome a ser fragorosamente derrotado nas urnas.

A UDN, também, não dominará o processo. Um raciocínio natural aconselharia a coligação das forças conservadoras, que a UDN e o PSD representavam, para enfrentar o prestígio emergente das massas populares representadas pelo PTB, pelo PSD e pelo PCB. Sem contar os partidos menores que se alinhavam, formando o leque do panorama político.

A UDN participará dos primeiros entendimentos, tentando impor a candidatura de seu patrono, aquele mesmo que nucleara a agremiação, embora já uma vez derrotado nas urnas.

Dessa corrida de ambições vai beneficiar-se o PTB para apresentar, na reta da chegada, o candidato imbatível, embora mal recebido pelas agremiações que perderam a eleição na véspera do pleito.

O ACORDO INTERPARTIDÁRIO

A vigência de um acordo interpartidário possibilitaria a indicação de uma candidatura representativa da situação dominante. O então deputado Prado Kelly, em depoimento a nós prestado*, recorda os acontecimentos daquele tempo:

"Antes que a Justiça Eleitoral encerrasse a apuração do pleito de 2 de dezembro de 1945, o brigadeiro Eduardo Gomes voltou à atividade militar e dirigiu-se aos brasileiros em 'carta' publicada a 11 daquele mês[1], às vésperas de sua viagem ao exterior, em missão de estudos. Partiu para os Estados Unidos a 2 de janeiro de 1946 e de lá regressou a 28 de setembro do mesmo ano,

---

* Entrevista do ministro José Eduardo Prado Kelly, em outubro de 1976.

1. *Campanha da Libertação*, p. 349. (N. do A.)

quando já promulgada a nova Constituição. À chegada, declarou ao *Correio da Manhã* que a luta política era 'coisa passada' e acrescentou:

– 'O Brasil entrou na vida constitucional. Tudo, portanto, está definido e claro. Não sendo político, volto ao Brasil para dedicar-me exclusivamente aos meus deveres de militar, sendo, como se sabe, vedado ao oficial da ativa participar de movimentos políticos. No tempo da ditadura, sim, tudo se justificava, porque a ditadura, por si mesma, é já uma subversão'."[2]

A 3 de dezembro seguinte, Otávio Mangabeira, presidente da UDN, rememorou ao Diretório os contatos até então havidos com o governo, que deles tivera a iniciativa e que foram, pelo partido, limitados a dois fins:

1º) apressar o mais possível a elaboração e a votação de uma Constituição democrática (objetivo já cumprido);

2º) estabelecer nos estados um ambiente de garantias que permitisse a realização de boas eleições (objetivo a cumprir).

Desde logo se afastara a hipótese de participação de correligionários no governo.

Mas, diante do convite (em caráter pessoal) feito pelo presidente Dutra aos srs. Raul Fernandes e Clemente Mariani para as pastas do Exterior e da Educação, respectivamente, indagou ao Diretório se os convidados podiam aceitar os cargos "sem envolver para o partido qualquer compromisso ou responsabilidade política". Vinte e seis dos presentes manifestaram-se afirmativamente, contra os votos (justificados na ocasião) de Odilon Braga, Castilho Cabral, Plínio Lemos e Prado Kelly – este último pelo seguinte motivo: "figure-se a hipótese de termos de examinar atos do presidente da República tomados em conselho do governo, embora isso repugne um pouco à natureza do regime presidencialista, ou atos isolados de S. Ex.ª e de algum ministro. Pertencendo esse ministro à UDN, será com profundo constrangimento que qualquer de nós irá opinar contrariamente às suas atitudes"[3].

Em fins de abril de 1947, o líder da maioria na Câmara, Cirilo Júnior, conclamou "todos os partidos a uma conjugação de esforços para elaboração das leis orgânicas e bem assim das que solicitou o presidente da República na mensagem inaugural dos trabalhos parlamentares". A 28 daquele mês, Prado Kelly respondeu-lhe em nome da UDN, argumentando com os limites da ação do Congresso e com a iniciativa das leis no regime presidencial, a maioria das quais (sobre administração federal e intervenção no domínio econômico) dependia principalmente do Executivo. E, depois de enumerar matérias do maior interesse, advertiu: "Comecem os ministérios por dar provas de sua capacida-

---

2. Edição de 29-9-1946. (N. do A.)

3. *Estado de S. Paulo*, ed. de 4-12-1946.

de. Enviem ao Congresso os elementos informativos de que ele necessita para uma obra de reabilitação econômica e social"[4].

A bancada oposicionista, embora não recusasse o voto a medidas governamentais de interesse público, zelou pela própria autonomia, assim no debate como nas votações.

Já estavam, é certo, à frente de sete estados (Minas, Bahia, Ceará, Paraíba, Goiás, Piauí e Amazonas) governadores udenistas que passaram a manter com o Executivo Central relações úteis à gestão local e indispensáveis ao funcionamento da federação. Nas demais unidades, persistiam ainda razões não enfraquecidas, antes agravadas, de irremovível incompatibilidade. Desses dois quadros diferenciados nas atitudes, nas ações e nas perspectivas, viriam a originar-se, na política geral, núcleos entre si contrastantes e só relacionados, no mesmo partido, por sentimentos recíprocos de lealdade e pelos vínculos históricos do movimento de 1945. Como quer que fosse, não se quebrou a solidariedade entre correligionários vencedores e vencidos nas lutas estaduais, nem esmoreceu em qualquer fase a vigilância parlamentar, de que foi prova tempestiva a resistência da UDN e aliados à cassação do mandato dos comunistas, após a dissolução do seu partido, decidida pela Justiça Eleitoral[5]. Com igual isenção, a minoria da Câmara cooperou com a maioria, apoiando moção de apreço às Forças Armadas em 29 de outubro e reiterando os seus termos, quando o ministro da Guerra, com justo motivo, protestou junto ao líder do governo contra ofensas irrogadas pelo então deputado Carlos Marighela ao general Álcio Souto. Na mesma sessão em que se leu o protesto, o PSD e a UDN, em pronto e enérgico pronunciamento, reduziram às devidas proporções um incidente que causara, a princípio, graves apreensões no meio político.

O propósito de preservar no Congresso a identidade e a missão da minoria manteve-se ao longo daqueles anos, antes e depois que as chefias de três agremiações (PSD, UDN e PR) homologaram um acordo interpartidário, a 22 de janeiro de 1948, no Palácio do Catete[6].

No dia imediato, a solenidade repercutiu na Câmara, quando Flores da Cunha requereu se inserissem nos *Anais* os discursos da véspera. No debate, o trabalhista Barreto Pinto fez insinuações e provocações que exigiram a presença de Prado Kelly na tribuna para reiterar que em nada se alterara a independência dos três partidos e que o esquema pactuado previra, entre os seus órgãos, uma comissão de líderes para "melhor rendimento do trabalho legislativo".

---

4. *Jornal do Comércio*, ed. de 29-4-1947.

5. Discursos de Prado Kelly nas sessões de 6 de maio, 3 e 5 de julho de 1947 (Estudos de Ciência Política, vol. II, p. 238, 242 e 254).

6. Ver ANEXOS: Minuta do Acordo e discursos proferidos no ato pelo presidente Dutra e pelos srs. Nereu Ramos, Artur Bernardes e José Américo de Almeida. (N. do A.)

Tal *desideratum,* já o orador o havia antecipado na semana transata, propondo aos líderes do PSD e do PR (que desde logo concordaram) o convite aos demais líderes para que, juntos, pudessem todos estabelecer uma ordem de preferência entre os projetos em curso e entre os que viessem a tramitar na Câmara. A cooperação – prevista no acordo – ganhava, pois, no Congresso, âmbito mais amplo: estendia-se a todas as correntes ali representadas. E nestes termos Prado Kelly justificou o alvitre: "Desde que a nossa Constituição adotou o princípio da representação proporcional, admitiu, por isso mesmo, que nenhuma parcela da opinião pública pode ficar à margem dos labores e dos encargos do Estado. Nos países em que ainda vigora o escrutínio de lista, a maioria, ainda que de um voto, absorve todas as posições eletivas, proscreve seus adversários e impera como senhor absoluto: mas, nos países em que se dá acesso, nas assembléias, a todas as correntes, elas têm um quinhão próprio de responsabilidade na boa direção dos negócios oficiais. Ninguém pode escusar-se a esse dever: ninguém deve eximir-se dessa tarefa. A missão de todos é – e não pode deixar de ser – a de ocupar o seu lugar na trincheira para a defesa dos seus ideais e princípios, sem negar, do mesmo passo, a sua disposição conciliatória para que as resoluções do Parlamento não sejam privilégio de qualquer partido, mas, de fato, a expressão da vontade nacional"[7].

Em todos os assuntos e principalmente em episódios políticos, não sofreu inflexão independente que a UDN se traçara. Por exemplo: na exigência de inquérito para apurar as responsabilidades de agressão ao jornalista Carlos Lacerda[8]; na manifestação contra a planejada intervenção federal em São Paulo com ofensa de preceitos constitucionais, embora o partido fosse adversário do governador do Estado[9]; no exame de incidentes ocorridos na Escola Naval e na censura à punição injusta do corpo discente[10]; e sobretudo na definição, pelo novo presidente da UDN, dos deveres e encargos partidários[11].

Prosseguindo, Prado Kelly examina o que denomina "o subsolo político".

Após a constitucionalização dos Estados, a classe política – surpresa durante a ditadura – teria de adaptar-se ao novo modelo federal que, com base em pleitos autênticos, e não-fictícios, instituiu "partidos nacionais".

Aí a reforma era mais profunda, por afetar usos e costumes que haviam reinado por quarenta anos, no fastígio e na decadência da República Velha. Pesava ainda na mentalidade geral a convicção de que a política se ordenava à

7 *Jornal do Comércio,* 24-1-1948.

8. *Correio da Manhã,* 20-4-1948.

9. *Jornal do Comercio,* 14-4-1948.

10. *Correio da Manhã* e *Diário de Notícias*, eds. de 13-5-1958 e 9-6-1958.

11. Ver ANEXOS: Discurso de Prado Kelly na Convenção Nacional da UDN.

sombra dos poderes centrais; e essa verdade tanto era reconhecida pelos situacionistas nos Estados, sempre diferentes ou submissos ao centro, quanto por seus oposicionistas, empenhados em deslocar os adversários daquela esfera de influência e decisão.

A semelhante prática se deveu, desde o quatriênio Campos Sales, a "política dos governadores". E, conquanto não se acreditasse em seu ressurgimento, as chefias partidárias estavam atentas ao estilo de convivência que se inaugurava entre o presidente Dutra e os governadores, e desses últimos entre si, segundo afinidades ou relações anteriores. Muito menos convinha aquela realidade aos correligionários derrotados nas respectivas circunscrições.

Em verdade, o presidente, encarecendo a colaboração legislativa, enfatizara o concurso das agremiações partidárias. Porém, desde a aprovação, na Constituinte, da famosa "Moção Mangabeira", a maioria governamental se havia diversificado em dois campos de fronteiras elásticas: o que passou a captar a confiança do Executivo e o que, sem dele se desprender, mirava outros alvos, os mais importantes dos quais viriam a ser o renascido prestígio de Vargas e o prestígio nascente de Ademar de Barros.

A UDN assistiu, coesa, a essas acomodações do subsolo político, embora nela se refletissem, atenuada e esporadicamente, os efeitos do cisma. Tendiam a salvá-la do contágio da linha moral que se impusera, a homogeneidade (se não a decantação) obtida nos tempos de exílio, de reação e de luta, a coerência com os objetivos e o programa do movimento de 1945, ainda vivos no consciente coletivo – o que, por sua vez, alimentava novas esperanças, como as oriundas de círculos intelectuais, pregoeiros de reforma, e dos meios universitários.

Antes dessas excursões, o País fora alertado, mais uma vez, por José Américo que, ainda na Presidência da UDN, fez declarações à imprensa em 15 de janeiro de 1948[12], tentando conjurar a precipitação de outras correntes, à cata de aliança em futuros pleitos. Entrevistado pela *Vanguarda*, citou o nome de Eduardo Gomes como aquele a ser indicado pela UDN para a batalha da sucessão, que ele próprio também considerava. Virgílio de Mello Franco abonou a sugestão: "Evidentemente, a três anos de distância do término do mandato do atual presidente, qualquer previsão seria prematura, se não temerária. Mas, consideradas as coisas tal como estão neste momento, estou convencido de que o único nome que realmente constitui uma aspiração de caráter nacional é o nome do bravo, do puro e do simples soldado que, num dos momentos mais graves da vida nacional, pôde, com a sua firme e decidida ação, demolir a ditadura"[13]. Na mesma ocasião, e pelo mesmo jornal[14], Prado Kelly, insistindo

---

12. *Vanguarda,* 16-1-1948.

13. *Vanguarda,* 16-1-1948.

14. *Vanguarda,* 16-1-1948.

em ser intempestiva "qualquer cogitação acerca da sucessão presidencial", deu significado *extrapartidário* a uma eventual candidatura (na oportunidade própria) do brigadeiro, observando que o seu nome "não pertence propriamente à UDN, que o acompanhou na última campanha, mas sim ao Brasil, pois aquele nosso ilustre patrício não figura nos quadros partidários nem exerce qualquer atividade política, por considerá-la incompatível com as altas responsabilidades da sua função militar".

A louvável intenção de José Américo fora, no dizer de Afonso Arinos, "pôr termo à explicação que se vinha fazendo a respeito do encontro de Belo Horizonte entre o sr. Ademar de Barros e o sr. Milton Campos"[15].

Levantou-se o véu dessa e de outras aspirações que corriam a boca pequena e que a lógica dos acontecimentos, de igual modo, faria crer.

No PSD – em equilíbrio instável como o dos pratos de uma balança –, ora subiam, ora desciam as possibilidades de cada clã, o ortodoxo e o palaciano.

Do ortodoxo, era o seu próprio dirigente, Nereu Ramos, que, mentor da seção catarinense, aglutinava em torno de si as simpatias dos governadores do Rio Grande do Sul, de Pernambuco e do Pará, e esperava contar, *segundo as circunstâncias,* com o apoio de Vargas (incentivado por João Neves da Fontoura) e com o de Ademar de Barros (inimizado com a seção paulista do PSD).

Do clã palaciano, dentre íntimos colaboradores e familiares do presidente, partiam de quando em quando indicações a favor de Otávio Mangabeira, que não somente tornara possível o acordo interpartidário no plano federal e congregava no governo da Bahia todas as facções locais, como ainda teria ao seu lado a totalidade das seções udenistas. À proporção, porém, que se acentuava no PSD a resistência à arbitragem do marechal Dutra, crescia a ascendência dos mineiros nas confabulações do Catete e a adoção, na última fase, de métodos ou táticas que traíam a assistência cotidiana de Benedito Valadares. Ao começo se cogitou da candidatura de Bias Fortes, e da pressurosa intenção teve conhecimento o ministro da Justiça Adroaldo Mesquita da Costa. Vários

15. *Vanguarda,* 16-1-1948. Na edição em que se divulgou tal interpretação, corroborou-a Waldemar Ferreira, detendo-se em pormenores: "Se é certo – e isso foi publicado – que o governador de Minas pretendia encerrar as sessões do Congresso das Estâncias Hidrominerais em Poços de Caldas; se é certo ainda que ele desistira desse intento quando o governador de São Paulo lhe comunicou que também pretendia comparecer ao encerramento daquele Congresso, a fim de encontrar-se, na grande estação balneária mineira, com o governador de Minas, é evidente que, com isso, o governador de Minas quis furtar-se a um encontro com o governador de São Paulo. Qualquer pessoa medianamente inteligente logo teria entendido, mas o governador de São Paulo se fez de desentendido e comunicou ao governador de Minas que, nessas condições, iria vê-lo na própria capital do Estado. É claro que, posto o problema nestes termos, e diante da audácia do governador de São Paulo, o governador de Minas não tinha senão, por deferência ao grande estado bandeirante, recebê-lo. Como se vê, o governador de São Paulo forçou as portas do Palácio da Liberdade".

meses durou a hipótese, tanto mais afagada quanto mais remota a sua realização. Teve o mérito de preencher um "compasso de espera", como o preenchiam, em outros setores da opinião, os nomes constantemente lembrados de Oswaldo Aranha e do general Canrobert Pereira da Costa.

Estuda a formação dos partidos em 1945, sob a pressão dos acontecimentos, quando cuidava de ampliar as suas bases municipais, complementar os seus programas, atualizar os seus órgãos, utilizando a experiência adquirida para um racional desempenho da ação política.

As duas maiores agremiações – PSD e UDN – arcavam com a responsabilidade direta de governos em dezenove estados da Federação. Era compreensível a impaciência quanto à oportunidade da campanha sucessória, o caminho natural para o acesso dos partidos da oposição.

Até se completar a metade do qüinqüênio de 1948, justificava-se a reserva dos dirigentes daquela entidade ao abordar o problema, ante a necessidade, já reconhecida, de não enfraquecerem as iniciativas do governo em curso. Mas, decorrido um triênio, não foi mais possível adiar o encaminhamento do magno problema político.

Nos primeiros dias de fevereiro, o presidente da UDN, Otávio Mangabeira, dirigiu-se aos diretórios de Minas e São Paulo e fez publicar um comunicado em que desautorizava falsos informes sobre negociações entre partidos: "A UDN, até a presente data, não teve entendimento com outros partidos políticos a propósito da sucessão presidencial. São totalmente destituídas de fundamento as informações em contrário porventura divulgadas".

A 19 de março, o marechal Dutra liberou os partidos, com um ano e meio de antecedência, para os debates sucessórios. Não o fez, convocando, porém, para ouvi-lo, a "comissão política" prevista no "acordo interpartidário", a qual, à falta de objeto, até então não se tinha reunido – escolheu para seu porta-voz o governador de Minas, Milton Campos.

O encontro no Palácio Rio Negro, em Petrópolis, entre o presidente da República e o governador mineiro, teve a maior repercussão publicitária. Minas reassumia a proeminência que disputara na Primeira República e lhe fora negada na Segunda; Milton Campos, porém, encaminhou o estudo de quaisquer sugestões aos órgãos dos partidos que haviam concertado o compromisso em 1948. Falando à imprensa, em nome do marechal Dutra, que as endossou no ato, foram estas as suas palavras:

"Provavelmente os senhores desejam saber se, em nosso encontro, tratamos do problema da sucessão presidencial. Realmente tratamos. Sem abordar questões ou pormenores de candidatos, examinamos o assunto em seus termos e fórmulas gerais, sem considerações de nome. O presidente da República é de parecer que o problema da sucessão deve ter o seu desenvolvimento isento de participações. O problema deve ser posto e resolvido segundo a evolução dos fatos. O general Dutra não tem nenhuma preocupação de nomes. Todos os últimos acontecimentos da vida política brasileira têm progredido e se realizado dentro do esquema do acordo interpartidário. Também para o caso da sucessão presidencial é pensamento de S. Exª. que deve ser utilizado aquele esquema. O assunto deve ser objeto de estudo e deliberação dos partidos[16]."

E aduziu, por conta própria, no que tocava a Minas:

"Um acordo baseado em transações seria precário e difícil, mas não seria difícil a congregação das forças políticas mineiras em torno de objetivo superior, como seria a colaboração para que o País encontre a melhor solução do problema da sucessão presidencial. Essa união dos mineiros não implicará de modo algum a fusão das várias agremiações políticas, mas simplesmente a possibilidade de um trabalho em conjunto".

Na tarde de 31 de março, em sessão da Câmara, o deputado maranhense Lino Machado, do PR, interpelou da tribuna o presidente da UDN:

"Quero manifestar a minha estranheza diante da atitude dos líderes de partidos que compõem o acordo nesta Casa. Já interpelei o sr. Artur Bernardes pessoalmente, como presidente que é do Partido Republicano. Agora, espero que o sr. Prado Kelly, presidente da UDN, esclareça a nação a respeito do que houve naquele encontro do general Dutra com o governador de Minas e o que vai haver em conseqüência dele. Gostaria o País de ouvir a palavra do líder da maioria, sr. Acúrcio Torres, que representa o pensamento do PSD e do próprio chefe do Executivo. Mas todos se calam".

Prado Kelly, único entre os interpelados, atendeu prontamente à injunção para prestar os esclarecimentos devidos à opinião pública[17].

Depois de analisar os fatos e seus antecedentes com a maior franqueza, enumerou as condições para um entendimento:

1ª – fidelidade ao regime;
2ª – elaboração de um programa comum;
3ª – satisfação às exigências gerais de moralidade política e administrativa;
4ª – processo de escolha do candidato em função de tais propósitos[18].

---

16. *Correio da Manhã,* ed. de 20-3-1949.

17. *Correio da Manha;* ed. de 1-4-1949.

18. Ver ANEXOS (íntegra do discurso). Cf. *Correio da Manhã, Diário de Notícias, Jornal do Comércio, O Jornal, Diário Carioca, Vanguarda, A Notícia, Tribuna, Diário da Noite, Diretrizes, O Globo, Correio da Noite* e *O Estado de S. Paulo.* Ed. de 1-4-1949 (transcrições e comentários).

E deixou clara uma advertência:

"Não sei se esses objetivos são possíveis. Façamos votos para que o sejam. Nem se compreendia a divisão da opinião brasileira em torno de um assunto apaixonante como o da sucessão sem se procurar primeiro o contato entre as correntes mais responsáveis pelos destinos da República, de forma a evitar todos os inconvenientes de uma luta árdua e assegurar todas as vantagens da pacificação dos espíritos. Se tal ocorrer, numa etapa que é evidentemente necessária – porque só na impossibilidade é que cada partido tem direito a desfraldar sua flâmula e começar sua campanha; se tal acontecer, a UDN dará o melhor dos seus esforços. Mas se não for possível situar o problema da sucessão num plano alto de ideais e de conduta, e os males da política brasileira vierem, para desgraça nossa, perturbar o bom encaminhamento desses assuntos, então a UDN não se considerará prejudicada por assim se haver manifestado. Ela manterá a mesma posição de independência, de altivez e, sobretudo, de amor às instituições que têm caracterizado a sua ação política. Apelará para aquele que é (como disse no começo desta breve oração) o juiz dos destinos da pátria – o povo, em nome do qual agimos, no interesse do qual estamos dispostos ao exame, em comum, dos meios para remover os embaraços presentes. O povo levará sua sentença e esperamos que ela seja inspirada nas mais nobres cogitações[19].

Tudo mais que se passou confirmaria estas palavras.

O minucioso relato dos entendimentos (ou desentendimentos) tripartidários – desde princípio de julho (três meses após a entrevista de Petrópolis) até final de outubro – constou de longo discurso em que Prado Kelly, na Câmara, declarou definitivamente encerradas as negociações. Nenhum pormenor daquele exaustivo relato foi, em qualquer momento, posto em dúvida.

De outra parte se tornou fácil compreender os pretextos e as causas que haviam determinado semelhante desfecho.

"Commedia degli inganni"

Prado Kelly, em seu depoimento, usa a expressão em italiano quando fala do rompimento das negociações do PSD, "por obra e graça da ala ortodoxa, que se livrará de um aliado incômodo, foi também 'pá de cal' à candidatura de Nereu Ramos". Porque a candidatura do presidente do PSD precisava da adesão de outros partidos e não logrou atrair nem o PTB, nem o PSP. Findava, melancolicamente, o primeiro ato de uma "comédia de equívocos".

A regência do segundo ato caberia à ala "palaciana":

19. *Ibidem.*

"O cenário deslocava-se para Belo Horizonte, onde a seção do PSD alinhara uma lista de cinco 'papáveis', o último dos quais, Cristiano Machado (favorito de outras correntes locais), foi liminarmente excluído por maliciosa interferência de Benedito Valadares. Levados os quatro nomes aos diretórios estaduais do PR e da UDN, aquele não pode aceitá-los por ter um candidato preferencial, o presidente Artur Bernardes; o segundo limitou-se a encaminhar a relação ao órgão nacional da UDN, que se excusou de considerá-la por estes motivos:

I – Já deliberou, em 18 de outubro, que em tais entendimentos o candidato cujos méritos e autoridade política devem ser apreciados poderá ser recrutado em qualquer dos partidos signatários do acordo ou mesmo fora dos seus quadros.

II – Não só a indicação referida se limita a correligionários de um daqueles partidos, com exclusão dos demais, como ainda, se o propósito extremo de conciliação levasse a UDN à revisão de tal critério, nem por isso se realizaria a união interna da mesma UDN, como não se realizou a do PSD.

III – A UDN, que considera o nome do brigadeiro Eduardo Gomes como o do candidato natural do partido, merecedor, por suas virtudes cívicas, do apoio de todas as agremiações partidárias, está entretanto disposta, no interesse superior do regime, a prosseguir nos entendimentos com os demais partidos para escolher, em comum, dentre os cidadãos ilustres de Minas Gerais e dos outros estados, os candidatos à Presidência e à Vice-Presidência da República que, a bem da paz política, possam satisfazer as aspirações gerais do País.

IV – Atendendo a esse objetivo, será designada nova data para reunião, no mais breve prazo possível, da Convenção Nacional"[20].

Foi conseqüência ainda daquela iniciativa a que tomou, dois meses depois, Milton Campos, sugerindo "um apelo a todos os partidos nacionais para que façam uma união que preserve as instituições democráticas e para que considerem o nome extrapartidário do emimente brasileiro Afonso Pena Júnior como possível candidato à Presidência da República"[21].

Embora a UDN e o PR houvessem se pronunciado a respeito, deixou de fazê-lo o PSD, à espera de raiar o 2 de abril, a contar do qual seriam inelegíveis governadores e ministros. Nessa data se tornaram inviáveis as candidaturas até então cogitadas de Otávio Mangabeira, Milton Campos, Ademar de Barros, Walter Jobim e Canrobert Pereira da Costa.

---

20. *O Globo*, *Folha Carioca* e *A Notícia*, edições de 7-12-1949; *O Estado de S. Paulo, Diário de Notícias e Correio da Manhã*, edições de 8-12-1949.

21. Nota oficial dos representantes das correntes políticas do Estado de Minas. *Correio da Manhã* de 13-2-1950.

Só depois de transcorrido um mês da consulta recebida, o PSD emitiu nota, ainda assim protelatória. Para acertarem a atitude que, em face daquele documento, a UDN deveria assumir, reuniram-se em Belo Horizonte, a 13 de abril, Prado Kelly e Milton Campos, tendo este último ressaltado à imprensa os resultados do encontro:

"Nesta hora estou empenhando todos os meus esforços no sentido de que seja concretizada a conciliação nacional que o País está reclamando. Ela se faz necessária para a salvaguarda do regime. Como na nota do PSD se declara que o partido só considerará uma candidatura extrapartidária depois de esgotados os recursos em favor do nome de um partidário para o qual está tentando uma composição, e como é notório que essa composição se refere ao PTB e ao PSD, ocorreu-me solicitar a estes partidos seu apoio para a candidatura do sr. Afonso Pena Júnior"[22].

Nos telegramas que foram logo expedidos, o governador pedia respostas até segunda-feira, 17 de abril; no dia imediato, se reuniria o Diretório Nacional da UDN[23]. A recusa de Ademar de Barros transpareceu do próprio radiograma, e a igual efeito induziu o deliberado silêncio de Salgado Filho[24].

Da reunião do diretório resultou, por voto unânime, a aprovação dos termos em que ficou vazado o "Manifesto à Nação" sobre os últimos episódios ocorridos[25].

Naqueles mesmos dias, começava no palco do PSB o terceiro ato da "comédia de equívocos". O bastão passara aparentemente de Minas a São Paulo: quem o empunhava para efeitos externos era Cirilo Júnior, mas o ensaiador nos bastidores continuava a ser Benedito Valadares. O Planalto rivalizava com as Alterosas no cômputo de eleitores; e, afastado Ademar de Barros, a comunidade paulista, talvez decisiva, tenderia em boa parte para um coestaduano que, apesar de pessedista, tivera Vargas a recomendá-lo na última disputa dos Campos Elísios: Cirilo Júnior, que substituíra Nereu Ramos na Presidência do Diretório e cujo valimento se acrescentara com a mensagem recebida do marechal Dutra em 4 de abril.

Foi este o nome para compor a chapa com o PTB, ao qual caberia a Vice-Presidência na pessoa de Salgado Filho. Esboçada a aliança, Salgado Filho voaria ao Rio Grande e colheria o beneplácito de Vargas.

Às vésperas da partida, o chefe mineiro ponderou ao paulista que cumpria evitar, no ânimo de Getúlio, a suspeita de estarem impondo à sua aprova-

---

22. *Estado de Minas,* 14-4-1950.

23. *Diário de Minas,* 14-4-1950.

24. Voto de Odilon Braga na reunião do Diretório. *Correio da Manhã,* 19-4-1950.

25. Ver ANEXOS – Texto integral (*Diário de Notícias,* 19-4-1950).

ção um único nome e, antes, convinha facultar-lhe opção entre dois pessedistas, o segundo dos quais podia ser Ovídio de Abreu, que de maneira alguma competiria com o primeiro no relacionamento e na estima do antigo ditador. Cirilo aceitou o conselho, e o emissário trouxe de torna-viagem uma dupla já sacramentada: Ovídio de Abreu e Salgado Filho.

A combinação, ainda secreta, durou o breve espaço que mediara entre as conversas do sul e o lançamento, pelo diretório udenista, da candidatura do brigadeiro, em 18 de abril[26].

Foi quanto bastou para desfazer-se o pacto selado em São Borja. Novas perspectivas sorririam ao "revanchismo" de Vargas. E, se elas dissiparam as pretensões acalentadas no Catete, não destruíam todavia as ligações tradicionais com a maioria do PSD, fadado como sempre a formar na vanguarda dos governadores. Seus candidatos nos estados se incorporariam tão depressa à mística da restauração, que seria impossível discriminar, no futuro, entre os votos de uma e outra corrente.

Entretanto, o PSD não deixaria o tablado sem que se representasse a última cena de qüiproquós e situações imprevistas.

Na reunião do seu Conselho Nacional, para formalizar a designação do "candidato partidário", tudo se concertara de modo a confirmar a escolha de Ovídio de Abreu. Eis senão quando, com surpresa geral, os "ortodoxos" do Rio Grande fizeram um passe de mágica: propuseram, em homenagem a Minas (que liderava a ala mais numerosa), o nome de Cristiano Machado, o mesmo nome que Valadares cancelara na lista da *fórmula mineira* e que os vencedores da véspera, intimamente derrotados, se comprometeram afinal a sufragar nas urnas.

O epílogo é sabido demais para ser lembrado.

Nas eleições, triunfou a aliança PTB-PSP, com esmagadora maioria sobre o PSD, cindido não na cúpula responsável e sim nas bases descontentes ou astutas. O léxico político registraria nova acepção do verbo "cristianizar",

26. A Convenção Nacional homologou a candidatura mais tarde, em 12 de maio e, a 13, proclamou-a no Palácio Tiradentes, "Casa do Povo", sede do Congresso, na primeira das solenidades do gênero, da Segunda República. À solenidade, compareceram (convidados) presidentes ou representantes das demais agremiações. Saudando Eduardo Gomes, José Américo realçou a natureza suprapartidária da candidatura: "Paira acima dos partidos, para os momentos decisivos, para as transformações profundas, para a conquista democrática ou para a implantação de uma democracia de princípios e virtudes. A UDN nunca foi detentora do seu nome. Não tem direitos sobre ele. Só tem o direito de tirá-lo, todas as vezes que é preciso, do seu retraimento voluntário". E o brigadeiro acentuou em resposta: "Reafirmando uma tenaz disposição conciliatória, declaraste que a minha candidatura será tanto da UDN quanto de outros partidos que, com intuitos semelhantes, se disponham, em pé de igualdade, a contribuir para o seu êxito. É um nobre procedimento que assinala novo estágio de educação política". (Jornais de 13-14 de maio de 1950.)

em tudo antagônica ao pio e específico sentido com que o uso de vários séculos o consagrara no idioma e na história.

Só a UDN manteve coerência do começo ao fim, convencida de ser urgente a reordenação da sociedade política em outros padrões e instrumentos que facilitassem, às organizações de ideais afins, melhores oportunidades para vitalizarem o regime representativo, libertando-o dos liames egoístas e personalistas que o constrangiam, e preparando-o para as respostas reclamadas por uma nova problemática social e econômica.

Em 1950, contudo, o principal crédito que a UDN granjeou no País era a generalizada certeza de que a simples presença de Eduardo Gomes no pleito garantia a estabilidade das instituições livres. Não há prova maior de lealdade à democracia.

José Américo foi mais conciso e incisivo, falando sobre o acordo interpartidário:

"Inicialmente mostrarei como a política do Catete, no tocante à sucessão presidencial, não somente violou o espírito do acordo interpartidário, como chegou a ameaçar de morte a própria existência dos partidos.

Não consta que os chefes das agremiações coligadas tenham sido convocados pelo presidente da República para uma tomada de opinião sobre esse problema. Ao contrário, a começar pelo presidente da UDN, só tem ele ciência do rumo dos acontecimentos por interpostas pessoais.

A Conferência de Petrópolis assumiu o compromisso de devolver-lhes essa iniciativa. Entretanto, o sr. Benedito Valadares, credenciado pelo Catete, por influências dissolventes permaneceu no seu papel, desenvolvendo as mesmas atividades secretas"[27].

A fórmula Jobim

A interferência do governador do Rio Grande do Sul, Walter Jobim, criou uma nova modalidade de entendimento das correntes políticas, tornando sem efeito o acordo interpartidário.

A *fórmula Jobim* preconizava a participação de todas as correntes, consideradas leais ao regime, como fazendo parte integrante do sistema democrático imposto ao País pelo pronunciamento das Forças Armadas e sancionadas pelo voto popular, nas eleições de 2 de dezembro de 1944. Assim, o governo gaúcho levantava a discriminação que pesava sobre os partidos não diretamente responsáveis pelo regime inaugurado com a queda da Ditadura.

Cedendo à idéia defendida pelo governador Jobim, os "três grandes",

27. *Correio de Povo,* Porto Alegre, ed. de 22-5-1949.

em reunião que teve lugar no Palácio Monroe, no dia 28 de julho, assinam a declaração conjunta em que "resolvem ouvir todos os partidos sobre os seguintes propósitos:

a) Escolha de candidatos comuns à Presidência e Vice-Presidência da República;

b) Fixação das linhas mestras ou dos pontos fundamentais de um programa político-administrativo, a ser executado pelos candidatos, os quais, eleitos e proclamados, passarão a considerar como seus colaboradores não só os do partido a que pertencem, como aos demais partidos que se conseguem para elegê-los e apoiá-los no governo, que será, em qualquer caso, de pacificação nacional"[28].

Na mesma reunião designou-se, para emissário dos "três grandes" junto a Ademar de Barros, o sr. Cirilo Júnior (presidente da Câmara e membro do PSD), e, para a mesma missão junto a Getúlio Vargas, o sr. Cilon Rosa (PSD-RS).

A escolha de "candidatos comuns" a que se referia a declaração conjunta, porém, não era tão comum quanto nos faz crer o texto.

Em sessão do Conselho Nacional do PSD, realizada no dia 17 de outubro, deliberou-se que o candidato à Presidência deveria ser pessedista, pois que, considerando-se o partido majoritário do Brasil, acreditava ter o direito de prover o candidato à suprema magistratura da Nação. À UDN caberia a Vice-Presidência[29].

A apresentação da *fórmula Jobim* criou sérios problemas para os grandes partidos, pois o PSD tinha o seu presidente – senador Nereu Ramos – como candidato potencial. A UDN apresentava, em um primeiro escrutínio, grandes nomes para poder reservar, na escolha definitiva, o do brigadeiro Eduardo Gomes. Se todas as demais organizações fossem para a mesa-redonda com seu candidato partidário, não haveria entendimento possível. Ao mesmo tempo, os nomes dos grandes partidos já estariam queimados no primeiro cotejo. O PSD, a UDN e o PR, surpreendidos com a proposta Jobim, que alterava a estratégia política, receberam com reservas a inovação.

Já agora urgia reexaminar a situação, porque os partidos minoritários, embora influentes, sabiam que não lhes cabia indicar nomes tirados das próprias fileiras. Todavia, em compensação, arrogavam-se o direito de opinar sobre os nomes expostos pelos grandes partidos. A estes ficava a responsabilidade de apontarem nomes ou figuras de real projeção nacional que transcendessem as limitações partidárias.

Os comentaristas políticos indagavam se o governador gaúcho estava falando em nome do seu estado e representava a unanimidade das correntes

28. *Correio do Povo,* Porto Alegre, ed. de 29-7-1949.

29. *Correio do Povo,* Porto Alegre, ed. de 18-10-1949.

políticas gaúchas, sem o que, escreviam, "sua ofensiva é de lanças de papelão. E ter-se-á revelado, apenas, um amador em política. Todavia, as circunstâncias em que sua viagem se realizou parecem demonstrar ter ele conseguido fazer o que Minas Gerais não conseguira: reunir as forças partidárias estaduais para a batalha sucessória. Além disso, traz consigo a promessa de atrair os senhores Getúlio Vargas e Ademar de Barros. Eis por que sua palavra pode ter peso nas futuras deliberações"[30].

No dia 12 de julho, João Neves, em discurso pronunciado durante homenagem dos convencionais do PSD gaúcho ao governador Jobim, analisou a *fórmula:*

"(...) Qual é afinal a substância da *fórmula Jobim*? Apenas isso: reunir todos os líderes de todos os partidos, sem exceção alguma, em torno de uma mesa para tentarmos a possibilidade de que a escolha do candidato recaia em um homem eminente capaz de, com a sua experiência da política e da administração, ajudar o País a sair das dificuldades de ordem econômica e financeira em que se debate.

Segundo uns, aquela sugestão constitui um ataque indireto e calculado contra o presidente Dutra.

Não chegam, porém, a dizer como o presidente de todos os brasileiros possa ser, por eles, conduzido à condição de presidente de apenas alguns brasileiros.

Muito menos explicam por que só três agremiações devam entreter os compromissos do chamado acordo interpartidário. Até hoje – que se saiba – nenhuma outra recusou colaboração ao serviço da República, nenhuma se declarou em oposição sistemática ao atual governo. Está claro que a *fórmula* não obriga qualquer partido a aceitar o apelo; propõe apenas que todos sejam consultados.

(...) Mas certos sacerdotes da democracia não querem sequer que sejam ouvidos os demais partidos. Reclamam o monopólio de todas as graças, os terríveis encargos do governo e a pesada cruz dos cargos que vão carregando com tanto sacrifício e tamanha resignação crista"[31].

A *fórmula Jobim* foi apresentada pelo governador gaúcho em encontro mantido com o presidente Dutra no dia 20 de junho. Surpreendendo os políticos ligados ao acordo interpartidário, obteve uma declaração de Getúlio Vargas, em entrevista gravada para a rádio Tupi, em 18 de outubro:

"Aproxima-se a hora dos pleitos para a renovação de todos os cargos eletivos, inclusive para a escolha do futuro presidente da República. Dou, nes-

---

30. *Correio do Povo,* Porto Alegre, ed. de 21-6-1949.

31. *Correio do Povo,* Porto Alegre, ed. de 12-7-1949.

se particular, meu apoio à *fórmula Jobim*. Reunir os representantes de todos os partidos, em igualdade de condições para o exame do problema da sucessão presidencial, é um processo verdadeiramente democrático. Quanto a mim, com o povo tenho compromisso".

O ano de 1950 começa com uma mensagem de Vargas: "Vieram de longe solicitar-me com insistência uma mensagem aos brasileiros de todos os quadrantes da Pátria, do Norte, do Centro e do Sul, especialmente aos trabalhadores, aos pequenos e aos humildes, pela passagem do Natal e pela entrada de um novo ano.

Não era a mim que se devia fazer essa solicitação e sim a quem, por dever de ofício e pela soma de poderes que enfeixa, poderia contribuir para que, no lar dos pobres, houvesse mais pão e que seus filhos tivessem também um mimo que não fosse apenas privilégio dos ricos.

Estou hoje noutro plano, observando de baixo para cima. Isso ensinou-me muitas coisas. Pude ver e sentir do seio do povo a prepotência dos poderosos do dia, a ganância dos ambiciosos, o cinismo dos áulicos e negocistas que traficam à sombra do poder.

De outubro de 1945 até o presente, vejamos o que aumentou neste grande país: aumentou o custo de vida cem por cento, aumentaram todos os impostos cerca de cento e quarenta por cento e aumentou a receita pública de quase o triplo. Mais do que isso, aumentou também a respectiva despesa. Ainda aumentaram a dívida pública, os déficits orçamentários, os da balança comercial e de contas. Aumentaram as emissões de papel-moeda em mais de nove bilhões. Em compensação, algo deve ter diminuído. Sim, diminuiu a produção nacional e quase sumiram as reservas de ouro que lastreavam nossa moeda. Não culpo ninguém. Registro fatos. Deve existir algo errado que é preciso corrigir.

O silêncio, a meditação, o estudo convenceram-me de que só uma reforma de base pode salvar o Brasil. Restabeleçamos a confiança dos brasileiros em si mesmos e tracemos um plano de grande envergadura. É necessário já não só uma planificação econômica, mas um plano integral de reorganização nacional para combater a subprodução, o subconsumo, a subcultura, a subnutrição e a desorganização geradora de uma subdemocracia, dominada por parasitas e intermediários que exploram o produtor e o consumidor.

Não faço mais que reproduzir o conceito dos entendidos: torna-se indispensável o reerguimento do povo brasileiro, feito por técnicos, e não pelos representantes de interesses suspeitos. Precisamos defender o povo, esse povo brasileiro, bom, generoso, paciente e sofredor, ludibriado por falsas promessas e massacrado quando protesta.

Minha nova espécie de vida aproximou-me mais da classe rural, dos trabalhadores do campo, que constituem setenta por cento da nossa população.

Deve-se promover uma reorganização agrária, associar o capital e a técnica, a mecanização, a associação, o cooperativismo. É preciso fortalecer o mercado interno e melhorar as condições de vida do trabalhador rural, bem como tornar efetiva e aperfeiçoar a legislação social em benefício do trabalhador urbano.

Renovação ou perecimento, é o dilema que nos aguarda. E somente pela organização e pela luta poderemos vencer.

Que Deus se compadeça de todos nós para travarmos o bom combate em benefício da paz e da felicidade dos brasileiros"[32].

No dia 2, as Forças Armadas ofereceram um almoço ao presidente Eurico Gaspar Dutra. Nessa ocasião, o ministro da Guerra, general Canrobert Pereira da Costa, fez a declaração de que não fora convidado por qualquer partido político e só seria candidato se a indicação viesse de uma coligação de partidos.

O pronunciamento do ministro da Guerra não era descabido. Ainda pairava no meio político a proposta Walter Jobim. O que o governador do Rio Grande do Sul sugeria, apresentada como a *fórmula Jobim,* era, exatamente, uma convenção de todos os partidos políticos registrados na Justiça Eleitoral, para que escolhessem um candidato. Havia, porém, um pequeno grupo, inspirado na tradição de que o ministro da Guerra é o herdeiro da Presidência em um governo forte, que cogitava da formação de um partido – Partido Operário Trabalhista – cuja sigla POT era pichada nos muros e nas estradas, para sustentar a candidatura do general Canrobert. Esse partido não chegou a se concretizar. Mesmo porque, o general Canrobert, por quem o presidente Dutra manifestava simpatia, retirou em tempo o seu nome de cogitação.

O PTB, terceiro partido em representação parlamentar, decidira o resultado das urnas no último pleito presidencial. O seu presidente, senador Salgado Filho, era figura procurada pela reportagem política. Ele excursionava no Rio Grande do Sul, onde era o candidato do seu partido ao governo do estado. De passagem por Porto Alegre, a caminho de São Borja, onde ia se avistar com Vargas, Salgado Filho afirmou ao *Correio do Povo* que "não transigirá o PTB nos pontos básicos do seu programa em favor de qualquer acordo político. Entretanto, no que disser respeito aos pontos secundários, poderá haver essa transigência"[33].

A *fórmula Jobim* não tivera boa acolhida. Nem o acordo interpartidário, reunindo o PSD e a UDN, venceria as preliminares da sucessão. Prado Kelly articulava, ativamente, a candidatura do brigadeiro Eduardo Gomes. Obtivera

---

32. *Correio do Povo,* Porto Alegre, ed. de janeiro de 1950.

33. *Correio do Povo,* Porto Alegre, ed. de 4-1-1960.

a adesão do presidente do Partido Democrata Cristão, deputado Arruda Câmara. Assim, o noticiário político, que informava ter o presidente da República encarregado o ministro João Alberto de promover entendimentos, com todos os partidos, para o lançamento de uma candidatura à Presidência da República, não sensibilizava os meios políticos. Ao contrário, a visita de Salgado Filho à estância do Itu foi motivo de uma correspondência enviada da *Folha Carioca*, em que narrava o que o senador chamava a base da atividade do ex-presidente: "1º – Getúlio Vargas, segundo ele próprio deixa perceber, pretende ser o último a pronunciar-se nessa sucessão ou, pelo menos, não manifesta a sofreguidão de outros setores políticos, mesmo porque não tem o problema da descompatibilização e pode realizar sua convenção quando bem quiser; 2º – sua decisão depende das circunstâncias dominantes na ocasião, e um fator importante de sua definição será o Catete, pois se houver candidato oficial, com apoio do presidente da República, Getúlio poderá entrar numa composição para apoiar um candidato antidutrista; 3º – Getúlio está percebendo, sem dúvida, que os fatos se vêm desenvolvendo num sentido propício à sua própria candidatura, mas ele próprio, até agora, não deu nenhum passo nem pró, nem contra esses acontecimentos; 4º – requestado no momento pelas demais forças políticas, sua conduta obedece, naturalmente, ao interesse de fortalecer o seu partido para um movimento próprio ou para uma aliança vantajosa".

Nas outras áreas, os emissários e os candidatos se agitavam. João Alberto, depois de uma entrevista com o governador de São Paulo, Ademar de Barros, manifestou a convicção de que ele seria candidato. Pedro Aleixo trabalhava o que passou a se denominar *fórmula mineira,* destinada a promover a candidatura de um mineiro. Vão surgir Artur Bernardes, Venceslau Brás, Mello Viana, Afonso Pena Júnior, Carlos Luz, Ovídio de Abreu. Nesse clima de incertezas, o PSD, em reunião do Conselho Nacional, resolveu adiar a data da convenção para a escolha do seu candidato e concedeu poderes ao seu presidente, senador Nereu Ramos, para entendimentos com o PTB na elaboração de um programa comum que servisse de base para a escolha de um candidato prestigiado pelas duas agremiações. Enquanto que o mesmo assunto, submetido por Prado Kelly à comissão executiva da UDN, mereceu uma recusa, por unanimidade, da indicação de um candidato para integrar aquela comissão interpartidária. Termina o mês de janeiro de 1950 com uma declaração de Ademar de Barros à imprensa no dia 26: "está se preparando para deixar o governo de São Paulo, em Janeiro de 1951", o que pareceu significar que o governador de São Paulo transformou-se, realmente, no grande eleitor.

Em fevereiro, Belo Horizonte preparava-se para a realização de uma mesa-redonda dos presidentes dos partidos mineiros. O governador Milton

Campos, da UDN, delegou ao ex-presidente do PRN, Artur Bernardes, a incumbência de comunicar essa realização ao presidente da República e de enviar convite ao sr. Benedito Valadares, do PSD. Assim formavam-se esquemas e esboçavam-se coligações. Desde logo evidenciava-se que a UDN teria um candidato e esse candidato seria o brigadeiro Eduardo Gomes; que, à semelhança do que acontecera em 1946, o grande eleitor seria Getúlio Vargas, com a circunstância de que desta vez poderia ser o próprio candidato.

A candidatura do general Canrobert tinha seus principais articuladores na área militar: general Ângelo Mendes de Moraes, prefeito do Distrito Federal; general Zenóbio da Costa, Comandante do I RM; general Aristóteles Souza Dantas, comandante da Vila Militar, e o general Valdertaro, chefe da Casa Militar do presidente Eurico Gaspar Dutra. Cogitava-se de conseguir a apresentação do nome de Canrobert por um grande partido, provavelmente o PSD. Isso não era fácil, nem seria possível. Os homens do PSD ainda tentaram articular uma aliança com o PTB e o PSP. O deputado Amaral Peixoto tivera um longo entendimento com Ademar de Barros.

A 25 de fevereiro, Porto Alegre recebeu a visita do presidente da República, em trânsito para Caxias, onde ia inaugurar a Festa da Uva. Sua declaração reflete o clima geral: "De política nada entendo. Posso assegurar é que entreguei o problema da sucessão presidencial aos partidos. E, depois disso, perdi o contato com eles".

A sucessão presidencial evoluía para mais uma das crises periódicas do regime. Os partidos políticos eram vistosas fachadas que não absorviam as correntes da opinião pública. Seus líderes mostravam-se intransigentes na defesa de suas ambições, antes que na pregação de seus programas. Surgiam as indicações pessoais de homens de popularidade pessoal, ou em função dos cargos que detinham. Avultavam Getúlio Vargas, Eduardo Gomes, Canrobert Pereira da Costa, Nereu Ramos. O apelo às Forças Armadas e a possibilidade de seu envolvimento já preocupavam os observadores políticos. Noticiava-se que um grupo de generais havia procurado o general-presidente da República, a quem teriam feito ver a conveniência de uma solução rápida para o problema presidencial, "a fim de que as conseqüências não se refletissem nas eleições a se realizarem no Clube Militar"[34].

No início de março, recrudesciam as tentativas de impor a candidatura do ministro da Guerra. O *Correio do Povo,* de Porto Alegre, em sua edição do dia 1º, noticiava que o chanceler Raul Fernandes comunicara ao presidente Dutra que o seu partido, a UDN, estaria disposto a apoiar a candidatura do ministro da Guerra, para o que contava com o apoio de Juracy Magalhães e

34. *A Vanguarda,* Rio de Janeiro, ed. de 20-2-1950.

José Américo. Ao mesmo tempo, *O Globo,* na edição do dia 3, afiançava que o presidente Dutra estava mais do que nunca interessado em preservar a unidade do Exército "para o que der e vier, relativamente ao sr. Getúlio Vargas". Por isso, acrescentava: "explicar-se-ia, assim, o pouco interesse do chefe do governo pela candidatura Canrobert. Porque as sondagens realizadas indicaram que essa candidatura não ia bem com essa unidade". Não obstante, o POT – que nunca chegou a se constituir partido político – realizava, em Niterói e mais 99 cidades, o lançamento da candidatura Canrobert, em comícios relâmpagos.

No dia 8, chegou a Porto Alegre, de passagem para Uruguaiana, o deputado Batista Luzardo. Recebido pelo governador no Palácio Piratini, reafirmou ter sido incumbido pelo sr. Getúlio Vargas de formular, inicialmente ao sr. Walter Jobim, a proposta da sua candidatura. No dia seguinte, era um emissário político de Ademar de Barros, o deputado Erlindo Salzano, que conferenciava com o governador gaúcho. Em seguida foi se encontrar com Vargas, no Itu. Ainda do Rio Grande, tornado cenário importante da política com a permanência de Vargas em sua estância, vinha um informe do sr. Marcial Terra de que o general Góes Monteiro havia sido consultado sobre o lançamento de uma chapa com a constituição Getúlio/Góes.

No dia 10, em uma festa comemorativa do aniversário do sr. José Vecquio, o líder trabalhista anunciou o seu propósito de realizar, no dia 19 de abril, aniversário de Vargas, um comício para lançamento da sua candidatura, tendo obtido dele o seguinte pronunciamento: "Vivo arcado de políticos, de todas as estirpes. Vivo preso, sem poder me pronunciar. Façam, pois, o que julgarem conveniente, e não os desampararei. Aqui traço os meus planos e sei onde encontrarei os meus amigos, no momento preciso".

Também o governador Ademar de Barros fez uma declaração à imprensa paulista: "Quando estive com o sr. Getúlio Vargas, não tratamos de outra coisa senão da organização de uma 'frente populista', que é de que o Brasil tem necessidade, para deixar a inércia em que se encontra. Nesta ocasião, não falamos em candidatos. Chegamos à conclusão de que tanto o trabalhismo como o meu partido têm bases comuns, e posso dizer que somos muito mais social-democratas do que os próprios pessedistas, embora nada tenha eu de socialista. Eu seria um cretino se dissesse que não desejo ser presidente da República. Mas sinto que é meu dever continuar nos Campos Elísios".

A convenção que reunira, em Belo Horizonte, os presidentes dos diversos partidos políticos mineiros, após três dias de trabalho deu publicidade à nova *fórmula mineira* para o programa de sucessão.

Ficou deliberado que se dirigisse um apelo a todos os partidos nacionais para examinarem um nome mineiro extrapartidário, o do sr. Afonso Pena Júnior, como possível candidato à Presidência da República. Benedito Valadares e Artur Bernardes objetaram à sugestão, alegando o primeiro que o PSD somente em último caso admitiria um nome extrapartidário; e o segundo que o PRN só poderia pronunciar-se, definitivamente, sobre o nome de Afonso Pena Júnior, de vez que o Diretório Nacional já havia decidido lançar o seu próprio nome como candidato do partido.

Não obstante as restrições de Bernardes e Valadares, Afonso Arinos de Melo Franco declarou ao general Góes Monteiro: "A candidatura do sr. Afonso Pena Júnior, para nós mineiros, é séria e definitiva. Nem o governador Milton Campos, nem qualquer de nós iria brincar com o nome de um brasileiro ilustre. Enganam-se, sem querer ou de propósito, os que julgam ou dão a entender ser a candidatura do sr. Afonso Pena Júnior um ardil ou um recurso de última hora. O nome do sr. Afonso Pena Júnior surgiu para ficar"[35].

Os governadores Barbosa Lima Sobrinho, de Pernambuco; Edmundo Macedo Soares e Silva, do Rio de Janeiro; Aderbal Ramos, de Santa Catarina; e José Varela, do Rio Grande do Norte, manifestaram a intenção de apoiar aquela candidatura, dependendo da decisão final de seus partidos. Macedo Soares e José Varela já se manifestavam, rompidos com o PSD.

O sr. Gaston Englert, representante do PSD na Câmara, viajou para Porto Alegre com a missão de obter um pronunciamento do seu partido em favor da candidatura de Afonso Pena. Na capital sulina, a sessão do partido não recebeu favoravelmente a iniciativa, insistindo por uma candidatura partidária.

Enquanto isso, o sr. Cirilo Júnior, no exercício interino da Presidência do PSD, investido pelo presidente da República do papel de articulador exclusivo das negociações que se vinham processando, visando à solução imediata do problema sucessório, comunicava a Afonso Pena que o PSD iria examinar sua candidatura.

Não era tranqüila a situação no partido majoritário. Uma corrente ponderável preparava o lançamento do nome de João Neves da Fontoura. Essa candidatura, entretanto, tida como de hostilidade ao chefe do governo, implicava duas conseqüências: união com elementos populistas e a possível entrega do Estado a uma direção trabalhista, como compensação ao apoio de Vargas. Ainda outra candidatura germinava dentro do PSD: Walter Jobim, governador do Rio Grande do Sul, que, no caso de renúncia, para desincompatibilização, teria garantida a eleição de seu substituto na Assembléia Legislativa, contando com o PSD, o PL, a UDN e o PRP, num total de 29 votos dos 52 deputados.

A política tem seus mistérios. A candidatura de Afonso Pena Júnior não logrou unir os mineiros nem sensibilizar outros brasileiros. Por um capricho do destino coube a Afonso Arinos de Melo Franco a difícil e ingrata in-

---

35. *Tribuna da Imprensa,* Rio de Janeiro, ed. de 14-2-1950.

cumbência de visitar um dia, em sua mansão na rua Pereira da Silva, o indigitado candidato para comunicar-lhe que o seu nome fora posto fora de cogitação.

POR QUE VARGAS FOI CANDIDATO

Em depoimento prestado em 1955 ao jornalista Joel Silveira, João Goulart assinala o término do isolamento de Getúlio Vargas no Itu em fins de 1948, que mais precário ainda se tornou ao aproximar-se o fim da Presidência de Eurico Gaspar Dutra:

"Os velhos amigos reapareceram aos magotes. Às vezes, numa só tarde, quatro ou cinco aviões descarregavam lá na fronteira toda uma legião de antigos companheiros, ressurrectos, que se misturavam com os cristãos-novos do Getulismo.

Cada um tinha o seu candidato para o lugar do general Dutra. Ao que eu saiba, nenhum se lembrou do nome dele, Getúlio. Ele servia como grande eleitor, mas não como candidato.

Resolvemos, então, eu e alguns companheiros do PTB, precipitar as coisas.

A pressão nacional para que Getúlio se candidatasse vinha de todos os cantos do País. Até que, no dia 19 de abril de 1950, seu aniversário, lá na Granja São Vicente, de minha propriedade, uma concentração de trabalhadores e trabalhistas arrancou finalmente do dr. Getúlio a decisão. 'Levai-me convosco', disse ele"[36].

Getúlio Vargas não era e nem tinha candidato, conforme afirmativa de Lourival Fontes no depoimento prestado ao jornalista Glauco Carneiro:

"Eu começaria por citar o provérbio de que os cães lambem os pés e depois se afastam. O sr. Getúlio vivia no isolamento voluntário e nunca foi procurado pelas influências ou cúpulas partidárias. Tinha alguns amigos leais e estes não davam peso para uma campanha política. O seu partido, terceiro partido, não tinha a força para mobilizar as massas. Os grandes partidos que se entendessem e se convencessem. O governador Jobim, do Rio Grande, tramava que poderia ir *com* Getúlio, não *para* Getúlio. Os demais governadores se arranjavam numa cadeia de subserviência prostrada.

O sr. Getúlio Vargas não era e nem tinha candidato. Nunca lhe apresentaram um nome receptível, como o sr. Nereu Ramos ou Agamenon Magalhães, que pudesse constrangê-lo. Os nomes saíam de Minas, na ânsia de supremacia, e se reduziam, como insignificâncias políticas, a simples gasparinos de loteria. Dissolviam-se ao sopro dos ventos.

---

36. *Manchete*, Rio de Janeiro, 23-4-1955: Depoimento de João Goulart a Joel Silveira.

O sr. Ademar de Barros continuava um eterno candidato, mas a quem a vitória pouco sorria.

Ao nome do general Canrobert Pereira da Costa, Getúlio respondeu que o consideraria, desde que o PSD o apresentasse. Mas esse lançamento nunca veio, envolto em mistérios partidários.

Nunca fez restrições ao brigadeiro Eduardo Gomes, em quem admirava a atitude de oposição.

O candidato precisava de uma base política (partido) e de uma base territorial (estado). O sr. Ademar de Barros perderia o estado, nas mãos do vice-governador. O estado mais vulnerável a uma possibilidade de apoio seria o Rio Grande do Sul, e por isso dispôs-se a procurar o governador. A resposta foi peremptória e negativa...

Eis aí o drama, nas suas sombras e nas suas cores. Tudo mudou, tudo se transformou, tudo renasceu. A inépcia e a estupidez dos políticos impediu-os de encontrarem o rumo seguro ou o caminho certo.

Daí voltou o nome do sr. Getúlio Vargas, com o apoio dobrado da opinião pública.

Não tinha o sr. Getúlio Vargas consigo os tesouros e as polícias estaduais. Não tinha os grandes interesses e os detentores da finança internacional. A Igreja, neutra e soberana, não lhe negava respeito, mas negava apoio ao vice-presidente. As Forças Armadas, por quem foi deposto duas vezes, mantinham-se não se sabe se hostis ou indifetentes. O presidente da República favorecia um candidato partidário.

Contra tudo – dinheiro, força, influências e preponderância – lançou-se o sr. Getúlio Vargas, cético quanto a suas possibilidades e tremendamente surpreso com o resultado. As manifestações eram volumosas em toda parte, mas eram presença, e não votos. Muitos velhos e crianças, e sobre os elementos ativos a influência prepondertante do coronelismo. O sr. Getúlio Vargas não acreditava em índices, palpites e estatísticas, desprezava as perspectivas otimistas e só aceitou a vitória depois de realizada”[37].

---

37. *O Cruzeiro*, Rio de Janeiro, 13-2-1965: Entrevista de Lourival Fontes a Glauco Carneiro.

Depoimento de Ernâni do Amaral Peixoto

Ernâni do Amaral Peixoto era o presidente do PSD, amigo e genro de Getúlio Vargas, quando começou a ser envolvido nas negociações entabuladas para a sucessão do presidente Eurico Gaspar Dutra. Daí a importância do depoimento que nos prestou:

EAP: Fui várias vezes, representando o PSD, conversar com ele sobre a sucessão presidencial, e verifiquei que ele realmente não estava disposto a ser candidato. Não aceitava a indicação dele e queria fazer uma boa composição com o PSD, e citava vários nomes que poderia apoiar dentro do PSD. Mas, infelizmente, a intransigência do governo não permitiu que esses nomes fossem aprovados.

HS: Não queria interromper, mas tenho uma pergunta a fazer. Recentemente, em uma publicação do *Jornal do Brasil,* o ministro Luiz Galloti disse que a candidatura de Nereu Ramos seria uma das candidaturas a serem aceitas. Me parece que foi uma candidatura vetada ou hostilizada pelo presidente Dutra.

EAP: Exatamente, talvez fosse um nome preferido pelo dr. Getúlio. Mas quando eu fui ao Rio Grande, conversando com o presidente Dutra – pois fora isso o que ficara estabelecido nas reuniões do PSD –, o primeiro nome que citei foi, justamente, o do dr. Nereu. O Dutra me disse:

– Este nome não é possível, porque os mineiros vetam.

Eu procurei o Valadares, que francamente me disse:

– Eu veto por ordem dele.

De modo que o veto era do presidente Dutra. Eu passei a outros nomes, inclusive o nome do Cristiano Machado, que também tinha certa simpatia do dr. Getúlio, e ele me disse:

– Este não serve, porque tem um irmão comunista.

Era o Aníbal Machado. Eu respondi:

– Mas presidente, o senhor não conhece o dr. Cristiano.

– Não, eu sei que é uma pessoa muito boa, mas um irmão comunista dentro do Palácio é um perigo para o País.

Os nomes que o dr. Getúlio poderia aceitar foram sumariamente vetados. Então ficaram dando soluções, segundo, terceiro, quarto plano. Visivelmente ele não podia aceitar. A disposição dele era realmente não ser candidato. Completando essas informações sobre elementos militares, eu quero dizer que fui levado pelo senador Francisco Tinoco à casa do ministro da Guerra, general Canrobert, a quem eu conhecia muito superficialmente, em Jacarepaguá. Ele disse que queria conversar comigo, para que eu, quando fosse ao dr. Getúlio, desaconselhasse a candidatura dele, porque o atrito com o Exército era muito grande. Depois de conversarmos algum tempo, eu disse a ele que iria ao dr. Getúlio na próxima semana, e ele perguntou:

O senhor vai levar o meu recado a ele?

Eu respondi:

– Não. Não vou, general, porque eu não quero que o dr. Getúlio seja candidato. Eu sou favorável a que ele apóie um nome do PSD, e se eu der o seu recado, ele será candidato, porque eu conheço muito bem o dr. Getúlio.

– Não, o senhor está recebendo como uma intimidação e não é, é um conselho de um brasileiro!

Eu disse:

– Mas eu conheço o dr. Getúlio, e com essa mensagem ele será forçosamente candidato. Ele resolve ser candidato e enfrentar a situação.

Mais tarde eu fui informado pelo Machado Guimarães, membro do Superior Tribunal Eleitoral, que me chamou à casa dele num domingo e me disse:

– Acaba de sair daqui uma pessoa muito importante do governo, que veio me trabalhar para votar contra o registro da candidatura do dr. Getúlio. Eu achei o fato tão grave que, apesar de não pretender votar nele para votar no Eduardo Gomes, achei de minha obrigação comunicar isso a você. Eu não votarei no Tribunal contra o registro da candidatura dele.

HS: O senhor não sabe quem era essa personalidade do governo?

EAP: Eu desconfio mais ou menos, não posso precisar.

HS: O ministro da Justiça, talvez?

EAP: Não, não foi o ministro da Justiça. Não quero avançar no nome, porque não tenho certeza. O Machado Guimarães depois me informou também que estavam trabalhando contra a diplomação do dr. Getúlio, sob o pretexto, que foi invocado mais tarde contra o Juscelino, da maioria absoluta, que ele também não aceitaria e tinha certeza que o Tribunal não aceitava. E o mais grave nisso é que eu fui informado, por gente que trabalhava no Catete, que o Dutra, que estava com um discurso para fazer nas manobras da Vila Militar, modificou o discurso na última hora. Ele dizia que o governo daria posse ao eleito pelo povo. O discurso foi modificado na véspera, e esta frase, substituída.

O governo daria posse àquele que for "reconhecido pela Justiça Eleitoral", porque contavam com o não-reconhecimento da eleição do dr. Getúlio.

De modo que esse trabalho existiu realmente. O dr. Getúlio não queria ser candidato, facilitou para um entendimento com o PSD. Eu não desejava que ele fosse candidato, e por isso procurava cooperar para um nome, como o de Nereu, como o do próprio Cristiano, provocando até irritação na Ivete e em alguns elementos do PTB, que ficavam dizendo:

– Você está trabalhando contra o dr. Getúlio.

Eu dizia:

– Não, estou trabalhando a favor dele, vocês é que estão trabalhando contra ele.

Eu achava que ele não desejava e que já estava muito cansado, estava muito afastado. Isso que está dito, está um pouco alienado dos problemas do país, tem mais relação com o mundo político.

HS: O senhor teve conhecimento da missão de Miguel Teixeira para vir ao Rio com o general Estillac Leal, dos entendimentos de Miguel Teixeira com o general Canrobert e com o general Caiado de Castro, das reuniões dos generais-de-brigada?

EAP: Não, não tive conhecimento disso, porque tinha muito pouco contato com Miguel Teixeira. Sabia através do Napoleão e de outros, que procuravam muito a Alzira e estavam informados constantemente dos acontecimentos. Mas dessa missão de Miguel Teixeira eu não fui informado. Tive muitas informações do Salgado. Toda vez que o Salgado ia lá, na volta conversava comigo. Nós trocamos muitas informações. Soube depois desse movimento de generais, da combinação que houve para que fizessem pronunciamentos em diferentes pontos do País. Houve um no Ceará, se não me engano do Espírito Santo Cardoso; houve o do Zenóbio, aqui no Rio; houve o do Estillac Leal, no Sul; e mais uns três ou quatro generais se pronunciaram pela posse do candidato eleito, dr. Getúlio Vargas. Sendo que o caso do Zenóbio, segundo estou informado, motivou até um atrito entre ele e o Dutra. Quando ele ia dar a entrevista, o Dutra chamou-o e desaconselhou a entrevista. Ele insistiu. Segundo diziam os amigos do Zenóbio naquela ocasião, ele teria saído do Palácio praticamente rompido com o Dutra e disse a ele:

– Se o senhor me exonerar do comando, o general que for me substituir deve levar força, para me destruir pela força, porque eu vou resistir.

HS: O senhor sabe se havia alguma articulação, ou possibilidade de uma articulação, no caso de haver resistência? Porque o Miguel Teixeira diz que o Estillac Leal tinha feito uma articulação no Sul.

EAP: Eu desconheço. Mas eu acredito que esses homens só dessem os pronunciamentos que fizeram depois de consultar pelo menos as tropas que comandavam, sem o que seria leviandade fazer declarações.

A aproximação do Góes, de que você fala, deve ter fundamento, embora eu não conheça bem os fatos. No momento em que foi escolhido o Cristiano, na casa do Cirilo Júnior, ele foi escolhido como um nome a ser apresentado ao dr. Getúlio para uma composição com o PTB. A Alzira achou até que o Cristiano deveria embarcar imediatamente para o Sul para conversar. O dr. Getúlio tinha muita simpatia pelo Cristiano, pelos serviços que ele havia prestado na Revolução de 1930. Mas o Cristiano ficou com receio de desagradar o governo e se encolheu um pouco. Quando saiu o nome de Cristiano, o Góes decisivamente não gostou. Na calçada da casa do Cirilo, em Copacabana, enquanto estávamos gravando – não havia televisão, havia rádio, e os repórteres estavam tomando notas e fazendo gravações –, o Góes me pegou pelo braço e disse:

– Solução idiota, o dr. Getúlio não pode aceitar, nas condições atuais, esse nome.

Eu disse:

– Mas ele é amigo do Cristiano.

– Mas agora ele não pode mais aceitar. Ele vai ser candidato, e no dia em que ele for tomar posse, o Exército inteiro fará continência a ele.

Outras candidaturas

No dia 18 de abril, o Diretório Nacional da UDN indicou à convenção partidária o nome do brigadeiro Eduardo Gomes. Começava-se a definir o quadro sucessório, até então meramente especulativo.

No dia 1º de maio, o senador Getúlio Vargas dirigiu a seguinte mensagem aos trabalhadores brasileiros:

"Trabalhadores do Brasil:

No instante em que comemorais o vosso dia, quero dizer que mais uma vez estou convosco, sentindo os vossos anseios, vivendo as vossas alegrias e compartilhando da vossa angústia, com a mesma sinceridade com que, quando no governo, promovi um sistema social que amparasse o vosso direito. Sinto que estais desamparado, sofrendo as contingências que vos foram impostas, mas isso não deve constituir motivo de desânimo. Os erros devem ser lamentados, deles se extraindo a lição para a corrigenda indispensável.

Falo-vos no momento em que se travam as primeiras batalhas da luta eleitoral e, em tal eventualidade, mais uma vez agirão os eternos caçadores de votos.

Cumpre, assim, que se aja com cautela, para evitar enganos, tantas vezes irremediáveis. Aconselho-vos, dessarte, a mais detida escolha, para que possamos eleger quem esteja à altura de bem conduzir os negócios do Brasil a bom destino, que isso deve ser o supremo objetivo de todos os brasileiros.

Reafirmando, mais uma vez, a minha confiança no futuro de nossa pátria e certo de que os postulados instituídos pela Revolução de 1930 devem ser preservados, ampliando-se a maior soma de benefícios que se possa oferecer ao trabalhador brasileiro, quero assegurar-vos que, como sempre, estou a vosso lado, compartilhando dos vossos sentimentos, que são dirigidos para a maior glória e progresso do Brasil.

E que dias melhores estejam reservados para vós e vossas famílias, às quais estendo a minha saudação neste 1º de maio"[1].

---

1. *Correio do Povo,* Porto Alegre.

Avolumava-se a concentração do PTB em torno do nome do ex-presidente, embora sua candidatura não tivesse sido homologada pela agremiação partidária.

Enquanto a UDN e o PTB definiam suas diretrizes, o PSD ainda não conseguira reunir as preferências de suas correntes políticas em torno de uma candidatura. Dentro da agremiação majoritária, modelavam-se três divisões: uma, solidária ao presidente da República, aguardava a definição do marechal Dutra; outra, ainda aceitando o acordo interpartidário, admitia apoiar a candidatura já apresentada pela UDN, do brigadeiro Eduardo Gomes; finalmente, as bases mais populares começavam a se voltar para o nome de Getúlio Vargas.

A 7 de maio, a Comissão Executiva do PSD gaúcho investiu de plenos poderes uma comissão tríplice para atuar no Rio de Janeiro, informando a imprensa com a seguinte nota:

"A Comissão Executiva da seção sul-rio-grandense do PSD, depois de aprovar por unanimidade todos os atos e atitudes do seu delegado junto ao Conselho Nacional, dr. Fausto de Freitas e Castro, deliberou investir, também por unanimidade de plenos poderes, aos srs. Marcial Terra, Cilon Rosa e Oscar Fontoura para, juntamente com o nosso referido delegado, prosseguirem, no menor espaço de tempo, nas negociações indispensáveis para a escolha do candidato do nosso partido à futura Presidência da República"[2].

Chegando ao Rio de Janeiro, Fausto de Freitas e Castro fez uma declaração:

"Na reunião de Porto Alegre, foram plena e unanimemente ratificadas as minhas atitudes com referência ao problema presidencial, inclusive o compromisso que assumimos com a candidatura de Nereu Ramos, após termos verificado que o nome do vice-presidente da República congregava a maioria do partido; mais de dois terços, talvez, do Conselho Nacional"[3].

No dia imediato, o deputado Ulisses Guimarães respondia da tribuna da Câmara, hipotecando a solidariedade do PSD paulista ao chefe da Nação. Dias depois, a 15, em uma reunião na casa do sr. Cirilo Júnior de que participaram, entre outros, Benedito Valadares, Góes Monteiro e Agamenon Magalhães, foi aprovada uma sugestão de Cilon Rosa, indicando à Convenção Nacional o nome de Cristiano Machado, do PSB. Segundo o *Correio do Povo*, Góes Monteiro teria feito a análise das divisões do PSD, detendo-se em Minas Gerais, que se apresentara unida quando da apresentação da *fórmula mineira.* Agamenon Magalhães havia declarado que não se mantinha intransigente e abria mão da candidatura de Nereu Ramos em favor de outra que reunisse a unanimidade do Conselho Nacional. Surgindo a sugestão do nome de Adroaldo

2. *Correio do Povo*, Porto Alegre.

3. *Correio do Povo*, Porto Alegre.

Mesquita da Costa, Oscar Fontoura repeliu-a, alegando que se tratava de medida tendente a dividir o PSD. Foi quando Cilon Rosa indicou o nome de Cristiano Machado. Com surpresa geral, a indicação foi aceita pelo sr. Benedito Valadares, pois Cristiano Machado pertencia à ala liberal do PSD mineiro, divergente daquele ex-governador.

Assim, no dia 17, o Conselho Nacional do PSD indicou à Convenção Nacional o nome de Cristiano Machado.

Na Convenção Nacional da UDN que homologou por unanimidade a candidatura de Eduardo Gomes, o orador oficial foi José Américo de Almeida, que assim iniciou o seu discurso:

"Se perdemos em 1945, como anúncio de uma nova era, a perda não foi somente nossa, mas de tantos anos de vida pública do Brasil, transcorridos sem o signo de um movimento que ultrapassava as fronteiras partidárias, porque tinha em suas fontes uma nova concepção democrática do mundo, forjada pelas agonias da guerra e pelas alvoroçadas aspirações de vitória. Não vos sorriam esses horizontes. Tendo o leme fugido de nossas mãos, não apanhastes o mar largo. E tivemos de assistir, pela maioria dos timoneiros, ao mais triste dos naufrágios, que é naufragar em plena calmaria.

Mas já se desvaneceu a impressão. Já é tempo de afugentar o pessimismo e o desalento e de renovar o nosso estoque de fé, acenando para outras perspectivas.

Reencontramos o nosso caminho, guiados pelas mesmas esperanças. Houve um dia em que os políticos estacaram no meio da jornada, fincados em um ponto morto. Fugira-lhes a palavra e fugira-lhes mesmo um estado de inibição que os imobilizava e aniquilava. Quando procuravam entender-se, cada qual falava sua linguagem, compondo aereamente a Babel política da sucessão.

Foi quando a UDN, cansada de esperar, de bater em portas erradas, tocou na própria consciência e descobriu-se a si mesma dentro da confusão reinante.

Esse primeiro passo teve as proporções de um passo de gigante. Atravessou o nevoeiro e instalou-se na outra margem, onde aguardava antiga estrela do seu itinerário, convidando-a para tentar a romagem até atingir a ascensão."

....

....

"Um dos mais tristes sintomas da decadência de nossa vida pública é a falência da palavra dada. É a falta de sinceridade e firmeza dos pactos mais solenes e responsáveis pelos equívocos e pelo desequilíbrio das relações políticas. Eduardo Gomes é homem igual pela harmonia dos atributos, pela marca de uma personalidade maciça que poderá pecar pela obstinação e nunca pela inconsistência dos seus conceitos e compromissos.

Homem forte, não precisa usar de astúcia. Leão não poderá ser raposa. Dirão que o vendaval vem aí. Que muitas coisas poderão acontecer. E ficaremos expostos a sinistra eventualidade se o mundo for sacudido por novas tormentas.

Pois bem: mais do que homem forte que as circunstâncias exigem, temos aí autêntico herói, marcado de cicatrizes gloriosas, consagrado pelo destemor e prudência da ação nos bons e nos maus tempos.

Para os que preferiam um militar, temos sua farda; para os que preferem o civilismo, temos seu lastro feito nas campanhas liberais.

Veja-se 1945. A derrota serviu para engrandecê-lo. Recusou-se a discuti-la, guardando silêncio até hoje, portando-se com um estoicismo de herói vencido. Por quê? Porque, de qualquer forma, era uma expressão da soberania popular que, para seu espírito democrático, não devia comportar dúvidas.

Será, acima de tudo, grande fiador das liberdades e das garantias que ajudou a conquistar. Seu passado de revolucionário responde por essa salvaguarda. E se querem um nome nacional é ele dos mais altos. Vamos entrar na liça e dar exemplo. Os partidos nacionais não iriam estraçalhar-se em bárbaras contendas."

....

....

"Eduardo Gomes entrou no jogo político. Retraindo-se, mostrou que seu papel era outro. Paira acima dos partidos para os momentos decisivos, para as transformações profundas, para a conquista ou para a implantação de uma democracia de princípios e virtudes. A UDN nunca foi detentora do seu nome. Não tem direitos sobre ele. Só tem direito de tirá-lo, todas as vezes que é preciso, do seu retraimento voluntário.

Quando a democracia se achou ameaçada dos mesmos vícios e estigma, deixa de ser uma política para ser uma cruzada. O que se visa é salvar uma situação nacional, e não obter posições. É convocar as mais preciosas reservas de sentimento político para colher os frutos da vitória democrática que ainda não amadureceram. Não se podendo ter um candidato que desça dos céus, Eduardo Gomes é o candidato ideal, porque reúne a soma de requisitos que exigem para cada um, conforme as preferências.

É um nome nacional; é um forte; é um puro; é realizador; é compreensivo; é o centro suscetível de oscilar para as realidades políticas e sociais; é o estado da ordem e um chefe capaz de comandar contra a desordem. Costuma-se dizer que seu nome constitui uma garantia de eleições. Mas eleição haverá de qualquer modo, porque o Brasil não será mais campo de aventuras.

Quem quiser que experimente. E poderá acontecer, desgraçadamente, que a cabeça que olhasse de cima encontrasse outra cabeça olhando de baixo para uma testada fatal... Eduardo Gomes será uma garantia de trabalho pelas condições que há de criar, de segurança e tranqüilidade, de ordem política e equilíbrio social, para uma plenitude democrática que consolide o regime e para desafogo de uma trágica situação de sacrifício e desespero, situação de um país que já rói os próprios ossos.

Também vos digo: falam em perigo, e o maior de todos é a ausência de autoridade. Tomam-se de medo e não vêem que o maior de todos é a ausência de autoridade. Tomam-se de medo e não vêem que o maior de todos seria o da mistura revoltada que é o desgoverno. Trabalhado por tantas crises e tão perigosos fermentos, que o Brasil caia nas mãos de quem possa e saiba governar, ou poderá não ser de ninguém. Será um país perdido na anarquia, pela dissolução de suas últimas reservas, se faltar na hora precisa o salvador. E está aí Eduardo Gomes para salvá-lo".

O PSB, pelo seu chefe João Mangabeira, mantivera contatos com as outras correntes partidárias. Notificou-se, em tempo, que, convidado a apoiar a candidatura de Eduardo Gomes, Mangabeira teria respondido que aceitando a UDN o apoio do PRP (Partido de Representação Popular), em que se agrupavam os antigos integralistas, tornar-se-ia muito difícil obter colaboração do PSD. O brigadeiro teria declarado que, como candidato popular, não lhe cabia recusar o apoio desse ou daquele partido, deixando implícita a aceitação da aliança do PRP.

Não querendo acompanhar nenhuma das candidaturas já apresentadas, o PSB preferiu indicar o nome de João Mangabeira, mantendo a integridade de seu programa.

A cisão no PSD

A indicação de Cristiano Machado para candidato do PSD não selara uma resolução unânime e final. O *Correio da Manhã* noticiava que "estaria lavrando sério descontentamento no seio do PSD gaúcho, em virtude da escolha do sr. Cristiano Machado, sem prévia consulta do sr. Nereu Ramos, que era o candidato daquela seção pessedista. Os descontentes seriam encabeçados pelos srs. Neves e Luzardo, os quais estariam dispostos a provocar cisão do partido e se aliarem ao sr. Getúlio Vargas"[1].

No dia 20 de janeiro, chegando a Porto Alegre, Salgado Filho declara:

"Simplesmente levo a tarefa de consultar o dr. Getúlio Vargas sobre a possibilidade do seu apoio ao candidato pessedista.

Falou-me, em oportunidades anteriores, na eventualidade de figurar o meu nome em uma chapa comum PSD-PTB. Desde logo, porém, tornei bem claro que meu nome não poderia entrar em cogitações, mesmo porque era o elemento credenciado pelo senador Vargas para efetuar esses entendimentos"[2].

Regressava a Porto Alegre, vindo do Rio, o deputado Gabriel Obino. Ele fizera sondagens em setores pessedistas quanto à possibilidade de articulação de um movimento contrário à candidatura Cristiano Machado, que considerava uma imposição do Catete. Na capital sulina, reuniu-se com Brochado da Rocha, Luís Sarmento Barata e outros. Finda a reunião, declarou à imprensa:

"Não há rebelião dentro do PSD. A candidatura do ilustre sr. Cristiano Machado é uma indicação do conselho à Convenção Nacional. Entendemos que o processo de que ela emergiu padece de graves vícios e infringe princípios fundamentais. Pleitearemos que os diretórios municipais não a adotem, restabelecendo a fidelidade de ação dos órgãos partidários aos princípios consagrados em nosso programa. Apoiaremos qualquer candidatura de um correligio-

1. *Correio da Manhã*, Rio de Janeiro, 19-5-1950.

2. *Correio do Povo*, Porto Alegre, 20-5-1950.

nário, desde que ela não resulte, direta ou indiretamente, de uma imposição governamental e que não tenha caráter regionalista”[3].

A declaração de Obino provocou uma réplica de Oscar Fontoura:

“O nome do ilustre dr. Cristiano Machado (...) surgiu naturalmente em nosso espírito e por nós foi levado ao Conselho Nacional, depois de nos convencermos, os srs. Marcial Terra, Cilon Rosa, Freitas de Castro e eu, de que ele reuniria a unanimidade que realmente alcançou. Nenhum outro interesse, influência, sugestão ou o que quer que seja orientou a nossa atitude, que foi maduramente pensada”[4].

Neste mesmo dia, João Neves e Luzardo, na residência deste, no Rio de Janeiro, encontravam-se com Cristiano Machado.

Ao fim do encontro, disse João Neves:

“Tive o grande prazer de conversar demoradamente com o meu velho amigo Cristiano Machado. Foi uma longa e efusiva explicação de atitudes entre dois amigos cordiais.

Estou onde estava, amigos, amigos, pontos de vista políticos à parte”.

Enquanto Cristiano Machado encontrava-se com os dois próceres gaúchos, declarava o senador Ernesto Dorneles:

“Pareceu-me, nos primeiros momentos, como a toda a gente, que, escolhendo o seu candidato nas condições em que o fez, o PSD se emancipara ao confusionismo dirigido que, por longo tempo, lhe minava as forças, lhe tolhia os movimentos, desprestigiava sua direção...

A convicção de que o Conselho Nacional afastara de si qualquer suspeita de haver deliberado sob tutelas ou intervenções, comprometedoras de sua autonomia, reanimou o espírito partidário. Não só pelas invulgares credenciais do candidato, como também porque a sua aceitação, pelo Catete, em virtude de antecedentes bem conhecidos, constituiu uma prova de isencão ao presidente da República, e tudo leva a crer que tivesse sido superada a grande crise que ameaçava a integridade partidária.

Com surpresa e decepção geral, no entanto, logo depois do resultado tão alvissareiro, este começou a ser proclamado como manobra inteligente de uns contra a ingenuidade e mesmo a má fé de outros. A vitória não era mais de todos: havia vencedores e vencidos; golpistas e golpeados. O órgão legal da direção partidária ficou de novo quase inteiramente à margem, para dominarem, apenas, as pretensões dos donos do partido.

Candidatura surgida sob tão bons augúrios, transformara-se para o público em mais que candidatura oficial – em candidatura Catete. E quando, em virtude dos acontecimentos prévios, que de ninguém podem ser desconhe-

---

3. *Correio do Povo,* Porto Alegre, 23-5-1950.

4. *Correio do Povo,* Porto Alegre, 24-5-1950.

cidos, o nome do candidato é levado à consideração do sr. Getúlio Vargas, fez-se na retaguarda, ostensivamente, trabalho para impedir o apoio petebista e, talvez, do PSD. Tinha, por finalidade, esse trabalho firmar a candidatura de Cristiano Machado?

Poder-se-ia, porventura, obter o apoio daqueles partidos, tachando-os, reiterada e publicamente, de antidemocráticos? Ameaçando-os com coligações, até mesmo com represália extraconstitucionalista, caso pretenderem tomar rumo próprio? Poderiam eles, sem quebra de dignidade, dar um apoio a que, antecipadamente, se dá caráter de capitulação?

O jogo parece bem mais claro. Diante de tais fatos, seria inevitável a desconfiança que voltou, novamente, a dominar os meios políticos e que a própria solução pacificadora do PSD, independentemente de sua direção legal, transformou-se, como um compasso de espera, num artifício para novas manobras, no sentido do retorno dos planos previamente estabelecidos e que haviam sido prejudicados com o aparelhamento da candidatura de Eduardo Gomes.

Para voltarmos à tão desejada estaca zero, falta, apenas, criar-se como que um incidente de Seravejo e, para isso, está aí o pretexto do tão propalado perigo de uma candidatura populista – denominação que apavora certa categoria de democratas, entre os quais é de se destacar o sr. Plínio Salgado. Justifico as coligações para isolar o Partido Trabalhista, com o fim de derrotá-lo nas urnas. Não justifico, porém, que se pretenda obter apoio sob ameaça nem que se pretenda impedir que qualquer partido lance seu candidato. A questão evidentemente está mal posta. Não se trata de vetar ou não um candidato, mas de reconhecer o rumo que melhor lhe convier, dentro das prerrogativas que lhe confere a Constituição da República.

E em uma organização política, com uma direção passiva que se presta a manobras dessa natureza, tendentes a criar clima propício a golpes violadores da ordem constitucional, faltará autoridade para exigir disciplina partidária, porque esta deve ser consciente, tendo sempre em vista os altos interesses da Nação.

Esta é uma advertência que me julgo no dever de fazer publicamente, como justificação de atitudes que os acontecimentos talvez me obriguem a tomar dentro da compreensão que tenho de fidelidade do mandato que me conferiu o generoso e altivo povo sul-rio-grandense"[5].

Vindo lançar o movimento de divergência à candidatura de Cristiano Machado, João Neves chegava, em 26 de maio, à capital gaúcha.

No dia seguinte, declarava ao *Correio do Povo:*

"Em primeiro lugar, houve uma interferência direta do oficialismo sobre o livre direito de escolha, limitando a ação dos membros do Conselho. O

5. *Correio do Povo,* Porto Alegre, 23-5-1950.

nome do sr. Nereu Ramos, como é sabido, sempre foi tenazmente combatido pelo Catete. Não combatido de frente, mas por meio de processos passivos de resistência àquele ilustre correligionário. De outro lado, na manhã de segunda-feira (segunda-feira da escolha do sr. Cristiano Machado), o sr. Cirilo Júnior esteve com o presidente da República, ouvindo de S. Ex.ª que o candidato deveria ser um pessedista mineiro. Aliás, quando, depois da homologação pelo Conselho Nacional, um grupo de delegados foi ao Catete saudar o honrado Senhor presidente da República, o sr. Benedito Valadares, mal o sr. Cirilo Júnior acabara o panegírico do chefe de Estado, não quis ficar atrás e logo disse:

– Senhor presidente, Minas não esquecerá nunca que V. Ex.ª sempre se definiu por um candidato mineiro"[6].

Vindo de Itu, no dia 27 de maio, o senador Salgado Filho trazia a resposta de Getúlio Vargas à consulta pessedista.

Esta resposta trazia a única esperança de o PSD não se cindir, pois, como já havia dito o sr. Amaral Peixoto, a candidatura de Cristiano Machado só seria sustentada pelas seções do PSD que tinham compromissos com o sr. Nereu Ramos se obtivesse o apoio de Getúlio Vargas.[7]

Vargas pronunciou-se por intermédio de Salgado Filho, incumbindo-o de transmitir aos dirigentes do PSD que nada tinha a opor ao nome de Cristiano Machado. Ao mesmo tempo incumbiu-o de convocar a convenção nacional do PTB para o dia 16 de junho, quando seria decidida a questao da candidatura do partido à Presidência da República.

Apesar da declaração de Vargas, os componentes da autodenominada ala autonomista do PSD prosseguiam em seu trabalho contra a candidatura de Cristiano Machado. Anunciavam-se discursos do deputado Brochado da Rocha na Assembléia Legislativa sul-rio-grandense; dos deputados Batista Luzardo e Bittencourt Azambuja na Câmara dos Deputados; e do senador Ernesto Dorneles no Senado. Era a ofensiva parlamentar à candidatura escolhida pelo PSD, sob a alegação de que resultara de uma imposição do Catete.

Enquanto se desenvolvia a ofensiva dos dissidentes pessedistas gaúchos, anunciando a criação de uma entidade central, que seria o Partido Social Democrata Autonomista (PSDA), com sede em Porto Alegre, outra dissidência formava-se, desta vez em Sergipe.

O mês de junho começava em meio de grande agitação política. No dia 6, o Diretório Nacional do PTB resolveu encaminhar à convenção a candidatura de Getúlio Vargas. Uma delegação vai visitá-lo e traz de volta uma carta dirigida a Salgado Filho:

---

6. *Correio do Povo,* Porto Alegre, 27-5-1950.

7. *Correio do Povo,* Porto Alegre, 27-5-1950.

"Sem me querer furtar à imposição proveniente da direção do PTB, desejaria que, antes de qualquer resolução definitiva, V. Exª. tomasse a seu cargo a patriótica tarefa de consultar as direções supremas do PSD e da UDN sobre a possibilidade de um reexame da situação.

(...) Se, entretanto, as circunstâncias não permitirem uma solução favorável, por parte das nobres direções da UDN e do PSD, fica V. Ex.ª autorizada a transmitir a todos os nossos companheiros de luta, e aos trabalhadores em geral, minha firme decisão de submeter-me ao desejo deles, aceitando a candidatura que também já me oferecera o eminente governador de São Paulo, dr. Ademar de Barros..."[8]

Não obstante a ponderação de Vargas, a Convenção Nacional do PSD homologa em definitivo, no dia 9, a candidatura de Cristiano Machado. Seis dias depois, a 15, o governador de São Paulo, Ademar de Barros, discursando no Parque Anhangabaú, lança a candidatura de Vargas:

"...Por isso, tendo o Brasil encontrado um líder cujas idéias, sentimentos, aspirações coletivas hoje se ajustam às minhas idéias, aos meus sentimentos, às minhas aspirações, a ele dei meu apoio, com ele me aliei para uma ação conjunta no cenário político nacional. (...) Inspirado nos anseios do povo, que exige uma renovação imediata, rasgar outra mentalidade nos perniciosos hábitos políticos, ingentes em nossa terra, esta coligação é a conseqüência lógica, necessária, de um determinismo histórico indisfarçável e insubjugável.

(...) Dos nomes que se apresentam para a magistratura suprema da República do País, aquele que escolhi e vos apresento e recomendo, porque aceitou nosso programa e prometeu executa-lo, é Getúlio Vargas"[9].

No dia seguinte, era homologada pela Convenção Nacional do PTB a candidatura de Getúlio Vargas.

"O que vai triunfar é a vontade do povo"

Vargas não estava presente, no dia 16 de junho, à Convenção Nacional do PTB na capital da República. Seu pronunciamento foi irradiado de São Borja. Começa dizendo que, afastado há quase três anos da capital da República, entregue aos trabalhadores do campo, ao estudo, à meditação "em que se fazem os grandes e proveitosos exames da consciência", é aí que o vêm buscar para empreender uma nova cruzada a serviço do Brasil. Simples cidadão, sem a mínima parcela de autoridade pública, viu transporem a soleira de sua casa

8. *Correio do Povo,* Porto Alegre, 8-6-1950.

9. *Correio do Povo,* Porto Alegre, 16-6-1950.

homens de todos os credos, de todas as regiões do País, de todas as filiações partidárias, muitos deles seus intrépidos adversários de ontem. Recorda que jamais se cansou de repetir a decisão de não voltar ao governo, de cooperar para que o novo período presidencial fosse exercido por um concidadão à altura das dificuldades em que se debate a Nação, "depois de cinco anos perdidos na inércia ou na incerteza e contradição das diretivas oficiais, dos tateios sem planos ou dos planos sem bases. Assim, quando o governador do Rio Grande do Sul propôs a sua fórmula de conciliação, fui o primeiro a aplaudi-la e a prometer o meu apoio e de meus amigos". Quando os componentes do acordo interpartidário puseram termo às suas negociações internas, sem alcançar o objetivo desejado, foi procurado por emissários credenciados do PSD, que propuseram uma convenção bilateral. Acolheu-os, encaminhando-os ao senador Salgado Filho. Não lograram, entretanto, chegar ao nome comum. Não por sua culpa. Portanto, se no futuro a sentença das urnas viesse privar o PSD da chefia do governo da República, posto que conquistou com seu apoio em 1945, não seria sua culpa, mas dos que enfeudaram a agremiação majoritária aos seus caprichos, ojerizas e preferências domésticas. As delongas injustificadas, os adiamentos propositados das reuniões políticas, a interferência do Catete na limitação geográfica do campo da escolha do candidato ao partido majoritário levaram a UDN a alhear-se das combinações e a fixar-se na pessoa de seu patrono, o tenente-brigadeiro Eduardo Gomes. Por sua vez, o PSD, pondo inesperadamente de lado o nome do senador Nereu Ramos, decidiu-se, afinal, pela escolha do deputado Cristiano Machado. Foi então que o governador de São Paulo indicou, em seu nome e do Partido Social Progressista, a candidatura de Vargas. Este não aceitou de maneira pura e simples. Condicionou-se ao decurso de um prazo para que, dentro dele, o senador Salgado Filho ainda se fizesse, perante a UDN e o PSD, o intérprete do seu último apelo à concórdia e ao regresso à execução da *fórmula Jobim*, sem interferência alheia à vida dos partidos políticos. Maior prova não poderia dar de desambição e desinteresse pela volta ao governo. Não tendo sido aceita a sua sugestão, os deveres, que a dignidade impõe, o obrigam a aceitar o convite de tão rara escolha:

"Mas por que tanto me esforcei por uma solução conciliatória? Medo da luta? Quem ousaria supor, conhecendo o nosso passado comum de afrontarmos os riscos e desprezarmos as ameaças que só podem ser resultantes da incompreensão dos homens ou de prevenções descabidas, injustas e contrárias à letra constitucional e ao espírito do regime vigente? Não; fui apenas movido pelo alto pensamento de cooperar, quanto em mim coubesse, para a fraternidade entre os brasileiros.

Aqui me tendes, pois, obediente à majestosa imposição das forças políticas e das massas populares, que se agremiaram sob invocação das nossas idéias.

Se os sufrágios, depositados nas urnas a 3 de outubro, me confiarem a magistratura suprema da República, hei de empregar todas as minhas energias para a obra do ressurgimento nacional, comprometido pelos graves erros praticados contra a prosperidade pública"[10].

Candidatos à Vice-Presidência

Restava aos partidos políticos a escolha dos candidatos à Vice-Presidência da República.

Ainda desta vez houve dificuldade em harmonizar o PSD. O partido majoritário continuava a ser uma reunião dos vários partidos estaduais, em que predominavam as influências das personalidades dos chefes políticos. Por isso, a escolha do candidato à Vice-Presidência, como companheiro de chapa de Cristiano Machado, dividiu a agremiação em várias diretrizes. O grupo paulista, liderado por Cirilo Júnior, reuniu-se a 21 de junho, firmando a reivindicação de uma candidatura paulista, já que a Presidência coubera a um mineiro.

A seção mineira, chefiada por Benedito Valadares, argumentava que o vice-presidente deveria vir do Rio Grande do Sal, onde havia poderoso núcleo descontente com o nome de Cristiano Machado.

O PR reuniu-se no dia 11 de julho, adotando o ponto de vista paulista, de que resultou a indicação do ex-presidente Altino Arantes, o qual ameaçava ligar-se à UDN, caso sua indicação não fosse aceita.

Finalmente, o Conselho Nacional do PS resolveu a questão, oficializando o nome de Altino Arantes.

Se o PS conseguira congregar-se em torno da chapa Cristiano Machado – Altino Arantes e obtivera o apoio do PR e de Artur Bernardes, o PST, que apoiava a candidatura de Cristiano Machado, divergiu quanto ao vice-presidente, indicando o nome de Vitorino Freire.

A UDN manteve a sua unidade quanto à escolha do vice-presidente. Por indicação do Conselho Executivo, reunido a 28 de julho, foi indicado o nome de Odilon Braga para companheiro de Eduardo Gomes.

O PSB resolveu, em convenção, que o partido teria candidatos próprios, embora sem chance eleitoral. Foram seus indicados João Mangabeira e Alípio Correia Neto.

Vargas não tinha companheiro de chapa. Indicado pelo PTB e PSD, com o apoio da dissidência do PSD, pensou em convidar o general Góes Monteiro para a Vice-Presidência. Era curioso que o presidente deposto a 29 de outubro de 1945 chamasse o ministro da Guerra que tomara parte no golpe daquele dia.

---

10. Getúlio Vargas, *A campanha presidencial*. Rio de Janeiro: José Olympio, 1951.

Era, porém, evidente que a indicação do chefe militar neutralizaria a campanha que se vinha fazendo, com a mobilização dos militares golpistas, para impedir a eleição; se eleito, a diplomação; se diplomado, a posse do presidente banido do poder em 1945.

O presidente interino do PTB, Danton Coelho, declarava a um jornal[11] ser bastante visível a possibilidade de incluir Góes Monteiro na chapa de seu partido. No dia seguinte, o mesmo jornal informava: o convite ao general Góes Monteiro, para formar ao lado de Getúlio Vargas, fez com que também surgissem referências até a uma possível dissidência do sr. Cristiano Machado à sua candidatura. Acrescentou-se, mesmo, que o deputado mineiro dera ciência dessa intenção ao general Dutra, condicionando sua permanência com outro candidato, à medida que pusessem fim à confusão e às tantas provas públicas de apreço ao ex-ditador, com o que não só o general Góes Monteiro, como o sr. Amaral Peixoto e, principalmente, o governador de Pernambuco, que oferecera um banquete ao sr. Getúlio Vargas, vinham comprometendo seriamente a unidade do PSD[12].

No mesmo dia, outro jornal, criticando o general Góes Monteiro, afirmava que ele estava "moralmente impedido de continuar a pretender a Vice-Presidência na chapa queremista", em virtude de ter sido negada, em termos enérgicos, pelo Diretório Nacional de seu partido (PSD), autorização para candidatar-se ao lado do sr. Getúlio Vargas; o sr. Pedro de Góes não se deu por achado, embora afirmasse que respeitaria o pensamento de seus correligionários[13].

Danton Coelho, em entrevista à imprensa[14], declara que o PTB tinha três nomes para compor a Vice-Presidência: o general Góes Monteiro, cujo nome já consideravam fora de cogitação; o do deputado Café Filho; e um terceiro, que não quis nomear. O jornalista presumiu ser o deputado Samuel Duarte, da Bahia, que estaria nas cogitações de Danton e de Epitácio Pessoa Sobrinho. Ainda o mesmo jornal noticia um encontro de Góes Monteiro com Dutra, em um almoço. Talvez o general Góes houvesse comunicado ao presidente Dutra o encerramento das conversações em torno do seu nome.

Passava ao primeiro lugar João Café Filho. Deputado federal pelo Rio Grande do Norte, era o chefe da seção potiguar do partido de Ademar. O governador de São Paulo, não sendo candidato, pleiteava a Vice-Presidência para o seu partido. Não querendo colocar em posto de tanta evidência um correligionário de seu Estado, que poderia agigantar-se politicamente, pensou

---

11. *O Globo,* Rio de Janeiro, 1-9-1950.

12. *O Globo,* Rio de Janeiro, 2-9-1950.

13. *Correio da Manhã,* Rio de Janeiro, 2-9-1950.

14. *O Globo,* Rio de Janeiro, 3-9-1950.

em João Café Filho, deputado com alguma base popular em seu estado, o único aliás onde o PSP tinha ressonância.

Café Filho não tinha maior aproximação com Getúlio Vargas, que o aceitou em consideração a Ademar e desesperançado de obter a colaboração de Góes Monteiro.

A indicação de Café Filho iria trazer conseqüências imprevistas. A Liga Eleitoral Católica (LEC) renovava o trabalho que tão bom resultado dera no preparo da Constituinte de 1933/34. Dispondo de numeroso fichário eleitoral, que formara para as eleições de 1933 e atualizara para as futuras eleições, além de dispor de uma infra-estrutura baseada em sua própria organização, com bispos, padres e associações religiosas arregimentados nesse trabalho, a LEC consultava os candidatos e submetia à sua aprovação questionários visando apurar até que ponto aceitavam a doutrina social da Igreja e respeitavam seu programa de reivindicações básicas, tal como fizera, com êxito, em 1933.

Assim, os candidatos à Presidência e à Vice-Presidência, e demais cargos eletivos, foram consultados pela LEC. Após esta indagação, a LEC recomendava ou deixava de recomendar os candidatos ao eleitorado católico e a todos que quisessem seguir a sua orientação.

Poucos foram os que não mereceram aprovação. Entre esses, porém, estava o candidato à Vice-Presidência na chapa PTB-PST, João Café Filho.

Pesava sobre o deputado Café Filho a acusação de comunista, sob a alegação de que estivera envolvido na Intentona Comunista do Natal de novembro de 1935, o que não era verdade. João Café Filho teve de exilar-se em Buenos Aires naquela época, regressando ao Brasil e se elegendo deputado à Constituinte de 1946.

Surpresa maior seria a sua votação, contrariando os prognósticos, assegurando-lhe a Vice-Presidência da República.

Eleições no Clube Militar

O Clube Militar tem a sua origem ligada à questão militar que contribuiu para a queda da monarquia. Por isso mesmo, ao longo da História, eram freqüentes os debates, os choques das correntes de opiniões contrárias, onde se evidenciava a constituição democrática do Exército.

A Segunda Guerra Mundial oferecera aos componentes da Força Expedicionária Brasileira – FEB a visão dramática da crise do mundo moderno. O poderio de que a Inglaterra dispusera sozinha foi dividido entre as duas superpotências surgidas do conflito: Estados Unidos e União Soviética. O mundo será, daí por diante, durante muito tempo, até pelo menos os nossos dias, cindido em duas zonas de influência que a Conferência de Yalta homologaria.

A partir do término da Segunda Guerra Mundial, evidenciam-se as características das correntes de opinião divergentes e até mesmo contrárias em questões fundamentais de política. A longa ditadura e o predomínio de alguns chefes militares haviam criado a obrigação de atender às solicitações do poder como um dever militar. Por isso, a participação na guerra de combate ao nazi-fascismo, em nome da democracia, trouxe de volta uma oficialidade lúcida, provada no holocausto de vidas pela pátria e pela democracia. Era natural que, regressando ao seio da tropa, os expedicionários levedassem a massa predisposta para a tomada de consciência das questões nacionais.

Um historiador e general acentua "formas outras de organização, as questões pendentes tenderiam, nos meios militares, a gravitar, naturalmente, para as associações de classe, única área onde poderiam ser ainda discutidas e onde, para a discussão, não pesaria o fator hierárquico. Daí o destaque que o Clube Militar conquistou: daí por diante, a sucessão da sua diretoria assumiria sempre aspecto de problema político, independente da opinião das pessoas. Com o caso do petróleo e a amplitude nacional da campanha em defesa dos interesses brasileiros, nesse caso, a questão do Clube Militar ganhou o primeiro plano"[15].

Em 1950, a mudança de diretoria no Clube Militar associava-se, evidentemente, à sucessão presidencial da República. A eleição do Clube Militar estava marcada para 16 de maio, antecedendo o pleito presidencial de 3 de outubro.

A possível candidatura de Getúlio Vargas despertara a reação dos elementos políticos que haviam acionado o dispositivo militar em 29 de outubro de 1945. Nem outra era a razão de ser do acordo interpartidário entre PSD e UDN, visando excluir da contenda as correntes que não tomaram parte na deposição dos presidentes. Por isso, a *fórmula Jobim,* preconizando a participação de todas as correntes leais ao regime, como fazendo parte integrante do sistema democrático, imposto ao País pelo pronunciamento das Forças Armadas, levantava a discriminação que pesava sobre os partidos não diretamente responsáveis pelo golpe.

Ainda desta vez, os antigetulistas esforçavam-se por obter a colaboração dos militares no veto a Vargas. Daí a versão de que, se *eleito,* não tomaria posse.

Era evidente que a eleição do Clube Militar tinha, para muitos, o significado de uma prévia para a eleição presidencial. Os candidatos, duas figuras de relevo em sua classe, dois generais com serviços prestados ao País, na paz e na guerra, Newton Estillac Leal e Oswaldo Cordeiro de Farias, eram bem os líderes das duas correntes que se defrontavam nos vários debates travados no

15. Nélson Werneck Sodré. *História Militar do Brasil.* Rio de Janeiro: Civilização Brasileira, 1968.

Clube Militar. Porque, antes mesmo das eleições, a diretoria abrira os salões do Clube para que os associados discutissem os grandes problemas nacionais.

Foi assim que os salões do Clube Militar acolheram numerosas assembléias para a discussão dos problemas que não seria possível debater em outros locais, mais visados pela ação policial. O problema da exploração do petróleo, dividindo as opiniões entre os que defendiam o monopólio nacionalista e os que admitiam participação de capitais estrangeiros, teve a sua grande batalha no Clube Militar, onde brilhantes conferencistas expuseram seus estudos e suas conclusões. Os chefes das duas alas militares, generais Juarez Távora e Horta Barbosa, defenderam suas teorias; o primeiro, fundamentando a chamada tese "entreguista", aludia às insuficiências da administração estatal que tornavam "a tarefa difícil e lenta, dado o baixo nível de compreensão cívica do nosso povo e a falta de orientação e de escrúpulos da nossa elite". Combatendo a legislação de amparo ao trabalhador, denunciava "o caráter reacionário dessa legislação, beneficiando quase exclusivamente o trabalho urbano", e o seu "caráter unilateral" que, "firmando direitos e regalias dos trabalhadores, esqueceu a necessária contrapartida dos deves econômico-sociais e sanções correspondentes às suas infrações"[16].

O general Horta Barbosa liderava a corrente conhecida como nacionalista, e sua tese, aprovada em 1938, quando exercia a função de subchefe do Estado-Maior do Exército, criado o Conselho Nacional do Petróleo, desapropriava as terras adquiridas pelos trustes e preconizava a intensificação das pesquisas pelo Estado, com os recursos disponíveis. Ficavam com os trustes a refinação, o transporte e a distribuição.

O choque entre as duas correntes refletia não apenas uma questão doutrinária nos vultosos interesses econômicos nacionais e estrangeiros. Conseqüentemente, a eleição de uma nova diretoria significava o predomínio de uma outra corrente, com a utilização dos meios de comunicação que eram as assembléias e a revista do Clube Militar, de grande penetração no seio da oficialidade.

Na fase de propaganda, as duas correntes usavam expressões candentes. Assim, os que se denominavam *nacionalistas* eram chamados pelos seus opositores de *comunistas*, pretendendo ligar a tese contrária aos trustes estrangeiros a uma posição simpática à Rússia marxista. Em represália, estes cognominavam os contrários de *entreguistas* pela acolhida que davam ao capital estrangeiro; e *golpistas,* alusivo à participação no golpe de 1945.

---

16. Citação de Juarez Távora. *O problema brasileiro do petróleo – Ensaio de solução objetiva.* RJ, 1948, publicação do Serviço de Informação Agrícola do Ministério da Agricultura, contendo conferência pronunciada no Clube Naval em 16-9-1947. Sodré, *op. cit.*, p. 308.

Na eleição, foi muito disputada a contagem de votos, que acusou 3.883 para a chapa encabeçada pelo general Estillac Leal, enquanto o general Cordeiro de Farias e seus companheiros somavam 2.721 votos.

A revista nº 107 do Clube Militar, de julho, trouxe como editorial *O significado de uma vitória*:

"...Venceu a decisão inquebrantável que faz da defesa dos interesses e das riquezas nacionais contra a cobiça alheia uma luta sem desfalecimento, uma batalha sem tréguas, da qual há de ressaltar o triunfo do sentimento patriótico, com a conquista e a consolidação de nossa independência econômica.

Venceu o propósito de manter as Forças Armadas, irmanadas ao povo, em sua sagrada missão de intransigentes defensoras dos ideais democráticos, do respeito à vontade popular, contra os golpistas e seus movimentos antipatrióticos dissimulados, ou não, com a máscara de defesa das instituições.

(...) Por isso mesmo, o que nos cumpre fazer agora é, esquecidos da divisão eventual e passageira, morta no preciso momento em que se depôs o último voto na urna, unirmo-nos em torno dos novos poderes de nosso Clube, para exigir e ajudar o cumprimento do programa eleito".

Na cerimônia de posse da nova diretoria, o novo presidente discursou, expondo o seu programa. Agradeceu a homenagem debutada ao soldado que jamais reivindicou seus títulos e tudo devia ao Exército, onde formou a sua personalidade; recordou alguns de seus chefes, em cujo convívio aprendeu a sofrer as lutas, as decepções e a avaliar os triunfos. Disse que só o animava o objetivo de bem servir a sua classe. Analisou as eleições do Clube Militar:

"As eleições do Clube Militar, empolgando as Forças Armadas, num movimento cívico sem símile em sua história, deram à Nação uma lição de democracia, que ela deve considerar e meditar, dado que mostraram, com eloqüência, subordinar-se e condicionar-se o regime democrático ao respeito mútuo, à educação cívica, à disciplina e, sobretudo, à consciência do dever, tanto dos que estão no poder quanto dos que estão fora dele. A democracia – tal como a compreendemos – medra e prospera onde se afirma o princípio da responsabilidade e onde as divergências de opinião, em vez de fatores de desagregação, o são de vitalidade e coesão, pela fiscalização e crítica construtivas que promovem, e de progresso, pela sadia emulação que engendram.

Nesse espetáculo, entretanto, alguns vesgos e hipócritas querem ver não as cenas alentadoras duma consciência, que se expande e ganha consistência crescente, aberta generosamente às justas reivindicações de nossa classe, mas tão-somente os quadros sombrios de traição à Pátria e de solapamento de suas instituições. Esta opinião suspeita, como suspeitos são os que a esposam, não invalida a verdade e a significação histórica e social do acontecimento, cuja matriz assaz transcende de sua medíocre influência e estreita compreensão, porque, estagnados num passado morto, não sentem as palpitações e anseios da nova moral que nasce.

De qualquer forma, porém, a luta que travamos, no plano da opinião, dos princípios e das reivindicações impostergáveis de nossa classe, não foi e nem poderia ser mera competição caudilhesca. Afirmar o contrário seria ofender a consciência e o espírito cívico das Forças Armadas. As pessoas, minha e do meu velho e ilustre camarada, general Cordeiro de Farias, serviriam tão-somente, pelas tendências que cada uma exprime, para personificar as idéias em que se divide sua opinião, os princípios que esposam e os critérios de consideração e tratamento dos assuntos de seu particularíssimo interesse.

E triunfam, em pleito responsável, os que testificam nossa plataforma, no voto da maioria, dado às claras, autenticado nos cartórios, e, por essa forma, insofismável como expressão de sua vontade soberana".

(..)

"Há poucos dias, atribuiu-se a eminente camarada a assertiva de que, usando eu, em documento público, o termo 'nação', em lugar de 'pátria', dava prova da minha condição de comunista, aliás propalada, a medo e desde há muito, por gratuitos inimigos meus, à sombra, evidente, do anonimato. Ignorava tivesse aquele termo perdido o seu valor semântico e muito menos sabia a influência comunista tão extensa e profunda na estrutura de nossa língua. Confesso o desconhecimento do evento surpreendente, e isto pela razão de que não possuo o dicionário bolchevista da língua portuguesa, nunca deletreado por mim, mas amiudadas vezes, por certo, pelos hermeneutas dos "Planos Cohens", de cujos conhecimentos especializados haverá, doravante, de se socorrer quem se aventura a escrever no idioma pátrio sem incidência no índex dos exegetas totalitários.

Utilizei o termo 'nação', de um lado, pelas reminiscências das aulas de português da minha juventude longínqua, e, doutro lado, pela natural associação de idéias, evocada pelo adjetivo "nacional", que aquele meu camarada, concitando-me a velar pela sobrevivência nacional, utilizara. Não acreditei, desde logo, na autenticidade da insinuação porque, conhecendo seu caráter e as premissas de sua ágil e percuciente inteligência, não lhe posso atribuir nem protérvia tão grosseira, nem pilhéria tão mediocremente indigna de seu espírito voltaireano.

Mas não será com tais processos que se garantirá a sobrevivência da nacionalidade, que exige de seus estadistas e de seus chefes atitudes másculas, corajosas e firmes; respeito às leis e instituições, fortalecidas pelo trabalho pertinaz e desambicioso, só recompensado pela consciência do dever cumprido; exemplos de amor à causa pública e ao povo, torrando-o à justiça e à exploração, assegurando-lhe tranqüilidade para o trabalho fecundo e existência digna; veneração às passadas gerações que conquistaram e entregaram às atuais a imensa base física da pátria: a solução justa e honesta dos problemas fundamentais da República, cuidando da eficiente defesa de sua soberania pela criação dum Exército, duma Força Aérea e duma Marinha poderosa, com uma retaguarda assentada em adequada e intensiva industrialização; o combate às pretensões imperialistas de domínio econômico e político; a proscrição da cizânia do seio da gente brasileira, afinizando os espíritos por meio da educação, da cultura, da tolerância e da compreensão e, finalmente, a preservação daquela 'unidade moral', de que fala Lamenais, na qual se penetram e confundem os indivíduos, na fusão voluntária de todos os interesses em um só interesse, de todas as vidas em uma só vida, eternamente durável".

Na Estância de São Pedro

A 30 de setembro, Getúlio Vargas encerra sua campanha eleitoral com um comício em São Borja, sua terra natal. Foram 53 dias de propaganda, quando percorreu os vinte estados da União, discursando em 77 cidades. Ali ficou até o dia das eleições. A 3 de outubro, depois de ter votado, seguiu de avião para a Estância de São Pedro, próxima a Uruguaiana, e de propriedade de seu amigo João Baptista Luzardo.

Várias estâncias no Rio Grande haviam sido oferecidas para que o candidato do PTB repousasse após a campanha tão extenuante. Mas nenhuma apresentava as vantagens de São Pedro. Além de suas grandes dimensões, possuía um campo de pouso para aviões, boa estrada de rodagem, que facilitaria o constante acesso de seus correligionários, como também acomodações não somente confortáveis, mas convenientes. Isso porque em São Pedro, além da casa de residência propriamente dita, existe um "castelinho", uma espécie de anexo, independente, onde Getúlio Vargas teria todas as acomodações necessárias, ao mesmo tempo em que poderia se isolar em conferências com os próceres que o haviam apoiado, sem perturbar a rotina da casa de Luzardo. Até hoje existe esse "castelinho", assim chamado pela sua forma arquitetônica. Dista uns tantos metros de uma imensa varanda que ladeia a casa da família Luzardo. O acesso se dá por uma vereda cercada de arbustos floridos. Na sua extremidade, ficava de sentinela o guarda-costas Gregório. Só passava quem tivesse audiência marcada com o dr. Getúlio.

E o presidente eleito ali ficou do dia 3 de outubro de 1950 até o dia 17 de janeiro de 1951, quando Ademar de Barros o vai buscar de avião para levá-lo para Campos do Jordão, em São Paulo.

Durante sua permanência na Estância de São Pedro, Getúlio Vargas recebeu um número infindável de pessoas, a maioria políticos que iam em busca de uma palavra do chefe do PTB para a composição do novo governo. Uma delas, entretanto, foi diferente de todas as demais.

Uma noite, por volta das onze horas, chegaram à estância quatro automóveis cheios de argentinos. Luzardo se apressa em saber quem chegara. Era o vice-presidente da Argentina, dr. Quijano, e sua comitiva, que iam à cidade de Alvear para prestar as homenagens no dia consagrado ao libertador argentino. Em vez de seguirem de Buenos Aires diretamente para aquela cidade, resolveram cruzar a ponte em Paso de los Libres para irem a Uruguaiana fazer uma visita ao presidente Vargas. Por ordem de Perón, Quijano, segundo sua própria expressão, "invadira" o Brasil para se avistar com o presidente, numa tentativa de convencê-lo a ter um encontro com o presidente da Argentina. Já era a quarta vez que Perón fazia essa proposta. As duas primeiras tiveram Baptista Luzardo como intermediário. Perón viria até a fazenda de Itu, de propriedade da família Vargas, ou então se encontraria com Getúlio no talvegue do rio Uruguai. Vargas sempre recusou. Depois foi Jango Goulart o portador do terceiro convite. Perón achava indispensável ter uma conversa com Getúlio Vargas, antes de ele tomar posse na Presidência da República. A política sul-americana exigia o encontro – era a frase de Perón. Também Jango não foi bem-sucedido na sua missão. Finalmente a visita inesperada do dr. Quijano que, além de vice-presidente, era o ministro do Interior. Getúlio conferenciou com ele durante duas horas, no "castelinho". No dia seguinte, pela manhã, em seu passeio habitual, a cavalo, com seu anfitrião, Vargas informou a Luzardo do convite. Mas não aceitara. Luzardo não compreende a recusa e interpela o amigo. "Nossos cavalos deram uns dois ou três passos à frente, e o Getúlio me olhou: 'Ah, seu Luzardo, esses milicos, esses milicos, seu Luzardo...'"

Ademar de Barros foi buscar Getúlio Vargas na Estância de São Pedro, levando-o para Campos do Jordão. Aí ele prossegue na organização de seu Ministério, recebendo os jornalistas, quando antecipa que a pasta do Trabalho será dada ao PTB, na pessoa de Danton Coelho.

A 18 de janeiro, o Supremo Tribunal Eleitoral reúne-se, sob a presidência do ministro Ribeiro da Costa, e proclama os resultados eleitorais: Getúlio Vargas – 3.849.040 votos, representando 48,7% do total; Eduardo Gomes – 2.343.384 votos, correspondendo a 29,7% do total, e Cristiano Machado – 1.697.193, ou seja, 21,5% da votação. O PSD não conseguiu votação significativa.

O candidato derrotado, apresentado pelo PSD, Cristiano Machado, telegrafou a Vargas felicitando-o e formulando votos pelo êxito do seu governo na conquista da grandeza e felicidade da comunhão nacional.

O noticiário informava que Ademar de Barros disputaria as pastas da Fazenda e da Viação, uma carteira do Banco do Brasil, a administração dos territórios do Amapá e Guaporé e a Prefeitura do Distrito Federal, cujo ocupante seria escolhido de comum acordo com o PTB. Noticiou-se a formação de um novo partido, resultante da fusão do PTB e do PSP, o que não se confirmou.

A 22 de janeiro, Vargas chega ao Rio. Na mesma noite, recebe o general Newton Cavalcante, que foi fazer a visita protocolar em nome do presidente da República, Eurico Gaspar Dutra.

Desmentia-se o fato de que Dutra não passaria o governo. O presidente afirmou que o eleito seria empossado e a ele transmitiria o poder.

Vargas, em Campos do Jordão, desenvolveu várias conversações em torno da constituição do seu Ministério, inclusive procurando dar a ele um cunho de conciliação nacional, atraindo a colaboração da UDN, mediante o oferecimento de duas pastas, que caberiam a Milton Campos e João Cleofas. Danton Coelho, incumbido de entrar em entendimentos com a UDN, procurou pessoalmente o seu presidente, Odilon Braga. Este lembrou a Danton Coelho que a UDN havia se definido por uma posição de completa independência em relação ao futuro governo. Não obstante, João Cleofas aceitou a pasta da Agricultura.

Juscelino Kubitschek pleiteava a pasta da Justiça ou da Educação para Minas Gerais. O PSD, por seu presidente, Cirilo Júnior, reiterou pessoalmente a Vargas a disposição de seu partido de apoiar o futuro governo. Seus dirigentes nacionais reunidos ratificaram esta posição.

A POSSE DE VARGAS

Diplomados pelo Tribunal Eleitoral o presidente e vice-presidente da República, Vargas proferiu o seguinte discurso:

"Senhor Presidente,

Senhores Ministros:

Não devo ocultar os sentimentos de júbilo cívico de que me encontro possuído ao receber das mãos dos mais altos representantes da Justiça Eleitoral o diploma de presidente da República.

Com este ato solene, encerra-se o prélio eleitoral de que participei, e saio reconfortado pelas preferências da opinião popular.

Não pretendo evocar os episódios dessa memorável campanha, tão recentes e vivos na memória de todos.

O que desejo proclamar, nesta excepcional oportunidade, é a vitória dos ideais pelos quais sempre porfiei e foram o sonho acirrado de muitas gerações: a vitória da liberdade, da garantia e da legitimidade do voto popular.

A reforma eleitoral por mim realizada em obediência aos reclamos e aos anseios da nacionalidade teve agora, pela segunda vez, a contraprova do seu acerto. O voto secreto e a instituição da Justiça Eleitoral propiciaram uma verdadeira revolução pacífica na vida política do país. O cidadão adquiriu a consciência do seu direito e, exercendo-o, viu a sua vontade respeitada. A soberania popular não é mais uma ficção explorada pelas oligarquias outrora reinantes e interessadas em perpetuar o mandonismo político. O povo, liberto das maléficas influências da coação, do suborno e da intimidação, constituiu-se em instância suprema e inapelável para a escolha e a designação de seus governantes. A Justiça Eleitoral, apurando e proclamando imparcialmente os resultados das urnas, consolidou a confiança pública nas instituições democráticas.

Não voltaremos mais ao tempo em que a fraude campeava livremente no alistamento, na eleição e na apuração. Os princípios de representação e justiça, de que se fizera infatigável propugnador o saudoso Assis Brasil e foram depois consubstanciados nos ideais revolucionários de 1930, representam uma conquista definitiva, concreta e irrevogável.

O papel preponderante que foi atribuído à justiça togada na preparação, organização e fiscalização dos pleitos eleitorais é uma garantia de isenção e imparcialidade.

Comparecendo a esta solenidade e recebendo dos eminentes juízes da mais alta corte da Justiça Eleitoral o título que me investe das funções e dos encargos de chefe do Poder Executivo, quero exprimir a minha inteira confiança no aprimoramento dos nossos costumes políticos, no progresso e aperfeiçoamento das práticas democráticas e na participação cada vez mais numerosa e substancial do povo nos problemas e nas decisões da vida nacional".

Precisamente na hora em que se realizava o ato da diplomação de Vargas, achava-se reunido o Conselho Nacional do PSD, convocado na véspera por Cirilo Júnior, para oficializar a adesão do partido ao futuro governo. Terminada a reunião, foi dada a seguinte nota:

"O Conselho Nacional do PSD, reunido para fixar sua orientação no atual momento político, após a exposição de seu presidente, e considerando os altos interesses nacionais, resolveu: a) apoiar o governo do presidente Getúlio Vargas, dando-lhe colaboração política e administrativa; b) expressar mais uma vez ao general Eurico Gaspar Dutra o seu apreço, por sua obra de governo e pelos serviços prestados à causa da democracia".

Primeira fala do novo presidente

Empossado a 31 de janeiro, Vargas faz o seu primeiro pronunciamento:

"Brasileiros! Ao deixar o recinto do Congresso Nacional, onde ao lado do ilustre vice-presidente da República, sr. Café Filho, meu companheiro de campanha e de governo, prestei o compromisso legal de servir ao Brasil, as suas instituições livres e aos seus interesses supremos, o meu primeiro desejo foi dirigir-me ao povo para participar do seu contentamento e comungar das suas esperanças. Eleito a 3 de outubro como o candidato do povo, aspiro e espero governar como o presidente do povo.

Ordenastes e eu obedeci. Deus é testemunha das minhas relutâncias íntimas em participar de uma campanha que pudesse agravar os vossos sofrimentos e fomentar discórdias e animosidades entre os brasileiros.

Não temia os riscos, os ônus e as vicissitudes da vida política nem me enfraqueciam o ânimo as ameaças e as provocações diretas ou veladas. Mesmo assim, não me decidi a disputar o pleito sem antes esgotar todos os recursos de conciliação e harmonia das forças políticas. O insucesso dos meus esforços e o malogro das minhas esperanças não abriram outro horizonte que não fosse o da luta que procuramos manter em termos de isenção e elevação. Os profetas de calamidades, como aves agoureiras, andaram anunciando a aproximação das horas de cataclisma. Outros, como falsos pastores, pretendiam assumir uma espécie de curatela da opinião popular, porque ainda não estávamos amadurecidos e preparados para os prélios cívicos e os embates ideológicos que fortalecem e vivificam o exercício e a prática da democracia.

Os seus prognósticos lúgubres e as suas previsões funestas não se confirmaram. A eleição de 3 de outubro desmentia os seus presságios e também os argumentos engendrados que apenas escondiam os receios duma competição livre que permitisse ao povo exprimir a escolha e a preferência. A ordem não foi perturbada. Os poderes públicos permaneceram nos limites constitucionais e não precisaram extravasar para os recursos das medidas de exceção. A Nação não interrompeu o ritmo dos seus trabalhos e atividades. O governo federal, os órgãos da Magistratura e as Forças Armadas merecem louvores pela sua contribuição para a lisura, a liberdade e a tranqüilidade da propaganda e do pleito. Os profissionais da desordem, os conspiradores impenitentes e os inimigos da paz social não encontraram ambiente propício para a aventura, o terror, a violência ou a demagogia. O povo brasileiro ofereceu um exemplo vivo de maturidade política, cultura cívica e aprimoramento coletivo. Não reagiu às provocações nem se deixou emaranhar nas ciladas da traição. Não se deixou vencer pelo engodo das promessas ou pelas tentações da corrupção. Não perdeu por um momento a calma, a confiança, as virtudes da fé e a convicção serena de que o voto depositado nas urnas seria contado e respeitado. Não valeriam contra sua vontade nem prevaleceriam contra a sua decisão os sofismas, as maquinações, as intrujices, as chicanas e as rebulices jurídicas dos que andaram tentando fraudar e perverter a limpidez e a legitimidade dos mandatos oriundos de uma eleição reconhecida e proclamada como a mais livre e honesta de nossa história republicana. Aos partidos aliados ou adversários, e aos ilustres candidatos, que disputaram comigo os sufrágios e as preferências do povo, quero deixar registrado o testemunho da minha admiração e respeito pela elevação, dignidade e cortesia com que se conduziram, honrando os padrões e as conquistas da nossa civilização política.

A eleição de 3 de outubro não representa para mim apenas a designação da estima pública ou o coroamento de uma carreira devotada aos interesses, às aspirações e ao serviço da comunidade nacional e das populações ignoradas e esquecidas. Eu a recolhi como um julgamento e com a força de um veredicto irrecorrível. Ao deixar o governo, o apodo, as invectivas e a calúnia fizeram de mim o objeto e a vítima do ódio e da injustiça. Malsinaram atos, intenções e propósitos, e desfiguraram a verdade ao sabor das suas prevenções e malignidades. Nunca ditei uma palavra de amargor e sufoquei sempre as penas e as mágoas que me causavam a fúria e a impiedade das suas setas envenenadas. As mensagens de solidariedade, as palavras de conforto, as numerosas provas de gratidão e bondade, partidas da gente anônima e obscura, e que chegaram diariamente ao meu retiro, tiveram o efeito dum bálsamo consolador e ao mesmo tempo reavivaram a crença nas virtudes do povo brasileiro e no dever que me competia de continuar pugnando pelos seus direitos e pelas suas causas.

A minha candidatura não nasceu, por isso, das injunções da política ou das combinações dos partidos. Ela veio diretamente do povo, dos seus apelos e dos seus clamores. Por isso vos escolhi, intrépido e valoroso povo carioca, para serdes o intérprete da minha imensa gratidão. Serei fiel ao mandato, às responsabilidades e aos deveres que me impusestes numa alentadora renovação de apoio e confiança.

Não venho semear ilusões nem deveis esperar de mim os prodígios e os milagres dum messianismo retardatário. Não vos aceno com a idade da plenitude e da abundância como um fabricante de sortilégios. Não vos quero enganar com projetos ambiciosos e programas grandiosos, imaginativos e irrealizáveis. Tendes direito a uma vida melhor e a uma participação gradual e eqüitativa nos produtos do trabalho, na comunhão da riqueza e nos frutos e benefícios do progresso, do conforto e das amenidades da existência. A todos, sem exceções odiosas e discriminações irritantes, devem ser assegurados a igualdade das oportunidades, o acesso às facilidades educacionais, a participação efetiva nos conselhos da administração pública, a remuneração compensadora do trabalho, os cuidados e os desvelos do Estado nas horas de infortúnio, a segurança econômica, o bem-estar coletivo e a justiça social.

A economia popular, fruto do trabalho, será defendida e protegida. É ao próprio povo, em primeiro lugar, que cabe a vigilância dos mais sagrados dos direitos, que é o direito da necessidade. Os especuladores dos lucros ilícitos, os exploradores da pobreza, os marcadores da miséria alheia ficam advertidos de que a lei não os cerca de imunidades nem a justiça popular reconhece os seus foros de impunidade.

O governo não é uma entidade abstrata, um instrumento de coerção ou uma força extrínseca da comunidade nacional. Não é um agente de partidos, grupos, classes ou interesses. É a própria imagem refletida da pátria na soma das suas aspirações e no conjunto das suas afinidades e lealdades. É a emanação do povo e como tal o servo da sua vontade, o provedor das suas necessidades, a força humanizada e sensível que preside às relações e ao desenvolvimento da sua vida social no sentido da cooperação e da harmonia das classes e dos interesses.

Brasileiros! A jornada eleitoral foi encerrada, e podeis estar orgulhosos da página de glória com que enriquecestes os anais da nossa vida política. Precisamos agora amortecer as paixões, esquecer os dissabores, aplacar os espíritos e apagar cicatrizes da batalha. Temos diante de nós uma imensa tarefa de recuperação e consolidação a realizar, e para ela, sem exclusões partidárias, convoco a boa vontade, a inteligência e o patriotismo dos brasileiros. Estou certo da vossa ajuda e conto com a vossa cooperação, porque assim estaremos servindo não ao efêmero dum governo, mas à perenidade, à perpetuidade e à grandeza da Nação brasileira".

Tese da maioria absoluta

A oposição à volta de Vargas não cessou quando o resultado das urnas, logo aos terceiro e quarto dias da apuração, evidenciou a vitória do presidente deposto em 1945, seguido do brigadeiro Eduardo Gomes e de Cristiano Machado.

Não era segredo que os que combatiam Vargas usariam de todos os recursos para impedir a sua diplomação, pela Justiça Eleitoral, ou mesmo a posse, se não obtivessem sucesso naquele primeiro lance.

Em um depoimento, prestado em outubro de 1977, o ministro aposentado do Supremo Tribunal Federal Luís Gallotti relata uma entrevista que teve com o presidente Eurico Gaspar Dutra. O candidato de seu partido e seu candidato, Cristiano Machado, estava no último lugar:

"Nesse dia eu fui ver o presidente no Palácio do Catete. Ele estava realmente abatido e triste, como se houvesse perdido uma pessoa da família. Estava sentado à cabeceira da mesa, levou-me para um sofá:

– Presidente, o senhor quis para o Brasil o que lhe pareceu melhor, mas o povo brasileiro não entendeu assim. Temos que acatar o povo. Agora, o que ninguém lhe tira é esta glória, que nenhum outro presidente, civil ou militar, o excedeu no respeito à Constituição e às leis. É assim que o senhor entra na História, como exemplo de fidelidade àquele juramento que prestou"[1].

No dia 30 de outubro de 1950, aparteando o deputado trabalhista Antônio Silva, que fazia o elogio ao candidato eleito, Getúlio Vargas, o candidato udenista Aliomar Baleeiro contestou a eleição, alegando que Vargas não havia alcançado a maioria absoluta dos votos, ou seja, a metade mais um.

---

1. Luís Gallotti. Depoimento gravado no Curso de História Contemporânea, dirigido pelo professor Hélio Silva, no Centro Cultural Cândido Mendes, em 20-10-1977.

Argumentava o udenista que "a carta de 1945 não dizia, tachativamente, que a eleição do presidente da República deve ser por maioria absoluta. Mas pode-se compreender assim"[2].

A discussão da maioria absoluta vai se prolongar até o dia 18 de janeiro de 1951, quando o Supremo Tribunal Federal diploma o novo presidente.

No debate parlamentar, o deputado ademarista Jonas Correia lembrou que, na elaboração da Constituição de 1946, o constituinte Raul Pina apresentara uma emenda propondo a adoção da maioria absoluta, que foi rejeitada. Não obstante, a bancada da UDN insistiu na sua tese.

Também os círculos militares mostravam-se sensibilizados. No dia 15 de novembro, na sessão solene comemorativa da Proclamação da República, o presidente do Clube Militar, general Estillac Leal, pronunciou-se sobre a controvérsia:

"A soma de representantes de tantas lutas pela manutenção da legalidade republicana é um conforto e um estímulo aos que hoje se mantêm decididos a sustentar a República, e a respeitar a vontade do povo, fonte geradora do bem público e da legalidade.

Nos dias de hoje, circulam rumores agourantes que visam a solapar os princípios em que se assenta a legalidade, isto é, o voto e a sua legítima representação. Chegam mesmo tais provocações ao despautério de levantar dúvidas à legitimidade do pleito de 3 de outubro último, proclamado como o mais livre, o mais honesto e o mais regular que já se realizou em nossa terra.

(..)

Como, então, poderiam ter fundamento as objeções ou provocações disfarçadas, que são adrede levantadas contra a legitimidade do pleito? Que aves agourentas serão essas que espalham, nos dias de hoje, tais alucinações? Não vemos como os perturbadores possam encontrar motivos para fraudar a vontade expressa pelo povo e que constitui, mesmo, a essência do regime republicano, democrático e representativo.

(..)

Estamos comemorando conscientemente o 15 de novembro e perfeitamente alertados sobre os perigos que ameaçam a República. Sabemos de onde vêm, mas não temos dúvida em afirmar que a vontade popular, já livremente manifestada, será respeitada e que os seus direitos não serão postergados.

---

2. *O Globo*, Rio de Janeiro, 31-10-1950.

Toda vez que a República periclitou – e ela está em perigo neste momento –, as forças militares souberam, com desassombro, defender a legalidade republicana. As gerações republicanas aqui presentes, desde os mais velhos aos mais jovens, estavam e estão convencidas desta verdade. É que agora, mais do que nunca, nessa encruzilhada, devemos todos ficar vigilantes e atentos, porque, repito, o regime periclita diante de uma onda de especuladores solertes que, sob a capa de protegê-lo, pretendem asfixiá-lo. Sofismas grosseiros, a serviço de interesses inconfessáveis, buscam destruir os fundamentos legítimos das instituições republicanas que exprimem a formação democrática do poder.

Contra esses sofismas e seus autores, devemos nos manifestar clara e meridianamente"[3].

No dia 18, foi o comandante da I RN, general Zenóbio da Costa, que se manifestou:

"Apresenta-se sombrio o panorama político interno do país, dados os sofismas de irresponsáveis que procuram destruir o que há de mais legítimo nas instituições republicanas, isto é, o voto popular. Porém não acredito que o TSE desça da sua dignidade de juiz para permitir que se pratique semelhante esbulho contra a vontade do povo"[4].

Como outros chefes militares fizessem declarações sobre a tese da maioria absoluta, entre eles os generais Ciro do Espírito Santo Cardoso e Falconière, os três ministros militares emitiram uma nota proibindo que membros daquelas corporações se manifestassem em matéria política.

Em 12 de dezembro, em entrevista concedida ao *Correio do Povo,* de Porto Alegre, Getúlio Vargas declarou:

"São curiosas essas manobras suicidas para criar a ilegalidade dentro da ordem legal. Elas não encontram apoio nem na Constituição, nem nas leis ordinárias.

Confio na integridade da Justiça Eleitoral, que não irá macular a sua toga.

Confio nas Forças Armadas, que não constituem guarda pretoriana para prestar-se a manobras de políticos fracassados.

Confio no povo, que exerceu soberanamente seu direito de voto e espera que a sua decisão seja respeitada. Ele não colaborará com qualquer solução que não seja a de respeito à sua vontade, tão firmemente manifestada"[5].

---

3. Afonso César. *Política, cifrão e sangue.* Rio de Janeiro: Dudes, 1956, p. 61.

4. *O Globo,* Rio de Janeiro, 18-11-1950.

5. Queirós Filho. *Memórias sobre Getúlio.* Rio de Janeiro: Copacabana, 1957, p. 143.

Voltando a falar sobre o assunto, o ministro Luís Gallotti revela o seguinte episódio.

Eu era presidente do Superior Tribunal Eleitoral. Foi quando o ministro da Guerra, general Canrobert, pediu para recebê-lo em minha casa, numa noite de sábado. Tive uma conversa longa que durou duas ou três horas. Ele tinha sido procurado por um grupo que queria levantar a sua candidatura na hipótese que o Tribunal não diplomasse Getúlio Vargas por julgar necessária a maioria absoluta, que ele não havia alcançado. Eu disse ao general Canrobert: 'Não sei como o Tribunal vai decidir'.

A Constituição de 1891 era clara ao exigir a maioria absoluta, dispondo o que se deveria fazer, no caso em que nenhum dos candidatos apresentasse essa maioria. Eu achava que dificilmente essa tese seria acolhida pelo Tribunal:

– General, se acontecer que o Tribunal venha a exigir a maioria absoluta, deixe de diplomar Getúlio Vargas; haja uma nova eleição; o senhor candidato; a composição de forças políticas vai se manter, porque Getúlio tivera os votos de Ademar de Barros, dois mil votos. A composição de forças vai ser a mesma. Ou V. Ex.ª contará com Ademar de Barros?

Porque no episódio da intervenção em São Paulo, o general Canrobert formou a corrente, em que eu estive, contrária à intervenção, embora ela fosse do agrado de Novelli Jr., que era adversário de Ademar de Barros. E todo o PSD de São Paulo, em peso, a chefia do PSD desejava uma intervenção em São Paulo. Como Canrobert estivesse na corrente contrária à intervenção, nós tivemos vários encontros. Eu perguntei, o senhor contaria com Ademar de Barros? Ele disse: 'Este é um homem vil'.

Então vou lhe dizer uma coisa: se o Tribunal Eleitoral exigir maioria absoluta; mandar proceder nova eleição; se a composição de forças políticas for a mesma, o povo vai votar, com raiva, e vai dar maioria absoluta a Getúlio Vargas.

Mas o Tribunal Eleitoral unanimemente repeliu a tese da Maioria Absoluta"[6].

No dia 19 de novembro, *O Jornal* publicou uma carta de autoria do general Canrobert Pereira da Costa a *um amigo não revelado*, tratando do caso da Maioria Absoluta:

"Muito hei pensado acerca do assunto de nossas palestras. Sobre ele me tenho detido em estudos e, pode crer, o amigo, apesar de pacientemente

6. Ministro Luís Gallotti, depoimento gravado.

perquirir as pretendidas razões, não as encontro sem que me confunda o delicado aspecto dessa decisão buscada *a posteriori,* quando se poderia encontrá-la com êxito *a priori,* seja na interpretação oportuna do texto legal, seja na adoção de uma elevada e adequada solução política entre as várias surgidas na tão prolongada quão prejudicial gestação do problema sucessório, as quais foram, afinal, desprezadas pela ambição e pelo inconformismo dos homens.

(..)

No que tange ao meu conceito sobre a medida, forçoso é confessar que acho a solução ora procurada altamente democrática, pois define, de forma irrefragável, a vontade da verdadeira maioria, fundamento angular das organizações políticas em que o povo exerce seu poder soberano.

(..)

Esse é o meu conceito. Acima dele pairam, entretanto, em meu espírito, com insistente rebeldia, os acenos da razão que, paradoxalmente, me apontam direção oposta à que, razoavelmente, deveria ser conduzida pelos sinceros fundamentos de um conceito pessoal.

(..)

Vislumbrei em tal oportunidade que não estaria fora de cogitações uma solução em torno do meu nome, e se é esta a verdadeira tendência, apresso-me em repetir o que lhe disse naquela ocasião: na presente situação que emergiu da generalizada incompreensão, não haverá oportunidade para o meu nome. É o que desejo se torne claro"[7].

Em suas *Memórias,* ainda inéditas, o marechal Ângelo Mascarenhas de Moraes narra o encontro que houve entre a filha de Getúlio Vargas, Alzira Vargas do Amaral Peixoto, e o presidente Eurico Gaspar Dutra:

"Eleito Getúlio, começaram os cochichos e as intrigas no clã do presidente Dutra, correndo os boatos de que ele não tomaria posse porque os militares não queriam e que Dutra não o receberia quando chegasse ao Rio, já eleito para diplomar-se. Acertei um encontro com dona Alzira Vargas, em casa do dr. Cumplido de Santana, para tratar do assunto. Encontro cordial girando em torno da posse e da chegada do Rio. Ajustamos, então, o novo encontro dela com Dutra, em minha casa, para sanar todas as dúvidas, e, sobretudo, para que ela dissesse não haver o menor intuito de vingança contra Dutra e *sua família.* Assisti ao encontro. A conversa entre os dois foi

7. *O Jornal,* Rio de Janeiro, 19-11-1950.

muito cordial, declarando Dutra que não alimentava o menor desejo de retardar, prejudicar ou impedir a posse de Getúlio. Dona Alzira mostrou a seguir, em linhas gerais, certa orientação de Getúlio Vargas com relação a Ministério, sobretudo o da Guerra. Perguntou qual a opinião de Dutra sobre o general Estillac. Dutra respondeu que não o faria ministro e que, no caso, preferiria o general Fiúza ou o general Denys. Eu opinei do mesmo modo.

Por Dona Alzira, Getúlio mandou dizer a Dutra:

'Diga ao general Dutra que ele me conhece bem e sabe que eu não sou homem de vinganças. Não pretendo perseguir ninguém. Minha eleição não é uma revolução, é um fato de rotina numa democracia: um presidente eleito sucede outro que se retira. Não desejo apresentar-me como chefe revolucionário, embora de uma revolução branca, reclamando os meus direitos. Gostaria de ser recebido como amigo'.

Conversaram muito e cordialmente, terminando, cada um se retirou. Estava tudo sanado. Estillac foi o ministro da Guerra... Depois direi como se processou a sua saída. Cristiano fora 'cristianizado' mesmo em Minas... O Valadares que faça esse capítulo que é dele..."[8]

Alzira confirma o encontro variando, apenas, nos detalhes:

"Eu fora a Uruguaiana e, na volta, o general Mendes de Moraes, que era então prefeito, me perguntou se eu aceitaria um encontro com o presidente da República. Perfeitamente, realmente, me encontrei com ele e, desculpem, eu sempre fui um pouco irreverente. Conversando com ele, em vez de dizer 'Senhor presidente' eu dizia:

'General, o senhor me perdoa, mas eu estou tão habituada a chamá-lo de general que não há meio de desentortar a boca.

Ele disse: 'Não, Alzira, você pode continuar'.

Eu disse: 'Marechal, o problema é o seguinte, meu pai pode voltar à Presidência da República por dois caminhos. Ou à frente de uma revolução branca, porque ele está eleito, ou então, sendo sucessor do seu sucessor, e entregando a faixa ao seu sucessor.

Ele não quer mais encrenca, não tem mais idade para isso. O senhor o conhece melhor do que ninguém.

E o marechal Dutra me disse: 'Eu sei, Alzira. Mas o que você acha que eu devo fazer?'.

Eu disse: 'O que toda pessoa normalmente civilizada faz, o cumprimento pela vitória acabou. Ele vai ao palácio agradecer ao senhor'.

---

8. Marechal Ângelo Mascarenhas de Moraes. *Minhas memórias e de outros.* Inédito, vol. II, p. 169-70.

'Você tem certeza de que ele vai?'

'Absoluta. Ele vai agradecer ao senhor pessoalmente, porque bem-educado ele é. E irá, inclusive, pedir conselhos ao senhor.'

A consulta, mais tarde, feita pelo Getúlio, já tinha sido precedida de um entendimento com o presidente da República, marechal Eurico Gaspar Dutra"[9].

9. Alzira Vargas do Amaral Peixoto – Depoimento gravado no Curso de História Contemporânea, dirigido pelo professor Hélio Silva, no Centro Cultural Cândido Mendes, em 2-10-1977.

Segunda Parte

A segunda Presidência

A formação do Ministério

Na manhã da sessão solene em que se empossaria na Presidência da República, Vargas recebeu na residência de Epitácio Pessoa Sobrinho representantes da imprensa nacional e estrangeira, aos quais anunciou a formação do seu ministério, concedendo-lhes, ao mesmo tempo, sua primeira entrevista coletiva.

Fazendo referências à imprensa e aos jornalistas, muitos dos quais seus velhos conhecidos, ele leu a lista dos seus auxiliares diretos:

Agricultura – João Cleofas; Educação – Simões Filho; Fazenda – Horácio Lafer; Viação – Sousa Lima; Trabalho – Danton Coelho; Justiça – Francisco Negrão de Lima; Marinha – almirante Renato Guilhobel; Guerra – general Estillac Leal; Aeronáutica – brigadeiro Nero Moura; Relações Exteriores – João Neves da Fontoura; chefe do Gabinete Civil – Lourival Fontes; chefe de Polícia – general Ciro Resende; Banco do Brasil – Ricardo Jaffet.

Interrogado pelos jornalistas sobre a razão pela qual havia constituído o seu Ministério com elementos pertencentes a outros partidos políticos, Vargas respondeu:

"Durante todos os lances da minha campanha eleitoral, não deixei de salientar que os meus compromissos com o povo superavam os meus compromissos partidários. Na verdade, fui candidato do PTB e do PSP. No entanto, fiz questão de me identificar com o povo e suas aspirações mais generalizadas. Ademais, os partidos que me indicaram, reunidos, só elegeram um terço do Congresso Nacional, e eu não poderia firmar o meu governo apenas nessa representação parlamentar. Daí o fato de ter convidado elementos de outras correntes políticas, a fim de melhor poder atender aos interesses do País e às aspirações do povo brasileiro. Contudo, ao partido, o PTB, foi conferido o Ministério do Trabalho, ao qual dou uma importância toda especial".

O jornalista pergunta se poderia haver equilíbrio entre as tendências dos seus auxiliares imediatos e as reivindicações das classes que o elegeram. Vargas responde:

"Sempre me bati pela política de harmonia entre as classes trabalhadoras e patronais. A minha política sempre foi a de aproximação e cooperação das classes. Procurei convencer o trabalhador de que o patrão não era um seu inimigo que o explorava no trabalho e o patrão de que o trabalhador era o elemento indispensável à criação da riqueza, um ser humano que merecia ser amparado e protegido. Não tem outro sentido, senão o da colaboração das classes, a política trabalhista no Brasil".

A participação de um elemento da UDN, João Cleofas, no Ministério de Vargas, ensejou uma declaração da UDN, do deputado Odilon Braga. Ele afirmou que João Cleofas "acedeu em colaborar com o novo governo, divergindo da orientação firmada pelos órgãos dirigentes da UDN, tornando-se claro que aquele correligionário não representa o seu partido no atual Ministério, uma vez que a participação, para ter caráter de colaboração política, somente seria possível envolvendo representação do partido ou membro dele que pudesse contar com indicação de seus órgãos federais de direção".

Em suas declarações, Odilon Braga procurou deixar claro que a UDN, como partido, não estava participando do governo de Getúlio Vargas.

Nos dias seguintes, decorreram as posses dos diversos ministros nas Pastas que lhe foram confiadas. Ademar de Barros, em declaração à imprensa, anunciou que fora convidado por Getúlio Vargas para uma missão no exterior. A propósito, o *Correio da Manhã* fez a seguinte observação: "Não há dúvida de que, com aquele convite, o sr. Getúlio Vargas pretende afastar o seu parceiro de qualquer ingerência política governamental".

Uma das primeiras audiências do presidente da República, em Petrópolis, no Palácio Rio Negro, foi aos representantes dos estados à Conferência do Café, cuja reunião, por solicitação do chefe do governo, realizou-se no Ministério da Fazenda, sob a presidência do ministro Horácio Lafer. O objetivo da visita dos representantes dos estados produtores de café foi entregar um memorial assinado pela totalidade dos delegados, através do qual os produtores e exportadores registram as conclusões do importante trabalho da reunião e as opiniões abalizadas dos interessados, a fim de que, por esse meio, sejam estabelecidas as bases sólidas para a solução do problema do café.

Em outro ato, o presidente da República assinou decreto nomeando o general Pedro Aurélio de Góes Monteiro para exercer o cargo de chefe do Estado-Maior das Forças Armadas.

O *Correio da Manhã* publica um editorial sob o título *Os comunistas e o novo governo*, reproduzindo trechos de jornal comunista, mostrando o que eles pensam do novo governo. Classificam-no como "completa capitulação de Vargas diante dos ianques":

"No Ministério e demais postos importantes do governo, é completa a predominância dos representantes da burguesia e do latifúndio, inclusive dos mesmos grupos e partidos que sustentaram Dutra, com as odiosas figuras de João Neves, o 'doutrinador' da traição nacional, dos magnatas Lafer e Jaffet, Negrão de Lima, Mendes de Morais, João Cleofas, Simões Filho e assim por diante".

O mesmo jornal tacha os auxiliares de Vargas de entreguistas. Apenas há uma referência pessoal elogiosa ao general Estillac Leal:

"Uma única exceção, esta em relação ao general Estillac Leal. Por que discorda de sua investidura no Ministério da Guerra? Já podemos adivinhar.

Ao tomar posse da Presidência do Clube Militar, ele pronunciou um discurso que os patrões ianques consideraram inconveniente, pois colocava os interesses e os brios de nossa pátria acima das ambições da Standard Oil e dos propósitos colonizadores de Truman e seu bando".

No Banco do Brasil

O presidente do Banco do Brasil, Ricardo Jaffet, assinou o seguinte ato:

"Tendo em vista as denúncias feitas às altas autoridades do País, sob diversas formas, por funcionários e outras pessoas, de sérias irregularidades que teriam sido praticadas neste estabelecimento, e considerando a imperiosa necessidade de salvaguardar o bom nome de que, merecidamente, sempre gozou o funcionalismo deste banco, resolvo instituir uma comissão de inquérito, para apurar, com maior rigor, os fatos denunciados".

O *Correio da Manhã* explica a adesão do PSD diante do inquérito mandado abrir na carteira de Exportação e Importação do Banco do Brasil e acrescenta:

"Se outras comissões de inquérito vierem para devassar também os negócios de outros setores da administração pública, é sinal de que o sr. Getúlio Vargas está convidando o PSD a aderir, salvo se o objetivo é apenas mantê-lo bem comportado e, sobretudo, muito obediente".

O deputado Carlos Castilho Cabral impetrou mandado de segurança contra a convocação do Congresso Nacional.

Numa tentativa para fazer a fusão do PTN, presidido por Hugo Borghi, com o PTB, foi feita uma reunião daquele deputado com o ministro do Trabalho, Danton Coelho.

Discurso de Vargas no Maracanã

No dia 18 de janeiro, Vargas pronuncia no Maracanã um discurso dirigido aos trabalhadores. Nele diz:

"Depois de assumir as responsabilidades do governo – como determinastes que o fizesse –, foi meu primeiro cuidado buscar uma oportunidade de contato convosco, de quem sempre recebi, nas horas mais difíceis, a mesma inalterável demonstração de devotamento e de fidelidade.

Pedi, por isso mesmo, que viésseis ter comigo, para dizer-vos, ao ensejo deste encontro, que a vossa confiança tem sido o melhor estímulo de minha vida pública, e que não se apaga do meu coração a lembrança do vosso apoio nos recentes acontecimentos políticos em que tomamos parte. A vossa solidariedade nunca me faltou, e nos próprios momentos que a muitos pareceram o de um definitivo ocaso, ela soube tomar um acento comovedor e inconfundível de estima e de carinho, consolando-me e restaurando-me a fé. Novamente ela veio me amparar e estimular, quando vossos votos me chamaram do retiro a que me acolhera para levar-me à chefia da Nação. E a vossa preferência, desejo aqui assinalar, tem sido para mim o valor de uma reafirmação, e quero interpretá-la como o reconhecimento de que sempre me coloquei a serviço do povo – único mérito que reclamo.

Venho, pois, a esta festa do povo, com a íntima satisfação de quem reata um convívio com velhos amigos; e rejubilo-me por esta oportunidade de participar, no vosso meio, da alegria deste momento. Sou grato aos motivos que a inspiram e encontram expressão na música, no canto e nas danças populares. Neles bem se revela o temperamento de nossa gente, feito de doçura, bondade e compreensão. E também, na energia de ritmos e de movimentos, os seus anseios de aperfeiçoamento e de progresso. São os sentimentos de um povo generoso, que é ao mesmo tempo um grande povo de construtores. E teriam de ser brasileiros, sem o que não haveriam levado a cabo a epopéia de desbravamento e da posse do território. E o terão de ser, no futuro, para completar a ocupação econômica da terra, desenvolver a civilização do País e elevar o nível de seu bem-estar e de sua cultura. Esta é a mensagem de otimismo da festa que agora nos reúne.

É do meio do povo que haurimos inspiração e coragem para melhor servi-lo. Mas é a um povo inspirado nas suas lutas e nos seus sucessores, e segundo as modalidades do seu gênio peculiar, que cabe realizar o seu próprio destino.

O vosso, vós o tomastes definitivamente nas mãos, graças aos instrumentos e às práticas de governo instauradas pela Revolução de 1930. Asseguram eles permanente atenção aos interesses populares por parte dos homens públicos, e ao País o desenvolvimento ordenado das suas instituições políticas, e a pacífica consecução dos postulados da Justiça Social. Mas seria enganoso nos dedicarmos ao aperfeiçoamento dos processos, se por igual não nos acudissem lucidez e discernimento na fixação dos objetivos. Todos estes conduzem, porém, como condição essencial de sua realização, ao aumento da produção. É a essa tarefa que convoco os brasileiros, como preparação do País para atravessar vitoriosamente as provações de uma situação internacional inquietante.

A grande revolução que se vem operando, desde 1930, nos costumes políticos e no panorama econômico e social do Brasil, retoma, portanto, o seu curso vitorioso, e franqueou uma etapa de transcendental importância ao tornar possível, ao povo, participar realmente do jogo das forças políticas, manifestar as suas preferências e ver respeitado o livre pronunciamento das urnas. O vosso entusiasmo é legítimo, e vejo nele o sinal de que aceitais alegremente o encargo de colaborar comigo nos destinos do País. Podeis estar certo de que conto convosco para a tarefa enorme da recuperação nacional.

O quadro é desalentador. Com o imenso passivo que me legaram, com vícios profundos de administração, em todos os setores se reflete a mesma necessidade de ordenamento. Será preciso, pois, demarcar os problemas mais urgentes, para atendê-los em primeiro plano. A meu ver são aqueles que mais estreitamente se vinculam à vida do homem.

O governo procurará, antes de tudo, frear o alto custo da vida, estabelecendo um justo preço para os gêneros de primeira necessidade e detendo, com medidas enérgicas, o avanço inflacionista. Será preciso rever os tabelamentos de última hora, os reajustamentos improvisados de salários, que visaram tão somente a interesses particulares ou de grupos, sem atender às conveniências gerais. Urge adotar providências que assegurem efetivamente ao trabalhador das cidades alimentação adequada, transporte fácil e habitação barata.

Os problemas de saúde estão também a exigir a atenção do governo. Condições de higiene precárias, mortalidade infantil alarmante, alto índice endêmico em algumas regiões do País impõem um vasto plano de assistência, como medida imperiosa de salvação nacional.

Por outro lado, é preciso empreender com realismo o balanço dos problemas rurais e procurar descobrir até que ponto a Nação dispõe de meios para resolvê-los. Populações deprimidas pelo clima e pela alimentação pobre formam uma reserva humana estacionária, que não toma parte na vida da Nação. São elementos marginais, que apenas valem nas estatísticas como expressão numérica.

O desenvolvimento industrial provocou o deslocamento de populações para os centros urbanos. O trabalhador rural transformou-se em operário nas oficinas e nas fábricas, desorganizando a nossa economia agrária.

É preciso ir ao encontro das causas desse fenômeno, fixar o homem no seu meio físico por uma educação rural apropriada. O que se torna talvéz mais necessário é iniciar o movimento inverso, de descongestionamento das cidades, fixando as populações movediças.

Também o ensino deve ser orientado no sentido de refletir melhor as necessidades da Nação pelo estímulo às carreiras técnicas, à agronomia, à química industrial, à medicina.

A imigração racional, com sentido econômico, merecerá igualmente cuidados do meu governo. Apesar das oportunidades que perdemos, ainda é tempo de canalizar para o Brasil correntes imigratórias selecionadas, que se adaptem às nossas tradições e se incorporem à nacionalidade. Para isso será necessário renovar a legislação que regula a matéria.

Todos esses problemas estão nas minhas cogitações, e queria despertar para eles a vossa atenção. A obra que agora empreendemos é extensa e complexa: ela não pode ser realizada apenas pelo governo. Peço de novo a vossa colaboração patriótica.

'Reato, neste momento, o convívio com velhos amigos. Amigos de que preciso, e que espero continuem a me dar o apoio de sua confiança, para que eu possa realizar a obra de reconstrução e de revigoramento nacional que o Brasil está exigindo e que é de meu compromisso conduzir a bom termo. Os embates da última guerra mostraram as fraquezas da nossa amargura. Urge atendê-las antes que novo vendaval perturbe e detenha a expansão da nossa economia, e possa mesmo em muitos setores ocasionar o seu desaparecimento. Trata-se de determinar quais os meios mais eficazes para assegurar a nossa sobrevivência e para poupar ao nosso povo sofrimentos inconvenientes originados da escassez daquilo que podemos produzir e que devemos estar em condições de fazer circular.

Não vos direi que seja fácil tarefa.

Mas ela pode ser e será dominada pela nossa gente.

Trabalhadores do Brasil!

Quero que o povo seja os olhos e ouvidos do governo. As portas da Presidência da República estão abertas aos vossos conselhos, críticas e reclamos. Não sou mais do que o representante e porta-voz das massas trabalhadoras unidas em torno da bandeira de luta e de esperanças que juntos desfraldaremos.

O povo representa a linha constante e invariável das minhas preocupações e absorve a cada instante todos os meus cuidados e desvelos. Libertá-los do medo e da necessidade, assegurando-lhes melhores condições de vida e maior participação nos bens e frutos do trabalho, é o rumo, a direção e o programa de meu governo. O povo será o agente fiscalizador, o supremo juiz, o tribunal inapelável, não só dos meus atos e decisões, como da conduta pública e da probidade funcional dos meus auxiliares diretos, e ainda de todos os crimes, abusos e extorsões dos que pretendem explorá-los ostensiva ou disfarçadamente. Não pretendo um governo ausente ou indiferente, e sim vivificado pelos influxos e estímulos da opinião pública, e que descobre o seu labor construtivo à luz do sol e a céu aberto.

Sou e serei sempre um dos vossos; confundido no anonimato do esforço coletivo, nivelado no serviço comum e desinteressado da pátria, e apenas diferenciado na gradação e na soma dos encargos e das responsabilidades. Na vossa companhia, suporto os sacrifícios da jornada porque me recompensais com a medida de fé sem a qual fracassam todas as empresas humanas. Acompanhastes-me até a vitória, e comigo ficareis no governo, para que sejam transformadas numa radiosa realidade as vossas aspirações de segurança econômica, de justiça social e de bem-estar geral. Assim espero, e vós me ajudareis".

Inquérito no Banco do Brasil

No dia 31 de janeiro, depois da já mencionada entrevista coletiva, Vargas deu a Miguel Teixeira a sua primeira incumbência.

Procurador da Prefeitura do antigo Distrito Federal, amigo pessoal de Vargas que o acompanhara em seu retiro de São Borja, Miguel Teixeira recebeu como uma ordem o estranho convite para presidir um inquérito pertinente aos atos e operações do Banco do Brasil, no período de novembro de 1945 a janeiro de 1951. Era o espaço de tempo que mediou logo após o golpe de 29 de outubro de 1945 e a volta de Vargas, eleito presidente da República.

Tarefa ingrata e difícil. Miguel Teixeira não pertencia aos quadros daquele estabelecimento de crédito e teria de formar uma equipe de elementos de dentro do banco, capazes de vasculhar os escaninhos, abrir os arquivos, percorrer os caminhos tortuosos, a fim de apurar as muitas denúncias de que, nesse período, tinham ocorrido irregularidades, ou malversações dos dinheiros confiados à guarda do banco, em operações perigosas ou desonestas, com a complacência ou conivência de diretores e a intervenção criminosa de políticos inescrupulosos.

Não se tratava de um convite, confirmou-nos Miguel Teixeira em entrevista[1]. Era uma determinação, que a amizade transformava em ordem. Assim foi criada, por ato de 10 de fevereiro de 1951, a comissão de inquérito do Banco do Brasil S.A., por determinação pessoal de Vargas e ato do presidente do Banco do Brasil, dr. Ricardo Jaffet.

Justificando o seu ato, o presidente do Brasil declarou: "Tendo em vista as denúncias às altas autoridades do País, sob diversas formas, por funcionários e outras pessoas, de sérias irregularidades que teriam sido praticadas neste estabelecimento, e considerando a imperiosa necessidade de salvaguardar o bom nome de que, merecidamente, sempre gozou o funcionalismo desse Banco,

1. Entrevista com Miguel Teixeira em 6-4-1977.

resolvo instituir uma comissão de inquérito para apurar, com o maior rigor, os fatos denunciados".

"Entre as denúncias que motivaram a providência, figuram, segundo se informa, irregularidades nas licenças prévias nas exportações e importações. Fala-se, também, que será apurado o caso dos depósitos feitos por autarquias em bancos particulares, em lugar de no Banco do Brasil. Algumas dessas autarquias conseguiram, pouco antes de encerrar o governo passado, repor, com atraso, as quantias recolhidas indevidamente"[2].

A Presidência da comissão coube a Miguel Teixeira de Oliveira, e a equipe se compunha dos seguintes membros: dr. Camilo Nogueira da Gama, advogado do Banco do Brasil, chefe do departamento jurídico da Carteira de Crédito Agrícola e Industrial; dr. João Leaes Sobrinho, advogado do Banco do Brasil, lotado em São Paulo; Euclides de Arruda Matos, inspetor no Ceará; Gutemberg de Arruda Peixoto, delegado da Superintendência da Moeda e do Crédito; José dos Santos Lira, inspetor da Superintendência da Moeda e do Crédito do Rio de Janeiro; Ernani Góes, subchefe da Seção de Descontos; Newton Nora Carrijo, encarregado da Fiban em Santos; Álvaro Pegas, secretário do gabinete da Subgerência da Carteira de Crédito Geral; Francisco Ferreira Costa, inspetor-chefe da Superintendência da Moeda e do Crédito, em Fortaleza; José Casimiro Borges, inspetor da Superintendência da Moeda e do Crédito; Mozart Caetano do Espírito Santo, subchefe da seção Cexim; José Soares Torres, inspetor da Superintendência da Moeda e do Crédito; Mário do Canto Liberato, chefe da seção Fiban; Afonso Carlos de Villalba Alvin, fiscal de bancos em comissões; Veríssimo do Couto Júnior, inspetor de Câmbio, Zona Norte. Dispunha ainda a comissão de um corpo de dezoito auxiliares.

A Comissão apresentou seu relatório em 18 de dezembro de 1951. O documento, que resultou em um volume de 614 páginas, compreende três partes, além de um apêndice e um documentário. Na primeira parte, distribuída em capítulos, e estes contendo números onde cada caso é estudado, foi enfeixada toda a matéria referente aos atos administrativos irregulares e às operações realizadas pelas várias carteiras do Banco do Brasil e, ainda, algumas outras do interesse imediato do Tesouro Federal, com repercussão nesse estabelecimento. Na segunda parte, se incluía ligeira resenha apreciativa sobre os exames efetuados em 28 bancos das praças do Rio de Janeiro e de São Paulo. Na terceira parte são alinhadas as conclusões gerais do relatório, sem embargo de, a propósito e no fim de cada caso e de cada carteira, se acharem formuladas conclusões parciais. No final do relatório, se colocam, em apêndice, o projeto de novos estatutos do Banco do Brasil, elaborado pela comissão, e ainda uma

---

2. *Correio da Manhã*, Rio de Janeiro, 13-2-1951.

súmula de operações de câmbio irregulares cujo estudo se ultimou quando concluído já estava todo o trabalho relatado. Em último lugar, devidamente fotografados em documentários especiais, são dispostos papéis e demais peças aludidas no texto do relatório, pertinentes aos casos aí descritos e analisados.

Trabalho de equipe, em que cada membro da comissão colaborou com o estudo de casos que foram distribuídos pelo presidente, foi entretanto designado um relator geral, pela conveniência de uniformidade expositiva. O relatório acentua que as premissas e conclusões, contudo, exprimem e traduzem o pensamento de todos. Termina dizendo que a comissão "ateve-se, sempre, aos atos e fatos sem a menor preocupação de ordem personalista, porque só os casos interessam, não as pessoas que deles participam".

Na longa introdução, o relatório relembra o precedente, em 1901, da designação, pela Câmara dos Deputados, do deputado Barbosa Lima para verificar quais os membros do Congresso Nacional e do Poder Executivo que eram devedores do Banco da República. Em 1913, por proposta do deputado Felisberto Freire, as antigas companhias mútuas de seguros de vida foram examinadas, para apuração de irregularidades denunciadas pela imprensa, daí resultando, tempos depois, a melhor regulação legal de tais atividades. Em 1916, desatendeu a Câmara ao requerimento do deputado Vicente Piragibe, no sentido de examinarem despesas e desvios de verbas em ministérios. Em 1929, o deputado José Bonifácio de Andrada e Silva tentou, mas não conseguiu, que fosse nomeada urna comissão de inquérito para apurar quais as pessoas de influência política que se serviram do Banco do Brasil durante a campanha eleitoral daquela época. De 1930 em diante, várias comissões de inquérito funcionaram, sendo de notar que a mais importante delas foi exatamente a que atuou no Banco do Brasil e cujo relatório, em oito volumes, concluiu pela apuração de gravíssimas irregularidades, só não reveladas, então, por superiores motivos de ordem estatal. Com este relatório, se encerra um longo período da história política e econômica do Brasil.

Prosseguindo, a introdução observa que "atualmente (1951) até a Constituição Federal, artigo 55, concede ao Congresso o direito de usar desse sistema de fiscalização; que na Constituinte de 1934, o antigo deputado Odilon Braga considerava novidade digna de ser perfilhada, pois, a seu juízo, "a simples possibilidade de sindicância produzirá excelente efeito catalítico".

O relatório destaca o papel da imprensa dessa capital, que "por todos os modos tem estimulado os trabalhos das comissões de inquérito, à espera de que consigam envolver em suas sindicâncias falcatruas que, sendo em muitos casos notórias, reclamam o esclarecimento corretivo e punição".

O destino desse inquérito, na opinião da comissão, deveria ser corrigir e educar: "Se dele decorrer qualquer reparação civil ou punição criminal, tanto melhor para a sociedade e para o Brasil, que terão, em seu favor, um exemplo capaz de oferecer resoluto impulso do desenvolvimento da consciência coletiva de obediência aos preceitos da lisura e da lei, por parte dos que exerçam mandatos ou funções de administração. Se, ao contrário, as autoridades competentes não encontrarem sanção para aplicar, com base nas sindicâncias efetuadas, ou reconhecerem exculpativas aos indiciados, ficará lançada uma séria advertência a esses mandatários ou gestores, num incitamento à exação, ao apuro do caráter, à valorização do dever e das qualidades nobres do espírito. Em qualquer hipótese, pouco importam as pessoas atingidas pelo inquérito. O que se teve em vista foram apenas os fatos. Se estes deixaram em má posição tais pessoas, somente a elas tocarão as culpas. Nem se poderá considerar de outro modo a responsabilidade moral inerente à pessoa humana: cada um que receba e sofra as conseqüências de seus próprios atos".

O relatório revela que dificuldades de toda ordem cercavam os trabalhos da comissão, desde o início até o fim. Já naquela época falava em *forças ocultas,* agindo persistentemente, dentro e fora do banco, contra a marcha das sindicâncias. A ação dos bastidores, às vezes mal velada, foi tenaz na sua obra de desgaste dos esforços ingentes do presidente da comissão em abrir pistas e penetrar nas clareiras dos fatos. E se nem todas as denúncias lograram apuração, à falta de dados ou de meios de sua procura, muitas irregularidades, abusos, ilicitudes e crimes se constataram, e pelo menos uma terça parte de tais ações foi apurada, segundo a comissão.

O relatório anuncia, desde logo, três importantes vitórias iniciais. A primeira delas se refere ao caso de Ernesto Scortecci, descrito no capítulo setimo do documento. Pretendia esse interessado receber do Tesouro Nacional algodão que este lhe comprara, em 1945, no total de 24.052 arrobas e oito quilos, e pelo preço de Cr$ 2.039.749,40. O assunto se prende ao financiamento autorizado pelo Decreto-Lei nº 6.938, de 7 de outubro de 1944, para auxiliar os produtores, àquela época ameaçados de grandes prejuízos em virtude da baixa dos preços...

Quase cinco anos depois, amparado por influências políticas, como se vê do nº 727 do relatório, Ernesto Scortecci obteve uma determinação do então ministro da Fazenda para que o Tesouro lhe devolvesse algodão sob retorno do preço.

A autorização estava em vias de execução pelo Banco do Brasil, sob novas instruções do atual ministro, quando a comissão, pelo seu presidente, tomando contato com o caso, deu o alarme em defesa do Tesouro, que, feita a devolução do algodão a Scortecci, ficaria exposto a pedidos idênticos, quiçá no total da mercadoria assim adquirida e que dera à União um lucro de um bilhão e duzentos milhões de cruzeiros, recebidos pelo governo anterior. Levado o caso ao presidente da República, tornou ele sem efeito a ordem de devolução.

A segunda vitória é a que se registra nos nº 613/635 do relatório, envolvendo duas empresas exportadoras de café – Mercantil Paulista e Sul Americana – sediadas em São Paulo, as quais, fundadas em ordem ilegal do ex-ministro e em declarações de venda, já canceladas por expiração dos prazos, preparavam-se para embarcar 225.338 sacas desse produto, a *preços inferiores simulados,* que implicariam desvio ilícito de dólares, cuja venda no câmbio negro produziria mais de trinta milhões de cruzeiros.

Atendendo à ponderação da comissão, o presidente da República interveio, impedindo que se consumasse o negócio. O relatório consigna o pedido de mandado de segurança, requerido pelas firmas ao Tribunal Federal de Recursos, já com parecer contrário da Procuradoria-Geral da República.

A terceira vitória refere-se à fiscalização direta dos bancos pela Superintendência da Moeda e do Crédito. Entendia esse órgão, fundado em longo parecer do seu consultor jurídico, que a legislação atual não admitia a *fiscalização direta.* A comissão demonstrou o contrário e o Conselho da Superintendência, que se mostrava inclinado à tese daquele consultor jurídico, acabou aceitando o ponto de vista da comissão.

Em conseqüência, a Superintendência da Moeda e do Crédito, por ato de 2 de agosto de 1951, criou a Inspetoria-Geral dos Bancos, chamando a si, *cinco anos após a sua criação,* uma das precípuas atribuições que a lei lhe confere.

Organização bancária do Brasil

O relatório consagra todo um capítulo à organização bancária do Brasil, porque sentiu que esse problema, examinando o assunto ao calor da realidade, não corre, apenas, por conta de alguns banqueiros inconseqüentes, mas também da Superintendência da Moeda e do Crédito, que abdicou inteiramente do controle a seu cargo e nada fez nesse sentido durante os cinco anos do seu funcionamento. Limitando-se, nesse período, a enviar cartas aos bancos para reclamar o recolhimento das respectivas cotas de depósito, a superintendência esteve ausente do campo fiscalizador que a lei lhe atribuiu, e assim, em vez de cooperar, disciplinar, frear expansões, moderadas e abusivas, incrementou-as pela tácita anuência.

Depois de aconselhar uma assídua fiscalização por parte da Superintendência, sugere a criação do Banco Central e do Banco de Crédito Rural: "A instalação do Banco Central se impõe desde logo, deixando-se a do Banco Rural para mais adiante, a fim de que a Carteira de Crédito Agrícola e Industrial possa reforçar, numa etapa final, sua experiência, já agora sob novo regulamento, em vias de aprovação e que resume um sistema completo de distribuição do crédito especializado em todo o País. Lembra o programa anunciado pelo presidente Vargas, em seu discurso de 10 de agosto de 1951, pronunciado em São Paulo: "É necessária a criação de um Banco Rural para conceder empréstimo a prazos longos e juros módicos, favorecendo o desenvolvimento geral da produção. Desde logo, porém, a Carteira de Crédito Agrícola e Industrial do Banco do Brasil *precisa ser aparelhada para melhor* e *mais rápida difusão do crédito*".

Insiste o relatório na necessidade urgente da reforma administrativa do Banco do Brasil, preconizada por Getúlio Vargas em sua plataforma de candidato da Aliança Liberal. Uma reforma de fato se realizou. Decorridos vinte anos, novamente encarece a conveniência de reorganizar aquele estabelecimento, como declarou em sua última mensagem ao Congresso Nacional. Por isso, o relatório apresenta, em apêndice, o projeto dos novos estatutos.

Comércio exterior – Subversão de leis e regulamentos

Em meados de 1949, era difícil e crítica a situação do comércio exterior do Brasil, já a esse tempo circunscrito à área das Moedas Fortes. Avolumavam-se os "congelados" brasileiros, consistindo, na sua maior parte, em dólares. As cotações da mercadoria brasileira, em virtude da inflação, subiam a alto custo. A parte disponível das reservas, em divisas estrangeiras, acumuladas durante a guerra pela impossibilidade de importar, decrescia assustadoramente à força de importações indiscriminadas até então feitas: artigos inúteis, de consumo dispensável ou destinados ao luxo, começaram a inundar o nosso mercado, trazendo-nos o empobrecimento. A esta altura, setembro de 1949, desvaloriza-se a libra esterlina, cuja cotação resultara de acordo realizado em junho de 1940 com a Inglaterra e que, não obstante ser fictício, deixou de constituir advertência ao governo brasileiro, no sentido de se prevenir ante o reajuste futuro de tal cotação: e a falta de previsão concretizou-se, dentre outros atos, na venda do ouro metálico, realizada em 1946, e que eliminou um dos meios eficientes de se manter o valor intrínseco da moeda em caso de reajustamento.

Praticamente fechara-se o comércio à importação, circunscrita a artigos essenciais, assim mesmo com severas limitações. Inaugurou-se, então, o sistema das operações compensadas, já experimentado em alguns casos durante o ano de 1948. Com essa volta à fórmula primitiva das trocas, buscava-se dar escoamento aos excedentes da produção inteira, e ainda, colocar artigos úteis ao estrangeiro e sem a característica de essencialidade ao consumo nacional.

Logo de início, o que se viu foi o aumento dos preços dos produtos nacionais nos mercados de destino. É que os intermediários, ou os exportadores, para obterem aqui mesmo tais produtos ou as divisas pertinentes às licenças vinculadas e já concedidas, passaram a oferecer "ágios" e "prêmios de estímulo à economia nacional", variáveis de trinta a cem por cento sobre a cotação normal, diferença que, acrescida às comissões pagas, determinava, a um só tempo, as exportações e os artigos exportados.

Dando ampla publicidade ao novo processo, estimulando-o de várias formas, a Carteira de Exportação e Importação, desaparelhada de organização, de controle e de estatísticas, viu-se inundada de pedidos de todos os recantos do Brasil.

Os critérios foram-se estabelecendo, em sucessivos avanços e recuos. O terreno ia sendo estudado sob a pressão de imenso volume de papéis. Os negócios começaram em marcha que, logo após, assumia grande desembaraço. Os intermediários especuladores já conheciam os meios de burla para ficarem com as divisas e vendê-las no câmbio negro. Um acontecimento novo provocou, em princípios de 1950, uma reviravolta brusca: o partido político dominante, necessitando de um posto-chave durante o período da campanha presidencial, reclamara e obtivera a faculdade de escolher um diretor político para dirigir a carteira.

O relatório passa a explicar que "sendo as licenças de exportações e importações concedidas ao mesmo tempo, disso se aproveitavam os interessados para, de conluio com o exportador estrangeiro, que pelo câmbio negro era primeiro pago, receber a mercadoria importada e seguida dos respectivos saques a prazo. Liquidados estes, com o produto auferido na venda dos artigos importados, dois ou três meses após, ou sob a transmissão a outrem, pelo câmbio negro, das divisas obtidas para a mesma importação liquidada na forma acima, o exportador nacional, sem ter embarcado ainda a mercadoria da compensação, ficava no estrangeiro com disponibilidade secreta, correspondente ao valor dos saques pagos. O ágio que pagava para conseguir, no câmbio negro, a importância necessária à liquidação antecipada e clandestina da compra, era fartamente compensado com as disponibilidades que remetia oficialmente ao resgatar os saques, e assim, habilitado à nova importação, requeria outra licença, nas mesmas condições de veículo, e continuava o negócio, à sombra protetora dos órgãos brasileiros defeituosos.

Acontecia também o inverso: a exportação precedia a importação e a fiscalização bancária acolhia as cambiais em cruzeiros, sem delas poder usar, por se acharem ligadas à importação correspondente. Os outros bancos, colocados, por sua vez, diante dessa dificuldade vedativa da disposição do valor pago ao exportador, repassavam sem perda de tempo tais divisas vinculadas. E tudo afluía para o Banco do Brasil, que assim, em última análise, exercia o papel de financiador compulsório de tais operações compensadas, graças aos ardis dos interessados".

O relatório denuncia que, depois da mudança de direção, "tudo se subverteu daí por diante". Bastava que o interessado arranjasse a intervenção de um elemento político: o nome desse padrinho era anotado pelo gerente da Carteira no pedido da licença, naturalmente sob ordem do diretor, e a liberação se concedia, como aconteceu no caso narrado e provado dos nºs 397/463 deste relatório, onde se vê o nome desse maior protetor, hoje altamente credenciado na alta administração do País e cuja intervenção aquele próprio gerente confessou. A licença respectiva, com a anotação do citado nome, está reproduzida fotograficamente no documento anexo.

A matéria se refere ao acordo comercial Brasil-Alemanha, da Companhia Distribuidora Geral Brás Motor, de São Paulo.

A série é longa, e o relatório tudo condensa documentadamente: "Por ele se verá o tripúdio inominável que se fez da economia brasileira, para fins escusos e de ordem política eleitoral. Produtos essenciais à nossa economia, de exportação normal, indispensáveis ao mercado estrangeiro, foram postos à venda a preços inferiores para dar margem ao lucro ilícito que ministros, deputados e candidatos tramaram obter em bem de sua posição na campanha eleitoral e de reforço de caixa do Partido Social Democrata".

Infração e política cambial

Em princípios de 1946, com as economias de sacrifício impostas pela guerra, o Brasil estava em regime de pletória das suas divisas. Falava-se muito em inflação, mas o meio circulante era de 17.530.500.190 de cruzeiros, segundo o relatório do ex-ministro Gastão Vidigal, dando os resultados dos balanços mandados levantar pelo presidente Eurico Gaspar Dutra na Caixa de Amortização. Nesse documento, dizia o ministro: "Impõe dizer que o dinheiro emitido se destinou a fins que *não só estimularam a produção e a exportação, assistindo-as no momento em que não poderiam ser abandonadas,* mas também propiciaram a compra de uma ponderável massa de ouro e incentivaram empreendimentos industriais de incontestável conveniência econômica para o Brasil".

A essa área, em contrapartida, possuíamos cinco bilhões e 248 milhões de cruzeiros em divisas e sete bilhões e 115 milhões de cruzeiros em ouro, no Banco do Brasil e nos Estados Unidos, ou seja, um total de doze bilhões e 363 milhões de cruzeiros. Adicionando-se a essa quantia os valores de quatro bilhões e oitocentos milhões de cruzeiros, um bilhão de cruzeiros e 1 bilhão e quatrocentos milhões de cruzeiros, respectivamente saldo dos empréstimos da carteira de Crédito Agrícola e Industrial, participação do governo no capital da Companhia Siderúrgica Nacional e produtos financiados pelo Banco do Brasil, por ordem e conta do Tesouro, encontramos um *superávit* de mais de dois bilhões de cruzeiros. Em 1º de janeiro de 1930, o meio circulante era de dois bilhões 845 milhões de cruzeiros, em quinze anos de governo do presidente Getúlio Vargas, coberto com o citado *superávit*. Em 1950, a 31 de dezembro, o total circulante era de 31 bilhões 205 milhões de cruzeiros, ou seja – em cinco anos –, emissões no valor de 16 bilhões 520 milhões de cruzeiros. A média anual das emissões de cinco anos que compreendem o período de guerra é de 980 milhões de cruzeiros, em números redondos. A média das emissões dos referidos cinco anos é de três bilhões 304 milhões de cruzeiros.

Analisando este quadro, o relatório não condena o governo pelas emissões. Mas reclama que esse governo "pelo menos não tenha alimentado as forças de produção sem *déficit* orçamentário, defendendo, por outro lado, a moeda do País".

Em fins de 1947, nossas divisas conversíveis montavam a 880 milhões de cruzeiros quando, em igual época, em 1946, atingiam 2 bilhões 307 milhões de cruzeiros. As compensadas, que em 1947 eram de um bilhão 934 milhões de cruzeiros, naquele ano de 1946 subiam a cinco bilhões e 12 milhões de cruzeiros.

Concluía o relatório: "As enormes facilidades de transferência para o exterior, algumas até em prejuízo efetivo do Tesouro Nacional, foram a causa principal desse enorme desfalque".

O relatório aponta a instrução nº 20, de agosto de 1946, expedida pela Superintendência da Moeda e do Crédito, que aboliu *temporariamente* as limitações sobre as remessas de lucro e dividendos, como a primeira porta larga que se abriu para a dilapidação das nossas divisas. O País acabava de sair do conflito internacional, e as condições econômicas mundiais eram as mais incertas. A Inglaterra, a França e outras nações se debatiam em angustiosa situação, enquanto o Brasil, embora levado a lançar emissões, dispunha de *superávit* sobre elas. Seu parque industrial estava reclamando equipamento. Embora reconhecendo tal situação, o relatório pergunta se seria possível obter de pronto a maquinaria necessária, porque impunha-se a previsão negativa, desde que os grandes centros fabris do exterior, adaptados ao suprimento bélico, demandavam eles próprios algum tempo para normalização de suas atividades. Por outro lado, teria de indagar àquela época: continuariam arbitráveis, no mercado livre, o franco francês, o franco belga, a libra esterlina, a lira italiana, moedas com as quais, antes da guerra, fazia o Brasil, em apreciável escala, suas transações de comércio internacional? Tudo aconselhava a acreditar que não. Manter-se-ia a libra na sua cotação fixada em 1940? A posição da economia inglesa era gravíssima, e a desvalorização seria um dos meios de reajustamento da sua moeda.

O relatório critica a orientação do governo, que "criminosamente de 1946 a 1947 promoveu o resgate de títulos da nossa dívida externa. A operação não era aconselhada nem se apresentava como obrigação exigível e urgente. Efetuou-se, em dólares, o pagamento de títulos só resgatáveis em libra segundo prescrevia o Artigo 13 do Decreto-Lei nº 6.019, de 23 de novembro de 1943, pelo qual foram consolidados, em excelentes condições, os empréstimos brasileiros no exterior. A libra estava desvalorizada, oferecendo, em face do dólar, deságio da ordem de trinta por cento. Pagando em dólar, o Brasil perdia esse deságio e desfalcava as suas divisas na moeda americana. Nada disso foi levado em conta. O Ministério da Fazenda efetuou o resgate, e isso apenas para contemplar seis espectadores que se apresentaram bem protegidos, os quais não passavam de intermediários na compra de títulos".

Classificando tudo isso como "operação vergonhosa, imoral, sem qualquer defesa", o relatório ressalta que o diretor da Carteira de Câmbio, embora tenha errado durante toda a sua gestão, manteve-se, nesse caso, à altura dos interesses nacionais, advertindo o ministro da Fazenda de que a operação seria ruinosa e aconselhando a que, no caso de realização da compra, esta se fizesse diretamente pelo Tesouro, mediante ordem a seus agentes pagadores, ganhando a União, desse modo, o deságio de trinta por cento que se pretendia dar aos intermediários.

O ministro da Fazenda desatendeu "discricionariamente" a esses conselhos. E as divisas do Brasil foram enriquecer os especuladores protegidos, como amplamente demonstra este relatório, nos nºs 738/759, onde toda a operação é analisada.

A conclusão do relatório, nesse particular, é a seguinte: "O resgate ilegal, inepto e nefasto dos empréstimos brasileiros que somente se venceriam a partir de 1979 e até o ano 2012 causou, portanto, ao Brasil, um prejuízo que orça por trezentos milhões de cruzeiros. A responsabilidade cabe ao ministro da Fazenda e a seus compartes na empreitada criminosa"[3].

Foi quando a Superintendência da Moeda e do Crédito baixou a instrução nº 20, de 3 de junho de 1947, obrigando os bancos a venderem trinta por cento de suas compras ao Banco do Brasil, estabelecendo o regime de prioridade para o pagamento de importações, remessas financeiras etc. O volume do câmbio represado durante esse regime chegou a se expressar em 370 milhões de dólares em maio de 1949, sendo 284 milhões de dólares de operações comerciais e 86 milhões de dólares de transações comerciais.

Com a desvalorização da libra esterlina em 1949, acentuou-se o desequilíbrio do mercado: "E fraudes de toda ordem começaram a aparecer, organizando-se verdadeira quadrilha internacional, que este relatório mostra ter sido originária desta capital, e não de São Paulo, onde primeiro foram apurados os desvios criminosos em processos realizados em 1949".

---

3. Comissão de Inquérito do Banco do Brasil, *Relatório*, p. XXVII, 540/564.

As letras do Tesouro (Decreto-Lei nº 9.524, de 26 de julho de 1946) de valor correspondente a vinte por cento sobre os câmbios de exportação passaram a ser negociadas com ágio, e em tal proporção, que o cruzeiro se desvalorizou, desfigurando-se a sua cotação oficial. Evidencia o relatório que tais ágios, dando aos exportadores nacionais vantagens, levou-os a exportar mercadorias essenciais como o café a preços inferiores. Decrescia, assim, a nossa possibilidade de criar divisas, enquanto, de outro lado, aumentava o custo das mercadorias exportadoras.

A inflação crescia. Em fins de março de 1949, suspendeu-se a obrigatoriedade do repasse, que já era de 75 por cento, nas compras dos bancos. Centralizou-se a distribuição do câmbio de todo o País, acabando-se com o regime de ágios que prevalecia. Dada, porém, a falta de sincronização entre as carteiras do Câmbio e de Exportação, as dificuldades continuavam porque a licença prévia deixou de atender à sua finalidade, que era a de defesa do mercado de câmbio, avolumando-se, em conseqüência, os nossos atrasados comerciais, com o descrédito do Brasil no exterior.

Concluindo, diz o relatório: "Desejando combater a inflação, o governo aumentou-a grandemente, consumindo a esse pretexto nossas divisas no exterior. É de se notar que, relativamente às existências na Inglaterra, o ex-ministro encarregou-se de consumi-las com o já resgate antecipado de títulos de divisas externas, operação esta descrita, com pormenores, nos nºs 760/774 deste relatório. Nunca se viu no Brasil política cambiária tão ignorante e nefasta. A prudência dos seus dirigentes oscilava entre a temeridade e o alarme".

Política partidária e Poder Executivo

O relatório denuncia: "Constrange proclamar que a influência política é responsável por muitos dos abusos e ilicitudes apurados neste inquérito. Mas é preciso dizê-lo, não só em desagravo à soberania e aos direitos do povo, como num apelo à inteligência e aos sentimentos dos políticos brasileiros".

Fazendo o elogio do Banco do Brasil, como instituição de que os brasileiros se devem orgulhar, como os gauleses do Banco Francês e os britânicos do Banco da Inglaterra, o relatório termina apresentando o projeto de novos estatutos.

A nova questão militar

Eleito, diplomado e empossado, Getúlio Vargas ia enfrentar uma oposição que não se desarmara diante do resultado das urnas e do pronunciamento da Justiça Eleitoral. Ora, alguns setores dessa contestação situavam-se na classe militar e compunham o grupo derrotado no Clube Militar.

A *Revista do Clube Militar* distribuiu com atraso o número referente a julho, que noticiava a eleição e a posse do general Estillac Leal na Presidência do Clube e reproduzia o seu discurso. Já então o general Estillac Leal era ministro da Guerra do primeiro gabinete organizado por Vargas.

O mesmo número da revista transcrevia uma correspondência do enviado oficial do *Manchester Guardian* sobre a guerra da Coréia. Outra matéria atinente, intitulada *Considerações sobre a guerra na Coréia*, comentava um artigo publicado em um jornal francês sobre a hipótese de o Brasil enviar tropas para a Coréia.

O periódico francês *La Tribune des Nations* apresentava a campanha na Coréia e o massacre das populações civis sob o enfoque de uma agressão dos Estados Unidos à Coréia. E o redator da *Revista Militar Brasileira* combatia a possibilidade de nossa participação naquela luta, citando várias opiniões de personalidades contrárias, e terminava:

"E, aqui, impõe-se situar bem o dever que nos cabe, a nós militares, como cidadãos brasileiros, de pensar e firmar opinião sobre os problemas que interessam à vida, à independência e ao futuro de nosso povo, todos eles intimamente entrelaçados às questões da defesa nacional e às condições essenciais de que dependem o cumprimento de nossa missão de soldados. Isso quer dizer, antes de tudo, que o fato de sermos militares não nos tira a condição de cidadãos, condição que nos impõe o dever sagrado de analisar os acontecimentos políticos externos, para poder discernir o grau de sua justeza, sempre em função do interesse nacional e dos sentimentos da maioria da população".

O resultado das eleições havia provocado a reação das cúpulas militares, então dominantes, e a transferência de diretores eleitos para pontos distantes do território nacional. Assim, a nova diretoria fora praticamente dissolvida e impossibilitada de se reunir, a não ser convocando os suplentes.

As publicações da revista, já na gestão de Estillac frente ao Clube, agravaram a crise que a eleição não solucionaria, antes pelo contrário. Criava-se, pois, uma situação difícil para um novo presidente. O Clube Militar seria o núcleo da nova questão militar que abalaria ainda uma vez mais as instituições.

A divisão do mundo em duas zonas de influência e suas conseqüências na política externa do Brasil refletir-se-iam na política interna, influenciando as classes armadas, que encontravam no Clube Militar o fórum de debates e a configuração desse conflito.

As duas correntes que se defrontavam e se autodenominavam *nacionalista* e *cruzada democrática* não estavam isoladas da conjuntura nacional. Por isso, fora do Clube, seus partidários, os políticos engajados nas duas concepções, mantinham a imprensa dividida; em tudo e em todos multiplicavam-se os ecos dos acontecimentos do Clube Militar.

Era manifesta a superioridade numérica da grande imprensa, influenciada pelas empresas ligadas aos interesses americanos. Diariamente, notas, artigos, editoriais acusavam a chapa vitoriosa de *comunista*. Era o chavão com que os chamados *entreguistas* e *golpistas* atacavam os seus adversários. A eleição de Vargas fora uma batalha ganha, para a qual muito contribuiria o pronunciamento do general Estillac Leal e as atitudes decisivas do presidente Eurico Gaspar Dutra e do seu ministro do Exército, general Canrobert Pereira da Costa. Mas a guerra continuava.

A *Revista do Clube Militar* era o órgão de divulgação e o meio de combate contra a campanha da imprensa adversa. Cada página estampava matéria que contrariava frontalmente os pontos de vista defendidos pela corrente que perdera as eleições da diretoria. Não bastava invocar a lição de Caxias, aconselhando que devíamos organizar "uma tática elementarmente nossa, em harmonia com as circunstâncias brasileiras". Este conselho soava mal e parecia ultrapassado quando se preconizava a adaptação das nossas Forças Armadas à tática, aos armamentos, enfim, aos objetivos colimados pelos estados-maiores norte-americanos. Assuntos de interesse internacional, como o "acordo do fundo do dólar", eram analisados, denunciando a transferência dos lucros, dos capitais norte-americanos investidos no Brasil porque, por tal acordo, "tomaremos dinheiro emprestado para garantia dos lucros que as empresas americanas arrancam do nosso povo, lucros pelos quais é responsável, em grande parte, uma desenfreada exploração do trabalhador brasileiro, a célebre mão-de-obra barata, que tanto seduz o capital estrangeiro". Artigos assinados pelos generais Raimundo Sampaio (sobre minerais radioativos), Horta Barbosa e Leitão de Carvalho (sobre o monopólio estatal do petróleo) acirravam ataques à orientação da revista, apontada como servindo à doutrina comunista. Foi assim quando denunciou o escândalo do endosso concedido ao empréstimo da Light & Power, no Eximbank, no valor de um bilhão e oitocentos milhões de cruzeiros.

Em outubro de 1950, a revista começou a publicar os dispositivos constitucionais que asseguram as liberdades individuais, a liberdade de pensamento e a proibição das guerras de conquista.

Em março de 1951, a revista informava que estivera suspensa, por ato da própria diretoria e por injunção do ministro da Guerra e presidente licenciado, general Estillac Leal. Voltava a circular atendendo aos apelos dos associados e porque essa atitude não merecera correspondência dos adversários, que continuavam a campanha de descrédito contra o Clube Militar, sua revista e sua diretoria.

Foi quando surgiu uma outra forma de ataque. Oficiais que não concordavam com a orientação da revista assinaram manifestos dirigidos à diretoria, formulando protestos. Entre eles, houve um que estranhava a publicação do trabalho *Considerações sobre a guerra da Coréia*, no qual apareceram disfarçados a simpatia e o aplauso ao regime político da Coréia do Norte, quando é público e notório ser esse regime repudiado pelas nossas leis[4].

A 22 de fevereiro de 1951, realizou-se, no Clube Militar, a sessão solene para comemorar a transformação em lei do projeto do Código de Vencimentos e Vantagens dos Militares. Coube a presidência ao general Estillac Leal, já ministro da Guerra do governo de Vargas, empossado em 31 de janeiro. Um dos oradores, o general Leitão de Carvalho, formulou um apelo ao presidente-ministro em favor da anulação das transferências de oficiais, ocorridas em represália à vitória da chapa nacionalista nas eleições do Clube. Outro orador, o general Djalma Polly Coelho, criticou os *perturbadores contumazes* da vida nacional. Respondendo, Estillac Leal afirmou que as injustiças seriam reparadas.

O ministro da Guerra não pôde cumprir a sua promessa. Sobreveio outro episódio, em que a sua autoridade foi diminuída, quando o Brasil participou de uma conferência de Chanceleres latino-americanos em que se ia discutir a criação de um exército interamericano, em que a tropa brasileira ficaria sob o comando norte-americano. A *Revista do Clube Militar* já se pronunciara contra. O general Estillac Leal não teve opinião atuante no assunto. Em vão, a revista clamou: "Auriverde pendão da minha terra! Bandeira Nacional, sim! Bandeira Internacional, jamais!"

Em agosto de 1951, a revista começava a publicação das memórias do general Dermeval Peixoto, comandante de um dispositivo militar brasileiro destacado para a área do Nordeste durante a guerra. Nesse trabalho, criticava o comportamento das forças militares americanas que utilizaram aquele território, narrando cenas de embriaguez e desrespeito a oficiais e outras autoridades brasileiras. A publicação provocou os mais sérios reparos nos círculos militares e políticos simpáticos aos americanos.

Prosseguindo em sua orientação nacionalista, a revista publicou, em números referentes a novembro e dezembro, o discurso do deputado Artur Bernardes, na Câmara, condenando o projeto da Hiléia Amazônica; um estudo do general Leitão de Carvalho, condenando o Estatuto do Petróleo; a análise do problema dos minerais estratégicos, pelo general Raimundo Sampaio; e a entrevista do general Artur Carnaúba, presidente em exercício do Clube, condenando o Projeto 1.156, que o Executivo encaminhou ao Legislativo sobre o problema da exploração petrolífera.

---

4. Sodré, *op. cit.*, p. 316.

Vargas anunciava a intenção de policiar a remessa de lucros: "E vamos restituir o que, pagar o quê? Pagar o que não devemos, restituir o que não recebemos, o que é nosso, o que foi majorado por simples magia de cifras, a fim de supervalorizar o capital estrangeiro, em detrimento dos valores do trabalho brasileiro e da produção brasileira?"[5].

O ministro da Guerra, general Estillac Leal, não era menos incisivo em seus ataques. Em entrevista à imprensa, em 30 de dezembro de 1951, respondera aos que acusavam a direção do Clube Militar de seguir a linha de Moscou:

"Tenho lido certos arquivos que mais se assemelham a relatórios e boletins policiais, ansiosos por cartaz, do que informes que tenham a intenção honesta de esclarecer a opinião pública. Revelam claramente a intenção de certos funâmbulos do perigo comunista de subverter a ordem em favor do extremismo oposto e não da defesa da verdadeira democracia".

O Brasil firmara o acordo militar Brasil-Estados Unidos, conduzidas as negociações pelo ministro do Exterior, João Neves da Fontoura. O ministro da Guerra não tivera voz ativa nesses entendimentos. Vargas justificou esse procedimento ao afirmar, em sua mensagem ao Congresso Nacional, apresentada por ocasião da abertura da sessão legislativa de 1952:

"Decidiu a reunião de consulta confirmar o apoio das Repúblicas Americanas à ação das Nações Unidas para reprimir a agressão soviética na Coréia e em qualquer outro ponto onde ela se manifeste, procedendo ao estudo imediato dos seus recursos e especificamente às medidas com que possa contribuir para a defesa do continente e para o esforço coletivo das Nações Unidas, dentro da resolução 'união pela paz' da V Assembléia Geral da ONU.

No tocante à cooperação militar, a Reunião de Consulta resolveu recomendar às Repúblicas Americanas que orientem a sua preparação militar de forma a poderem aumentar os seus recursos e revigorar suas forças armadas no sentido de atenderem prontamente à defesa do continente e à reparação de agressão eventual contra qualquer delas. Resolveu também encarregar a Junta Internacional de Defesa, que já preparara em 1950 um esquema dos princípios estratégicos em que repousa a defesa do hemisfério, de elaborar, com a maior brevidade, um plano militar de defesa comum, sujeito à aprovação dos diferentes governos dos países. Esse plano foi elaborado pela Junta, na forma da decisão referida, sendo aprovado e comunicado aos diferentes governos em novembro de 1951"[6].

---

5. Getúlio Vargas. *O governo trabalhista do Brasil*, volume 2, 1951, p. 71 e 72.

6. Vargas, *op. cit.*, p. 119, vol. 2.

A crise iria desdobrar-se até março, quando o general Zenóbio da Costa, comandante da 1ª Região Militar, se demitiria do comando que ocupava. A posição do ministro da Guerra tornou-se insustentável. A 26 de março, Estillac Leal pediu demissão.

A 27, o general Ciro do Espírito Santo Cardoso, nomeado para substituí-lo, assumiu o Ministério. A 31, Estillac Leal, em entrevista à imprensa, declarou as razões de sua atitude:

"No momento presente, quando nos fazem entrever possíveis concursos externos e intensamente procuram fazer ressuscitar 'planos Cohens', considero minha personalidade como deslocada no seio do atual governo e, por esta razão, deixei o Ministério da Guerra".

Era o desfecho da primeira batalha da Nova Questão Militar. A demissão do general Estillac Leal representou uma derrota da corrente nacionalista. Ele e seus partidários vão tentar, na futura eleição de diretoria, reafirmar a supremacia perdida. Dessa vez, a chapa nacionalista enfrentará a chapa da Cruzada Democrática, encabeçada pelos generais Alcides Etchegoyen e Nelson de Melo.

A batalha propagava-se no Congresso. A mensagem de Vargas, propondo a criação da Petrobras, recebia críticas. Artur Bernardes declarava, da tribuna da Câmara: "Tenho para mim que o projeto, enviado à Câmara, laqueia a boa fé do sr. presidente da República. Quer por atos, quer por palavras, S. Exª. sempre se manifestou nacionalista no que concerne às nossas riquezas minerais".

O Clube Militar era a cidadela das Forças Armadas. A disputa pela direção iria desencadear uma campanha em que seriam utilizados todos os argumentos, dentro e fora do Clube, nas guarnições, nas colunas da imprensa. Aceitando a sua candidatura, Estillac leal apresentou um manifesto:

"Desfeita pelos fatos a campanha difamatória, organizada e estipendiada pelos agentes de interesses antinacionais, chegou o momento de promover a união em torno do grupo que vem demonstrando, pela ação decidida e positiva, seu respeito aos compromissos assumidos. Não bastam, diante de casos concretos, vagas promessas genéricas ou tiradas demagógicas, suscetíveis de acomodação. Cumpre definirmo-nos pelo nacionalismo, em honesta definição de posições, combatendo o entreguismo nos seus mais variados aspectos. Não devemos nem podemos permitir que a luta contra os extremismos, natural na defesa da legalidade democrática, venha a servir de pretexto ao desencadeamento de uma onda reacionária, que possa até ferir os próprios fundamentos do regime democrático. Esse movimento, tão a gosto de conhecidos elementos, serve para o preparo do terreno, encobrindo, como cortina de fumaça, o verdadeiro objetivo da campanha, que é a manobra entreguista daqueles que se propõem deliberadamente a alienar as nossas tão cobiçadas riquezas. Na defesa do patrimônio nacional, nas questões da Hiléia Amazônica, materiais estratégicos e petróleo, devem se unir os corações e espíritos dos patriotas esclarecidos, sem distinções de classe. Não poderia fugir, nessa altura dos acontecimentos, ao dever de prestar a minha decidida cooperação aos que lutam na defesa de nossa soberania, pela manutenção intransigente dos invioláveis princípios constitucionais, que regem a vida de nossas instituições democráticas e representativas, senão formando ao lado da atual diretoria na sua chapa de reeleição"[7].

A Cruzada Democrática, em seu documento de apresentação, se propunha alijar a direção do Clube Militar vitoriosa na eleição anterior, denunciando-a como operando "sob a bandeira do nacionalismo sadio", mas ocultando "outras bandeiras, repudiadas por nosso patriotismo e nossa índole democrática"; pretendia "afastar o Clube Militar das influências totalitárias da esquerda ou da direita", para que "sejam proscritas do Clube Militar, de maneira absoluta: as atividades que afetam a ordem e a segurança interna e os compromissos internacionais da Nação Brasileira; as atividades que possam ser exploradas num sentido político-administrativo, visando gerar dissensões de qualquer natureza entre os sócios; as iniciativas que possam ser interpretadas como pressões indébitas, quer sobre a opinião pública, quer sobre os poderes constituídos".

A crise militar produzia manchetes, não só na imprensa brasileira como na internacional. O *The New York Times* receava que a crise militar brasileira degenerasse em perturbações da ordem, qualquer que fosse o resultado das eleições do Clube Militar. E denunciava o general Estillac Leal como tentando reunir, em nome do nacionalismo, "todos os elementos que pensam estarem as riquezas naturais do Brasil em perigo de serem roubadas pelos interesses estrangeiros. Isso incluiria elementos das mais variadas tendências, desde comunistas até nacionalistas extremados, todos, porém, hostis à política atual de estreita colaboração com os Estados Unidos". Prosseguia:

"Ele (Estillac Leal) acusou a campanha de ser 'organizada por agentes de interesses antinacionais' (...) contra ele, há um grupo que se denomina Cruzada Democrática, batendo-se por estreita colaboração militar e econômica com os Estados Unidos, em defesa do Hemisfério Ocidental e por medidas enérgicas contra os comunistas do Brasil. Seu candidato é o general Alcides Etchegoyen, comandante da Artilharia de Costa, e outros chefes de Polícia do Rio de Janeiro. O movimento congrega vários dos mais destacados oficiais do Brasil, entre eles, o general Pedro Aurélio de Góes Monteiro, chefe do Estado-Maior Geral das Forças Armadas, e o brigadeiro Eduardo Góes, um dos candidatos à última eleição" (...) "A eleição do general Estillac leal não significaria

7. Cit. *in* Sodré, *op. cit.*, p. 327.

que o Exército brasileiro fosse predominantemente comunista. Significaria que um forte grupo se oporia ao estreitamento de laços com os Estados Unidos"[8].

Em abril, o candidato pela Cruzada Democrática propôs a constituição de um Tribunal de Honra de parlamentares que julgaria a veracidade das acusações que os nacionalistas faziam a ele e a seus companheiros da Cruzada, de estarem a serviços dos interesses estrangeiros. E declarava:

"Como candidato da Cruzada Democrática, no interesse social do Clube Militar e do próprio País, sugiro àquele ilustre general aceitarmos um Tribunal de Honra para julgar qual de nós terá adotado programa real e legalmente nacionalista para o Clube Militar, e qual, sob essa aparência, estará empregando métodos ilegais, subversivos ou mesmo ligados a objetivos políticos vedados à classe militar".

Transferia-se a luta para um terreno sem fronteiras, uma luta vale-tudo, em que cada grupo usava dos recursos a seu dispor. Nesse período, foram feitas transferências e prisões de elementos ligados ao grupo nacionalista. O Acordo Militar Brasil-Estados Unidos, a discussão do projeto da Petrobras, as exigências para o envio de tropas brasileiras à Coréia agitavam a opinião pública, com repercussão nas massas populares. Numerosas prisões foram efetuadas nos quartéis da Marinha e do Exército. Os depoimentos dos presos políticos revelam torturas, atestando a implantação do terrorismo. Oficiais do Exército encarregados de missões eleitorais eram detidos em trânsito e despejados do voto em prejuízo da chapa nacionalista.

As violências eram denunciadas no Congresso pelos senadores Atílio de Vivacqua e Domingos Velasco e deputados Coelho de Souza, Celso Peçanha, Eusébio Rocha e outros. Os depoimentos dos presos, posteriormente publicados, comprovavam as atrocidades e a arbitrariedade. Sob a motivação de repressão ao comunismo, instalou-se na Marinha, no Exército e na Aeronáutica uma repressão violenta, atingindo todos aqueles acusados de atividades consideradas subversivas, porque seguiam a linha nacionalista e mostravam-se hostis aos entendimentos com os norte-americanos.

A denúncia alcançava as autoridades encarregadas do inquérito. O major Leandro José de Figueiredo Júnior, primeiro aluno de sua turma na Escola Militar e herói da FEB, acusou o general Amauri Kruel, encarregado do inquérito policial-militar, e o tenente-Coronel Alves dos Santos, além de outros oficiais, de "terem exercido coação sobre testemunhas a fim de que fizessem afirmações tendentes a envolver o nome do acusado no inquérito policial-militar". Outro herói da FEB, capitão Joaquim Pessoa de Andrade, foi preso, incomunicável e trancado a cadeado, segundo a denúncia de sua esposa, em carta publi-

8. *In* Sodré, *op. cit.*, p. 329-330.

cada no *Diário de Notícias*. Esse matutino, a *Última Hora*, o *Correio da Manhã*, *O Mundo* e *O Cruzeiro* divulgavam relatos que aqueles congressistas transformavam em apelos, das tribunas do Senado e da Câmara, em defesa da dignidade dos oficiais.

A 21 de maio, realizaram-se as eleições no Clube Militar. A chapa da Cruzada Democrática, encabeçada pelos generais Alcides Etchegoyen e Nelson de Melo, obteve 8.288 votos, enquanto a chapa nacionalista alcançava 4.489 votos.

O resultado das eleições marcava a nova diretriz da direção do Clube Militar. Entrevistado pelo *O Cruzeiro*, o general Alcides Etchegoyen esclareceu a orientação que seguiria a revista daí por diante:

"– Haverá liberdade para debates de assuntos de interesse interno da entidade.

– Inclusive o petróleo?

– Esse não é assunto de interesse interno do Clube. Ademais, quanto ao petróleo, o Executivo já se manifestou a respeito, e o Legislativo está se manifestando nesse momento. Tudo quanto eu poderia dizer sobre a matéria já foi dito pela *Cruzada*, em documento escrito".

O jornalista insistiu no assunto. O general respondeu, de modo terminante:

"– Mas eu fui eleito pelos militares que não queriam mais que se falasse em tal assunto no clube..."[9].

---

9. *O Cruzeiro*, Rio de Janeiro, 7.6.1952, p. 108, *in* Sodré, *op. cit.*, p. 341.

A obra administrativa

A obra administrativa de Vargas foi ofuscada pelo clima de dificuldades políticas com que teve de manobrar, entre 1951 e 1954, e, sobretudo, pelas condições excepcionais com que encerrou a sua vida, em 24 de agosto. Por isso, os fatos políticos do segundo período Vargas são considerados de maior interesse histórico do que os aspectos de sua obra administrativa.

O segundo período Vargas apresenta uma inovação. Ao voltar ao poder, em 1951, escolhe para seus colaboradores imediatos, com exceção de Lourival Fontes e Sá Freire Alvim, pessoas como Rômulo de Almeida, Jesus Soares Pereira e Cleanto Paiva Leite, que não tinham nenhuma vinculação pessoal com ele no seu primeiro governo e, sobretudo, na fase ditatorial.

Cleanto Paiva serviu nas Nações Unidas entre 1945 e dezembro de 1950, em Londres e New York, ora em missão daquele organismo internacional na Samoa, nos mares do Sul, em Genebra, Paris etc. Ao regressar ao Brasil, em fevereiro de 1951, acabava de se instalar o governo Vargas. Já se organizara o primeiro escalão, e começou a trabalhar com Rômulo de Almeida. Logo depois, passou à assessoria direta de Vargas, com quem despachava três vezes por semana, pela manhã. Ele relata como se fazia essa assessoria da Presidência da República, no mais alto nível de assessoramento e de formulação de decisões:

"A primeira mensagem de Vargas ao Congresso, em março de 1951, é o primeiro sintoma de que ele estava devotado a uma grande obra de administração. Houve, até certo ponto, uma decepção com a ênfase que Vargas dava aos problemas de natureza econômica, de natureza administrativa na sua primeira mensagem. Muitos que esperavam uma nota política aguada – que teria talvez se justificado, dadas as dificuldades com que ele tinha conseguido se tornar candidato e, uma vez candidato, conseguido vencer as dificuldades que lhe foram criadas, como a tese de maioria absoluta –, faziam esperar da primeira mensagem dele prioridade e ênfase em assuntos políticos, que lhe faltavam.

As primeiras preocupações de Vargas, se me lembro bem, eram o Plano do Carvão, o desenvolvimento da Amazônia, a criação de um instrumento adequado para resolver o problema do petróleo, a reforma administrativa, o controle das importações e a regulamentação dos investimentos estrangeiros. Todos esses assuntos, ao longo dos três anos e meio de seu governo, foram se tornando objetivo de projetos, de mensagens e de propostas concretas, muitas delas elaboradas na sua assessoria, ou sob a coordenação de seus assessores diretos.

Vargas queria inovar em matéria de assessoramento pessoal. Deu-me a impressão também de que estava um pouco decepcionado com o tipo de contribuição que havia recebido no seu primeiro governo em relação aos grandes problemas nacionais. Daí o fato de que pessoas como Rômulo de Almeida, como eu, como Soares Pereira, tenham tido possivelmente uma influência muito maior na formulação de decisões extremamente importantes dessa segunda fase do Governo Vargas do que alguns de seus amigos mais íntimos, alguns líderes políticos, seus companheiros de toda vida, que ficaram se sentindo um pouco maginalizados nessa segunda fase de Vargas. Dirá que continuaram circulando um pouco no meio político figuras como João Neves da Fontoura, Osvaldo Aranha etc. Mas eu me sentia às vezes surpreendido com a importância que Vargas atribuía a pessoas como eu, Rômulo, Soares Pereira, que eram relativamente recentes no seu convívio pessoal. Na elaboração de alguns desses projetos vitais, chaves, da segunda época de Vargas, por exemplo, o projeto do Plano do Carvão, o Plano de Valorização da Amazônia, a criação da SPEVEA, a criação do Banco Nacional de Desenvolvimento Econômico, a criação do Banco do Nordeste, a elaboração da nova legislação sobre remessas de lucro do capital estrangeiro, o projeto da Petrobras, o projeto do Plano de Eletrificação, o projeto da Eletrobrás, em todos esses projetos extremamente importantes do segundo período de Vargas, a influência de seus velhos amigos, de seus íntimos colaboradores de outras épocas, foi relativamente pequena.

Possivelmente, Vargas havia estabelecido mentalmente uma dicotomia entre a sua necessidade de manter e de obter apoio político para os seus grandes programas, de um lado, e de outro lado a tarefa silenciosa, discreta, quase apolítica, no sentido de estar fora das pressões eleitorais e clientelísticas, que era a tarefa principal da sua assessoria.

Quero me referir especialmente ao problema do qual participei diretamente, a elaboração do projeto do Banco do Nordeste, que aparece nos depoimentos, nos documentos públicos, como sendo um subproduto de uma exposição de motivos do ministro Horácio Lafer. Na verdade, o ministro da Fazenda apareceu apenas aí como dando cobertura a uma iniciativa e a uma preocupação da assessoria direta de Vargas, endossada pelo próprio Vargas, e à qual ele atribuía a paternidade ao ministro da Fazenda, exatamente para vencer aquelas dificuldades políticas que ele poderia encontrar. O projeto do Banco do Nordeste é um marco na mudança de política do governo central em relação ao desequilíbrio regional daquela parte importante do território nacional. Creio que Vargas, de todos os presidentes que conheci, era aquele que tinha o sentido mais claro e mais agudo da necessidade de corrigir os desequilíbrios regionais que ameaçam a unidade nacional. Como sabemos, o Nordeste, onde estão trinta por cento da população do País, com uma renda *per capita* de cem dólares, renda *per capita* do Sudoeste asiático, é um tremendo contraste com o Centro-Sul, quase desenvolvido, com renda *per capita* de mil e quinhentos dólares, com uma economia que em muitos aspectos se equipara à economia de países desenvolvidos do Sul da Europa e da zona mediterrânea. Vargas tinha uma consciência muito aguda em relação a esse problema de corrigir o desequilíbrio regional, de reduzir a disparidade das taxas de crescimento entre o Nordeste e o resto do País. O projeto do Banco do Nordeste, apoiado numa exposição de motivos que levou a assinatura do ministro da Fazenda, foi exatamente um símbolo dessa preocupação de Vargas em corrigir as disparidades entre o desenvolvimento do Nordeste e o desenvolvimento do resto do País, e de criar um instrumento flexível, novo, adequado, que comandasse o processo de correção do desequilíbrio regional. Essa contribuição do governo Vargas para o problema do desenvolvimento do Nordeste deve ser destacada hoje, porque, evidentemente, com a criação da Sudene, em 1959, no governo de Juscelino Kubitschek, e com a atuação de liderança e a capacidade de formulação de Celso Furtado, se perde um pouco a noção histórica do papel do segundo governo Vargas, no sentido de contribuir para corrigir as disparidades regionais entre o Nordeste e o Centro-Sul desenvolvido do País.

Outra iniciativa que é extremamente importante, da qual todos nós ainda hoje estamos cada vez mais sentindo as conseqüências, foi a criação do Banco Nacional de Desenvolvimento Econômico (BNDE), como órgão do financiamento do chamado Plano de Reaparelhamento Econômico do País. Logo depois de sua posse, Vargas incumbiu os ministros João Neves da Fontoura, das Relações Exteriores, e Horácio Lafer, da Fazenda, de negociar com o governo dos Estados Unidos um programa de cooperação técnica na elaboração de projetos de interesse para o desenvolvimento econômico do país. Essas negociações continuaram aquelas que já haviam ocorrido no final do governo Dutra, e que terminaram por desembocar na criação da chamada Comissão Mista Brasil-Estados Unidos de Desenvolvimento Econômico, que se instalou no Ministério da Fazenda, tendo como primeiro presidente da seção brasileira o professor e engenheiro Ary Torres, e como presidente da seção americana o embaixador Malwyn Bohan. Essa comissão mista foi imaginada como o órgão capaz de formular projetos de desenvolvimento econômico capazes de atrair financiamentos bancários internacionais do Banco da Exportação e Importação (Eximbank) dos Estados Unidos, tendo como contrapartida recursos de poupança nacional. Durante os últimos anos do governo Dutra, havia uma pesquisa generalizada na América Latina e também aqui no Brasil, sobre a ausência de cooperação econômica dos Estados Unidos para o desenvolvimento da América Latina, em escala comparável com a ajuda maciça que os Estados Unidos haviam dado à reconstrução da Europa, através do Plano Marshall. Era um *slogan*: a necessidade de um Plano Marshall para a América Latina. Os Estados Unidos, dominados pela filosofia da *free enterprise* e da prioridade que se deveria dar ao capital privado, sempre se recusaram a embarcar num plano maciço de assistência econômica à América Latina, e invocavam, como pretexto para o baixo nível de financiamentos do Banco Mundial ou do Eximbank para o Brasil, a inexistência de projetos economicamente viáveis, que fossem suscetíveis de atrair esses financiamentos. Como resposta a essa crítica, decidiu-se então criar essa Comissão Mista, que durante o segundo semestre de 1951 e o ano de 1952 dedicou-se à elaboração de uma série de projetos de recuperação das estradas de ferro, desenvolvimento da Marinha Mercante, projetos de energia elétrica, importação de tratores etc., projetos esses que deveriam servir de base à obtenção de financiamentos dos bancos, Mundial e Exportação e Importação, dos Estados Unidos.

O presidente Vargas dedicou uma atenção especial, pessoal, à elaboração desses projetos e me tocou, na qualidade de seu assessor, acompanhar passo a passo os trabalhos da Comissão Mista Brasil-Estados Unidos, cujos relatórios finais eram periodicamente submetidos ao exame e à aprovação do presidente Vargas, antes de serem encaminhados para apresentação às entidades internacionais de Crédito. O programa de financiamento desses projetos foi coordenado sob a forma do chamado Programa de Reaparelhamento Econômico Nacional e, em fins de 1951, o governo aprovou uma sobretaxa sobre o imposto de renda, complementando depois com uma contribuição de reservas técnicas das companhias de seguro, que deveria formar o chamado Fundo de Reaparelhamento, estimado em dez milhões de cruzeiros, da época, que seriam os recursos de contrapartida dos outros quinhentos milhões de dólares. Estes recursos em dólares seriam teoricamente obtidos, seja do Banco Internacional, seja do Eximbank, para o financiamento dos equipamentos que teriam de ser importados, tais como navios, locomotivas etc., para a execução dos projetos elaborados pela Comissão Mista, e os recursos em cruzeiros para o financiamento dos equipamentos nacionais e das obras civis que tinham que ser construídas no País. Em julho de 1952, foi criado então o Banco Nacional de Desenvolvimento Econômico, para administrar a contrapartida nacional desses recursos que estavam sendo obtidos através do Fundo de Reaparelhamento Econômico. Vargas também dedicou-se pessoalmente à elaboração do projeto do Banco Nacional de Desenvolvimento Econômico, e fui designado para participar do pequeno grupo de trabalho que, sob a coordenação do ministro da Fazenda, elaborou o projeto de lei. Posteriormente, tocou-me fazer parte do primeiro conselho do BNDE e ser seu diretor durante cerca de dez anos, entre 1952 e 1962. O Banco Nacional de Desenvolvimento Econômico e o Banco do Nordeste do Brasil foram duas importantes iniciativas do governo Vargas, de um grande poder germinativo, porque foram instituições modernizadoras, e contribuíram para a modernização do desenvolvimento econômico brasileiro. Através deles se injetou na administração pública do Brasil uma nota de racionalidade na preparação de projetos e na sua execução, que até então era inexistente. Houve uma mudança qualitativa considerável, a partir da criação do BNDE e do Banco do Nordeste, entre a qualidade dos projetos, planos e programas de desenvolvimento econômico do Brasil e aqueles que eram feitos no passado, tais como o Plano SALTE, que não tinham condições de atrair financiamentos do exterior para a sua execução.

A criação da Superintendência do Plano de Valorização Econômica da Amazônia (Spevea), hoje Superintendência de Desenvolvimento da Amazônia (Sudam), é outro episódio no qual se revela a preocupação de Getúlio Vargas pela correção do desequilíbrio regional, pela valorização dos recursos naturais e pela afirmação da independência do País, *vis à vis* pressões externas. São da época de Vargas, do ano de 1951, as discussões em relação ao famoso projeto da Hiléia Amazônica, que vinha já do governo Dutra. Vargas atendeu às pressões nacionalistas, que no fundo coincidiam com a sua inclinação básica, e o projeto da Hiléia Amazônica nunca foi ratificado. Vargas tinha uma preocupação permanente em não só assegurar a preservação da fronteira brasileira, da independência brasileira na América Latina, mas também de afirmar, cada vez mais, a presença do Brasil no plano internacional. Não nos esqueçamos de que o espírito da criação das Nações Unidas e da Carta de São Francisco, em abril de 1945, ocorreu no final do primeiro período de Vargas, quando as suas preocupações, evidentemente, estavam muito mais voltadas para a preservação de seu governo, ameaçado, do que suficientemente voltadas para os problemas no plano internacional.

Aqui, gostaria de interromper este depoimento sobre as grandes iniciativas de ordem administrativa, de desenvolvimento econômico do segundo governo de Vargas, para dar um depoimento da propalada ignorância ou desinteresse de Vargas pelos problemas internacionais. Eu despachava com ele três vezes por semana, de manhã. A maior parte dos assuntos que me cabiam eram relacionados com política internacional, com o Itamaraty etc. Então, posso depor a respeito do cuidado com que Vargas acompanhou a formulação das posições brasileiras nos organismos internacionais, na ONU, na Cepal, na Unesco, no Fundo Internacional de Socorro à Infância etc., e também o cuidado com que ele manejava a política internacional em relação aos Estados Unidos, à Argentina, ao Uruguai, ao Paraguai, à Bolívia, ao Peru, ao Chile etc. Tenho cópia de toda a correspondência de Vargas com Perón, e acompanhei todas as negociações relacionadas com os acordos comerciais com a Argentina, e posso lhe declarar que o problema das relações internacionais, não só com os países do Prata, mas também no campo das Nações Unidas, no campo das relações com os Estados Unidos, tinha uma alta prioridade nas preocupações de Vargas"[1].

---

1. Entrevista gravada com Cicanto Paiva Leite, por Maria Cecília Ribas Carneiro e Hélio Silva, em 13-4-1978.

As principais realizações do governo

O escritor e professor Almir de Andrade foi o subchefe do Gabinete Civil da Presidência da República, durante todo o período do segundo governo de Getúlio Vargas, de janeiro de 1951 a 24 de agosto de 1954.

O seu depoimento é, por isso, valioso na apresentação das principais realizações do governo a que serviu:

"A descoberta e exploração do petróleo no Brasil foi, desde o início, uma autêntica conquista do Governo Getúlio Vargas, desde a sua primeira fase revolucionária de 1930-1945. O primeiro grande passo foi dado pelo Decreto-Lei nº 395, de 29 de abril de 1938 – poucos meses depois da implantação do Estado Novo –, com a criação do Conselho Nacional do Petróleo e a concomitante regulamentação da importação, da exportação, do transporte, da distribuição e do comércio do petróleo bruto e seus derivados, bem como da indústria de refinação do petróleo importado, ou produzido no País. O mesmo decreto-lei ditou normas referentes à uniformidade dos preços, à nacionalização das refinarias, estabelecendo que só brasileiros natos poderiam participar das sociedades que se organizassem para tal fim, e ocupar os cargos de direção e gerências das empresas de refinaria de petróleo. Dois meses mais tarde, o Decreto-Lei nº 538, de 7 de julho de 1938, regulou definitivamente as atribuições do Conselho e criou a taxa de três cruzeiros por tonelada de petróleo bruto, gasolina, querosene, óleos combustíveis e lubrificantes minerais, importados ou produzidos no País, com matéria-prima estrangeira ou nacional.

Sob a direção do novo órgão estatal, as pesquisas e os trabalhos de perfuração de poços tomaram um ritmo intensivo, que contrastava bastante com a lentidão dispersa dos trabalhos anteriores. Fizeram-se novas sondagens no Acre, no Pará, na faixa litorânea da Bahia ao Rio Grande do Norte, em Alagoas, em Pernambuco. Em São Paulo, os pontos escolhidos foram São Pedro, Floresta, Araquá. No Paraná, prosseguiram com mais energia as sondagens em Rio Claro, Marechal Mallet, São Mateus do Sul e Jaguariaíva. Nessa longa e obstinada série de tentativas, já se tinham feito 162 perfurações, quando, afinal, em 21 de janeiro de 1939, o petróleo jorrou em Lobato, no litoral da Bahia, próximo à cidade do Salvador, no poço nº 163. Pela primeira vez no Brasil, revelava-se, de modo positivo e irrefragável, a existência de um veio petrolífero comercialmente explorável.

Munindo-se de pessoal técnico e de aparelhamento moderno, continuou o Conselho a fazer perfurações em Lobato, na ilha de Joanes, em Aratu, Candeias e Itaparica, cuja produção total, no qüinqüênio 1940-1944, foi de quase 23 milhões de litros. O descobrimento e a exploração do petróleo brasileiro, por si sós, constituíram notável vitória da administração pública, porque desmentiram uma velha campanha derrotista, que via nos insucessos das primeiras sondagens uma prova da irremediável pobreza do nosso subsolo, e revelou novas possibilidades da nossa riqueza mineral.

Retornando ao governo em janeiro de 1951, por eleição direta, uma das primeiras preocupações do presidente Getúlio Vargas foi completar a obra iniciada em 1938 e dotar o País de uma nova aparelhagem mais eficiente, para a continuação das pesquisas e exploração do petróleo. Para esse fim, bem como para levar avante outros planos de realizações efetivas do seu novo governo, cercou-se logo de pequena equipe de assessores estudiosos de economia e finanças, que passaram a trabalhar no próprio gabinete da Presidência da República, e de cujo esforço conjunto com o dos ministérios resultaram as primeiras importantes mensagens dirigidas ao Congresso Nacional, de junho de 1951 a maio de 1952, propondo medidas da mais alta relevância para o progresso nacional: a 19 de junho de 1951, a mensagem que propunha a criação do Serviço Social Rural; a 8 de agosto de 1951, a mensagem que propunha o Plano do Carvão Nacional; a 25 de outubro do mesmo ano, a mensagem que encaminhava o projeto de criação do Banco do Nordeste do Brasil; a 6 de dezembro, ainda de 1951, a mensagem que propunha a ampliação do Fundo Rodoviário Nacional; dois dias depois, a 8 de dezembro, a mensagem que propunha o Programa do Petróleo Nacional e a criação da Petrobras; a 7 de fevereiro de 1952, a mensagem que propunha a criação do BNDE – Banco Nacional de Desenvolvimento Econômico; a 28 de maio de 1952, a mensagem que propunha a criação do Instituto Nacional de Imigração e Colonização e da Carteira de Colonização do Banco do Brasil.

O projeto de criação da Petrobras, contido na mensagem de 8 de dezembro de 1951, e em curto prazo concretizado em lei, dotou o nosso país de um dos mais poderosos instrumentos de progresso social e econômico. Naquela Mensagem, o governo chamava a atenção para a gravidade do problema, face ao crescente aumento do consumo de petróleo e seus derivados em todo o território nacional, e à insuficiência das refinarias então existentes para industrializar sequer a metade do petróleo necessário ao consumo do País nos anos seguintes. Nossa indústria, ainda incipiente quanto às possibilidades a curto prazo – dizia a mensagem –, mas já com uma elevada taxa de crescimento, e as condições geográficas do País, que impõem a expansão do tráfego rodoviário e aéreo, além do emprego de combustíveis líquidos em navios e locomotivas, tendem a agravar cada vez mais a nossa dependência em relação ao petróleo. Para podermos acelerar o progresso do País, desenvolvendo os transportes rodoviários, aeroviários, a dieselificação das ferrovias, a navegação, a mecanização da agricultura e as indústrias básicas e de consumo, numa taxa maior do que se verifica presentemente, o consumo de derivados do petróleo deverá aumentar ainda mais. As rodovias dependem do petróleo para a pavimentação de suas pistas e para os seus veículos. A solução do próprio problema da casa popular está intimamente relacionada com a produção de cimento e de outros materiais de construção, que implicam alto consumo de combustíveis. Muitas indústrias de alimentação também dependem em alta escala do petróleo. Em seguida, a mensagem estimava em, pelo menos, oito bilhões de cruzeiros as despesas imediatas para a execução do programa do petróleo e acentuava a necessidade de se criar uma sociedade anônima, que pudesse beneficiar-se também com os recursos das subscrições populares, mas onde o governo teria necessariamente 51 por cento das ações.

O que foi a criação da Petrobras, parece-nos inútil analisar. Ela aí está, em acelerado ritmo de crescimento, constituindo hoje uma das maiores empresas do Brasil e do mundo.

Criação da Eletrobrás

Tal como sucedeu com a Petrobras, a mensagem ao Congresso de 10 de abril de 1954, que propunha o Plano Nacional de Eletrificação e a criação da Eletrobrás – Centrais Elétricas Brasileiras S.A. –, foi o coroamento final de uma série de esforços que o governo Getúlio Vargas veio empreendendo desde a sua primeira fase revolucionária de 1930-1945. Quando o Decreto-Lei nº 1.285, de 18 de maio de 1939, estruturou o Conselho Nacional de Águas e Energia Elétrica, com o fim de superintender os serviços de aproveitamento industrial da energia hidráulica e águas de irrigação, fiscalizar e controlar a exploração das energias hidrelétricas e termoelétricas em todo o território nacional, já dispunha o País de um Código de Águas, estabelecido pelo Decreto nº 24.643, de 10 de julho de 1934, e reformulado pelo Decreto-Lei nº 852, de 1º de novembro de 1938. Seguiram-se vários dispositivos legais, redigidos na fase do Estado Novo, destinados a incrementar e regulamentar a exploração da energia elétrica e que prepararam o terreno para a estruturação, em 1954, do Plano Nacional de Eletrificação e para a criação da Eletrobrás – que é hoje um dos mais eficazes instrumentos de progresso e desenvolvimento de que dispõe o nosso país.

Numa simples enumeração sumária, que é um balanço do muito com que contribuiu o Governo Getúlio Vargas, em suas duas fases, para o progresso da indústria da eletricidade, lembraríamos: o Decreto-Lei nº 1.345, de 14 de junho de 1939, que regulou o fornecimento de energia entre as empresas e a entrega ao Estado das reservas hidráulicas necessárias ao abastecimento da população; o Decreto-Lei nº 2.281, de 5 de junho de 1940, que estendeu às empresas que exploram o comércio de energia termoelétrica a fiscalização prescrita pelo Código de Águas; o Decreto-Lei nº 2.676, de 4 de outubro de 1940, que dispõe sobre o aumento das tarifas de fornecimento de energia elétrica; o Decreto-Lei nº 3.128, de 19 de março de 1941, que fixou em dez por cento ao ano os lucros permitidos às empresas de eletricidade; a Lei Constitucional nº 6, de 13 de maio de 1942, que, abrindo exceção ao que dispunha a Constituição de 1937, permitiu a concessão da exploração de energia hidráulica a sociedades ou empresas nacionais, nas quais nem todos os associados ou acionistas fossem brasileiros; ou, ainda, a aprovação pelo presidente Getúlio Vargas, a 7 de dezembro de 1943, da proposta do Conselho Federal de Comércio Exterior para a execução de um Plano Nacional de Suprimento Público de Eletricidade, com o fito de prever, na economia brasileira do após guerra, o fornecimento abundante e barato de energia, não somente aos centros deficientemente atendidos, como para a incrementação das indústrias química, metalúrgica, agrícola, pastoril, de mineração e de transporte, tendo em vista os quatro campos fundamentais de aproveitamento econômico da energia elétrica, a saber: eletrificação rural, eletrificação dos transportes, eletroquímica e eletrometalurgia.

Por outro lado, a organização do Serviço de Águas e da Divisão de Águas do Ministério da Agricultura, obra pioneira da Revolução de 1930, realizada pelo Decreto nº 23.016, de 28 de julho de 1933, juntamente com a criação do Conselho Nacional de Águas e Energia Elétrica, foram medidas de alcance prático, tomadas pelo Governo Getúlio Vargas em sua primeira fase, e que pela primeira vez disciplinaram os estudos sobre o aproveitamento da energia hidráulica em todo o País e lhes imprimiram impulso decisivo. Outro grande passo neste sentido foi o novo impulso dado ao aproveitamento da energia elétrica do rio São Francisco e da cachoeira de Paulo Afonso – a grande fonte de fornecimento de energia para o Nordeste. O Decreto-Lei nº 4.505, de 22 de julho de 1942, autorizou a formação dos 'núcleos agroindustriais' para a colonização do São Francisco, em regiões que dispusessem de quedas d'água aproveitáveis para a produção de energia elétrica. Em meados de 1945, começou-se a organizar uma companhia para a exploração da energia hidrelétrica da cachoeira de Paulo Afonso, e a sua estruturação legal constituiu um dos últimos atos do governo Getúlio Vargas em sua primeira fase, no decreto-lei assinado a 3 de outubro de 1945. A companhia foi organizada com o capital inicial de quatrocentos milhões de cruzeiros, detendo o Governo Federal 51 por cento das ações ordinárias.

Assim, quando eleito em 1950 para retornar à Presidência da República, o presidente Getúlio Vargas não fez mais do que retomar o ritmo de esforços já anteriormente desenvolvido pelo seu governo e prosseguir na tarefa de dotar o País de um grande Plano Nacional de Eletrificação à altura das suas necessidades. Na mensagem ao Congresso de 10 de abril de 1954, ele dizia: 'Na ampla faixa povoada do País que se estende do Nordeste oriental ao extremo Sul, verificou-se existirem condições de mercado e fontes naturais de energia capazes de permitir o planejamento da expansão do parque elétrico nacional, para que este venha a operar ao fim do próximo decênio, em três grandes grupos de sistemas: a) um que englobará os grandes sistemas já existentes na região centro-oriental, expandidos e completados com novos aproveitamentos, deverá estender-se do Espírito Santo e Minas Gerais, ao norte, a Santa Catarina, ao sul, onde o carvão-vapor disponível após beneficiamento para obtenção de material coquerificável constitui fonte de energia a ser aproveitada em larga escala; b) outro, constituído das zonas da Cia. Hidrelétrica do São Francisco e rio das Contas, que se estenderá da Paraíba e do sul do Ceará ao sul do estado da Bahia; c) o terceiro, que compreenderá os sistemas hidro e termoelétrico do Rio Grande do Sul. Uma zona, isolada desses três grandes grupos de sistemas, corresponde ao Triângulo Mineiro e ao sul de Goiás, a serem servidos pelo aproveitamento da cachoeira Dourada, no rio Parnaíba... Os empreendimentos programados para a área dos sistemas de grandes centrais elétricas visam a alcançar, aí em 1965, uma potência instalada da ordem de oito milhões de quilowatts e a interligar os sistemas através de ampla rede de suprimento e coordenação. O Plano Nacional de Eletrificação constituirá, sem dúvida, ao ser executado, um dos esforços marcantes da nação brasileira no sentido de romper as cadeias que a detêm no presente estágio de subdesenvolvimento característico da sua atividade econômica. O povo brasileiro é convocado, dessa forma, através dos órgãos constitucionais que o representam, a mobilizar os seus elementos de ação, materiais e humanos, para realizar tarefa da maior significação para o futuro da própria nacionalidade'.

A estruturação da Eletrobrás – confessa-o a própria mensagem de 10 de abril de 1954 – inspirou-se no projeto de criação da Petrobras, elaborado dois anos antes: sociedade anônima, na qual o governo Federal detém a maioria das ações, e com o capital inicial fixado em três bilhões de cruzeiros. O que representou, para o Brasil, a organização dessa empresa, está patenteado pelo que ela vem fazendo desde então e pelo seu extraordinário desenvolvimento e influência na economia nacional. O que, aliás, já tinha sido previsto na mensagem presidencial que motivou a sua criação e onde se lê: 'A instituição das Centrais Elétricas Brasileiras S.A. – Eletrobrás – implica a adoção de uma nova diretriz econômica para o Estado brasileiro, que já tem a seu crédito a criação da indústria pesada de aço, se aparelha para empreender a solução do problema do petróleo e, no próprio campo da energia elétrica, ultima o aproveitamento de Paulo Afonso, para suprir área considerável do Nordeste. Essa diretriz, consubstanciada no Plano Nacional de Eletrificação, ajusta-se à política oficial de energia das unidades mais progressistas da Federação e sistematiza os esforços que a própria União já vem envidando, nos últimos anos, no sentido de dotar de energia alguns dos centros urbanos mais carentes. Não parece necessário ressaltar a importância dessa iniciativa, já que a magnitude do problema da energia elétrica está caracterizada em mensagem desta data, pertinente ao Plano Nacional de Eletrificação. Mas julgo do meu dever assinalar que esse problema reclama atuação vigorosa, e urgente, da parte do Poder Público, para que as dificuldades atuais sejam debeladas e o País venha a dispor, no menor prazo possível, da energia de que necessita para o seu desenvolvimento. A Eletrobrás, uma vez constituída, será o poderoso instrumento com que atuará o Poder Público para atingir esse objetivo'.

Ampliação da rede dos bancos estatais

O desenvolvimento da rede bancária nacional, na parte atinente às iniciativas estatais, foi uma das grandes preocupações do Governo Vargas, em sua última fase constitucional. Coube-lhe a elaboração do primeiro projeto de criação do Banco Central, cuja tramitação pelo Congresso foi lenta e que, por isso mesmo, só veio a tomar corpo nos anos seguintes. Entretanto, desde a criação, em fevereiro de 1945, da Superintendência da Moeda e do Crédito – a Sumoc –, já estava praticamente constituído o esboço definitivo do que seria o futuro Banco Central do Brasil. O próprio presidente Vargas ressaltou essa vinculação, quando afirmou, na mensagem de abertura da Sessão Legislativa de 15 de março de 1954: 'No sentido de dar estrutura adequada aos órgãos coordenadores e executivos da política da moeda e do crédito, muito se progride no último ano (1953), não obstante encontrar-se ainda em estudo no Congresso o projeto de criação do Banco Central, que deverá imprimir organicidade àquela estrutura. Ao criar, em fevereiro de 1945, a Superintendência da Moeda e do Crédito, o objetivo do governo foi instituir um melhor sistema de controle dos problemas monetários e de preparar a organização do Banco Central. A Sumoc foi desde logo investida de importantes funções correspondentes a esses objetivos; vários anos se passaram, todavia, sem que fosse aparelhada técnica e administrativamente para o desenvolvimento de suas atribuições legais. Somente em julho de 1951 deu-se o primeiro passo importante nesse sentido, com a criação da Inspetoria-Geral de Bancos. A Lei nº 1.807, de 7 de janeiro de 1953, veio ampliar as funções do Conselho da Sumoc, atribuindo-lhe a supervisão do intercâmbio comercial do País com o exterior, do orçamento cambial e o estudo e registro de prioridades cambiais e de capitais estrangeiros aplicados em atividades de especial interesse para a economia nacional. Para atender a suas atribuições, assim ampliadas, o governo reestruturou os serviços da Sumoc, ampliando-lhe o quadro técnico e criando departamentos especializados nos seus diversos setores de atividade. O Conselho da Superintendência da Moeda e do Crédito, presidido pelo ministro da Fazenda, vem desempenhando funções de junta de governadores de um Banco Central de ampla envergadura, estabelecendo as diretrizes da política monetária, bancária, de comércio externo e de investimentos estrangeiros, orientação que foi cumprida de maneira cabal e harmônica pela Superintendência da Moeda e do Crédito, pelo Banco do Brasil e pela Carteira de Redescontos e Caixa de Mobilização Bancária, setores que, coletivamente, atuam como um banco central'.

Pela mensagem dirigida ao Congresso a 25 de outubro de 1951, o governo propunha a criação do Banco do Nordeste do Brasil para fomentar o desenvolvimento econômico de vasta área do território brasileiro, com a tríplice finalidade de banco comercial, banco promotor de investimentos e banco assistencial. O papel do banco – explicava a mensagem – não estará apenas na aplicação dos recursos que puder diretamente mobilizar. A fecundidade de sua atuação estará, sobretudo, no papel que tiver de suscitar a fixação de capitais gerados na região, sobretudo nos produtos de exportação ou nos lucros ocasionais em artigos ameaçados de deslocamento, como o açúcar, bem como a atração de capitais e da técnica de fora.

Poucos meses depois, a 7 de fevereiro de 1952, outra mensagem presidencial enviava ao Congresso o projeto de criação do Banco Nacional de Desenvolvimento Econômico, BNDE, destinado a atuar 'como agente do governo nas operações financeiras que se referirem ao reaparelhamento e ao fomento da economia nacional'.

Os projetos de criação desses dois bancos, de pronto convertidos em lei, vieram preencher uma grande lacuna e vêm sendo, desde então, instrumentos eficazes no desenvolvimento econômico e financeiro do País.

Serviço Social Rural e Seguro Agrícola

Coube ainda ao governo a iniciativa de dois projetos de lei, que introduziram novos meios atuantes de proteção ao trabalhador rural. A mensagem de 19 de junho de 1951 propôs a criação do Serviço Social Rural, e a de 17 de julho de 1952 projetou a organização da Companhia Nacional de Seguro Agrícola. 'Em várias oportunidades da última campanha política' – dizia o presidente, na primeira dessas mensagens – 'e já depois, eleito e empossado, especialmente nos dois últimos discursos dirigidos ao povo brasileiro, alertei a Nação acerca da urgente necessidade de criar, no meio rural, condições econômicas e sociais de vida capazes de nele reter os seus filhos – sustentáculos da vida econômica e moral da nacionalidade. Estou cada vez mais convencido dessa necessidade, pois que o problema tem nítidos reflexos de caráter econômico, social, político e até moral. Dentro desse objetivo, vale destacar que o Serviço Social Rural não virá criar praticamente nenhum ônus novo. Haverá mero deslocamento no pagamento de contribuições já existentes, nos moldes do que hoje já se faz com o Serviço Social da Indústria e o Serviço Nacional de Aprendizagem Industrial'.

Na segunda das mensagens citadas, ao propor a criação da Companhia Nacional de Seguro Agrícola, explicava: 'O seguro agropecuário, cobrindo progressivamente as perdas resultantes da ocorrência de granizo, geada, inundação, estiagem, bem como de outros danos que comumente acarretam a ruína do produtor, assegura o reembolso de capital ao financiador, pelo afastamento desses riscos, constituindo-se assim em mola propulsora do crédito à produção do campo. Tratando-se de ramo de seguro pouco compensador, exigindo uma série de precauções técnico-financeiras a que não está habituado o capital privado, a solução encontrada foi a da constituição de uma sociedade de economia mista, com a colaboração de todas as entidades interessadas na solução desse problema, que tão profundamente afeta as atividades rurais'.

Outras realizações

Aqui esboçamos apenas o quadro das principais iniciativas do Governo Vargas, no período 1951-1954, que tomaram corpo e se integraram definitivamente no ritmo do desenvolvimento brasileiro. Ao seu lado, porém, se arrolam inúmeras outras, de menor projeção histórico-social, mas nem por isso carentes de importância. Muitas delas consistiam em dar continuidade a serviços já iniciados na anterior fase revolucionária de 1930-1945: notadamente a política nacional de desenvolvimento siderúrgico e de exploração das gigantescas minas de ferro do nosso país, que já tomara vulto no período anterior, com a criação da usina de Volta Redonda e a organização da Companhia Vale do Rio Doce; a legislação trabalhista, que passou definitivamente estruturada ao patrimônio dos governos posteriores e que vem sofrendo apenas, desde então, os aperfeiçoamentos normais, ditados pelo tempo e pela experiência; o desenvolvimento da aeronáutica militar e civil; o imenso desenvolvimento rodoviário do País; a política de proteção à indústria nacional e de expansão do crédito; o reaparelhamento das Forças Armadas; o fomento à agricultura e à pecuária etc."[1]

---

1. Entrevista de Almir de Andrade concedida, em abril de 1978, a Hélio Silva e Maria Cecília Ribas Carneiro.

O petróleo é nosso

Foi na Primeira Guerra Mundial, entre 1914 e 1918, que o Brasil começou a se preocupar com o petróleo. Até então esse produto e seus derivados não pesavam em nossa balança comercial. O consumo de petróleo era ridículo. O país consumia principalmente querosene, produto de grande utilidade para a população do interior, que não conhecia outro meio de iluminação. As restrições da importação afetaram esse produto. Eram poucos os automóveis e os caminhões que trafegavam.

Terminada a Primeira Guerra Mundial, liberada a importação, começou o surto automobilístico com a crescente distribuição do veículo mais popular da época, o Ford-de-bigode, com três velocidades e as mudanças feitas nos pedais. A rede rodoviária foi se estendendo, a princípio em terra batida, depois pavimentada. Metas governamentais de desenvolvimento: o combate às secas no Nordeste, na Presidência de Epitácio Pessoa; o programa rodoviário, na Presidência de Washington Luís, estimularam o uso dos veículos a motores de explosão, caminhões, automóveis, aumentando, conseqüentemente, o uso da gasolina. O petróleo era de baixo custo. Embora sua importância, na balança comercial, fosse aumentando, ainda não se cogitava a sério da exploração do petróleo em nosso subsolo.

A primeira pesquisa de petróleo em Alagoas, na região de Riacho Doce, é assinalada no prefácio do Boletim nº 7 do Serviço Geológico, de 1918-1919. O então diretor daquele serviço, dr. Luís F. Gonzaga dos Santos, designou uma comissão constituída do geólogo Eusébio de Oliveira e dos engenheiros Gerson de Faria Alvim, Eugênio Doudot Dutra e Júlio da Silva Porto. Os trabalhos de sondagem prosseguiram com interrupções até 1927, com resultados negativos.

No governo Washington Luís, foi encaminhado ao Congresso um projeto de lei referente à exploração do petróleo, de autoria do geólogo Eusébio de Oliveira, então na direção do Serviço Geológico e Meteorológico do Ministério da Agricultura. Foram seus relatores, na Comissão de Agricultura da Câmara dos Deputados, os deputados Marcondes Ferraz, de São Paulo, e Simões Neto, do Rio Grande do Sul. Foi apresentado substitutivo com a importante determinação que marcaria a primeira reivindicação nacionalista na questão do petróleo: "as jazidas de petróleo não podem pertencer a estrangeiros nem ser por eles exploradas".

O autor do projeto, Eusébio de Oliveira, não concordou com essa tese, alegando que "o controle político das nossas jazidas está garantido pela nossa Constituição". Prosseguindo, esclarecia melhor seu ponto de vista. Analisa o artigo quinze do referido anteprojeto: "suprimam-se as palavras 'guardada a disposição do artigo segundo', cujo intuito é impedir que estrangeiros possam explorar petróleo no Brasil, disposição prejudicialíssima ao desenvolvimento dessa indústria e que não se encontra em nenhuma legislação dos países petrolíferos do mundo, salvo a tentativa argentina e a romaica, não efetuadas". Delineava-se, então, a luta que se prolongaria até nossos dias entre as correntes ditas *nacionalista* e *entreguista.*

Refletindo este choque, o projeto não teve andamento. Nos últimos dias da República Velha, em 1930, o deputado Graccho Cardoso, de Sergipe, conseguiu fazer aprovar uma emenda suprimindo aquele artigo, sob a alegação de que "pretende impedir (...) com latitude máxima, que o capital estrangeiro já investido ou ainda por fazê-lo, nessa indústria, colabore para o seu desenvolvimento, o que não parece medida inspirada nas verdadeiras necessidades nacionais". Além do mais "não se devia despertar, inoportuna e inutilmente, hostilidades ainda adormecidas".

No depoimento de Jesus Soares Pereira a Medeiros Lima[1], de que aproveitamos e ainda aproveitaremos muitos ensinamentos, é lembrado o pronunciamento de Alceu Amoroso Lima, já em 1922:

"Temos todas as nossas fontes de energia e empresas de transmissão nas mãos de estrangeiros. Uma nação que não dispõe, hoje em dia, de propriedade de sua fonte de transmissão de energia elétrica, poderá julgar-se independente?".

Ainda às vésperas do movimento revolucionário de outubro de 1930, a Jersey Standard fundou a Companhia Geral de Petróleo Panamericana S.A., subsidiária de um truste norte-americano, para obtenção e consentimento de concessões petrolíferas. Porque, enquanto o Brasil começava a pesquisa do petróleo e seus homens públicos dividiam-se entre os que defendiam a conservação do privilégio da exploração do petróleo pelos brasileiros e os que pleiteavam participação do capital estrangeiro no empreendimento, a subsidiária da Standard Oil ampliava seus domínios, chegando a deter 96 possessões privadas de áreas petrolíferas.

1. Medeiros Lima. Um depoimento de Jesus Soares Pereira sobre a Política de Getúlio Vargas. In: *Petróleo, energia elétrica, siderurgia – A luta pela emancipação.* Rio de Janeiro: Paz e Terra, 1975.

Ainda valendo-se da fonte citada, encontramos as primeiras notícias sobre a geologia do recôncavo nas excursões realizadas, no século passado, por Henrique Praguer, que deparou com indicações expressivas da existência de petróleo. Esse fato foi referido em seus trabalhos e enfatizado quando dizia que a capital baiana repousava sobre carvão e petróleo. O carvão, a que se reportava, eram os fragmentos dos arenitos creptáceos, e o petróleo era de Lobato. Posteriormente, Teodoro Sampaio foi de parecer favorável à existência de petróleo no recôncavo, e Moraes Rego chegou a publicar um folheto justificando a conveniência da exploração petrolífera da região.

A revolução de 1930 teve uma repercussão positiva na questão do petróleo. A corrente ideológica dos *tenentes* tinha uma diretriz nacionalista que iria influir não só em matéria de petróleo, energia elétrica, como em todas as riquezas do subsolo. O tenente Juarez Távora, sucedendo na pasta da Agricultura os ministros Assis Brasil e Mário Barbosa Carneiro, era um representante dessa corrente. O serviço de geologia e mineralogia do Brasil, depois transformado no Departamento de Produção Mineral, reunia um núcleo de especialistas, muitos dos quais de tendência nacionalista e muito atuantes. Um deles era o engenheiro Adozindo Magalhães de Oliveira, neto de Benjamin Constant, que escrevia no jornal *O Radical,* defendendo suas idéias. E daí a elaboração do Código de Minas, distinguindo a propriedade do solo da propriedade dos recursos minerais, existentes no subsolo. A disposição legal apresentava uma profunda reforma e a revisão do conceito consagrado na Constituição de 1821, segundo a qual o proprietário do solo também o era do subsolo, de tudo quanto ele continha e, ainda, do espaço aéreo superior. O Código de Minas regulava o regime de concessão, criando obrigações muito estritas para o concessionário, fixando a presença do poder público, não apenas na fase inicial, mas também ao se processarem as operações econômicas resultantes da concessão. Assim, estaria presente à elaboração dos programas de exploração, aprovando-os de maneira que, se o prescrito na lei não fosse observado, a concessão poderia ser cassada.

Em relação ao petróleo, o código mantinha o regime de concessão e reconhecia o regime de direitos adquiridos. De fato, os direitos adquiridos, se serviam às concessões já dadas, submetendo-se ao novo regime, não reconheciam nenhum direito adquirido com relação à descoberta de jazidas petrolíferas, uma vez que tal não ocorrera, ainda, no País.

Conseqüentemente, as possessões anteriores foram submetidas a revisão, porque a legislação tornava privativo do poder central todo o regime de concessões. As grandes concessões, principalmente no estado do Amazonas, foram revistas e caíram. Essas medidas atenderam ao espírito da Constituição de 1934 e aos termos da Carta de 1937, que foi ainda mais rigorosa em suas exigências.

A Carta de 1937 e o novo Código de Minas estabeleceram que, no caso do petróleo, o Conselho do Comércio Exterior fosse encarregado de acompanhar de perto cada empresa que se candidatasse à concessão, não só por ocasião da sua constituição, como através de sua atuação.

Tais dispositivos não estimulavam pequenos empresários, interessados na descoberta do petróleo, sem disporem de grandes recursos. A pesquisa exigia aplicação de recursos consideráveis. Uma sondagem só permite comprovar se há ou não petróleo em determinada região. Mas a perfuração tem de ser feita com todos os cuidados, empregando material adequado, sob pena de atravessar uma zona petrolífera sem acusar a existência do petróleo.

Em um trabalho de análise e crítica, o professor Getúlio Carvalho firma: "Falar na indústria brasileira do petróleo é o mesmo que falar em nacionalismo econômico e nos governos de Getúlio Vargas. Porque é com Vargas que começou a ocorrer uma mudança acentuada no terreno ideológico, de um nacionalismo cultural e político para um nacionalismo econômico"[2].

Como observa aquele economista, o nacionalismo econômico brasileiro caracterizou-se por uma procura de maior independência econômica, que tinha como pressuposto o controle maior do Estado sobre os seus recursos naturais. Assim, o Brasil deixou a sua posição vulnerável de exportador de matérias-primas.

A Campanha do Petróleo e a criação da Petrobras representam a crescente participação do governo brasileiro na luta pela emancipação econômica do País. A criação da Petrobras assinala uma etapa vitoriosa, a tomada de consciência que começa a se impor na Grande Depressão de 1927/28. Porque foi, então, que os responsáveis pela orientação econômica do País compreenderam a fragilidade de uma política baseada na monocultura e na exportação do café. Assim, se forma um ambiente favorável à expansão do mercado interno, ao encorajamento da indústria de produtos, anteriormente importados, de que o Brasil se havia privado durante a Primeira Guerra Mundial. A Segunda Guerra acentuou essa tendência.

Vargas foi o homem de governo predestinado para enfrentar essa conjuntura e o fez com a visão de estadista.

O Ministério da Agricultura foi criado em 1910. Com ele, surgiu o Serviço Geológico e Mineralógico do Brasil, que vinha do Império e funcionara, anteriormente, junto ao Ministério da Viação. Reestruturado em 1910, por interferência de Mário Barbosa Carneiro, a sua direção foi entregue ao professor Orville Derby. Mas só a partir da revolução de 1930, na gestão de Assis Brasil, esse serviço começou a receber a atenção merecida. O que

---

2. Getúlio Carvalho. *Petrobras: do monopólio aos contratos de risco.* Forense-Universitária, 1977, p. 10.

aconteceu, mais acentuadamente, quando ocupou aquela pasta o então major Juarez Távora.

O *tenentismo* arvorara a bandeira do nacionalismo. Foi essa corrente que atuou na Constituinte de 1933/34, fazendo inserir, no texto da nova Constituição, dois novos dispositivos relacionados com a posse e a utilização dos recursos minerais. O primeiro aboliu o direito do proprietário particular sobre o solo das terras que lhe pertencessem; o segundo transferiu ao governo Federal a competência exclusiva de conceder a particulares o direito de pesquisa e desenvolvimento dos recursos naturais.

Foi com a elaboração do Código de Minas que a campanha pelo petróleo se apresentou, provocando a reação dos organizadores das companhias privadas nacionais contra o Ministério da Agricultura e o Departamento Nacional de Produção Mineral. Esse departamento dispunha de verbas escassas. As técnicas empregadas na pesquisa eram bastante precárias. Somente em 1934 conseguiu contratar um geofísico estrangeiro, quando a geofísica passa a ser utilizada no Brasil como técnica auxiliar de pesquisa.

A iniciativa privada lutava com a falta de recursos financeiros e técnicos. A Empresa Paulista de Petróleo, fundada em 1917, já no ano seguinte pedia ao Ministério da Agricultura que lhe emprestasse uma sonda para a exploração em São Paulo e técnicos que supervisionassem a pesquisa. Não pôde ser atendida.

Quando o presidente da Bolsa de Mercadorias de Salvador, Oscar Cordeiro, anunciou que tinha encontrado indícios de petróleo no local conhecido como Lobato – no recôncavo baiano, em 1931, os técnicos do Ministério da Agricultura recusaram-se a aceitar, como verdadeiras, as amostras de óleo obtidas em Lobato.

Desamparado mas não desanimado, Oscar Cordeiro prosseguiu valendo-se de técnicos do Departamento Nacional de Produção Mineral (DNPM), Sílvio Fróes de Abreu, Glycon de Paiva Teixeira e Irnark Carvalho do Amaral. Foi, então, graças ainda ao apoio financeiro de Guilherme Guinle, que realizou os primeiros estudos sérios na região de Lobato, em 1936.

O primeiro poço produtor de petróleo foi descoberto, em Lobato, a 21 de janeiro de 1939. Vargas, por ocasião da entrega ao tráfego da rodovia Rio–Bahia, em discurso pronunciado na cidade de Areias, a 11 de abril, assinala o acontecimento:

"Começamos com a descoberta do petróleo, acontecimento de excepcional relevância, capaz, por si só, de alterar o êxito econômico dum país. Verificada a existência de fator tão decisivo no engrandecimento das nações, aparelhamo-nos para explorá-lo economicamente, para criar, ali onde o foram encontrar os órgãos técnicos da administração pública, próximo ao mar, em terras da gloriosa Bahia, berço da nacionalidade, um grande centro industrial, onde se abasteça o Brasil do combustível líquido de que precisa, libertando-se da contingência de importá-lo, o que nos custa soma superior a trezentos mil contos anuais"[3].

Três medidas marcaram o desenvolvimento da indústria nacional do petróleo, durante o Estado Novo, de 1937 a 1945: a primeira, inserida na Carta de 1937, exigindo a nacionalidade brasileira aos acionistas de empresas de mineração, eliminava o capital estrangeiro dos empreendimentos minerais e a participação de estrangeiros, mesmo nacionalizados e radicados no País; a segunda, o Decreto-Lei nº 366, de 11 de abril de 1938, declarava que todos os campos produtores a serem descobertos no território nacional passariam a pertencer ao governo Federal; a terceira, o Decreto-Lei nº 395, de 29 de abril de 1938, criava o Conselho Nacional do Petróleo (CNP) e declarava de utilidade pública o abastecimento do petróleo, vedando, também, a participação de estrangeiros na indústria de refinação.

Se a Vargas deve ser reconhecida a primazia do desenvolvimento da política petrolífera, deve-se também reconhecer a participação do Exército, através de destacados chefes militares, no estímulo dessa política.

Foram os *tenentes*, liderados por Juarez Távora, que marcaram a posição nacionalista na Constituição de 1934 e na elaboração do Código de Minas. Foi o general Júlio Caetano Horta Barbosa, em 1936, como diretor de Engenharia do Exército, que sugeriu ao ministro da Guerra fossem colocados à sua disposição um técnico e o equipamento necessário para pesquisa do petróleo. Assim, com o propósito manifesto de ajudar o Departamento Nacional de Produção Mineral do Ministério da Agricultura, se estabelecia a ligação do problema do petróleo com a segurança nacional, fixando a posição do Exército e uma direção nacionalista. Horta chegou a afirmar que assim agia, defendendo-se de "uma penetração constante da Standard Oil, a Shell... nos menores recantos da pátria"[4].

Foi ainda Horta Barbosa que, em 1938, como subchefe do Estado-Maior do Exército, propôs que o petróleo se tornasse monopólio do Estado. Admitindo, embora, que a distribuição de seus derivados continuasse nas mãos de companhias estrangeiras de petróleo, defendia a nacionalização do refino, como chave para o financiamento das atividades de pesquisa e produção e a criação de uma indústria nacional de petróleo. Sua proposta teve estudo sigiloso. Jesus Soares Pereira adianta que os resultados mereceram imediata acolhida dos chefes de governo, depois de aprovados pelo plenário do Conselho Federal de Comér-

3. Getúlio Vargas. *A política nacionalista do petróleo no Brasil.* Rio de Janeiro: Tempo Brasileiro, 1964, p. 36.

4. Memorial do general Horta Barbosa ao ministro da Guerra em 30-01-1936. Câmara dos Deputados. Doc. parlamentar – Petróleo, II, 1957, p. 3 e 7.

cio Exterior (CFCE). No caso particular do Decreto-Lei nº 395, mediaram apenas algumas horas entre o pronunciamento do conselho, a sanção do governo e a publicação do ato no *Diário Oficial*. Getúlio Carvalho admite que o sigilo e a rapidez com que procedeu o governo resultaram do interesse das companhias estrangeiras de petróleo e do receio de sua possível intromissão nos estudos que precederam à nova legislação do petróleo. Documenta essa afirmação em um trabalho de Wirth (*The politics of brazilian development,* p. 145).

O CNP era um órgão autônomo, diretamente subordinado à Presidência da República. O general Horta Barbosa, na sua direção, realizou uma política nacionalista e logrou convencer o Estado-Maior do Exército e o ministro da Guerra, general Eurico Gaspar Dutra, a rejeitar a proposta da subsidiária brasileira da Standard Oil Company of New Jersey, que, em três diferentes ocasiões – 1940, 41 e 42 –, pretendeu participar das atividades de exploração.

Não conseguiu o general Horta Barbosa realizar plenamente o seu programa, sacrificado pelas dificuldades da economia de guerra. Em 1943, solicitou a Vargas permissão para deixar a presidência do Conselho Nacional de Petróleo e regressar ao exército.

Seu sucessor, general João Carlos Barreto, tinha uma orientação diferente. Dirigindo o CNP, em uma fase particularmente difícil para a exploração e produção do petróleo, apesar de contar com recursos orçamentários anuais equivalentes a dois milhões e quinhentos mil dólares em 1944/45 e com a disponibilidade de moedas estrangeiras, o conselho permaneceu quase inativo naquele período. Era difícil a importação de sondas, máquinas e equipamentos necessários à pesquisa e à produção. Às dificuldades de transporte somavam-se os problemas relacionados com licenças de exportação. Em 1944, o conselho conseguiu importar 164 mil dólares em bens de capital, em uma encomenda de equipamentos aos Estados Unidos no valor de um milhão de dólares. Em 1945, a importação foi ainda menor. Empolgados com os suprimentos de guerra, os Estados Unidos não atendiam a demanda petrolífera brasileira.

Estas dificuldades e uma orientação diferente daquela preconizada por Horta Barbosa levaram o general João Carlos Barreto a sugerir alterações na legislação do petróleo. Em uma exposição de motivos, apresentada em maio de 1945, Barreto afirmava que a pesquisa e a industrialização do petróleo requeriam grandes somas de capital e mão-de-obra especializada, insuficientes no País. Por isso, recomendava que o governo autorizasse o concurso de capitais estrangeiros na pesquisa, na produção e na refinação do petróleo, *tomadas as precauções necessárias à manutenção da segurança nacional.*

Os analistas assinalam esta proposição como a antítese da proposta encaminhada a Vargas por Horta Barbosa, em 1938, quando aquele general sugerira ao governo a criação do monopólio estatal do petróleo. Era também o ponto de partida para a elaboração do Estatuto do Petróleo, de iniciativa do governo Eurico Gaspar Dutra[5].

Deposto Vargas, a 29 de outubro de 1945, e eleito o general Eurico Gaspar Dutra, após a gestão do ministro José Linhares, continuou na presidência do conselho o general João Carlos Barreto.

Vargas autorizou a instalação de refinarias particulares, controladas por acionistas brasileiros. Dutra criou uma refinaria, perto de Salvador, destinada a processar o petróleo proveniente do recôncavo baiano, mas adotando uma sociedade de economia mista, com capitais governamentais e acionistas particulares brasileiros. Prosseguindo em seus planos, criou a refinaria de Mataripe, totalmente controlada pelo governo. Essas refinarias, porém, só entrariam em operação na década seguinte.

Em 1947, Dutra nomeou uma comissão para elaborar um novo projeto, conhecido como o Estatuto do Petróleo, que visava adaptar a legislação do petróleo ao Artigo 153 da Constituição de 1946, que previa a pesquisa e o desenvolvimento de recursos minerais do País, sob a forma de concessão. De acordo com a nova Constituição, os concessionários poderiam ser brasileiros ou empresas, inclusive estrangeiras, organizadas no Brasil.

O estatuto era anunciado como objetivando assegurar o abastecimento do mercado nacional e seria o instrumento através do qual o governo aumentaria a produção do petróleo nacional e expandiria o volume das reservas sob controle do governo. Pois, descoberta uma região petrolífera, parte dela seria considerada reserva nacional, passando para o controle do Conselho Nacional do Petróleo.

O Estatuto do Petróleo provocou as mais acesas discussões. Formaramse duas correntes, lideradas pelos generais Horta Barbosa e Juarez Távora, que debateram o assunto, em conferências realizadas no Clube Militar.

Távora, admitindo que o monopólio estatal representava a melhor solução para o problema a longo prazo, ponderava que esta alternativa, a curto prazo, representou e continua representando um adiamento da solução do problema, em razão da escassez de recursos orçamentários destinados à exploração. Por isso, preconizava uma política favorável a concessões cujos prazos variariam entre trinta e quarenta anos. O controle do Estado estaria assegurado, porque as atividades de refinação e transporte do petróleo e seus produtos estariam sob a direção de acionistas brasileiros.

Távora ocupava, então, a subchefia do Estado-Maior do Exército, o mesmo cargo em que Horta Barbosa propusera a legislação do petróleo, durante o Estado Novo.

---

5. Gabriel Cohn. *Petróleo e nacionalismo*. São Paulo: Difusão Européia do Livro, 1968, p. 19-21, *in* Getúlio Carvalho, *op. cit.*, p. 30.

Horta Barbosa defendeu o seu ponto de vista, com igual entusiasmo, acompanhado dos numerosos adeptos de suas idéias. Ele evidenciava mais otimismo, não só quanto ao potencial petrolífero do País, como em relação à capacidade dos brasileiros resolverem o problema, sem a participação de investimentos estrangeiros diretos. Preconizava a criação de refinarias regionais, a exemplo da Argentina e, sobretudo, do Uruguai, país não-produtor de petróleo. O governo poderia, então, barganhar, pelo preço mais vantajoso, a exemplo do Uruguai, destinando-se os recursos obtidos na refinação do petróleo à exploração do produto.

Transpondo os centros de debate do Clube Militar, do Clube Naval e da Câmara dos Deputados, a discussão tornou-se pública, e a imprensa se dividiu contra ou a favor do petróleo. A campanha de "O petróleo é nosso" sensibilizou a mocidade e a União Nacional dos Estudantes, e muitos diretórios estudantis engajaram-se no combate ao projeto, considerando-o entreguista.

Em abril de 1948, foi fundado o Centro do Petróleo, inicialmente Centro de Estudos de Debates do Petróleo, congregando jornalistas, políticos, estudantes e militares favoráveis à tese do monopólio estatal. Eram seus presidentes de honra o general Horta Barbosa e o deputado Artur Bernardes. Tão eficiente foi a campanha que desenvolveram e a pressão que exerceram sobre o Congresso, que o governo desistiu de transformar em lei o Estatuto do Petróleo.

Em sua mensagem ao Congresso, em maio de 1948, Dutra apresentou um plano de governo consubstanciado em uma sigla – SALTE – representativa das palavras saúde, alimentação, transporte e energia. Era um planejamento, organizado pelo Departamento Administrativo de Serviço Público (DASP), tendo por objetivo disciplinar e orientar os investimentos do setor público.

O plano aconselhava a intensificação das atividades de pesquisa do petróleo; previa a instalação de uma refinaria que processasse 45 mil barris de óleo cru por dia; a ampliação da refinaria projetada de Mataripe e a aquisição de quinze petroleiros de quinze mil toneladas cada um.

Conduzido habilmente no Congresso, onde obteve a aprovação de uma comissão interpartidária, em que figuraram o PSD, a UDN e o PR, o projeto conseguiu, ainda, o apoio dos grupos civis e militares, ligados ao Centro do Petróleo. Assim, utilizando os créditos bloqueados na Europa, o governo Dutra adquiriu, na França, o equipamento para a construção da refinaria projetada e comprou petroleiros suecos, ingleses e japoneses, constituindo a Frota Nacional de Petroleiros. Em seguida, criou a Comissão de Industrialização do Xisto e declarou a plataforma submarina parte integrante do território nacional[6].

6. Documentos Parlamentares IV, p. 294-296.

A veemência da campanha política e a dramaticidade de agosto de 1954 desfiguraram, para o grande público, a figura do presidente Getúlio Vargas e a imagem do seu governo.

Vargas foi apresentado como um homem em decadência física, início da senilidade, isolado dos amigos e distanciado da família, confinado no Palácio do Catete, almoçando e jantando sozinho, em uma ponta de mesa, diante de um prato solitário. Imposto este esboço, foi fácil estabelecer a premissa da impossibilidade de continuar no poder e a necessidade da renúncia.

A imagem é falsa e tendenciosa. Vargas voltou para o Catete animado de um propósito de paz que sua filha apresenta, no encontro com o presidente Dutra, relatado pelo marechal Ângelo Mascarenhas de Morais, em suas memórias. "Não sou um homem de vingança. Não pretendo perseguir ninguém. Gostaria de ser recebido como amigo".

Traz propósitos de trabalho e organiza, pela primeira vez, uma assessoria econômica, formada de elementos novos, alheios à política, estudiosos dos problemas brasileiros, a maioria dos quais ele chama pela primeira vez.

Um desses elementos, o economista Rômulo de Almeida, descreve o que era essa assessoria econômica, para a qual foi convidado no dia 10 de fevereiro de 1951: "A capacidade de sacrifício individual era condição essencial, pois não havia verba no orçamento para as necessidades mínimas do gabinete do presidente da República, inclusive pagar aos assessores, o que só se atuou moderadamente no ano de 1952".

A primeira urgente tarefa foi a elaboração da Mensagem Presidencial, a ser apresentada ao Congresso no dia 15 de março: "Diga-se de passagem, foi uma parada duríssima, pois se deveria combinar indicações programáticas do novo governo com um relato da situação do País e do desempenho da administração do último exercício, e não havia relatório de nenhum dos ministérios ou sequer departamentos, deixado pelo governo anterior. Zero de informações. Foi uma prova de fogo. Minha grande satisfação foi haver despertado a confiança e, assim, mobilizado rapidamente uma variada equipe do pessoal mais informado dos vários setores. Soares (Jesus Soares Pereira) juntamente com Ottolmy Strauch, que trouxe do DASP, me ajudaram a improvisar uma organização que nos permitiu cumprir a tarefa que tínhamos pela frente"[7].

A intriga política já se insinuava. Rômulo de Almeida revela: "Em plena luta desses primeiros dias, Alzira Vargas do Amaral Peixoto entrega uma

7. *In:* Medeiros Lima, prefácio de Rômulo de Almeida. *Um depoimento de Jesus Soares Pereira sobre a política de Getúlio Vargas: petróleo, energia elétrica, siderurgia: a luta pela emancipação.* Rio de Janeiro: Paz e Terra, 1975, p. 17.

denúncia de que Soares era 'comunista'. Isso abriria um flanco para ataque ao governo, que nem tinha maioria nas câmaras. A origem foi logo identificada: gente com interesses contrariados pela enérgica defesa dos interesses públicos no INP. Alzira me ajudou a evitar uma dificuldade"[8].

Um dos pontos capitais era a política do petróleo. A orientação do presidente foi no sentido de acentuar a nota nacionalista, sem assustar as empresas privadas, e a adoção de soluções objetivas e imediatas para os vários problemas atinentes à obtenção do petróleo a ser utilizado.

Vargas despachava, pela manhã, com seus assessores, cada qual com um horário marcado, duas a três vezes por semana. Distribuía papéis, notas, cartas recebidas e sobre as quais queria pronunciar-se com pleno conhecimento. À noite, em seu trabalho solitário, redigia os bilhetes que constituem o arquivo de Lourival Fontes, divulgado por Glauco Carneiro.

Cobrava as informações pedidas. Os projetos de uma política de energia compreendendo o petróleo e o carvão mineral mereciam uma especial importância.

Na distribuição de tarefas, Jesus Soares Pereira ficou com um cargo maior nos projetos de energia, o qual foi crescendo, à medida que passavam do petróleo para a eletricidade. Informa Rômulo de Almeida que Jesus participava ainda de outras tarefas, como a elaboração de novas idéias para a política do Nordeste. O assunto do petróleo tinha a colaboração de João Neiva de Figueiredo e outros elementos que seguiam a mesma orientação, o que não acontecia com Mário da Silva Pinto e Glycon de Paiva, que dele divergiam e, por isso, não acompanharam e nem jamais tiveram conhecimento dos textos sucessivos. Estes dois técnicos assessoravam com informações minerais e tecnológicas. Os demais membros da pequena equipe permanente eram Ottolmy Strauch, Inácio Rangel, Tomás Pompeu, Accioly Borges e Saldanha da Gama. O então comandante Lúcio Meira, da Casa Militar colaborava nessa assessoria, principalmente no referente à indústria automobilística. Cleanto Paiva Leite, inicialmente trabalhando ao lado de Rômulo de Almeida, passou a assessorar diretamente o presidente em assuntos de sua especialidade.

Com a constituição da Comissão Mista Brasil-Estados Unidos, dispondo de recursos mais amplos, passou esse órgão a se concentrar nos projetos específicos de ferrovias, rodovias, portos e unidades elétricas. Nas assessorias do Ministério da Fazenda, com Horácio Lafer, e Itamaraty, com João Neves da Fontoura, estes traziam a sua contribuição. Mas acentua Rômulo de Almeida que "o presidente Vargas não desdenhava a importância econômica e política dos projetos de investimentos, que poderiam gerar *supplier's credit* para a implantação de equipamentos americanos, mas constitui a assessoria

8. *Idem, ibidem.*

para a sua verdadeira linha de governo e para checar as matérias que vinham à sua decisão".

Em seu depoimento a Medeiros Lima, Jesus Soares Pereira conta o início do seu trabalho:

"A documentação, constante de dezenas de pastas, nos foi encaminhada pelo presidente da República. Essa documentação constava em parte de sugestões as mais variadas e procedentes das mais diferente origens. Lembro-me bem das sugestões, salvo quanto à dimensão do problema. Para ele, o petróleo não requeria grandes esforços. A parte financeira, por exemplo, era posta em termos de um décimo ou menos daquilo que se nos afigurou necessário ao elaborarmos o projeto da Petrobras.

Após demorados debates, a questão foi posta por mim, de comum acordo com os doutores Rômulo de Almeida e Neiva Figueiredo, mais ou menos nestes termos. Achávamos que a legislação vigente assegurava a diretriz nacionalista, caso não fossem feitas concessões a empresas organizadas no Brasil para pesquisa. Mas, mesmo no caso de isso acontecer, a limitação imposta pela legislação quanto à área, ou seja, concessões máximas de mil hectares, constituía garantia suficiente de que a pesquisa e exploração do petróleo no Brasil estavam a salvo de investidas. O perigo residia no risco da legislação vir a ser modificada. A vigilância devia, portanto, se concentrar no sentido de manter a legislação em vigor. A legislação não contrariava o princípio constitucional, mas limitava a concessão.

Assinalávamos, ainda, a inconveniência política de se intentar previamente uma reforma constitucional para voltarmos aos termos em que a questão tinha sido posta na Carta Constitucional de 1937. Isso porque, dados o ambiente existente e a posição dos partidos políticos, semelhante hipótese não nos parecia recomendável. O quadro no Congresso apresentava-se da seguinte maneira: de um lado a UDN, francamente favorável à linha privatista, e do outro o PSD, cuja origem conservadora não inspirava confiança. Restava o PTB, mas em condições minoritárias. Tentar uma reforma constitucional diante desse quadro seria aceitar um desafio perigoso, que certamente nos levaria a esgotar todo o período governamental sem que se chegasse a nenhum resultado prático. Havia uma opção, e esta era a de pedir ao Congresso apenas a criação de uma empresa que habilitasse o governo a trabalhar em matéria de petróleo, fugindo dos entraves burocráticos da repartição pública comum, como sucedia com o CNP. O governo deixava de lado a discussão em torno da proibição de capital estrangeiro na indústria petrolífera e saía para criar uma empresa em que o capital estrangeiro não estivesse presente ou estivesse de maneira tão diminuta que não causasse mossa. Esses foram os resultados a que chegamos depois dos primeiros estudos. Fui, pessoalmente, encarregado de elaborar um documento a respeito, destinado a conhecimento do presidente da República.

Nesse documento, além dessas premissas de natureza política, dizíamos que o programa em elaboração fora previamente limitado a aplicações financeiras da ordem de dez milhões de cruzeiros – em moeda nacional, ou o equivalente então a cerca de duzentos milhões de dólares, em moeda nacional e nas moedas estrangeiras que fosse possível. Assinalava, ainda, que os recursos mínimos a aplicar no programa inicial do petróleo corresponderiam ao triplo daqueles exigidos pelo maior investimento já levado a efeito até então pelo Estado brasileiro numa só obra – Volta Redonda. Tratava-se, portanto, de fazer qualquer coisa no prazo de cinco anos correspondente a duas ou três vezes o que se despendeu com a criação da grande siderurgia. Esta foi a advertência que fizemos em termos de investimentos. Chamávamos a atenção, também, para a questão dos recursos humanos, cuja mobilização nos parecia de certa maneira mais difícil que no caso do aço. Os quadros técnicos disponíveis naquela altura eram mais escassos, menos dotados, do que os quadros de que dispunha o País ao enfrentar o empreendimento de Volta Redonda. As dificuldades seriam muito grandes, e seria necessário ir buscar mão-de-obra estrangeira. Não havia condições de formar mão-de-obra nacional em tempo hábil. Não se devia descurar, é claro, da formação de pessoal, mas para conduzir o problema na escala em que ele se apresentava tinha que se obter mão-de-obra técnica de alto nível no exterior. O País não possuía experiência em petróleo. Além disso, o empreendimento pela sua natureza era bem complexo, não só na parte de pesquisa de petróleo como na de refino. Não era coisa de meter medo, porque tudo isso se poderia resolver uma vez mobilizados os recursos e montada a máquina administrativa capaz de atuar adequadamente. Preconizava-se uma empresa no estilo de Volta Redonda.

Essas eram as linhas mestras do documento elaborado e submetido ao presidente da República pela Assessoria Econômica, e que dele mereceu um despacho muito significativo, que convém lembrar.

O presidente Getúlio Vargas, à margem desse documento, escreveu mais ou menos o seguinte: 'Prossigam-se os estudos sem temor quanto ao vulto dos investimentos, desde que os fundamentos do programa sejam objetivos e a possibilidade de mobilizar recursos sejam efetivas'. O presidente recomendava ao seu corpo de assessores que não temesse o tamanho do problema. E foi nessa base, com esse incentivo, que prosseguimos.

Ficou assentado que caberia ao Estado enfrentar o problema do petróleo, já que não se confiava e nem se depositava esperança no setor privado. Esta, aliás, era a tendência da Presidência da República em relação a este e a outros problemas.

Tínhamos a esperança, algo ingênua, de obter a aprovação do projeto no Congresso em menos de um ano, quando na realidade se levaram dois anos e meio. Aceita a legislação vigente, fugia-se à reabertura dos debates, enquanto se concentrariam todos os esforços em torno da criação de uma empresa com recursos adequados para agir. O problema tornava-se assim o mais simples possível do ponto de vista legal e político, com os efeitos práticos no sentido da eficácia operacional desejada. Fixados tais critérios, passou-se a elaborar o texto da lei. Simultaneamente foi preparado um plano de atuação da empresa por criar e a ser executado nos seus primeiros cinco anos de existência. Tratava-se de um programa pormenorizado, abrangendo cada setor de atividade e, na medida do possível, mensurável financeiramente. A elaboração desse programa, a cargo do dr. João Neiva de Figueiredo, constituiu um esforço formidável de pesquisa e criatividade, como se diria hoje. Partiu-se de coisas muito pequenas para se conceber um programa à altura do problema do petróleo, que nessa ocasião já se manifestava. O País gastava para seu abastecimento de combustível líquido cerca de 23 por cento de sua receita cambial. Ao se iniciar a elaboração desses estudos, o país consumia mais de cem mil barris e não os trinta mil anteriores. O consumo tinha triplicado entre o término da guerra e fins de 1951.

Quando se projetou a criação de uma empresa do Estado para operar no campo do petróleo, não se lhe reservou a exclusividade jurídica, se bem que na nossa opinião houvesse uma exclusividade de fato no campo da pesquisa. A empresa do Estado não estaria sujeita a limitações de áreas. Poderia pesquisar em bacias geológicas sem as limitações que a lei impunha às concessionárias privadas. As empresas estrangeiras, os grandes consórcios, condicionavam a aplicação de recursos no Brasil à revogação da legislação em vigor. Queriam muito mais liberdade de ação, sobretudo no setor da pesquisa. A pesquisa restrita a áreas pequenas não tem grande interesse, a não ser numa área comprovadamente petrolífera. Mas numa área por pesquisar, uma concessão de dez mil hectares é uma limitação de tal ordem que deixa de ter significado. Excluía-se o Estado dessa limitação, porque era o Estado. Não se concebia que o Estado se autolimitasse.

Havia no projeto uma premissa muito séria, a obtenção dos recursos. A mobilização dos meios financeiros do Estado para aplicar nesta empresa a ser criada foi uma tarefa que me coube pessoalmente. Fui atrás dos dispositivos constitucionais em que devia me apoiar. Mas ao examinar a marcha do imposto único, principalmente na vigência da Constituição de 1946, verifiquei, o que não era difícil, que o imposto estava inteiramente desatualizado. A inflação havia reduzido a incidência do imposto sobre derivados de petróleo de tal mineira que a sua simples correção significava dobrar a arrecadação. Tendo em vista a marcha dos preços, entre a última lei que fixava o imposto único, que era de 1946, e um novo projeto levado à sanção da Presidência da República em meados de 1951, verificamos que o Congresso não havia ajustado o imposto à incidência anterior. Prevalecemo-nos disso para recomendar ao presidente que vetasse o projeto, o que foi feito. Em seu lugar, apresentamos um substitutivo, pelo qual se restabeleciam os níveis *ad valorem* do tributo em 1946 e se vinculava vinte por cento da arrecadação ao programa nacional do petróleo. A medida foi promulgada pela Lei nº 1.749, de novembro de 1952, de forma a poder figurar a atualização tributária na lei do orçamento relativa ao exercício de 1953. Quebrava-se, assim, uma tradição de dez anos, de vinculação exclusiva do imposto único às obras rodoviárias, para associá-lo à expansão da indústria estatal do petróleo.

Muitas pessoas têm escrito sobre este assunto, mas poucas se apercebem que a batalha no Congresso, e que iria desembocar na Petrobras, teve início exatamente com a aprovação do veto àquele projeto de lei e ao encaminhamento de seu substitutivo.

Uma das conseqüências desse episódio foi ter tornado pública a intenção do governo, até então mantida em sigilo, de equacionar o problema do petróleo. Com isto, o debate se abriu, mas se abriu no escuro, atribuindo-se propósitos que não estavam na intenção de ninguém. As referências constantes na Mensagem Programática (1951) sobre a matéria eram por demais vagas. Revelavam apenas a preocupação do governo para com um problema que estava na consciência de todos. As próprias diretrizes fixadas posteriormente foram tomadas ao longo dos trabalhos procedidos em 1951.

O impacto causado por aquele projeto foi atenuado porque os 75 por cento vinculados ao programa rodoviário representavam concessão de recursos bem maiores que os previstos anteriormente.

A lei que se seguiu imediatamente foi o projeto de criação da Petrobras"[9].

A assessoria econômica de Vargas não dispunha de grandes verbas. Jesus Soares Pereira ao ser convocado trabalhava, também, na Fundação Getúlio Vargas, no núcleo da Conjuntura Econômica, que integrava desde o seu aparecimento, com o dr. Richard Lewinson. Trabalhava, pela manhã, na Fundação; à tarde, no Instituto Nacional do Pinho e, à noite, no *Diário Carioca.* Com a ida para o Catete, perdeu o emprego que tinha na Fundação Getúlio Vargas:

"A Fundação Getúlio Vargas, entre as várias funções que exerce na máquina administrativa brasileira, como uma instituição paraestatal que é, está a de dar abrigo ao corpo técnico de certo nível e de certa corrente de pensamento em face das flutuações da política nacional. Passei a ser olhado, como outros, como homem ligado ao governo que se iniciava. Daí partimos para uma série de desentendimentos. Por fim terminei me demitindo, o que agravou muito a minha situação financeira. Na fundação ganhava o correspondente a 150% do que recebia na assessoria econômica do Catete. Logo depois tive, também,

9. Pereira, *op. cit.*, p. 91, 92, 93.

que me demitir do *Diário Carioca,* que não me pagava tanto quanto a fundação, mas pagava o equivalente a oitenta por cento do meu salário como servidor público. A partir de 1952, fiquei reduzido, em matéria de salário, a cerca de um terço daquilo que ganhava antes. Vi-me assim obrigado a vender um apartamento que comprara financiado. Coisa parecida aconteceu com o dr. João Neiva de Figueiredo, que para se manter com o que ganhava na assessoria da Presidência da República, trabalhando como eu no projeto da Petrobras, teve que vender o único bem que possuía: um automóvel Chevrolet.

Só consegui melhorar minha situação quando, a convite de Samuel Wainer, passei a assinar uma coluna econômica no vespertino *Última Hora,* recém-criado naquela ocasião e por ele dirigido. Com esse ingresso adicional, sobrevivi até o final do Governo Vargas.

Para mim a batalha do petróleo teve significado especial. Aliada a um esforço intelectual muito grande, exigiu de mim um sacrifício financeiro que só os que passaram por contingência semelhante podem estar aptos a compreender"[10].

A batalha da Petrobras

Elaborado o documento inicial, fixando as linhas mestras, foi ele a despacho do presidente, que mandou "que se prosseguissem os estudos sem medo de números e do vulto do investimento, desde que fossem convenientemente justificados". Exigiu o primeiro esboço, criando a empresa, debatido no pequeno âmbito da assessoria. Foi solicitada e prestada a colaboração do dr. Seabra Fagundes, nos assuntos de natureza jurídica. O governo não estava interessado em provocar debates e queria mostrar um trabalho o mais completo possível. Não ignorava as possíveis reações da oposição. A UDN já havia assumido uma atitude política em relação ao petróleo, não fazendo distinção entre o capital nacional e o estrangeiro. Fora assim em relação ao Estatuto do Petróleo.

Na elaboração do plano qüinqüenal da empresa, constatou-se que os recursos necessários a investir seriam bem maiores que os previstos inicialmente. Daí a necessidade de elaborar, simultaneamente ao projeto de criação da empresa, um outro de mobilização de recursos financeiros. Soares sugeriu que, além dos 25 por cento do imposto único, que pertenceu à União, o governo vinculasse ao empreendimento recursos de natureza aduaneira e mais um novo tributo sobre veículos e automóveis, quer terrestres, marítimos ou aéreos, proporcional ao seu valor; mas como a aferição do valor é sempre difícil, transferiu-se a vinculação do imposto para o peso e a idade do veículo. Seria esta

10. Pereira, *op. cit.*, p. 94 e 95.

vinculação de recursos oriundos do usuário do veículo, no Brasil, ao programa de petróleo, um dos motivos de incompreensão do projeto por parte do Congresso.

A direção da empresa ficou constituída de um presidente, três diretores executivos e um conselho consultivo, este formado pelos próprios diretores e mais os membros eleitos pelos estados e municípios. Os particulares contribuintes, proprietários de veículos, seriam acionistas da empresa, com direito ao voto e representados, no conselho, por um delegado, também eleito. A idéia de participação de acionistas privados na empresa, nos termos propostos, terminou por prejudicar a marcha do projeto do ponto de vista político.

A 3 de outubro de 1951, o projeto foi encaminhado ao Congresso. Seu texto havia sido submetido ao exame de muitas pessoas de responsabilidade, interessadas no problema do petróleo. Foram ouvidos os generais Juarez Távora, Horta Barbosa, Estillac Leal e o dr. Santiago Dantas. A assinatura da mensagem foi feita no salão nobre do Catete, presente todo o Ministério, representantes do Estado-Maior das Forças Armadas, deputados e senadores.

Em sua acurada análise do problema do petróleo, Getúlio Carvalho divide a atuação do Congresso, em torno do projeto da Petrobras, em três fases. A primeira vai de dezembro de 1951, quando o projeto chegou à Câmara dos Deputados, a setembro de 1952, quando foi remetido ao Senado. Na Câmara Alta, a discussão sobre a Petrobras ocupa os senadores até junho de 1953. A terceira e última fase estende-se até setembro do mesmo ano. Finalmente, depois de quase dois anos de debates, Vargas assinou a Lei nº 2.004, criando a Petrobras.

A tramitação do projeto no Congresso era prevista como difícil e polêmica, porque a oposição a Vargas não concordava em conceder-lhe o mérito de resolver a importante questão. Mas foi tão insólita a conduta parlamentar que, no depoimento prestado por Jesus Soares Pereira a Medeiros Lima, esse capítulo tem o título *Surpresas e reações no Congresso.*

Houve a precaução de preparar um projeto baseado na realidade de uma legislação vigente, suficientemente capaz de assegurar êxito à empresa brasileira de petróleo. No Congresso, porém, as posições iam sendo assumidas à base de suspeitas e preconceitos que provocavam as mais inesperadas reações. A maior de todas foi a posição da UDN, assumindo uma atitude de franca hostilidade ao projeto por não considerá-lo suficientemente nacionalista.

Distribuído à Comissão de Justiça, foi seu relator o deputado Antônio Balbino, sendo o parecer aprovado depois de grande discussão. O debate transbordou para o plenário, chegou às ruas, ocupou as colunas da imprensa. A reação ao projeto mobilizava grupos do Partido Trabalhista Brasileiro. A discussão ganhara um colorido emocional, e as pessoas eram sumariamente rotuladas de entreguistas ou nacionalistas sem maiores exames. O deputado trabalhista Euzébio Rocha apresentou um substitutivo, eliminando por completo a participação de capitais privados nacionais ou estrangeiros, em todas as fases da indústria petrolífera, exceto na distribuição. A empresa contaria, apenas, com os recursos provenientes de ações pertencentes ao Governo Federal e aos governos dos estados, municípios, territórios ou Distrito Federal, para realizar as suas atividades de exploração, produção, refinação e transporte do petróleo. Exerceria estas atividades diretamente sem a mediação de subsidiárias. A distribuição de derivados poderia ser realizada através de subsidiárias, das quais a empresa controlaria 51 por cento do capital, com direito a voto. O restante das ações poderia ser vendido a cidadãos brasileiros.

O Centro do Petróleo, que classificaria como entreguista o projeto originário, passou a apoiar o substitutivo de Euzébio Rocha. Essa posição originava-se da desconfiança que os grupos favoráveis ao monopólio estatal nutriam por Vargas. Porque o projeto originário passou a ser apresentado pelos nacionalistas radicais como contrário aos interesses do País. O substitutivo Euzébio Rocha seria recebido "por todos como uma colaboração patriótica dos que a tantos anos se consagravam ao estudo desse problema, que criou na consciência do nosso povo a deliberação de não transigir do interesse da Pátria".

A Comissão de Segurança Nacional era presidida pelo deputado Artur Bernardes. O parecer da comissão condenou o projeto de Vargas como perigoso para os interesses nacionais, apontando uma incongruência básica entre a mensagem, considerada nacionalista, e o projeto.

O governo não esperava que a arregimentação no combate à proposição tomasse aquele vulto. A assessoria econômica preveria a possibilidade de cortes na receita fiscal, a ser vinculada ao programa do petróleo, pleiteado com a conseqüente margem de segurança. E se o projeto do Executivo não previa um monopólio *de jure,* a ser executado pela Petrobras, visava a um monopólio *de fato.* Esse programa, necessariamente *reservado,* foi exposto pela assessoria econômica à quase totalidade dos relatores da matéria, em número de dezessete.

Por isso, durante os 23 meses de tramitação no Congresso, o projeto sofreu várias modificações. Retirou-se da empresa a maleabilidade de que se pretendia dotá-la, o que prejudicaria a atuação da Petrobras posteriormente. Alguns equívocos foram corrigidos com o tempo, inclusive o retorno das subsidiárias. Em outros casos, o problema não chegou a ser solucionado, como a não-participação da empresa na indústria de equipamentos. Esse setor ficou totalmente entregue aos capitais estrangeiros.

No setor da pesquisa e lavra, não houve concessões, continuando o governo o único a explorar o petróleo. As concessões para o transporte, na cabotagem, não iam além de cifras desprezíveis. No setor do refino, as concessões ficaram restritas às empresas autorizadas e em funcionamento, produzindo dentro dos limites fixados por lei. Assim, a Petrobras teve condições de crescer, como um organismo que dominou a indústria.

Houve uma emenda que motivou novos estudos da Assessoria Econômica. Foi aquela que mandava encampar as refinarias privadas, em operação em Manaus, São Paulo e Porto Alegre. A questão era saber quais as repercussões e o significado daquela medida, em face dos direitos adquiridos. Era difícil definir os lucros cessantes de empresas que dispunham de concessão por prazo indeterminado. Finalmente, prevaleceu o substitutivo, apresentado pelo deputado Flores da Cunha, da UDN, no sentido de congelar a situação criada, não só em relação àqueles que já estavam operando: refinarias (Grupo Ipiranga, no Porto do Rio Grande) e destilarias (mesmo grupo, em Uruguaiana – Rio Grande, e Grupo Matarazzo, São Paulo – SP), mas também aqueles que haviam obtido concessões do CNP e ainda montando as suas refinarias (Grupo L. B. Sabbá em Manaus, AM; Grupo Peixoto de Castro – Drault Ernany, em Manguinhos, GB; Grupo Soares Sampaio, em Tapuava – SP, capital). Havia, porém, uma exigência: não seria permitida a ampliação da capacidade de refino concedida.

Getúlio Carvalho anota serem infundados os temores demonstrados por Euzébio Rocha, Artur Bernardes e outros deputados que se opunham à fórmula baseada numa sociedade de economia mista. Os grandes trustes internacionais não tinham interesse em procurar petróleo no Brasil. Na década de 1950, a tendência da indústria do petróleo era no sentido da superprodução[11]. A produção mundial de óleo cru havia duplicado, em volume, entre 1945 e 1955. O petróleo russo e romeno, embarcado no Mar Negro, contribuía para essa situação. A exportação do petróleo soviético para os países não-comunistas totalizou, em 1932, um milhão de toneladas. Em 1954, o volume exportado alcançava quatro milhões de toneladas, das quais oitenta por cento se destinavam a Finlândia e Itália[12].

A defesa do projeto do governo foi feita numa publicação – *Os fundamentos da Petrobras* –, demonstrando que a fórmula escolhida pelo governo era superior às propostas de Euzébio Rocha e da Comissão de Segurança Nacional, implicando essas a redução dos recursos previstos para a Petrobras.

A campanha do petróleo intensificava-se nos debates fora do Congresso. Em abril, a Comissão de Estudos do Petróleo do Clube Militar, composta pelos chamados "generais do petróleo" (Horta Barbosa, Felicíssimo Cardoso, Raimundo Sampaio, Artur Carnaúba, Valério Braga e Jônatas Moraes Correia), criticou o projeto de Vargas "por negar a tradição da política nacionalista sobre

---

11. *Petrol in abundance.* Petroleum Press Service, XXI (julho de 1954, 273-39). *In:* Getúlio de Carvalho, *op. cit.*

12. *Acroissente des exportacions russes* – ibidem XXII, fevereiro de 1955, 37-40. *In:* Getúlio de Carvalho, *op. cit.*

o subsolo e ameaçar o patrimônio nacional que recebemos de nossos antepassados"[13].

As eleições para a presidência do Clube Militar realizaram-se em maio de 1952. A oficialidade estava dividida entre os partidários do monopólio estatal e os que desejavam que o Exército se retirasse da discussão.

A nova questão militar, de que tratamos em outro capítulo, tinha a campanha do petróleo como um de seus fundamentos. A chapa nacionalista foi derrotada. Em sua primeira entrevista, o novo presidente do Clube Militar, general Alcides Etchegoien, interrogado sobre o problema do petróleo, declarou textualmente:

"Este não é assunto de interesse interno do Clube; ademais, quanto ao petróleo, o Executivo já se manifestou a respeito, e o Legislativo está se manifestando nesse momento. Tudo o que poderia dizer sobre a matéria, já foi dito pela *Cruzada* em documentos escritos".

O jornalista insistiu no assunto. O general respondeu, de modo terminante:

"Mas eu fui eleito pelos militares que não queriam mais que se falasse no Clube, sobre o assunto"[14].

No seu depoimento, Jesus Soares Pereira afirma:

"Durante os debates e todo o longo período de tramitação do projeto no Congresso, nem a assessoria econômica do Catete, nem o presidente da República se deixaram perturbar, desviando-se do rumo traçado desde o início. Todos os esforços continuaram concentrados no sentido de que a lei fosse elaborada e votada em tempo hábil, de forma a permitir a instalação da empresa antes de findo o governo. O dr. Getúlio Vargas não queria que essa tarefa ficasse para o seu sucessor. Este era o propósito.

O retardamento na aprovação do projeto teve vários inconvenientes, mas teve igualmente seus lados positivos, como, por exemplo, tornar nítido o interesse nacional em matéria de petróleo, pela reabertura ampla do debate. Permitiu também a acumulação de recursos financeiros que, em parte, foram adiantados ao CNP para a manutenção da atividade petrolífera no ritmo adequado, como preparação ao advento da Petrobras. E possibilitou, por fim, a arregimentação de pessoal que iria trabalhar na empresa. A mobilização do corpo técnico, como lembrei, era uma das questões que mais afligiam os homens responsáveis, muito mais que no caso do aço ou posteriormente no da indústria automobilística. Sentíamos a angústia da carência de pessoal adequado

---

13. Mário Vitor. *A batalha do petróleo brasileiro*. Rio de Janeiro: Civilização Brasileira, 1970, p. 336.

14. *O Cruzeiro*, Rio de Janeiro, 07.06.1952, p. 108.

e responsável. Quando se examinou a instalação da indústria de automóvel no Brasil, o almirante Lúcio Meira achava que não seria tarefa difícil arranjar algumas dezenas de milhares de operários qualificados. O País havia crescido e dispunha não só de indústria mecânica, como de autopeças, de onde deveriam sair esses novos quadros. No caso do petróleo, era diferente. Havia um ou outro engenheiro especializado. Daí a dificuldade em organizar os quadros iniciais da empresa. Mas, por fim, tudo foi resolvido a contento, e hoje a Petrobras conta com um corpo técnico altamente qualificado, tão bom quanto os melhores"[15].

Criticado duramente, o projeto chegou ao Senado muito alterado. Conta Soares que Vargas o interpelou em um de seus despachos matutinos:

"– Dr. Soares, o que há com o projeto do petróleo que não anda no Senado?

Não fui apanhado de surpresa. Preocupado também com a morosidade com que a matéria tramitava na Comissão de Constituição e Justiça do Monroe, procurei informar-me do que se passava. Relatei então o que sabia. Não contente, pediu-me que lhe desse por escrito o que acabara de dizer. Retirei-me para o meu escritório e ali, na mesma hora, com inteira liberdade, redigi um memorando confidencial, que mais tarde ele mesmo mandou apanhar. Dois dias depois, por ocasião do novo despacho, o presidente me disse:

– Dr. Soares, o líder já foi substituído. Procure articular-se daqui por diante com o senador Álvaro Adolfo.

Fez uma pausa, e depois entregou-me um papel que estava sobre a sua mesa de trabalho, com esta recomendação:

– Dr. Soares, estas coisas se dizem, mas não se escrevem.

Era o memorando que lhe havia escrito. Surpreso, procurei explicar as razões que me levaram a ser tão explícito, lembrando inclusive que me recomendara dizer tudo quanto sabia, e com a maior clareza. Fora o que eu fizera. Não me deixei, contudo, perturbar. Passados alguns segundos, não sem certa audácia, ousei dizer-lhe:

– Aceito e agradeço a devolução do memorando. Pediria apenas a V. Exª., que o leu, que o autenticasse.

O presidente também não se alterou. Apanhando a caneta, observou:

– Se o senhor escreveu, por que não posso eu conceder-lhe o visto?

E assinou o documento, devolvendo-me em seguida. Ainda por ocasião desse despacho, o presidente recomendou-me que procurasse 'catequizar' o senador Alberto Pasqualini. Queria que fosse ele o relator do projeto na Comissão de Economia. E, a propósito, fez as seguintes observações:

– Estamos em divergências políticas em questões específicas do partido no Rio Grande do Sul. Mas trata-se de um homem de primeiríssima ordem.

---

15. Pereira, *op. cit.*, p. 101 e 102.

Sua adesão ao projeto seria muito valiosa. Procure-o, mas trate-o com cuidado, pois é um italiano muito desconfiado.

Com essa autorização, me aproximei do senador Pasqualini. Conhecia-o apenas de vista. Por ocasião do nosso primeiro encontro, dei-lhe ciência de que o presidente da República estimaria que fosse ele o relator da matéria na Comissão de Economia, logo que o projeto saísse da Comissão de Constituição e Justiça. Não ofereceu resistência. Disse-me apenas que iria refletir. Concitei-o, em caráter pessoal, a aceitar a tarefa, oferecendo a nossa colaboração, minha e do dr. João Neiva de Figueiredo. Dois dias depois, ouvia dele que se decidira a aceitar a sugestão.

Como disse, não conhecia bem o senador Alberto Pasqualini, embora o tivesse em alta conta. Sabia ser homem sério, mas jamais poderia supor que fosse de extrema meticulosidade no trabalho. Dotado de uma paciência exemplar, não se deixou perturbar pelo volume da tarefa que tinha pela frente. É claro que poderia ter simplificado muito o trabalho se não fizesse questão de conhecer a fundo o problema para, à luz dos conhecimentos adquiridos, examinar o projeto sob todos os seus ângulos e aspectos. Além do mais, fazia questão de ler cada documento, cada papel que lhe parecia importante para opinar sobre a matéria. E com isso levou seis meses trabalhando no seu parecer. Montamos uma assessoria especial para ele, não só para levantamento de toda a literatura requisitada, obtida no Brasil e no exterior, como para a preparação de dados estatísticos. Só o corpo de calculistas do CNP, por nós mobilizado, forneceu ao senador Pasqualini cerca de trezentos quadros, solicitados por ele para ilustrar o seu trabalho. Além da nossa colaboração, cercou-se de pessoas de sua inteira confiança, gente do Rio Grande do Sul. Acredito que entre esses assessores encontrava-se o dr. Chico Bastos, do grupo Ipiranga, engenheiro competente e homem dotado de alto nível intelectual.

A partir de então, passamos a contar com a colaboração do dr. Pasqualini. Foi a grande figura no Senado em defesa do projeto que graças a ele andou em tempo hábil naquela casa do Congresso. Mais tarde, quando se criou a Comissão Mista, constituída de deputados e senadores, para examinar as emendas oriundas do Senado, foi ainda ele a grande figura"[16].

Criada a Petrobras, transferido o acervo da União que passava a constituir o seu capital, o presidente cogitou da escolha de três diretores da empresa. Os mandatos dos membros da primeira diretoria não seriam coincidentes. Seriam nomeados por um, dois ou três anos respectivamente, para evitar que fosse simultânea a substituição dos diretores, assegurando-se a continuidade administrativa. Este critério foi mais tarde abolido.

16. Pereira, *op. cit.*, p. 102-104.

Conta Soares que, antes de serem feitas as nomeações, o presidente organizou uma relação de nomes a serem investigados. Foi feito um dossiê de cada um, contendo informações sobre a atuação funcional, maneira de ver os problemas nacionais, de conduta moral, influindo aí dados fornecidos pelo contencioso do Banco do Brasil. Foram escolhidos inicialmente o dr. João Neiva de Figueiredo, o coronel Artur Levy e o dr. Irnack Carvalho do Amaral.

Feitos os convites, pessoalmente, por Soares, em nome do presidente da República, os dois primeiros aceitaram. O dr. Irnack do Amaral, embora agradecendo a distinção, preferiu continuar à frente do Fomento Mineral. Mais tarde, em entrevista pessoal com o presidente, que o convocou, inconformado com a recusa, acabou aceitando o convite.

Soares anota uma observação de Vargas, determinando o critério das nomeações pela duração dos mandatos: "Nomeie-se o dr. João Neiva de Figueiredo por um ano. Como não tem padrinho, antes de deixar o governo poderei reconduzi-lo num mandato por mais três anos. Quanto ao dr. Irnack do Amaral, por não querer o cargo, nomeie-se logo por três anos. Quanto ao coronel Artur Levy, nomeie-se por dois anos, pois, certamente, contando com muitos padrinhos nas Forças Armadas, será mantido no posto pelo futuro governo.

Havia, ainda, a escolha do presidente da empresa. Foi uma surpresa a preferência pelo então coronel Juracy Magalhães. Homem da UDN, divergia do governo em muitos problemas. Mas a sua escolha pessoal, por Vargas, foi confirmada pelo desempenho e coordenação da equipe que teve a responsabilidade do lançamento da Petrobras.

O PTB no Ministério do Trabalho

O PTB reivindicara a pasta do Trabalho no Ministério de Vargas. Assim, na primeira composição, conhecida como *Ministério da Experiência,* o partido trabalhista fora contemplado com a pasta do Trabalho. Exclusivamente com ela. Esta circunstância marcaria toda a Presidência de Vargas, com três titulares.

Primeiro foi Danton Coelho, o amigo fiel do ostracismo dos primeiros tempos de São Borja e um dos primeiros articuladores da sua candidatura. Danton não demorou no Ministério, renunciando em setembro de 1951, em meio a uma crise política, sob a alegação de não concordar com uma tentativa de conciliação de Vargas com a oposição, notadamente a UDN, em uma manobra subterrânea.

Para a vaga deixada por Danton Coelho foi nomeado José Segadas Viana, um dos fundadores do grupo do Ministério do Trabalho em 1945.

Durante a gestão desse segundo ministro, os esforços de conciliação com a UDN foram superados pela violência da oposição a Vargas. Agravaram-se as críticas ao presidente, notadamente pela bancada udenista da Câmara, onde salientava a denominada Banda de Música com os deputados Lúcio Cardoso, Aliomar Baleeiro e Billac Pinto. Em seu jornal, a *Tribuna da Imprensa,* Carlos Lacerda liderava a campanha com virulência.

Enquanto a classe média, onde se encontrava o eleitorado udenista, era trabalhada pela oposição, a massa operária, cuja simpatia por Vargas era notória, vinha sofrendo a infiltração esquerdista, que se instalava nos sindicatos explorando o *slogan* nacionalista.

No declínio de seu prestígio, Vargas sofreu uma dura prova em março de 1953, quando se realizaram as eleições para prefeito da cidade de São Paulo. O candidato do presidente da República e do governador do Estado de São Paulo, Lucas Garcez, foi derrotado por Jânio Quadros, que prosseguia, imbatível, em sua campanha política.

Tornava-se indispensável estabelecer uma nova estratégia política e reconquistar o apoio popular que enfraquecia. Os meses de junho e julho de

1953 foram assinalados por uma renovação no ministério civil, como parte daquela estratégia.

Buscava-se a coesão inexistente no Ministério de então.

Para a pasta da Viação, em substituição a Sousa Lima, foi nomeado José Américo de Almeida.

Horácio Lafer é substituído, no Ministério da Fazenda, por Oswaldo Aranha.

Os ministros Negrão de Lima, João Neves da Fontoura e Simões Filho, que ocupavam, respectivamente, as pastas da Justiça, Relações Exteriores e Educação, cederam seus postos a Tancredo Neves, Vicente Rao e Antônio Balbino.

No dia 17 de junho era empossado no Ministério do Trabalho João Belchior Marques Goulart.

Goulart assumiu o Ministério com 35 anos. Era talvez o mais jovem ministro de Estado de toda a República. Só comparável a José Pires do Rio, ministro da Aviação do presidente Epitácio Pessoa. Sua carreira política era recente. Filho de ricos estancieiros no Sul, ele próprio grande estancieiro e vizinho de Vargas, amigo de seu pai, fora companhia assídua de Getúlio em seu recolhimento no pampa. Homem cordial, a convivência com a peonada nos galpões e a formação fronteiriça tinham marcado nele o feitio populista, em que se acentuavam as influências de Vargas e Perón.

A volta de Vargas à Presidência da República motivou o aproveitamento de Goulart, eleito deputado e conduzido à presidência do PTB.

Quando se fez a remodelação ministerial de junho, a sua designação para a pasta do Trabalho marcava a retomada da campanha populista.

Sua nomeação, conseqüentemente, desagradou a oposição e os grupos conservadores, que acusaram o novo ministro de agitador democrático interessado em colaborar com lideranças operárias militares e com formações comunistas.

Jango afirma no seu depoimento de posse:

"Meus objetivos são claros e definidos, resumindo-se na conquista de uma ordem social mais justa sem a mínima quebra com as tradições democráticas. Não trago para o Ministério um programa de inquietação, como pretendem alguns setores políticos, nem tampouco prometo solucionar milagrosamente os inúmeros problemas que afligem os trabalhadores". E mais adiante: "Todos os nossos esforços resultarão inúteis, todavia, se não houver a reunião do proletariado através das células vivas e palpitantes do seu organismo, que são os sindicatos"[1].

Animados com estas palavras, ou manobrados pela oposição, os marítimos entram em greve, pondo à prova a nova política anunciada.

---

1. Citado *in Última Hora,* Rio de Janeiro, 17.06.53

As reivindicações de classe eram assim apresentadas:

Oficiais de náutica

a) Cumprimento do Acordo nº 2.620, de 13 de dezembro de 1950, do Tribunal Federal de Recursos, que assegurou a todos os oficiais de Náutica da Marinha Mercante o direito à percepção de gratificações qüinqüenais e de função.

b) Melhoria da alimentação a bordo de todos os navios e embarcações mercantes, como foi apresentado por quatorze sindicatos.

Operários navais

a) Cumprimento das leis 1.711, de 20-10-52, e 1.755 de 28-10-52, que concederam adicionais, salário-esposa, salário-família e abono de emergência para funcionários autárquicos.

b) Pagamento de um abono de emergência, ou aumento provisório de mil cruzeiros, pelas empresas de navegação, diques, estaleiros, etc., de propriedade particular, aos seus empregados operários navais.

Marinheiros e taifeiros

a) Cumprimento das leis do item "a" referente aos operários navais.

b) Pagamento de um abono de emergência ou aumento provisório de mil cruzeiros aos empregados das empresas particulares com sede na capital da República e São Paulo.

c) Aumento de cem por cento na base do salário mínimo de cada região.

d) Melhoria da alimentação a bordo de todos os navios e embarcações mercantes.

e) Cumprimento das oito horas de trabalho, de conformidade com a legislação em vigor.

f) Semana inglesa extensiva a todos os marítimos.

g) Serviço de "bloco", embarque e restaurante das companhias de navegação, exclusivamente por intermédio do sindicato, bem como a obrigatoriedade de haver um contramestre em todos os navios de pequena e grande cabotagem.

h) Afastamento imediato da atual diretoria da Federação Nacional dos Marítimos e classes anexas, substituindo-a por uma junta governativa composta de membros aclamados em assembléias dos sindicatos, até que se realizem eleições no prazo de sessenta dias.

i) Gratificação por insalubridade para os cozinheiros[2].

---

2. *Última Hora,* Rio de Janeiro, 25-06-1953.

No dia 26, após dez dias de greve, os marítimos voltaram ao trabalho com todas as suas reivindicações atendidas. Por ocasião da assinatura do acordo, Goulart declarou que seria ministro do Trabalho somente enquanto pudesse falar livremente com os trabalhadores, pois não compreendia um titular daquela pasta afastado das massas operárias.

A 29, em uma cerimônia de posse de diretores eleitos no Sindicato dos Operários Navais, Goulart declarou:

"Enquanto for ministro, o Ministério do Trabalho será uma trincheira dos trabalhadores.

Preciso dos trabalhadores para levar a eito uma obra de paz social, para reforçar a unidade operária e para, também, vencer os focos de reação.

Tudo farei para prestigiar os autênticos líderes.

As portas do meu gabinete estão abertas a todos os representantes, de fato, da massa trabalhadora. Mas essas mesmas portas continuarão fechadas para os falsos líderes, os exploradores e inimigos dos assalariados.

O Brasil precisa de líderes operários. Precisa, outrossim, dessa unidade demonstrada na greve dos marítimos, tão indispensável ao desenvolvimento do sindicalismo.

Unidos, os trabalhadores conquistarão as suas reivindicações"[3].

A atuação do novo ministro se, por um lado, alargava a base popular do governo, por outro provocava o recrudescimento da campanha oposicionista e a inquietação crescente do empresariado e das classes conservadoras. A imprensa de oposição chegou a acusar o ministro de estar interessado num golpe de Estado. Era a velha campanba para forçar a renúncia de Getúlio, servindo-se do pretexto de um eventual golpe de Estado. O *The New York Times* dava acolhida a esse noticiário, escrevendo em sua edição de 8 de março de *1953:*

"Seja qual for a situação do Brasil, o informe sobre um plano para possível golpe de Estado, publicado por jornalistas conservadores do Rio de Janeiro, não pode ser passado por alto.

(...) o fato de um ministro do Trabalho do governo de Vargas utilizar sua influência para inclinar o movimento trabalhista brasileiro para o agrupamento de trabalhadores latino-americanos, controlados pelos peronistas, seria uma traição ao seu país e a seu movimento trabalhista. Um ato dessa natureza seria de ajuda inestimável para os totalitários da direita e esquerda, dos quais, desgraçadamente, já temos um grupo muito numeroso na América Latina".

A tal acusação, respondia Goulart:

"O que se depreende de tudo é que já atingiram proporções verdadeiramente ridículas os boatos, segundo os quais a minha presença no governo cons-

3. *Última Hora,* Rio de Janeiro, 25-06-1953.

titui uma ameaça ao regime. À falta de qualquer fato concreto, levantaram-se contra mim sucessivas ondas de palavrório vazio, vislumbrando intenções subversivas nos atos mais rotineiros de minha administração.

(...) O Ministério do Trabalho não foi criado para servir de instrumento deste ou daquele grupo, mas sim para atender a todos – patrões e empregados – sem qualquer distinção. Argumentam os pseudoguardiães da democracia brasileira, contudo, que sou apenas o 'ministro dos trabalhadores', pois estaria inteiramente divorciado da Indústria e do Comércio. Na verdade, venho dedicando especial atenção ao proletariado, que não dispõe, como aquelas duas classes, de meios prontos e eficazes para a defesa de seus direitos.

(...) O trabalhador, isoladamente ou através dos sindicatos, recorre somente ao seu Ministério. Mas isso, essa confiança do proletariado na Secretaria de Estado que dirijo, deveria constituir um motivo de tranqüilidade e nunca de alarme. Pretender-se-ia, talvez, que o operariado brasileiro, já tão desencantado, não acreditasse nos poderes constituídos? Nesse caso, sim, estaríamos fazendo o jogo dos inimigos do regime, que desejam levar as massas ao desespero, a fim de implantar no País o clima de inquietação social propício à subversão da ordem.

(...) No meu caso, além de ataques infames à minha honorabilidade, inventam as mais sórdidas mentiras e intrigas, como é exemplo essa pitoresca 'república sindicalista' que anda no cabeçalho de alguns jornais. Acusam-me de peronista porque prestigio as organizações dos trabalhadores, que são os sindicatos. Ora, os sindicatos são exatamente os órgãos de representação e defesa dos interesses profissionais e econômicos das diferentes categorias, tanto de empregados quanto de empregadores. É dever do Ministério do Trabalho, portanto, estimular e prestigiar a organização sindical. Jamais poderia estar nos meus intuitos a transformação dessas entidades em instrumentos de ação política, não só porque isso seria desvirtuar-lhes as finalidades, como também a isso se opõem os preceitos da lei. Nesta oportunidade, e a propósito de um editorial publicado no *The New York Times,* devo dizer que o Ministério do Trabalho não pretende utilizar-se da sua influência para fazer inclinar o movimento operário neste ou naquele rumo, mas deseja tão-somente que se oriente no sentido dos legítimos interesses das classes trabalhadoras e rigorosamente dentro da Constituição, das leis e dos sagrados interesses nacionais.

Também não passa de torpe intriga o boato de que sou contra o capitalismo. À frente do Ministério do Trabalho, estou pronto a aplaudir e a estimular os capitalistas que, fazendo de sua força econômica um meio legítimo de produzir riquezas, dão sempre às suas iniciativas um sentido social, humano e patriótico. Sou contra, isso sim, o capitalismo parasitário, exorbitando no ganho e imediatista no lucro, contra o capitalismo cevado à base da especulação, que afinal só contribui para o desajustamento social. Não é admirável que, enquanto uns estão ameaçados e morrem de fome, outros ganham num ano aquilo que normalmente deveriam ganhar em cinqüenta anos ou até séculos"[4].

Neste clima de agitação, termina o ano de 1953 e começa o de 1954 com uma reclamação dos trabalhadores exigindo aumento de salário.

O último reajuste salarial havia ocorrido em 1951, no início do Governo Vargas, que ressaltara a justiça da medida, pois não havia sido feito nenhum reajuste durante o governo Dutra, ou mais precisamente, desde que Vargas fora deposto.

Pelo plano de Vargas de reajuste salarial, a cada dois anos, o reclame dos trabalhadores era oportuno. O que se discutia passava a ser o nível desse reajuste.

Os empresários argumentavam que o aumento não deveria exceder a majoração do custo de vida observado desde o último reajuste salarial, pois de outra forma não poderia ser absorvido pela classe patronal, o que resultaria num repasse de custo, ocasionando desta forma uma baixa no poder aquisitivo da classe média.

Em linguagem numérica, o empresariado concordava com um aumento de 42 por cento, o que resultaria, tomando-se por base o salário mínimo do Rio de Janeiro, que era de mil e duzentos cruzeiros, num salário de mil e setecentos cruzeiros. Os trabalhadores reivindicavam um aumento de cem por cento, que elevaria o nível para dois mil e quatrocentos cruzeiros.

A campanha foi desencadeada, tendo os trabalhadores o apoio do Ministério do Trabalho, ao passo que os empresários mobilizavam-se, exigindo a destituição do titular daquela pasta.

Foi quando, no dia 8 de fevereiro de 1954, 82 coronéis e tenentes-coronéis do Exército entregaram um memorial ao ministro da Guerra, general Ciro do Espírito Santo Cardoso.

O documento, conhecido como Manifesto dos Coronéis, fazia uma análise da situação econômico-financeira nacional, apontando as conseqüências da má administração da coisa pública; referia-se à queda da autoridade face aos acontecimentos que se estariam processando em todo o País, enumerava as dificuldades de vida dos oficiais subalternos e dos praças, e a certa altura dizia:

"Perigosas só poderão ser, hoje, portanto, nos meios militares, as repercussões que já se pressentiram e anunciam, de leis e decisões governamentais que, beneficiando certas classes ou grupos, acarretarão o aumento do custo já insuportável de todas as utilidades"[5].

No dia 18 daquele mesmo mês, o ministro Ciro do Espírito Santo Cardoso era substituído pelo general Zenóbio da Costa.

---

4. *Última Hora,* Rio de Janeiro, 6-8-1953.

5. *O Estado de São Paulo,* São Paulo, 25-2-1954.

Comentou-se que a exoneração deveu-se ao fato de o ministro não manter o presidente bem informado das insatisfações da oficialidade.

A tal manifestação também não resistiu o ministro do Trabalho.

No dia 22, o sr. Goulart entregava ao presidente Vargas o seu pedido de demissão.

Juntamente com o seu pedido de demissão, entregava o seu relatório sobre o salário mínimo, propondo um aumento de cem por cento.

Em sua carta, dizia Goulart:

"Excelentíssimo sr. presidente da República.

Tenho a honra e a satisfação de submeter à superior consideração de Vossa Excelência, acompanhados dos respectivos decretos, os estudos procedidos pelo Serviço de Estatística da Previdência e Trabalho, do Ministério do Trabalho, Indústria e Comércio, no sentido da adequação do nível de salário ao custo de vida, cuja elevação tem-se verificado contínua e acentuadamente desde dezembro de 1951, data em que Vossa Excelência fixou as tabelas atualmente em vigor.

Quando, distinguido pela confiança de Vossa Excelência, assumi a pasta do Trabalho, Indústria e Comércio, verifiquei, desde logo, que o motivo principal da intranqüilidade reinante entre os trabalhadores residia no problema dos salários insuficientes para atender às necessidades essenciais à subsistência (...).

Não seria exagero afirmar, sr. presidente, que a atual situação do trabalhador, com o salário de miséria que percebe, é de desespero. Ninguém, em sã consciência, poderá conceber a possibilidade de harmonia entre as classes, de paz social, quando a fome ronda quase todos os lares operários. A realidade é que vivemos numa época em que a ostentação e o fausto debocham e tripudiam da miséria popular, os lucros se multiplicam nas mãos de poucos à custa do sofrimento de muitos e a psicose do enriquecimento rápido domina a maioria dos detentores do poder econômico (...)

Não existe melhor estatística para o pobre do que o caderno de pagamento de suas contas, que lhe mostra de maneira irrefutável a diminuição constante dos seus salários com a elevação vertiginosa dos preços das utilidades e dos gêneros essenciais à preservação da vida. E não se diga, como querem alguns, que os trabalhadores são culpados por essa situação. Aceitar esse ponto de vista seria inverter maliciosamente os termos do problema. Não são os salários que elevam o custo de vida. Pelo contrário, a alta do custo de vida é que exige salários mais elevados.

O seu propósito de perfeita compreensão e harmonia entre as classes – propósito que jamais deixou de inspirar todos os meus atos no Ministério do Trabalho, Indústria e Comércio – motivou a deliberação que tomei de mandar proceder aos estudos que ora submeto ao esclarecido exame de Vossa Excelência. Afigura-se-me tão necessária quanto urgente a aprovação desta conclusão, uma vez que, à época em que foram requeridos os dados em que se baseiam, os níveis propostos apenas estabelecem o salário mínimo real, nos termos em que a lei determina seja fixado (artigo 76 da Consolidação das Leis do Trabalho). Já hoje, com a solerte elevação de todos os preços, sob o fundamento caviloso de que as novas tabelas aumentarão o custo da produção, as conclusões que envio à clarividente apreciação de Vossa Excelência seriam outras, certamente fixando níveis mais altos. Posso mesmo afirmar, sr. presidente, com toda a segurança, que os exploradores da miséria popular, ao mesmo tempo que combatem o salário mínimo ora proposto, já estão promovendo remarcações dos preços das utilidades e dos gêneros que açambarcam, muito antes, portanto, da homologação da medida. É certo, também, que tais remarcações, além de cobrir a majoração salarial, ainda mais avolumam os seus lucros exagerados e anti-sociais.

Ao concluir, sr. presidente – e tendo em vista as razões acima expostas –, sinto-me no dever de, interpretando o pensamento da maioria das classes obscuras do País, tomar a liberdade de sugerir a Vossa Excelência as novas tabelas de salário mínimo, determine providências no sentido da revisão geral e congelamento dos preços das mercadorias essenciais ao povo, em bases justas e acessíveis à bolsa do depauperado consumidor nacional. Permito-me ainda aventar que a fiscalização de tal medida poderia ser feita com eficiência e honestidade, pelos próprios trabalhadores, através dos seus legítimos órgãos de representação, que são os sindicatos. Finalmente, estou certo de que Vossa Excelência, com o acentuado escrúpulo que põe em seus atos de governo, não deixará de enviar os estudos e as sugestões que ora formulo ao esclarecido exame do sr. ministro da Fazenda, a quem cabe a responsabilidade do setor financeiro e econômico do País.

Sirvo-me do ensejo para renovar a Vossa Excelência os protestos do meu mais profundo respeito e admiração"[6].

A Comissão Executiva Nacional do PTB definiu a sua posição distribuindo uma nota à imprensa que afirma "assegurar a lealdade política ao presidente Getúlio Vargas concomitantemente à solidariedade prestada ao sr. João Goulart, presidente do Diretório Nacional do PTB".

Acrescentava a nota que o partido continuaria a lutar pelas novas tabelas do salário mínimo, "pelo congelamento dos gêneros e utilidades e fiscalização desse congelamento através dos órgãos sindicais de trabalhadores; pela extensão da legislação social ao homem do campo; pela reforma agrária; pela aposentadoria integral; pela participação do trabalhador nos lucros das empresas; pela libertação econômica nacional e contra a agiotagem internacional"[7].

---

6. *Última Hora,* Rio de Janeiro, 23-2-1954.

7. *O Estado de São Paulo,* São Paulo, 25-2-1954.

Noticiou *O Estado de São Paulo* que, embora não constasse da nota, a Comissão Executiva Nacional havia adotado a posição de recusar a pasta do Trabalho caso fosse oferecida ao PTB.

A veracidade do matutino paulista podia ser contestada por não constar da nota distribuída, mas foi de fato confirmada com a nomeação, em caráter interino, de um funcionário do Ministério do Trabalho, Hugo de Faria, que não possuía filiação partidária.

O Manifesto dos Coronéis, reforçando a posição do empresariado, representava um duplo golpe no prestígio de Vargas. A imprensa oposicionista insinuou que Vargas limitaria o aumento a 42 por cento, e que seria até mesmo este o seu ponto de vista.

A 1º de maio, Dia do Trabalhador, Vargas proferiu um discurso no Palácio Rio Negro. Nele levantou a luva, cumprindo a promessa do ministro demissionário e assegurando o aumento de cem por cento aos trabalhadores.

Com esta decisão, Vargas desatendeu a seus assessores econômicos.

"Para chegarmos ao feliz resultado que hoje se concretiza, muito contribuiu a ação dos sindicatos de trabalhadores de todo o País, ao reivindicar, usando seus direitos, uma remuneração mínima indispensável para satisfazer as suas necessidades de alimentação, habitação, vestuário, higiene e transporte.

Nesta campanha em que estivemos juntos e em que juntos partilhamos a alegria da vitória, é justo ressaltar a participação destacada do ex-ministro do Trabalho, João Goulart, incansável amigo e defensor dos trabalhadores, que se desvelou dia e noite nos seus esforços para atendê-los..."[8].

8. Getúlio Vargas. *O governo trabalhista no Brasil.* Rio de Janeiro: José Olympio, 1969.

Terceira Parte

O começo do fim

O "caso" da *Última Hora*

O relacionamento do jornalista Samuel Wainer com Getúlio Vargas começa no retiro de São Borja, quando a solidão que o presidente deposto procurara começou a ser perturbada pelas visitas dos políticos e pelas incursões dos jornalistas. Samuel Wainer era o repórter destacado pelos *Diários Associados* para fazer a cobertura da campanha sucessória que se apresentava.

Jornalista hábil, insinuante, Wainer conseguiu mais do que realizar a completa reportagem daquele tempo. Conquistou a amizade de Vargas e se fez necessário ao desenrolar da campanha política, a ponto de figurar entre os elementos que comporiam o *staff* do novo presidente.

Para o melhor entendimento do que veio a ser o caso da *Última Hora*, torna-se necessário voltarmos ao ano de 1949, onde encontraremos Getúlio Vargas, no obscurantismo do seu voluntário exílio, dedicando-se aos afazeres estancieiros. Nesse cenário, Wainer começa a se sobressair pelo interesse humano e pela compreensão da figura e do drama daquele homem que vinha sendo tratado pela curiosidade hostil dos jornalistas como um monstro político.

Quando surge e se avoluma a candidatura Vargas, Wainer tem uma posiçao privilegiada no setor jornalístico.

Vargas não dispusera, em toda a sua campanha, de uma boa imprensa. Era natural que ele e seus amigos cogitassem de preparar um respaldo de propaganda, que se tornava muito difícil, porque os mais lidos periódicos se haviam engajado na campanha do brigadeiro Eduardo Gomes. Era assim que se apresentava a oportunidade para o jornalista de grande capacidade e experiência profissional que se tornara o melhor intérprete do pensamento de Vargas.

Não há nenhuma prova de que o presidente eleito houvesse determinado a fundação da *Última Hora* ou sequer providenciado os recursos necessários ao seu lançamento.

Não era difícil, a quem tanto merecia a confiança de Vargas, obter de seus amigos e colaboradores tudo o que reclamasse para dotar a nova situação de um grande jornal. Samuel Wainer não encontraria portas fechadas em seu caminho, pois todos sentiam a necessidade de proporcionar ao novo governo meios de divulgação de suas realizações e defesa contra os ataques que se anunciavam e enfrentar maciça frente dos jornais, controlados pelas agências de publicidade ligadas a interesses contrariados pela orientação nacionalista, anunciada desde a primeira declaração do candidato.

A PRIMEIRA ENTREVISTA

Numa tarde de sábado do carnaval de 1949, no último dia do mês de fevereiro, um táxi aéreo quebrava o silêncio dos pampas do Rio Grande do Sul e aterrissava na pequena distância da Estância dos Santos Reis, uma típica fazenda do município de São Borja. A propriedade pertencia ao engenheiro Protásio Vargas, irmão de Getúlio Vargas, então senador da República. Getúlio ali residia desde que se retirara para o Sul, em meados de 1947, supostamente decidido a não mais retornar à vida pública. Mas naquela ocasião Vargas já estava em preparativos de mudança para sua Fazenda do Itu, não muito distante dali. É que estavam chegando ao fim as obras e demais reformas que o ex-ditador mandara executar em Itu, onde pretendia terminar os seus dias, dedicando-se à criação de ovelhas e comandando o cultivo de suas terras.

Eram aproximadamente dezesseis horas quando os quatro passageiros do táxi aéreo, autorizados pelo capataz da fazenda, que antes despachara um peão a cavalo a fim de consultar Getúlio, deixavam o Beechkraft brilhando ao sol e entravam no pátio da Estância. O mais conhecido era Samuel Wainer, então principal repórter dos *Diários Associados,* mas já famoso desde 1938, quando fundara a revista *Diretrizes.* Acompanhava Wainer o piloto Nelson, mais um repórter e um fotógrafo do *Diário de Notícias,* de Porto Alegre, Thadeu Onar e Lauro.

Poucos minutos depois, corado e risonho, charuto à boca, bombachas e botas tipicamente gaúchas, Getúlio Vargas abria uma porta que dava para o pátio e, dirigindo-se ao grupo, perguntou:

"Quem é o Wainer?" – e sem esperar resposta, tendo reconhecido o repórter, a quem, aliás, só vira uma vez, estendeu-lhe a mão e lhe perguntou com um malicioso sorriso: "Então, como vai o petróleo?"

Assim se dera o encontro entre o jornalista e o ex-ditador, até ali adversários, mas desde então amigos e participantes de um episódio que iria mudar a História do Brasil.

Há numerosas versões sobre esse encontro, do qual resultou a primeira entrevista de Vargas, que deixara o Rio em 1947. A versão mais corrente é a de que Assis Chateaubriand, dono dos *Diários Associados,* então inimigo jurado de Getúlio Vargas, despachara Wainer para o Sul com ordens terminantes de obter uma entrevista de Getúlio. Há dois anos, Getúlio não só se encerrava num mutismo absoluto, como chegara a expulsar da Estância dos Santos Reis outros enviados dos *Associados*.

Outra versão, esta atribuída ao general Góes Monteiro, em livro de Joel Silveira e Lourival Coutinho, era a de que Wainer fora enviado por Chateaubriand para infiltrar-se na intimidade de Getúlio e transformar-se em espião dos *Associados*. Eis aqui a versão autêntica e legítima desse trabalho jornalístico, pois ele é narrado pelo próprio Samuel Wainer, com detalhes até hoje inéditos.

"Naquele sábado de carnaval de 1949, eu me encontrava em Bagé, onde chegara ao fim a missão real que Chateaubriand me havia confiado no Rio Grande do Sul. Essa missão nada tinha a ver com Getúlio Vargas, aparentemente politicamente morto naquela ocasião. Chateaubriand estava interessado em comprovar que não havia vantagens econômicas para o País no esforço que o Brasil, então, vinha desenvolvendo para aumentar sua produção de trigo. Depois de viajar pelos centros tritícolas mais importantes do Rio Grande, no táxi aéreo posto à minha disposição pelos *Diários Associados,* mais um repórter auxiliar e um fotógrafo, chegamos a Bagé, sede da mais importante estação experimental de trigo do País. Terminada a entrevista com o renomado técnico Beckman, principal estimulador do governo gaúcho no desenvolvimento de sua produção de trigo, fomos almoçar num restaurante do centro da cidade, de onde partiríamos de retorno a Porto Alegre. Durante o almoço, o piloto Nelson (que anos mais tarde se tornaria piloto particular de Jango) falou nas numerosas ocasiões que tinha voado para a Estância de Santos Reis. E deixou transparecer que, vez ou outra, transportava conhecidos políticos para encontros reservados com Getúlio. A inconfidência do piloto chamou minha atenção. E quando ele me informou que a distância de Bagé a Santos Reis, no seu táxi aéreo, era de pouco menos de duas horas, decidi tentar uma entrevista com Getúlio. Se a obtivesse, talvez Chateaubriand deixasse para segundo plano a reportagem do trigo, que pouco me entusiasmara; se Vargas se recusasse a falar, também seria bom assunto para uma reportagem sobre o tipo de vida que o ex-ditador estava levando.

Foi com essas intenções que desci em Santos Reis, acompanhado pelo ceticismo do piloto e de meus companheiros dos *Associados,* convictos de que Vargas nem sequer nos receberia. Nesse caso, pernoitaríamos em São Borja, a poucos minutos de vôo dali, e retornaríamos a Porto Alegre no dia seguinte.

Eu havia visto Getúlio Vargas, de perto, apenas uma vez na minha vida. Foi em 1947, quando lhe levei, ao Senado, a pedido de um ex-auxiliar seu, Queiroz Lima, os recortes de uma série de reportagens sobre o problema do petróleo, que eu havia publicado em *O Jornal.* Getúlio desejava usar alguns subsídios de minhas reportagens para um discurso que iria fazer, no Senado, sobre o monopólio da exploração do petróleo no Brasil. Vimo-nos durante alguns segundos apenas, pois nada mais nos ligava. Muito ao contrário, como estudante, mas principalmente como jornalista, fui adversário encarniçado da ditadura de Getúlio, o que me valeu algumas prisões; implacável perseguição à minha revista *Diretrizes* e finalmente, em 1944, o exílio de quase um ano nos Estados Unidos, isto depois de *Diretrizes* haver sido fechada pelo famigerado Departamento de Imprensa e Propaganda (DIP).

Até hoje não sei por que Getúlio resolveu me receber naquela tarde. Ele nunca me disse. Mas sempre desconfiei que cheguei à Estância de Santos Reis na hora exata em que a campanha subterrânea do "ele voltará" e do "nós queremos", lançada para preparar o retorno do ex-ditador, estava atingindo o seu momento de vir à tona. Talvez tenha sido minha declaração inicial, quando Getúlio, ao fazer alusão às minhas reportagens de petróleo, ouviu de mim a resposta que eu não estava ali para entrevistá-lo. Mas, como ele se ausentara há tanto tempo dos grandes centros de informação, estaria disposto a lhe conceder uma entrevista, não só sobre o petróleo, como sobre a Europa, de onde voltara recentemente, após fazer a cobertura dos últimos meses da guerra e, posteriormente, do Tribunal de Nuremberg. Getúlio deu uma de suas famosas gargalhadas de despistamento, mandou que os outros fossem tomar o seu chimarrão no fundo da fazenda, permitiu que Lauro, o fotógrafo, batesse algumas chapas e, quando ficamos a sós, começou a falar. Falou durante quarenta e cinco minutos. O suficiente para uma entrevista de quase dez laudas. Mas, quando ele se deu conta de que o Sol já se punha ao ocaso, disse-me: 'Está na hora de levantar vôo. Em apenas cinco minutos vocês deverão descer em São Borja. Procure ali um rapaz chamado Jango. É de minha inteira confiança. Ele vai recebê-lo e ajudá-lo no que for necessário'. Apertamo-nos as mãos e perguntei a Vargas se me autorizava a publicar suas declarações como entrevista. Ele concordou.

Meia hora depois, eu encontrava Jango, a uma mesa do principal bar de São Borja, cercado por um grupo de amigos, entre os quais, um pouco mais afastado, divisei a figura gigantesca de um negro. Mais tarde ele viria a se tornar célebre, não só como chefe da guarda pessoal de Getúlio, mas como principal envolvido no atentado que vitimaria o major Rubens Vaz e feriria Carlos Lacerda. Era Gregório Fortunato.

Jango me recebeu com um "então, viu o chefe?" e convidou-me a sentar à mesa. Verifiquei, em seguida, que não apenas Jango, mas todos que cruzavam comigo em São Borja sabiam que eu havia estado com "O chefe". Nelson, o piloto, se encarregara de espalhar a notícia, tanto mais sensacional quando se soube que eu era dos *Diários Associados.*

Narrei a Jango, mais ou menos, o que Vargas me dissera. Mas como havia algumas declarações que me pareciam muito explosivas na boca de Getúlio, perguntei a Jango se ele, sendo homem de confiança e confidente de Getúlio, me autorizava a lhe atribuir algumas daquelas declarações. Jango não se opôs. E foi assim que, pela primeira vez, o nome de Jango circulou na imprensa brasileira ao lado do de Vargas"[1].

"Líder de massas e não de partidos"

Jornalista, que escrevia diariamente e vivia do trabalho de suas mãos hábeis, Samuel Wainer, em sua entrevista, relata fatos inéditos e revela dados mantidos em sigilo até mesmo quando teve de depor, defendendo-se, em uma Comissão Parlamentar de Inquérito.

Vem agora quebrar o longo silêncio, dando este testemunho dos fatos de que participou em primeiro plano e cujas repercussões se encontram na grande crise que culminou no suicídio de um presidente da República (o que, pela primeira vez, aconteceu no Brasil, e só três vezes no continente).

O tempo decorrido, cerca de trinta anos, pois os primeiros encontros ocorreram em fevereiro de 1949, não apagou da memória do jornalista os fatos, os nomes e as datas.

Assim é possível, neste livro, divulgar pela primeira vez um depoimento inédito para a História, a contrapor-se vantajosamente às versões conhecidas e que exprimem os pontos de vista, as paixões, os interesses contrários a Samuel Wainer e ao papel que ele desempenhou na criação de uma imprensa favorável a Vargas.

São baseadas em seus apontamentos as linhas que se seguem:

"Quinta-feira, 3 de março de 1949. Como de hábito, o general Eurico Dutra, presidente da República, que passava seus últimos dias de férias de verão no Palácio Rio Negro, em Petrópolis, acordou às cinco da manhã. E, enquanto se servia de café, ouvia atentamente o *Grande Jornal Tupi,* um amplo noticiário irradiado, entre cinco e sete da manhã, pela emissora da Rede Associada. Subitamente, Dutra levantou-se de sua poltrona. Aproximou-se mais do rádio e ouviu a voz do locutor repetir: 'Getúlio Vargas declara: eu voltarei, mas como líder de massas, e não de partidos'. E, logo a seguir, a voz do locutor da Tupi se fazia ouvir mais forte: 'O ex-ditador está pronto a retornar e lança os nomes de Ademar de Barros e do brigadeiro Eduardo Gomes como candidatos às próximas eleições presidenciais'. Dutra nem esperou para ouvir que aquelas frases eram, apenas, chamadas para a edição de *O Jornal,* o órgão líder dos *Associados,* que iria circular dentro em pouco com a entrevista concedida por Getúlio Vargas ao repórter Samuel Wainer. Considerando como fato consumado a decisão de Vargas retornar, Dutra convocou, imediatamente, o seu chefe da Casa Civil, Pereira Lira. Poucas horas depois, reunido com o seu Estado-

1. Entrevista com Samuel Wainer, 18 de junho de 1978.

Maior político, Dutra aceitava a tese de que seu sucessor deveria ser um civil mineiro. O seu nome: Cristiano Machado, do PSD de Minas Gerais. Estava aberta, oficialmente, a campanha da sucessão do general Eurico Dutra, com uma antecipação de mais de ano e meio, pois o dia das eleições era 3 de outubro de 1950. Tempo mais que suficiente para Getúlio transformar sua Fazenda do Itu numa espécie de Meca política, aonde acorriam os mais diversos candidatos à sucessão do general Dutra, de Salgado Filho a Nereu Ramos, de Oswaldo Aranha a Ademar de Barros. Todos vinham à busca do apoio de Getúlio, fosse como líder absoluto do Partido Trabalhista Brasileiro, fosse como fundador do PSD. Mas Getúlio, com sua imensa capacidade de manobra, manteve esse clima até junho de 1950. Nesse mês, sob a pressão das massas queremistas, o PTB lançou a candidatura de Getúlio à sucessão de Dutra.

Foi dessa forma que o senador José Américo, em discurso no Senado, descreveu resumidamente os reflexos da primeira entrevista concedida por Getúlio Vargas a Samuel Wainer. O fato é que, publicada em *O Jornal* e reeditada por toda a cadeia de jornais dos *Associados* no País inteiro, a entrevista causou intensa polêmica. O nome de Getúlio, desaparecido da imprensa há mais de dois anos, voltava a circular em gigantescas manchetes. Durante quase trinta dias, por ordem direta de Chateaubriand, os seus jornais e rádios movimentaram o assunto com enquetes, depoimentos, reportagens retrospectivas. A popularidade de Vargas resultou em tremendo aumento de circulação dos jornais de Chateaubriand. O assunto Getúlio retornava, definitivamente, às primeiras páginas da imprensa brasileira.

Samuel Wainer, segundo ele mesmo narrara, jamais esperou que aquela entrevista, tão acidentalmente obtida na Estância dos Santos Reis, fosse ter a repercussão que teve. Voltando de São Borja, redigiu a entrevista no domingo de carnaval, na redação do *Diário de Notícias,* de Porto Alegre. Datilografou-a em três vias, uma para o jornal local, outra para deixar em São Paulo e outra para levar ao Rio. Ernesto Corrêa, diretor do *Diário de Notícias,* achou, entretanto, que era impossível Getúlio ter concedido uma entrevista de tal importância. Diante de suas dúvidas, Samuel Wainer levou uma cópia para o líder do PTB no Rio Grande do Sul, Alberto Pasqualini, um homem de alta cultura e grande respeitabilidade. Era mesmo considerado uma espécie de Harold Lasky do trabalhismo brasileiro. Ao terminar de lê-la, Pasqualini insistiu em perguntar se de fato Getúlio apresentava o aspecto saudável com que Wainer o descrevia em sua entrevista. Insistiu, também, em saber se era exata a frase atribuída a Getúlio, 'voltarei como líder de massas, e não de partidos'. E, diante da confirmação de Wainer, Pasqualini, que estava por dentro da silenciosa conspiração armada para o retorno de Getúlio, disse-lhe: 'Publique logo esta entrevista, rapaz. Ela é uma bomba que vai abalar o País'.

Só então Samuel Wainer, cuja ausência do Brasil entre 1943 e 1947 o desatualizara politicamente, compreendeu a importância do material que tinha em mãos. E, na tarde de segunda-feira daquele carnaval de 1949, deixava sobre a mesa de Chateaubriand, na sede dos *Diários Associados,* em São Paulo, uma cópia da entrevista e das fotos com Getúlio Vargas. Chateaubriand, que tinha o hábito de telefonar para as pessoas de seu interesse às horas mais estranhas do dia ou da noite, acordou Wainer na madrugada de terça-feira gorda para quarta-feira de cinzas. E aos gritos, com seu jeito típico de se mostrar exaltado, Chateaubriand, que falava de São Paulo, para o apartamento de Wainer, no Rio, o interpelou: 'É verdade tudo aquilo que Getúlio disse na sua entrevista?'.

Wainer replicou que não havia alterado uma vírgula das declarações de Vargas. E que, além disso, a entrevista seria publicada sob sua assinatura, logo, sob sua inteira responsabilidade. Chateaubriand, cada vez mais exaltado, determinou:

'Acorde imediatamente o Carlos Eiras (então secretário de *O Jornal),* mande que ele prepare uma edição especial com a entrevista. Chame o pessoal da Tupi e mande o *Grande Jornal* bater as chamadas de minuto a minuto. Estarei no Rio, logo mais à tarde, para acompanhar, pessoalmente, os trabalhos'.

E a seguir, soltando uma gargalhada sonora e quase histérica, Chateaubriand gritou ao telefone:

"Seu Wainer, com essa entrevista vamos engordar aquele porco até pôr em pânico à nossa estúpida burguesia. E, então, não terão outra saída senão o Canrobert".

Foi essa a única intervenção inicial que Chateaubriand teve na entrevista de Wainer com Getúlio. O gênio jornalístico de Chateaubriand percebeu desde o primeiro momento as implicações políticas das declarações de Getúlio. O seu candidato à sucessão de Dutra era o então general Canrobert Pereira da Costa, ministro da Guerra. Mas, para que este pudesse se tornar o candidato oficial, seria preciso afastar a candidatura de Cristiano Machado e levar Ademar de Barros a apoiar Canrobert. Era o que Chateaubriand esperava com a exploração do medo que a volta de Vargas despertava nos círculos dominantes do País. Além do mais, o nome Getúlio Vargas era a melhor fórmula para o aumento da circulação dos jornais *Associados.* Chateaubriand deu sinal verde a Wainer para que continuasse cobrindo o assunto Getulio Vargas até a exaustão. Só mais tarde, tal como o aprendiz de feiticeiro, Chateaubriand percebeu que tinha ido longe demais. Mas aí já era muito tarde. Pelo menos como assunto jornalístico, Getúlio valia qualquer risco. Ainda mais com a quase exclusividade total que concedera a Wainer, o único repórter da imprensa brasileira que podia chegar a qualquer hora à Fazenda do Itu e ali encontrar à sua espera um chimarrão quente".

"Não preciso de imprensa para ganhar"

A posição singular de Wainer, junto a Vargas, permitia-lhe fornecer aos seus jornais um noticiário excelente. Ainda hoje, o seu depoimento elucida vários pontos relevantes dos acontecimentos que se seguem à diplomação e posse de Vargas.

31 de janeiro de 1951. Getúlio Vargas, cercado por uma verdadeira festa popular, toma posse, como presidente eleito perante o Congresso reunido no Rio de Janeiro. Já no dia 2 de fevereiro, instalado na residência presidencial de verão, em Petrópolis, o Palácio Rio Negro, Getúlio Vargas convoca a primeira reunião do seu Ministério. Terminada a reunião, seguiu-se o jantar em família, a que fora convidado o jornalista Samuel Wainer, único repórter presente à cobertura da primeira reunião ministerial do novo governo. Nenhum outro jornal fizera subir ao Rio Negro qualquer repórter. Certamente iriam divulgar no dia seguinte apenas o material da Agência Nacional, numa página interior e sem maior destaque. Após o jantar, Getúlio convida Samuel Wainer para o grande salão de despachos e caminha silenciosamente, de um lado para outro, charuto aceso, pensativo e preocupado, até que faz uma pergunta a Wainer:

"Como foi, mesmo, aquela frase que tu me disseste no dia em que nosso avião partiu do Rio para o norte, quando começamos a campanha presidencial?"

"Presidente, respondeu Wainer, o senhor me perguntou qual seria o comportamento da grande imprensa com relação à sua campanha. Eu lhe disse que ela ficaria toda contra. E à sua resposta, 'não preciso da imprensa para ganhar', eu lhe disse, mas para perder ela ajuda muito".

Getúlio soltou uma longa baforada de seu charuto, acompanhou a fumaça que se desfazia no ar e perguntou, como quem não parecia muito interessado na resposta: "Percebeste que não havia um só jornalista, exceto tu, dos *Diários Associados,* presente à reunião ministerial?"

E, quando Wainer respondeu que aquilo poderia ter sido um acordo, firmado pela grande imprensa, uma espécie de campanha de silêncio em torno do novo governo, em suma, uma sabotagem pela desinformação, Getúlio se deteve, mais alguns minutos, em profunda meditação e, subitamente, perguntou:

"Profeta, tu nunca pensaste em fazer um jornal?"

E foi assim que nasceu a *Última Hora,* um jornal que iria revolucionar tecnicamente a nossa imprensa e que Samuel Wainer diz ter sido fundado para ser uma espécie de Volta Redonda do jornalismo brasileiro.

Esta, segundo Samuel Wainer, foi a primeira vez que ele trouze a público a verdadeira versão do nascimento da *Última Hora,* um jornal que acabaria como um dos grandes pretextos da campanha que levaria Getúlio até a morte e, por isso mesmo, ficaria definitivamente ligado à saga não só de Vargas, mas da própria imprensa do País.

Eis a seguir, integralmente, a segunda parte do depoimento prestado por Samuel Wainer sobre as origens da *Última Hora,* desde o seu primeiro dia, 12 de junho de 1951, até 24 de agosto de 1954, dia da morte de Getúlio:

"Naquela noite de 2 de fevereiro de 1951, em que Getúlio me perguntou porque eu não pensava em editar um jornal, passamos longo tempo rememorando nossas relações. O carinhoso apelido de 'Profeta', com que ele me tratava, vinha do fato de ter sido eu o único jornalista brasileiro a acreditar na sua vitória. Com efeito, depois daquele sábado de carnaval de 1949, quando ele me concedeu sua primeira entrevista e que causara o maior abalo no País, retornei à Estância dos Santos Reis e, depois, à Fazenda do Itu, setenta e duas vezes por avião. Muitas vezes eu pernoitava na fazenda, e nada mais propício às longas conversas que o silêncio dos pampas. Minhas reportagens para os *Associados* se sucediam, à medida que Getúlio tecia a rede de acontecimentos que acabariam por levá-lo de volta ao Palácio do Catete. Por exemplo, o anúncio do pacto da Frente Popular, firmado com Ademar de Barros, em que este renunciava à sua candidatura para 1950 e passaria a apoiar Getúlio, caso este se candidatasse. Mas, se vencesse, Vargas apoiaria, em 1955, o nome de Ademar. Ou ainda, a primeira vez em que Getúlio afirmou que sua deposição em 1945 não fora uma decisão espontânea das Forças Armadas, mas produto de um esquema internacional montado contra seu governo pelo então famoso embaixador norte-americano em Buenos Aires, Spruille Braden, também acusado por Perón como intervencionista nos negócios argentinos. Getúlio mencionou o nome do então embaixador brasileiro Orlando Leite Ribeiro, que lhe fornecera os elementos que comprovam a intervenção de Braden na sua deposição. Também a primeira entrevista concedida por Getúlio, já praticamente eleito, com quase oitocentos mil votos à frente do brigadeiro Eduardo Gomes e Cristiano Machado, em 6 de outubro de 1950. Esta entrevista, publicada no *Diário da Noite,* do Rio, com a gigantesca manchete *Getúlio Vargas: 'este é o meu programa',* foi extremamente importante para organizar a reação contra a conspiração que estava sendo montada pela UDN, tentando impedir a posse de Vargas com o argumento da maioria absoluta. A célebre entrevista do general Canrobert Pereira da Costa, colocando-se, como ministro da Guerra, como fiador da posse daquele que fosse eleito. A reportagem '*A rebelião queremista*', anunciando, enfim, a decisão de Getúlio em aceitar sua candidatura à Presidência da República. Em suma, estas e dezenas de outras reportagens selaram aos poucos a profunda comunicação entre o repórter e seu grande assunto, Getúlio. Aos poucos, essa comunicação foi se transformando em amizade. E, por fim, até mesmo em cumplicidade, pois freqüentemente era eu usado como emissário entre Getúlio e outros dirigentes políticos do País.

E assim foi, até que fui designado pelos *Diários Associados* para cobrir a campanha de Getúlio Vargas à Presidência, enquanto os jornalistas Wilson Aguiar e Murilo Marroquim eram designados para cobrir, respectivamente, as candidaturas do brigadeiro Eduardo Gomes e de Cristiano Machado. E foi nesse período, de 30 de junho de 1950, quando Getúlio aceitou sua candidatura, até 30 de setembro desse mesmo ano, quando ele encerrou sua campanha no Rio Grande do Sul, que minha amizade com Vargas se solidificou. Foram quase setenta e cinco dias de viagens por todo o País, incluindo cinqüenta e uma de avião. A minha afinidade com o novo Getúlio, líder popular, o maior que o Brasil já tivera, líder nacionalista que abrira as vias do desenvolvimento do País, líder trabalhista que pela primeira vez, mesmo paternalmente, incluíra a justiça social como um dos pontos básicos do seu programa, foram elementos que me fizeram mergulhar de vez na campanha pelo retorno de Getúlio. Muitas vezes, em pleno vôo, Getúlio me convidava para sentar a seu lado e discutia comigo seu próximo discurso, aceitava muitas vezes sugestões minhas, usava-me para negociações com políticos que não podiam ter encontros diretos com ele na sua passagem pelos diversos locais. Eu deixara de ser apenas o jornalista para me tornar também amigo, confidente, partidário e muitas vezes emissário de Getúlio. Mas o que mais me empolgara nele foi sua vinculação com as massas populares do País. À medida que cortávamos o Brasil de ponta a ponta, vi Getúlio recebido por multidões, cujo êxtase lembrava as multidões que seguiram Gandhi na sua campanha pela libertação da Índia. Profissionalmente, além de minhas reportagens, eu comunicava, em telegramas particulares a Chateaubriand, aquilo que me parecia inevitável, a vitória de Getúlio se as leis democráticas fossem respeitadas. Também em telegramas pessoais, Chateaubriand, que passara a apoiar ostensivamente o candidato oficial, Cristiano Machado, solicitava informações da marcha da campanha de Getúlio. Num dos seus telegramas, Chateaubriand, achando que eu exagerava na descrição do delirante apoio popular que Getúlio recebia por toda parte, mandou-me um telegrama, que revelava sua incredulidade na vitória do candidato da oposição: 'Mandarei comprar um balde de água gelada para a sua cabeça quente'. Com efeito, naquela atmosfera então predominante no país, parecia impossível que Getúlio, contando apenas com o apoio pouco caloroso de Ademar, pudesse vencer o brigadeiro Eduardo Gomes, candidato da mais poderosa burguesia urbana do País, ou Cristiano Machado, candidato das forças oficiais do PSD, com o governo mobilizando todos os recursos contra o candidato do PTB. Mas a confiança de Getúlio crescia à medida que ele ia ao encontro do povo. E essa confiança pode ser traduzida neste episódio. Quando uma noite o procurei em Natal, no Rio Grande do Norte, para lhe mostrar um telegrama de Chateaubriand, Vargas ditou imediatamente uma resposta que mostrava a imensa segurança que já o possuía. Ao telegrama de Chateaubriand, que pedia confirmação de um suposto atentado que teria ocorrido contra Getúlio, ele pediu que eu mandasse a seguinte resposta: 'Getúlio Vargas informa que nenhum atentado ocorreu. Mas se atentado houvesse, seria por excesso de amor do povo'."

Certidão de nascimento

Em meados de fevereiro de 1951, segundo seu próprio relato, Wainer decide informar Getúlio Vargas que iria fundar um jornal. Ainda não sabia qual seria o seu nome. Mas uma coisa seria indispensável: fazer o jornal em oficina própria. Por experiência colhida com sua revista *Diretrizes,* Wainer sabia a precariedade que cercava um jornal político no Brasil quando impresso em oficina de terceiros, mesmo com toda liberdade assegurada por contrato. Getúlio perguntou-lhe onde ele iria arranjar capital para esse empreendimento. A resposta de Wainer, embora parecesse cínica, era realista:

"Presidente, num regime em que até um contínuo de gabinete ministerial é um cavalheiro de alto prestígio, qual não será o crédito de um porta-voz presidencial?"

Além do mais, alegou Wainer, a sua tradição profissional já era muito boa. Ela se consolidara como fundador e diretor da já mencionada revista que, mesmo sendo contra a ditadura, conseguira ser editada durante sete anos, de 1938 a 1944. E os quatro anos em que, nos *Diários Associados,* ocupara todos os cargos, só fizeram aumentar a credibilidade em sua capacidade profissional. E por fim, aquela era a hora de um jornal verdadeiramente popular, pois ele iria apoiar um presidente popular. Em suma, Vargas deveria compreender que o sonho de qualquer repórter era um dia poder fazer o seu próprio jornal.

Getúlio ouviu a exposição de Wainer com aspecto sisudo, mas interessado. E disse, ao fim de uns minutos de meditação:

"Tu passaste mais de quinze dias pensando e naturalmente procurando se informar sobre as possibilidades de teu projeto. Deves ter outras razões e argumentos para teres tomado a decisão de fazer teu jornal. Podes contar com o meu apoio, mas tu tens que conseguir por ti mesmo os recursos para esse empreendimento. Vá falar com Alzira, troque impressões com ela. Alzira me colocará a par de teus passos".

Alzira Vargas do Amaral Peixoto, a filha predileta, confidente e uma das mais próximas conselheiras do pai, também havia se tornado amiga de Wainer, à medida que este ampliava a cobertura jornalística iniciada em fevereiro de 1949. O mesmo ocorrera, aliás, com toda a família do presidente Vargas: com sua esposa, dona Darcy, com Lutero e Maneco, os outros dois filhos, com Benjamim, o irmão.

Desde aquela descida em São Borja no táxi aéreo do piloto Nelson. E, em especial, com Jango, praticamente filho adotivo de Vargas. Jango oferecera sua amizade pessoal a Wainer.

Nesse ambiente, não foi difícil a Wainer fazer com que todos recebessem com simpatia seu projeto de fundar um jornal especialmente destinado a defender Getúlio contra a terrível campanha que toda a grande imprensa do País continuava movendo contra ele. Alzira, porém, mais experimentada, sabia da pergunta que Getúlio fizera duas semanas antes a Wainer: "Profeta, tu nunca pensaste em fazer um jornal?". E não escondera sua inquietação com as eventuais reações que poderiam ser despertadas pela publicação de um jornal getulista. Mas ela, a quem também os jornais não poupavam, nem ao seu marido, o almirante Ernâni do Amaral Peixoto, então governador do estado do Rio, não podia negar a importância de um instrumento, uma espécie de ponte entre o presidente e as grandes massas populares que o idolatravam. Finalmente, Alzira acabou por aceitar o grande argumento de Wainer: um jornal getulista, que conseguisse ganhar vasta circulação, poderia contribuir para acabar com o complô de silêncio que a grande imprensa vinha praticando contra qualquer ato mais positivo do novo governo. A competição comercial acabaria por obrigar os demais a também noticiarem as medidas construtivas de Getúlio, sob pena do jornal que Wainer se propunha lançar acabar conseguindo o monopólio desse imenso público.

Alzira acabou por reconhecer a validade dos argumentos de Wainer:

"Toque pra frente o teu projeto, conte com a minha simpatia, como com a do Patrão (nome pelo qual ela se referia sempre a Getúlio), mas não contes com recursos oficiais. Não creio que te será difícil encontrar financiadores particulares para teu jornal".

Considerando as palavras de Alzira como um sinal verde, Wainer lançou-se com mais ardor ao projeto. Sabia que o tempo era fator fundamental para o seu plano. Carlos Lacerda, que havia lançado, em setembro de 1950, a sua *Tribuna da Imprensa,* embora tivesse sofrido um grande fracasso inicial, já estava assumindo a frente da campanha contra Getúlio. E não escondia que os seus objetivos eram impedir que Getúlio pudesse governar e provocar a sua deposição o mais rapidamente possível.

Daí por diante, os acontecimentos se precipitaram em avalanche. Wainer sabia que dentro de meses, provavelmente a partir de junho, algumas medidas populares, nacionalistas e antiinflacionárias, deveriam ser anunciadas por Getúlio. Era o momento propício para o lançamento do jornal. Uma aventura perigosa numa capital como o Rio, onde só os jornais de oposição conseguiam obter regular circulação. Mas Wainer anunciava que iria quebrar esse tabu, pois o seu jornal iria apoiar um presidente, e não o seu governo. E o presidente era o maior líder de oposição que as classes dirigentes do País já haviam conhecido. Não lhe seria difícil, assim, conseguir aquilo que tantos outros fracassaram: criar um jornal popular, não popularesco, mas que seria indispensável não só ao trabalhador mais esclarecido como ao empresário e ao intelectual, que não poderiam ignorar a experiência que representava para o País a volta de um ex-ditador ao poder, mas agora democraticamente eleito.

Um jornal para Getúlio

Foi num almoço no Jóquei Clube do Rio, ainda com sua sede na Avenida Rio Branco, ponto de encontro obrigatório de políticos em destaque e figurões em decadência, que Samuel Wainer deu início acidental ao seu projeto de um jornal para Getúlio.

Convidado num dia de meados de fevereiro de 1951 pelo embaixador José Jobim, antigo e bom jornalista e seu amigo pessoal, Wainer lhe fez durante o almoço no Jóquei a confidência das idéias que trocara com Getúlio e Alzira sobre o jornal. Desse encontro com Jobim surgiu um drinque, poucas horas depois, no bar do Jóquei, com Horácio de Carvalho, então dono do *Diário Carioca* e controlador da Erica, a empresa gráfica em cujo prédio, à avenida Getúlio Vargas, aquele jornal era impresso. José Jobim, cujo irmão, o futuro senador Danton Jobim, era um dos diretores do chamado Grupo Horácio de Carvalho, conhecia as precárias condições financeiras em que este se encontrava. Embora ainda espiritualmente orientado pelo velho fundador do *Diário Carioca,* o jornalista-senador J. E. de Macedo Soares, era Horácio de Carvalho que possuía o poder de decisão sobre os destinos da empresa. E como o *Diário Carioca* havia tomado uma posição passional contra Getúlio, antes ainda que este fosse deposto em 1945, o seu engajamento contra Vargas foi ainda mais longe com o apoio incondicional oferecido em 1950, pelo jornal, à candidatura Cristiano Machado. Por outro lado, interesses em conflito no estado do Rio entre Horácio de Carvalho e o comandante Ernâni do Amaral Peixoto, governador fluminense, fizeram com que o *Diário Carioca* alimentasse violenta campanha pessoal contra o genro de Getúlio, campanha que atingia muitas vezes a própria figura de Alzira, esposa de Ernâni.

Eleito Vargas, o *Diário Carioca,* que era um jornal de pequena circulação, pouca publicidade, mas grande prestígio e influência política, viu que lhe eram fechadas todas as portas dos estabelecimentos oficiais de crédito, de que se servia habitualmente, como aliás quase toda a imprensa brasileira. Além do mais, seu imenso poderio no tráfico de influências baixara a zero. A empresa, tanto o jornal como a gráfica, estava praticamente à beira da falência.

No dia seguinte, no terraço do luxuoso prédio da Erica, Wainer e Horácio de Carvalho faziam um acordo de cavalheiros. Mediante trinta mil contos (valor da época), Wainer compraria todas as ações da Erica, então em nome de um simpático homem de sociedade, Aluísio Salles. Wainer assumiria também a responsabilidade pelas diversas dívidas do *Diário Carioca* e da Erica no Banco do Brasil e na Caixa Econômica, dívidas hipotecárias garantidas pelo imóvel e pelos equipamentos gráficos da empresa, e que montavam a 22 mil contos. Além disso, Wainer pagaria doze mil contos em dinheiro durante um certo período e imprimiria durante dois anos o *Diário Carioca,* que naturalmente desocuparia o prédio da Erica. Em suma, toda a transação montava a 64 mil contos, 22 mil dos quais tinham um prazo de quinze anos para pagamento ao Banco do Brasil e à Caixa Econômica. Mais jornalista que homem de negócios, ansioso por obter o controle de uma oficina gráfica, pois sem essa retaguarda Wainer não ousaria lançar o seu jornal, firmou-se um compromisso sob palavra. E Wainer partiu em busca de recursos.

Encontrou a primeira dificuldade e forte oposição à transação com o *Diário Carioca* nos setores ligados ao almirante Ernâni do Amaral Peixoto. Este, muito justamente, sabendo que o *Diário Carioca,* figadal inimigo seu e de Vargas, estava às portas da falência, compreendeu que a transação proposta por Horácio de Carvalho a Wainer acabaria por salvar o jornal, como de fato ocorreu.

Wainer, porém, insistiu na transação, pois o essencial era que aquela oficina gráfica era a única disponível no Rio. Adquirindo-a, Wainer poderia lançar o jornal ainda antes de junho de 1951, data em que Vargas esperava lançar a primeira grande ofensiva de medidas populares do seu governo.

Getúlio foi informado de todos esses problemas, mas não interferiu, pois havia dado a Wainer plena liberdade de ação, exceto a de tentar obter recursos oficiais.

O primeiro financiador privado para o negócio foi apresentado por José Jobim a Samuel Wainer. Era o então banqueiro Walter Moreira Salles, que mais tarde ganharia grande projeção na vida pública brasileira como embaixador do Brasil em Washington e duas vezes ministro da Fazenda. Walter tinha o maior interesse em que a compra da Erica fosse efetuada, pois seu banco era o principal credor dessa empresa. Dessa forma, Moreira Salles mandou que fossem emprestados dez mil contos a Wainer, garantidos pelas ações que ele iria adquirir de Aluísio Salles. Os dois outros financiadores foram procurados diretamente por Wainer e não hesitaram em lhe oferecer um empréstimo de dez mil contos cada um, pois tinham profundas ligações políticas com o governo de Vargas e alimentavam razoáveis ambições de ascensão na vida pública. O primeiro foi Ricardo Jaffet, então presidente do Banco do Brasil, mas pessoalmente diretor de um dos mais importantes grupos econômicos de São Paulo. O outro foi Evaldo Lodi, poderoso industrial mineiro, presidente da Confederação Nacional das Indústrias. Com esses trinta mil contos, Wainer comprou a totalidade das ações da Erica, que, como foi dito acima, estavam em nome de Aluísio

Salles. E assim tornou-se dono de uma empresa gráfica e de um prédio na avenida Getúlio Vargas, embora os mesmos já estivessem sensivelmente onerados por dívidas hipotecárias.

De posse das instalações da Erica, Wainer solicitou um empréstimo de 26 mil contos ao Banco do Brasil, empréstimo que deveria ser rigorosamente aplicado na implementação de equipamentos gráficos e em obras no prédio, investimentos esses que dariam à empresa condições operacionais de maior eficiência econômica.

Esse empréstimo, mais a absorção pelo Banco do Brasil da dívida com a Caixa Econômica Federal, totalizou a soma de 65 mil contos garantidos com a hipoteca dos imóveis da avenida Getúlio Vargas e o penhor dos equipamentos gráficos da Erica, cujo valor era infinitamente superior aos financiamentos do Banco do Brasil, que, é bom repetir, já havia concedido grande parte dos mesmos quando a empresa ainda era controlada por Horácio de Carvalho.

Com esses recursos, Wainer reequipou com nova rotativa e modernizou o equipamento já um tanto obsoleto da Erica e partiu à busca de recursos para lançar o jornal.

Já tinha iniciado contatos com os meios jornalísticos do Rio para formar a equipe redacional e administrativa. O título já havia sida escolhido, sugerido por um antigo e querido jornalista carioca, Carlos Eiras: *Última Hora,* título esse que fora preciso adquirir do então embaixador Abelardo Roças, seu detentor há muitos anos. O jornalista Medeiros Lima, antigo colega de Wainer em *Diretrizes* e nos *Diários Associados* e um profissional muito destacado, lembrou a Wainer onde poderia este obter os primeiros recursos para formar a Empresa Editora Última Hora S/A e lançar o jornal. Seria com Juscelino Kubitschek, que acabara de ser eleito governador de Minas Gerais e já não escondia suas intenções de vir a ser candidato à sucessão de Vargas. Juscelino, com efeito, determinou a um banco mineiro, o Banco Hipotecário de Crédito Real, que descontasse três mil contos em promissórias da Editora Última Hora S/A, a serem pagos futuramente em publicidade. Com esse dinheiro, Wainer reuniu a primeira equipe de fundação da *Última Hora.* Jornalistas já bastante experimentados como Otávio Malta, João Etcheverry, Medeiros Lima, Nabor Cayres de Brito, Edmar Morel. Trouxe de Buenos Aires um dos seus mais famosos diagramadores e diretores de artes gráficas, Andrés Guevara, da célebre equipe de *La Crítica,* de Buenos Aires. Ao lado de Augusto Rodrigues, o grande chargista, desenhista e humorista pernambucano, Guevara introduziu uma nova técnica de paginação e diagramação no Brasil. Para a administração, Wainer convidou deliberadamente uma equipe de rapazes de tradicionais famílias, pois presumia que teria que enfrentar grandes batalhas com a já estabelecida oligarquia da grande imprensa do País. E convidou para os cargos de direção e administração jovens tais como o engenheiro Luís Fernando Bocaiúva Cunha, genro do então ministro Simões Filho e neto de Quintino Bocaiúva, e Armando Daudt d'Oliveira, filho de João d'Oliveira, líder e presidente da Confederação Nacional do Comércio. Uma dificuldade inesperada surgiu no caminho da formação da equipe da *Última Hora*. Quase todos os grandes jornalistas da época tinham combatido a ditadura de Getúlio. E não aceitaram o convite para trabalhar na *Última Hora*, o que obrigou Wainer a formar uma nova equipe, onerando assim ainda mais o lançamento de seu jornal. E assim surgiram Pinheiro Júnior, Paulo Francis, Adalgiza Néri, Sérgio Porto, José Guilherme Mendes etc.

Em depoimento prestado a Glauco Carneiro, publicado na revista *O Cruzeiro*, o chefe da Casa Civil de Vargas, Lourival Fontes, divulgou alguns bilhetes de seu arquivo, contendo instruções de Vargas, comprovadoras da importância que a *Última Hora* conseguira conquistar como veículo de divulgação da política do presidente:

"Dizer ao Wainer que o número do jornal dele, que li hoje, só tratava de esporte. Nada havia para alertar o povo e o Congresso, bem como as informações sobre entrada de gêneros, aumento de transportes etc., a fim de desfazer a campanha adversária de que o governo está parado. E argumentar com o que está sendo feito. O programa deste ano é o equilíbrio orçamentário, sem o qual não poderá haver o barateamento da vida".

Em outro bilhete dizia:

"Os jornais da oposição, principalmente o *Diário Carioca* e os de Ademar, teimam em atribuir ao governo os desastres da Central. É preciso tomar a sério a defesa deste, através da *Última Hora*.

Mostrar que a eletrificação da Central ficou parada, nada se adquiriu no governo passado. Tudo está velho, gasto e suportando um peso superior às suas possibilidades. O governo atual está procurando melhorar a situação dos transportes em geral.

Falar nos trabalhos da Comissão Mista, reaparelhamento geral das estradas de ferro, dos portos de navegação. O diretor da Central vem pleiteando junto à Comissão Mista que se dê prioridade ao fornecimento de novas unidades elétricas para o transporte suburbano.

O chefe do governo está empenhado neste sentido e tomando providências com brevidade possível".

Por outro lado, lembra Lourival Fontes que as denúncias e críticas da *Última Hora* eram sempre ouvidas por Getúlio.

"Se publicava uma notícia dizendo que estava havendo um desvio de carne 'por ordem do alto', vinha o bilhete mandando que o chefe da Casa Civil apurasse e fizesse cessar a irregularidade".

Enquanto a equipe trabalhava na elaboração e criação do novo jornal, Wainer procurava simultaneamente completar os mínimos recursos necessários para assegurar a vida financeira do jornal por alguns meses. E obteve três contratos de publicidade em entidades a que então recorriam para o mesmo fim todos os jornais do País: o Serviço Social Industrial (Sesi), o Serviço Social Comercial (Sesc) e a Cia. Antártica Paulista. Os três contratos representavam em conjunto doze mil contos, quatro mil contos cada um, para serem consumidos em 24 meses. Wainer caucionou esses contratos no Banco do Brasil e com o seu desconto formou o giro para o lançamento do jornal em 12 de junho de 1951.

É inegável, afirmava Wainer, que não usufruísse ele do prestígio jornalístico, de que então gozava, antes de conhecer Vargas, nem do prestígio político que nascera de suas vinculações com o ex-ditador, e não lhe teria sido fácil obter tais recursos em tão pouco tempo.

Mas a verdade é que esta era a lei que então predominava na ainda bem subdesenvolvida imprensa brasileira. Empréstimos hipotecários em bancos oficiais, contratos de publicidade com organizações industriais e comerciais ou em empresas dependentes de favores do governo, como a Antártica, eram comuns a todos os jornais.

As operações que Wainer realizou estavam enquadradas nos costumes da época. Getúlio jamais tomou conhecimento direto das mesmas, nem recebeu de Wainer informações mais detalhadas a respeito. Nem Alzira tivera qualquer intervenção direta nessas transações. É claro que obter contratos antecipados de publicidade, mesmo oficiosos, conseguir seu desconto no Banco do Brasil, mesmo com os contratos vinculados como garantia, eram concessões não-freqüentes, mas a sua obtenção provinha unicamente do prestígio e da auréola que cercavam a personalidade de Wainer. Mas essa era uma prática tão tradicional na imprensa brasileira, até então dependente quase que exclusivamente de publicidade de produtos importados, que, antes da *Última Hora* ser lançada, tais operações pareciam normais a todo mundo.

Tudo mudou, porém, com o lançamento espetacular do jornal, que se deveu ao gênio promocional de João Etcheverry. Os financiamentos que pareciam não violar nenhuma regra estabelecida passaram a ser vergonhoso favoritismo quando seis meses após o seu lançamento, a *Última Hora* do Rio ultrapassou em circulação todos os jornais do Rio, inclusive o velho e até então imbatível *O Globo.* E quando a publicidade comercial, a pequena publicidade de lojas, magazines de vendas a crédito, imóveis etc., começou a afluir às páginas da *Última Hora,* atraídos pela sua circulação, compreendeu-se desde logo que aquele jornal getulista, popular e nacionalista, em breve poderia mesmo emancipar-se economicamente, transformando-se em perigoso concorrente comercial da imprensa mais antiga. E aí, em 1953, eclodiu a mais violenta campanha que um jornal já sofrera, ao que parece, em toda a América Latina.

Coerente em sua posição de liquidar a influência nacionalista do Governo Getúlio Vargas, como já havia feito com o ministro da Guerra, caberia agora à oposição derrubar mais uma pilastra em que se apoiava Getúlio Vargas, a imprensa situacionista, representada unicamente pela *Última Hora.*

Foi intensa a campanha desencadeada com o intuito de desmoralizar aquele vespertino.

Tal campanha iniciou-se com acusações de Carlos Lacerda, afirmando que Samuel Wainer era estrangeiro e que, portanto, segundo a Constituição, não poderia possuir ou dirigir qualquer órgão de imprensa.

A Constituiç'ão de 1946, em seu artigo 160, explicitava:

"É vetada a propriedade de empresas jornalísticas, sejam políticas ou simplesmente noticiosas, assim como a radiodifusão, às sociedades anônimas ao portador ou a estrangeiros. Nem esses, nem pessoas jurídicas, excetuados os partidos políticos nacionais, poderão ser acionistas de sociedades anônimas proprietárias dessas empresas.

A brasileiros (art. 129, números I e II) caberá, exclusivamente, a responsabilidade principal delas e a sua orientação intelectual e administrativa".

A campanha, acrescida de todo o resto da imprensa, levantou outras questões, culminando com um coro em uníssono de que a *Última Hora* só se tornou possível pelas facilidades encontradas por Samuel Wainer diante dos estabelecimentos oficiais de crédito, mais notadamente o Banco do Brasil.

Ora, provar que um jornal conseguira créditos para a sua constituição era nada mais que provar o óbvio.

A imprensa brasileira sempre tivera, como fator imprescindível para a sua manutenção, duas fontes de arrecadação: o crédito e a propaganda, e desta forma os acusadores esqueciam que também eles eram vulneráveis a tal acusação.

Para ilustrar tal argumento, tomemos como exemplo o jornal *O Globo,* um dos carros-chefes da campanha contra a *Última Hora,* e façamos um levantamento das facilidades creditícias concedidas a esse matutino:

– A 17 de outubro de 1950, levanta um empréstimo no Banco do Brasil, no valor de 31.770, dólares destinados à importação de máquina impressora, escritura registrada às folhas 59 e 61 do livro nº354 do 15. Ofício de Notas, do tabelião Hugo Ramos, em que *O Globo* aparecia tendo como sócios Francisca Pisani Marinho, Heloisa Marinho Velho da Silva, Hilda Marinho Medrado Dias, Roberto Marinho, Ricardo Marinho e Rogério Marinho.

O Globo dava, como garantia, penhor mercantil da própria máquina a importar e sua velha impressora Gross. Entraria com 27 por cento e amortizaria o resto em três anos.

Um mês depois, porém, voltava O *Globo* ao Banco do Brasil e levantava um empréstimo de 31.776 dólares, e a garantia continuava a ser a máquina a importar e a impressora Gross.

Posteriormente, levantava outro empréstimo, desta vez de cinqüenta mil dólares, e a máquina Gross continuava como garantia.

A 26 de dezembro de 1952, outro empréstimo era concedido pelo Banco do Brasil, de duzentos mil dólares, e novamente a rotativa Gross entrava como garantia.

Em agosto de 1952, *O Globo* levantava no Banco do Brasil a soma de 708.665 dólares, e como garantia apresentava a rotativa Gross; o beneficiário, porém, era agora a Empresa Jornalística Brasileira S/A, proprietária de *O Globo,* tendo assinado a escritura Roberto Marinho e Herbert Moses[1].

Tinha *O Globo,* então, levantado a quantia de 1.022.211 dólares em menos de dois anos, sem ter quitado sequer o primeiro empréstimo, concedido em 1950 e que só seria totalmente pago em 1953.

No momento da campanha contra a *Última Hora,* os *Diários Associados,* comandados por Assis Chateaubriand, deviam 162 milhões ao Banco do Brasil, mas nada disso foi levado em conta, e a *Última Hora* foi acusada de ter conseguido ilicitamente um financiamento de 250 milhões de cruzeiros.

Aliás, todas as informações sucintamente expostas nas páginas anteriores estão bastante mais desenvolvidas nos anais da Comissão Parlamentar de Inquérito, instaurada na Câmara dos Deputados em abril de 1953, para apurar as transações e origens da *Última Hora.* Nessa comissão parlamentar, Wainer leu e deixou arquivada a sua exposição de defesa, intitulada *Livro branco da imprensa amarela,* com todos os detalhes das atividades jornalísticas da Erica e da *Última Hora.* No seu depoimento e na sua exposição, Wainer se recusou, porém, a dar os nomes de seus financiadores e omitiu maiores detalhes de suas palestras com Vargas e Alzira, assim como nunca revelou o primeiro empréstimo feito por ordem de Juscelino Kubitschek. A sua insistência em não revelar à Comissão Parlamentar de Inquérito o nome de seus financiadores iniciais valeu-lhe uma prisão, por desacato ao Congresso, de quinze dias. Recolhido ao quartel-general da Polícia Militar do Rio, Wainer ali permaneceu durante dez dias, até ser solto por um *habeas corpus.* Mas então a campanha contra a *Última Hora* já assumira repercussão nacional e internacional. E deixara de ser uma aparente luta contra um jornal que se pretendia ter violado as regras usuais do jogo da grande imprensa, para se tornar o centro de uma conspiração muito mais ampla: derrubar um governo e interromper a consolidação de uma política nacionalista e popular, que ameaçava perigosamente de se transformar em fator permanente na vida do povo brasileiro.

---

1. Nelson Werneck Sodré, *História da Imprensa no Brasil.* Rio de Janeiro: Civilização Brasileira, 1966, p. 460-461.

O carro do escritor e industrial Maurício Goulart, antigo companheiro do general Miguel Costa, herói da Revolução de 1930, vinha a toda velocidade pela antiga Via Dutra, de São Paulo para o Rio. O seu outro passageiro era Samuel Wainer, amigo de Goulart, que durante certo tempo fora seu sócio na revista *Diretrizes*. Goulart, homem intempestivo e violento, não podia compreender como Wainer vinha suportando tão estoicamente a campanha vitriólica que a imprensa em geral, capitaneada por Carlos Lacerda na *Tribuna da Imprensa,* vinha movendo contra ele.

Estávamos em abril de 1953. Apesar da campanha de destruição que não cessou um só dia contra ele e sua empresa, isto é, desde 12 de junho de 1951, Wainer conseguia ainda lançar em São Paulo a sua *Última Hora.* Com capital de doze mil contos subscritos pelo conde Francisco Matarazzo e uma velha oficina gráfica, adquirida de Ricardo Jaffet, a *Última Hora* foi lançada em São Paulo no dia 18 de março de 1952. Matarazzo tinha razões especiais para financiar esse novo empreendimento de Wainer. Empenhado numa luta de vida e morte com Assis Chateaubriand, o poderoso Chiquinho Matarazzo, que chefiava o maior império industrial da América Latina, esperava que a *Última Hora* não só fosse se transformar em instrumento para a sua defesa, como em competidor do seu implacável inimigo, o dono dos *Diários Associados.*

Por sua vez, Ricardo Jaffet, que havia adquirido um velho jornal e uma velha oficina em São Paulo, com objetivo de defender a política de Ademar de Barros, desejava se desfazer daquela empresa que só lhe produzia *déficit* e criava mil problemas.

Já consagrado pelo sucesso da *Última Hora* no Rio, Wainer repetiu em São Paulo o mesmo êxito. Em pouco menos de seis meses, sua *Última Hora* paulista era o jornal de maior circulação local, liderava em técnica os mais poderosos jornais paulistas e principalmente conseguira uma penetração junto a um público até então impermeável à grande imprensa, a nova e crescente classe trabalhadora de São Paulo.

Não foi sem razão, assim, que o conde Francisco Matarazzo, chamado para depor na Comissão Parlamentar de Inquérito da Câmara dos Deputados, ao lhe ser perguntado se havia financiado Wainer por sugestão de Getúlio Vargas, respondeu: “Senhores deputados, o dinheiro que subscrevi para o capital necessário ao lançamento da *Última Hora* de São Paulo era dinheiro meu e eu não tenho que dar satisfação disso a ninguém. Dei o dinheiro a Wainer, porque acreditei na sua capacidade técnica, aliás altamente comprovada pelo sucesso de seu jornal no Rio”.

E à guisa de malicioso desafio, o conde Matarazzo perguntou a um dos inquiridores mais cruéis de Wainer, o então deputado Aliomar Baleeiro: “Senhor deputado, o senhor conhece por acaso algum dono de jornal no Brasil que seja pobre?”.

Possuído como que por uma espécie de frenesi criativo, Wainer não se deteve com o sucesso da *Última Hora* de São Paulo. Um ano depois, em princípios de abril de 1953, lançava um grande semanário nacional, *Flan,* uma fórmula ainda inédita no jornalismo do Brasil. Em poucas semanas, o *Flan* atingia a circulação de quase cento e cinqüenta mil exemplares, ameaçando assim a única publicação monopolística do complexo Associado, a revista *O Cruzeiro,* menina dos olhos de Chateaubriand, que chegou a vender cerca de seiscentos mil exemplares por semana.

O golpe já era demais para o arrogante tzar da imprensa brasileira. Wainer começava a mexer no terreiro em que ele era rei.

O conde Matarazzo tinha aplicado muito bem o seu dinheiro. E Chateaubriand ordenou que a luta contra Wainer e sua empresa não tivesse mais quartel. É o próprio Lacerda que afirma em suas memórias que só conseguira lançar contra Wainer todo o seu poderio destruidor de jornalista e orador quando Roberto Marinho, de um lado, lhe ofereceu os microfones da Rádio Globo, e Chateaubriand, de outro, lhe abriu as telas da Televisão Tupi.

O cerco à *Última Hora* do Rio e de São Paulo e ao *Flan* começou a tomar proporções já muito mais sérias, quando à campanha aderiram jornais do poderio de um *Correio da Manhã,* de um *Diário de Notícias* e do próprio *Diário Carioca,* que só sobrevivera graças à venda que efetuara de suas oficinas gráficas a Samuel Wainer. Em suma, em princípios de 1953 havia se formado uma verdadeira frente única da mais poderosa, oligárquica e antiga imprensa do País, incluindo *O Estado de São Paulo,* sem dúvida um dos mais ricos e influentes jornais da América Latina.

Era o risco dessas proporções incontroláveis que a campanha vinha assumindo, que tanto indignava e procupava Maurício Goulart. Por outro lado, o próprio Getúlio Vargas poderia acabar por acreditar nas acusações que vinham sendo veiculadas contra Wainer. E foi então, nessa viagem com Maurício Goulart, que ocorreu a Wainer a idéia de propor, a exemplo do que então estava muito em moda nos Estados Unidos, especialmente depois da entrada em cena do famoso senador MacCarthy, a formação de uma Comissão Parlamentar de Inquérito da Câmara dos Deputados para apurar e pôr fim à campanha cada vez mais odiosa que continuava em ascenção contra Wainer e, de ricochete, contra Getúlio Vargas, que era apontado como seu protetor. Retornando de São Paulo, Wainer foi direto ao Palácio do Catete. Expôs a Alzira Vargas e logo em seguida ao próprio Getúlio a sua idéia, pedir uma Comissão Parlamentar de Inquérito. Isso seria a maior prova de que Wainer não temia as acusações e estava pronto a prestar contas do funcionamento e da origem de suas empresas diretamente aos representantes do povo. Getúlio aprovou a idéia e incumbiu Alzira de convocar o líder da maioria, o então deputado Gustavo Capanema, de apresentar o projeto de formação de uma Comissão Parlamentar de Inquérito, que deveria ser constituída por um número de membros proporcionais às representações parlamentares de cada partido, o PSD, a UDN, o PTB e o PSP.

E poucos dias depois, pela primeira vez na história do Congresso do Brasil, era formada uma Comissão Parlamentar de Inquérito nos moldes das comissões idênticas do Congresso dos Estados Unidos. A presidência da comissão parlamentar foi entregue ao deputado Castilho Cabral, do PSP de Ademar; a UDN indicou os deputados Aliomar Baleeiro e Guilherme Machado, e o PSD-PTB os deputados Ulisses Guimarães e Frota Aguiar.

Ninguém poderia supor que essa comissão acabaria por se transformar num tribunal inquisitorial não apenas contra Wainer, mas contra o próprio Getúlio, em verdade o grande alvo e objetivo de toda essa campanha.

E não foi difícil perceber nas primeiras horas de funcionamento da Comissão Parlamentar de Inquérito, que seus objetivos iniciais haviam sido superados. A estratégia traçada no Escritório Monsen já visava muito menos à destruição da *Última Hora* que provar suas vinculações diretas com Getúlio Vargas e membros de sua família. E assim criar elementos para envolver o presidente Vargas em crimes de favoritismo, suscetível de criar condições para um processo de *impeachment* contra ele.

À margem da comissão parlamentar, o jornalista e deputado Carlos Lacerda criara sua própria máquina de difamação, calúnias, insultos e acusações de toda espécie contra Wainer e Getúlio. Dispondo do tempo que desejasse na toda-poderosa Rádio Globo e na então monopolística Rede Tupi de Televisão, além de obter ampla cobertura de quase todos os jornais do País, impelidos pelo desejo de liquidar um incômodo concorrente, Lacerda realizou uma campanha de mobilização que superava mesmo as campanhas de seu mestre e inspirador, o senador MacCarthy.

Tais e tão odiosas proporções vinha assumindo a campanha, que aos poucos atraíra para o seu lado parte da Igreja, das classes produtoras, até mesmo o chamado "café society". E nada mais parecia poder conter a verdadeira avalanche em que se transformara a campanha liderada por Lacerda, que acabara por envolver a própria família de Wainer, gente modesta, humildes imigrantes, que estavam pagando injustamente pela suposta glória de seu filho e irmão.

O mais temível grupo parlamentar daquela época era a chamada "Banda de Música" da UDN, composta pelos deputados mais preparados juridicamente da bancada oposicionista. Ali atuavam publicamente ou não os célebres "leguleios", como Getúlio os chamava, Afonso Arinos de Melo Franco, Raul Fernandes, Prado Kelly, Aliomar Baleeiro, Guilherme Machado.

Por trás deste grupo, fornecendo-lhes munição jurídica e casuística, funcionava o famoso Escritório Monsen, do Rio de Janeiro, um escritório americano muito vinculado à Standard Oil. O sócio brasileiro do escritório era o jurista José Nabuco, e um dos principais membros do seu contencioso era o advogado Fernando Veloso, genro do célebre financista Valentim Bouças, então diretor da Hollerith do Brasil, um ramo da famosa IBM americana. Por coincidência, entre os mais modestos advogados que serviram a esse escritório encontrava-se um jovem, recém-formado, Ernâni Mesquita, que também era advogado da *Última Hora*. E portanto detentor de sua contabilidade e escrita.

Na Comissão Parlamentar de Inquérito, Samuel Wainer acusou formalmente o Escritório Monsen de orientar e fornecer elementos aos representantes da UDN e outros deputados aliados ao mesmo grupo contra a *Última Hora*.

Certa ocasião, o jurista Oscar Pedroso Horta, que mais tarde se tornaria aliado de Lacerda na campanha para a eleição de Jânio Quadros, ficou tão alarmado com um programa de televisão em que Lacerda expunha suas acusações contra Vargas, que não pôde se conter e exclamou: "Se isso continuar, Lacerda acabará levando o País a uma guerra civil".

A campanha acabaria por ecoar dentro do Palácio do Catete. Lá, um aliado secreto de Carlos Lacerda, nada menos do que Lourival Fontes, chefe da Casa Civil de Vargas, antigo diretor do DIP na ditadura, alimentava o crescente alarmismo que Lacerda provocava.

Nesse ínterim, a Comissão Parlamentar de Inquérito trabalhava a todo vapor na preparação de elementos que pudessem servir de base para o *impeachment* de Getúlio Vargas. Numa só noite, Wainer foi submetido a um interrogatório inquisitorial, orientado pelo habilíssimo Aliomar Baleeiro, um interrogatório com mais de cento e oitenta perguntas. Todos tinham direito a interrogar Wainer por intermédio da presidência da comissão, o deputado Castilho Cabral, cada vez mais sensível às pressões de Carlos Lacerda. Até mesmo o famoso deputado Tenório Cavalcanti surgira como um dos promotores improvisados. E dessa forma, os 65 mil contos que Wainer devia ao Banco do Brasil, com garantias reais do patrimônio imobiliário e industrial da Erica, passaram a ser considerados como perdidos pelo Banco do Brasil, embora suas prestações e juros, até então, fossem religiosamente pagos pelas empresas de

Wainer. Um famoso contrato de compra de papel de imprensa numa fábrica do Canadá, um contrato de cinco milhões de dólares, com preços de venda abaixo do preço imposto pelos então fornecedores escandinavos da imprensa brasileira, foi transformado em financiamento do Banco do Brasil. Mas, em verdade, o Banco do Brasil apenas dera, como a lei determinava, garantia cambial, isto é, nenhum vintém em moeda estrangeira poderia sair do País sem que o consumidor (a *Última Hora)* depositasse primeiro no banco o equivalente em moeda estrangeira. Lacerda conseguiu convencer a oposição pública de que o Banco do Brasil havia financiado o papel para a *Última Hora.* Era como se o fiador de uma casa fosse acusado de estar pagando o aluguel da mesma, quando a sua presença não passava de simples fiança. Uma velha rotativa, adquirida por Wainer no *Baltimore Sun,* dos Estados Unidos, por duzentos e cinqüenta mil dólares, a serem pagos em cinco anos, acabou por não poder sair do porto, acabando ali por se transformar em ferro velho. A rotativa iria contribuir para o aumento da tiragem e o barateamento do custo dos jornais de Wainer. Sob a pressão da Comissão Parlamentar de Inquérito, já sob inteiro controle da UDN e de Lacerda, pois o deputado Frota Aguiar se passara para a oposição e o deputado Ulisses Guimarães se desinteressara completamente do assunto. Financiamentos legais iam se transformando em financiamentos absurdos, licenças de importação eram acusadas de contrabando. E por fim o próprio Banco do Brasil acabou por se apoderar do contrato de papel, que pertencia à *Última Hora,* e o transferiu para seus competidores, que acabaram colhendo os lucros que esse contrato deveria proporcionar à *Última Hora.*

E por fim, estourou a mais arrasadora bomba de retardamento: Samuel Wainer não seria cidadão nato do Brasil. Teria vindo da Bessarábia, aos dois ou três anos de idade, com a sua família de imigrantes. E aos dezesseis anos, usando das facilidades que os cartórios do Brasil oferecem para esses casos, teria se registrado como brasileiro, aumentando sua idade em dois anos e usando esses documentos para se inscrever na Faculdade de Medicina.

Com esse novo ângulo do chamado "Escândalo Wainer", embora ninguém pudesse atinar como aos dezesseis anos de idade Wainer já poderia supor que um dia seria dono de empresas jornalísticas no Brasil, coisa que a nossa Constituição reserva só para brasileiros natos, o processo da Comissão Parlamentar de Inquérito chegava ao seu fim.

Embora nada fosse provado contra Getúlio, e nenhum indício fosse localizado de sua eventual intervenção nos supostos favoritismos obtidos por Wainer, o processo de *impeachment* fora tentado. E fragorosamente derrotado na Câmara.

Já, contudo, com maioria absoluta na Comissão Parlamentar de Inquérito, pois tanto o seu presidente, Castilho Cabral, como o representante do PTB, Frota Aguiar, haviam se bandeado para o lado da UDN, no relatório final, Samuel Wainer foi acusado de diversos crimes: favoritismo, *dumping*, concorrência desleal, falsidade ideológica. E mais uma série de chamados crimes menores, violação da ética profissional, devedor insolvente do Banco do Brasil etc., etc.

Mas o jornal sobrevivia a tudo, exceto o *Flan*, que tivera de ser sacrificado; a *Última Hora* do Rio e de São Paulo não deixavam de sair um só dia. Os relatórios foram enviados pela Comissão Parlamentar de Inquérito à Justiça para o competente julgamento de Wainer e alguns diretores de sua empresa.

Lacerda e o grupo de Monsen, aparentemente exauridos pela luta perdida, pois nenhum de seus objetivos fora alcançado, nem os jornais de Wainer pararam de circular, nem Getúlio foi deposto do poder, pareciam conformados com a situação. Mas eis que o tiro de um pistoleiro irresponsável erra o alvo do atentado para o qual fora contratado. O tiro destinado a matar Carlos Lacerda, na famosa noite da rua Toneleros, em 5 de agosto de 1954, atinge e mata o major Rubens Vaz, seu acompanhante e protetor. Uma nova e trágica ofensiva iria ser lançada contra Getúlio Vargas. E nela a *Última Hora* ainda teria o seu papel a representar.

A ÚLTIMA MANCHETE

A noite de 22 de agosto de 1954 não era o que precisamente se poderia chamar de uma noite propícia à meditação e ao repouso. Os ecos do tiro que matara o major Vaz, dezessete dias antes, aumentavam dia a dia a sua implosão. E nada mais poderia fazer crer que Vargas escaparia ao destino traçado por aquela bala assassina. Pela sua ligação com as próprias entranhas do getulismo, à *Última Hora* só restava esperar o momento de sua destruição total. Mas eis que, às vinte horas daquela noite de 22 de agosto, batem à porta do apartamento em que Wainer residia com sua esposa, Danusa, grávida do sexto mês de sua filha Pink. Eram dois bons amigos: Maneco Vargas, filho de Getúlio, e Danton Coelho, seu ex-ministro do Trabalho, o seu célebre "amigo certo das horas incertas". O apartamento estava situado à avenida Rui Barbosa, no Rio, e dali ao Palácio do Catete bastariam apenas alguns minutos de marcha a pé.

Maneco e Danton tinham caminhado do Catete ao apartamento de Wainer. Precisavam de algum tempo para retemperar os nervos e reduzir a tensão de que estava carregada a atmosfera do Palácio do Catete. E foram francos e diretos com Wainer:

"O Patrão manda perguntar se tu estás disposto a jogar o jornal na luta final de resistência que deveremos travar dentro de horas. E sofrer todas as conseqüências".

Wainer, e o relato é seu, respondeu que o jornal tinha sido fundado para viver ou morrer com Getúlio, portanto desejava saber quais eram as ordens. Maneco Vargas não perdeu tempo e respondeu:

"O Patrão quer que tu publiques na edição de amanhã, da *Última Hora,* 23 de agosto, a seguinte manchete: 'Só sairei morto do Catete'. Foi uma declaração que ele fez naquela tarde durante uma reunião do Ministério. A publicação desta frase poderá ser a senha para o início da reação popular que todos esperamos".

Wainer explicou a Maneco e Danton que a publicação de uma manchete destas, caso a saída final para a crise em que o presidente se debatia acabasse por tomar um rumo oposto, poderia ser desmoralizante.

Os emissários de Getúlio, Maneco e Danton, tranqüilizaram Wainer. Aquela manchete deveria significar que Vargas não se renderia, não se deixaria depor, nem seria levado à renúncia. A manchete seria o sinal de que Vargas estaria disposto a resistir, nem que fosse até a própria morte.

E ambos se retiraram, levando a resposta de Wainer a Getúlio. Pela primeira vez na história da imprensa brasileira, um presidente da República havia assinado o editorial de lançamento de um jornal. Com efeito, na primeira página da *Última Hora* do Rio, em seu número um, está impressa uma carta de Vargas, que é um autêntico editorial de lançamento. E Wainer acrescentou:

"Espero que, sendo esta a primeira manchete que Vargas sugere ao nosso jornal, não venha a ser jamais a última".

Maneco e Danton, antes de se retirarem, combinaram que voltariam no dia seguinte, 23 de agosto, à mesma hora, para trazerem novas instruções do presidente. Provavelmente a manchete que anunciasse o começo da resistência. Isso se antes a *Última Hora* não estivesse empastelada por algum pelotão da Aeronáutica.

Samuel Wainer partiu para o jornal, mandou convocar a equipe e começou a preparar a edição da *Última Hora* do dia 23 de agosto de 1954. A manchete já estava escolhida: "Só morto sairei do Catete". E, com efeito, o impacto causado pela manchete desta edição representou como que um trauma coletivo para toda a população do Rio, como de São Paulo, onde a *Última Hora* continuava circulando. E Wainer não mais se afastou de seu jornal, permanecendo ali de plantão, acompanhando o desenrolar dos acontecimentos e recebendo de meia em meia hora informações do seu repórter de plantão no Catete, o jornalista Luís Costa, autor do famoso *Dia do presidente*, uma coluna de informações presidenciais, criada com o lançamento da *Última Hora.* E que chegou a ter tal projeção e credibilidade, que o próprio *Correio da Manhã* a consagrou com um dos principais editoriais de sua famosa página quatro. O editorial se intitulava: "O Dia do Presidente, esta nova instituição nacional".

Enquanto comandava a edição em preparo para a manhã seguinte, dia 24, Wainer explicava aos seus principais redatores por que não ia ele mesmo assumir o comando da cobertura dos acontecimentos no Palácio do Catete. Precisamente há seis meses, Wainer fora procurar o presidente Vargas no palácio. Getúlio o recebeu em seus aposentos, braço erguido numa tipóia, pois havia deslocado uma de suas clavículas num tombo acidental. Ao seu lado estavam Alzira, Ernâni do Amaral Peixoto e dona Darcy, sua esposa. Wainer expôs então ao presidente que a situação estava ficando absolutamente insustentável. Contra a *Última Hora,* estava mobilizado todo o *establishment* jornalístico, político, empresarial, religioso, social do País. A tarefa inicial para a qual o jornal havia sido fundado estava realizada: quebrar o complô do silêncio que havia sido montado contra o presidente desde a sua posse. Por outro lado, o sucesso do jornal comprovava que os recursos nele empregados não haviam sido entregues a um profissional inepto e incapaz. O sucesso do jornal era mais que suficiente para justificar os investimentos nele efetuados. Estava portanto na hora de o presidente negociar. Que cortasse a cabeça de *Última Hora,* mas que obtivesse em troca, se não o apoio, pelo menos o respeito e um tratamento objetivo da grande imprensa.

A conversa poderia começar com Chateaubriand, propôs Wainer, pois em seguida os demais jornais seguiriam os *Associados.*

Ernâni do Amaral Peixoto pareceu aprovar a idéia desde logo. Alzira pediu um pouco mais de meditação. Getúlio disse enfim que faria o que os interesses do governo ditassem. E os interesses do governo impunham a execução imediata das dívidas da *Última Hora,* agora já em atraso no Banco do Brasil. E Wainer retirou-se do Palácio, aonde só retornaria no dia em que Getúlio daria um tiro no coração.

Com efeito, dias depois, Oswaldo Aranha, então ministro da Fazenda, deu ordens ao Banco do Brasil para que executasse a *Última Hora* e lhe desse 24 horas para pagar suas dívidas. Mal sabia ele que a *Última Hora* era devedora apenas do saldo dos três contratos de publicidade que havia descontado no Banco do Brasil, quando da fundação do jornal, os contratos do Sesi, Sesc e Antártica. O saldo era de apenas oito mil contos.

Quanto à Erica, o Banco não poderia executá-la com tanta pressa, pois havia bens de raiz como garantia hipotecária e isso demoraria longamente até chegar ao julgamento final da justiça, venda dos bens em hasta pública, cobertura do Banco do Brasil etc. Mas a campanha que Lacerda desencadeara fora tão atordoante, que até mesmo Oswaldo Aranha, ministro da Fazenda, acabara por acreditar que Wainer havia recebido trezentos mil contos do Banco do Brasil.

Ao receber o aviso de que a *Última Hora* deveria pagar suas dívidas com o Banco do Brasil em 24 horas, Wainer apelou para Vargas, através de

Alzira e Benjamim Vargas, para que a ordem fosse estendida por oito dias e que determinasse que todos os jornais devedores do Banco do Brasil também liquidassem suas dívidas nesse prazo. Wainer sabia que ao fim ninguém iria saldar seus débitos com o Banco do Brasil, nem Chateaubriand, nem Roberto Marinho, nem mesmo o próprio Carlos Lacerda, que ali havia obtido recentemente um empréstimo de dois mil contos. Mas aceitou o desafio. Ainda conseguiu, num supremo esforço, levantar os oito mil contos no prazo marcado, dinheiro emprestado pelo conde Matarazzo, Ricardo Jaffet e parte pelo ministro Simões Filho. E liquidou sua dívida a descoberto no Banco do Brasil. O que sobrava, era da Erica, sessenta mil e poucos contos, mas para isso havia bens cobrindo duas a três vezes a dívida principal.

Wainer liquidou a dívida com o Banco do Brasil, a dívida da *Última Hora,* e não retornou mais ao Palácio do Catete. Não tinha sido abandonado, mas fora afastado como um aliado incômodo. Assim mesmo, quando revoltado com um depoimento que seu velho pai fora obrigado a prestar na polícia de São Paulo, Wainer mandou uma carta a Getúlio protestando contra o tratamento que estava começando a ser aplicado a gente inocente de sua família. Mandou de volta a Vargas um livro com que este o presenteara e autografara, em janeiro de 1951, chamando-o pela primeira vez de Profeta. Por intermédio de Alzira, Getúlio mandou dizer que tinha cuidado pessoalmente para que a polícia de São Paulo não pressionasse mais seus pais. E mandava de volta o livro "porque no Brasil não havia divórcio".

E foi com este estado de espírito que Wainer e sua equipe passaram a noite de 23 para 24 de agosto, de plantão na redação da *Última Hora,* esperando a senha que Maneco ou Danton Coelho ficaram de transmitir com a nova manchete a ser sugerida pelo presidente.

Mas em vez da manchete, o telefone tilintou na mesa de Wainer precisamente às 8h25 da manhã de 24 de agosto. Era a voz em prantos de Luís Costa, o redator do *Dia do Presidente*, que gritava do outro lado: "O presidente acaba de se matar com um tiro no coração".

Wainer correu imediatamente para a oficina. Limitou-se a determinar que a primeira página da véspera, que não havia sido distribuída, fosse recolocada no seu lugar, com apenas as seguintes palavras acrescentadas no alto da manchete: "Ele cumpriu a sua palavra, só morto sairei do Catete".

Simultaneamente, Wainer rabiscou umas linhas na própria oficina e redigiu um pequeno editorial para a primeira página, pedindo ao povo que se mantivesse calmo e em ordem, pois era precisamente o desespero e a destruição que os inimigos de Getúlio esperavam para esmagar qualquer reação popular. Não havia se passado dez minutos do lançamento da edição da *Última Hora* nas ruas, e um oficial do Estado-Maior do Ministério da Guerra entrava pela sala de Wainer. Era o então famoso major Ardovino, um dos mais fanáticos partidários de Lacerda. Ele vinha trazendo um pedido do Ministério da Guerra. Que a *Última Hora* acalmasse as multidões em desespero pelas ruas.

Foi-lhe mostrada a primeira página da edição que estava rodando a plena velocidade na rotativa, com o editorial "Pela ordem". O major Ardovino pediu algumas explicações para levar ao Ministério da Guerra. No que fez bem, pois neste dia só um jornal circulou no Rio de Janeiro: a *Última Hora.* Todos os demais foram impedidos de circular pelo povo exasperado.

E foi assim que daquele encontro acidental na Estância dos Santos Reis, em São Borja, num sábado de carnaval de 1949, nasceu um jornal que deveria submergir, junto com Getúlio, no sangue que jorrava de seu coração ferido. Mas a *Última Hora* sobreviveu. A mensagem de Vargas e sua qualidade profissional lhe deram alento para viver mais dezoito anos nas mãos de seu fundador. Voltara a se recuperar e mesmo a se transformar numa empresa muito mais sólida e próspera do que naqueles dias em que se afirmava que Wainer recebia montões de ouro do Banco do Brasil.

Com a morte de Getúlio e a ascensão ao poder de um governo inimigo, como o de Café Filho, fácil seria provar os chamados "crimes e escândalos da *Última Hora"*. Carlos Lacerda, em reunião ministerial do governo Café Filho, apoiado ostensivamente pelo seu chefe da Casa Militar, general Juarez Távora, exigiu o fechamento da *Última Hora* de todas as formas. Mas, contra essa monstruosidade jurídica, levantou-se a consciência de um homem simples mas de probidade inatacável, o ministro da Justiça do governo Café Filho, o jurista Seabra Fagundes. Em entrevista a Joel Silveira, publicada na antiga *Revista da Semana,* Seabra Fagundes revela que preferiu renunciar ao Ministério a aceitar a intimação de Lacerda, não só porque a *Última Hora* como empresa nada devia mais ao governo, como seu fechamento seria um atentado à própria liberdade de imprensa.

Durante quase dois anos, Carlos Lacerda, usando todos os elementos postos à sua disposição, procurou meios e formas de liquidar com a *Última Hora.* A *Última Hora* jamais havia recebido do governo os trezentos mil contos de financiamento que ele resolvera contabilizar à sua maneira. Poucos anos depois, novamente sob um regime de governo adversário, o governo de Jânio Quadros, Wainer conseguiu levantar recursos e pagou na própria Justiça, onde havia chegado à instância final o processo instaurado pelo Banco do Brasil; pagou a dívida integral da Erica a esse estabelecimento de crédito. Os sessenta e cinco mil contos iniciais haviam dobrado para cento e vinte e seis mil por efeito de juros e moras. Wainer conseguiu pagá-los, recuperar o controle da Erica que estava em mãos de um depositário judicial e voltar a imprimir ali a sua *Última Hora.* E nada mais ficou devendo ao Banco do Brasil, salvo uma pequena quantia de quinze mil cruzeiros, que dependia de decisão do Supremo Tribunal Federal, pois o Banco efetuou esse pagamento contra os interesses da empresa. A disputa já se arrastava há vinte anos. E não passava de um capricho de contencioso. O processo por falsidade ideológica, a que Wainer fora submetido na questão da nacionalidade, acabou sendo enterrado pelo Supremo Tribunal Federal em 23 de novembro de 1955. Por dez votos a zero, o STF inocentou Wainer do crime, pelo qual ele havia injustamente sido condenado a um ano de prisão por um juiz lacerdista, Valporé Caiado de Castro. Os demais processos instaurados contra a *Última Hora,* como *dumping,* favoritismo, concorrência desleal, tirados do arsenal de casuísmo dos Escritórios Monsen, foram todos anulados pela Justiça. *Nada, absolutamente nada, sobrou das acusações erguidas contra Getúlio Vargas por Carlos Lacerda, pela imprensa em geral e pela comissão parlamentar formada para apurar as origens da* Última Hora.

Vargas morto, o jornal sobreviveu por suas próprias forças. Chegou a pagar os salários de redatores seus em mercadorias permutadas nos crediários e pequenos comércios que ainda anunciavam na *Última Hora.* E só em 1964, com a queda de João Goulart e com o exílio que durante cinco anos afastou Wainer do País, com seus direitos políticos cassados, é que a *Última Hora* começou a sair de suas mãos. E assim foram precisos alguns anos mais. Em 1973, a *Última Hora* sai das mãos de Wainer, e a mensagem de Vargas, impressa com sangue em sua história, foi apagada da vida do País.

O crime da rua Toneleros

Na madrugada do dia 5 de agosto de 1954, o jornalista Carlos Lacerda chegava à sua residência, à rua Toneleros, em companhia de seu filho Sérgio e do major Rubens Tolentino Vaz. Eles vinham de uma conferência que Lacerda pronunciara no Externato São José, à rua Barão de Mesquita, na Tijuca, que versara sobre assuntos nacionais. Saíram acompanhados pelo jornalista Amaral Neto e pelo industrial José Cândido de Souza. Todos no carro do major Vaz. Moreira de Souza ficou na cidade e Amaral Neto ficou na Urca, onde morava. Dali rumaram para Copacabana, onde chegaram às 23h45, aproximadamente, à porta do edifício Albevânia, de nº 180 da rua Toneleros.

"Assim palestrando, chegamos à porta de minha casa. Notei então, sem maiores preocupações, que próximo à esquina da rua Hilário de Gouveia, quase em frente ao edifício onde resido, um homem pardo, magro, estava parado na calçada. Quase em frente ao edifício, do outro lado da rua, outro homem, este pardo e gordo, mantinha-se na mesma atitude. Observando que havia esquecido as chaves do edifício no bolso de outra roupa, pedi a meu filho que solicitasse ao garagista que abrisse a porta para nós. Sérgio saiu, entrou pela porta de serviço, e eu permaneci conversando com o major Rubens, até que ele voltou para comunicar que o garagista iria abrir a porta. Despedi-me do major à porta do seu automóvel e voltei-me na direção da entrada. Vi então o homem pardo e gordo caminhar para mim e abrir o paletó. Tive a impressão exata de que ia sacar uma arma, o que ele de fato fez, começando a atirar. Agarrando meu filho, saquei por minha vez do meu revólver e atirei enquanto procurava abrigar Sérgio, correndo em direção à garagem. Ali chegando, disse-lhe que corresse para cima e dispunha-me a voltar, quando meu filho abraçou-se comigo, procurando impedir-me de enfrentar os assassinos. Levei-o para a escada e corri novamente para fora, a tempo de ver o homem pardo e gordo fugir em direção à rua Paula Freitas. Atirei contra ele, e ele atirou contra mim outra vez. Descarreguei todas as balas de minha arma. Meu filho voltou à rua. Percebi que, a despeito da fuga do criminoso que eu enfrentara, alguém continuava atirando. Voltei à garagem com Sérgio, subi, pedindo que fosse avisar a amigos e vizinhos, e mais uma vez desci à rua, já pelo elevador social. Tinha esperança de encontrar ileso o major Vaz, mas essas esperanças foram desfeitas quando cheguei à porta. Ele estava caído na calçada, com sua camisa, que momentos antes era amarela, ensopada de sangue abundante que lhe corria do peito. Várias pessoas acorreram ao local. Alguém ofereceu-nos um carro. Coloquei-me com ele no assento traseiro, depositando sua cabeça no meu colo. Rumamos para o Miguel Couto. Eu já havia sentido o meu ferimento no pé, mas esqueci-me dele quando a imobilidade do meu querido amigo nos meus braços deu-me a certeza de que ele deixara de viver. Aqui chegados, os médicos confirmaram o seu óbito"[1].

Aos quarenta minutos da madrugada do dia 5, o silêncio daquela rua de Copacabana fora cortado por uma série de disparos. À distância de cem metros, aproximadamente, já existia ali o distrito policial. Alertado pelos tiros, acorreu para o local o vigilante municipal Sálvio Romeiro, cruzando com um dos atacantes que se refugiou no táxi nº 5-60-21, estacionado à sua espera. O outro homem fugira pela rua Hilário Gouvêa, passando a pé defronte da delegacia. O vigilante ainda procurou deter o táxi, na suposição de que se tratava de um ladrão. No momento em que o carro arrancou, levando o pistoleiro, o guarda, mesmo com dificuldade, pois estava ferido, ainda detonou o revólver, perfurando a traseira do veículo, e anotou o número da placa.

No outro dia, dada a repercussão do crime, o motorista do táxi, Nelson Raimundo, apresentou-se à polícia, espontaneamente, para contar uma história não muito convincente. Um homem desconhecido tomara seu carro e, depois de muitas voltas, determinara que estacionasse na rua Paula Freitas. Pedira-lhe que esperasse. Depois de algum tempo, ao voltar, o passageiro portava um revólver e ordenou-lhe que seguisse para o centro da cidade, ameaçando-o com a arma. Quando alcançaram o cruzamento das ruas Santa Luzia e México, o homem saltou. Depois disso, o motorista ainda realizara outras corridas até que, parando num ponto e contando o ocorrido a um seu colega de profissão, este o teria aconselhado a se apresentar à polícia, pois caso contrário poderia vir a ser envolvido no crime que abalara o País.

Detido para posteriores investigações, 48 horas depois, interrogado já então pela Polícia Militar, o motorista confessou ao capitão João Ferreira Neves que transportara Climério Eurides de Almeida até o local do crime. Mas, após o atentado, o homem que ele levou para a cidade já fora outro. Assim, quatro dias após o atentado, a Polícia divulgou uma nota, apontando Climério como o autor do crime.

---

1. *O Globo*, 5-8-1954, depoimento de Carlos Lacerda prestado no Hospital Miguel Couto, logo após o atentado.

Climério fora alertado a tempo e conseguira fugir, tomando rumo ignorado. Mil conjecturas se fizeram sobre o seu possível paradeiro. Iniciaram-se, então, centenas de sucessivas diligências na tentativa de capturá-lo. A Aeronáutica mobilizou-se. O criminoso tinha de ser encontrado. As buscas não cessaram, dia e noite. Finalmente, após uma sensacional caçada, em que oficiais da FAB, armados de metralhadoras e revólveres, bateram toda a região do Tinguá, para onde se canalizaram as informações sobre o paradeiro de Climério, o homem foi encontrado. Seu compadre, Oscar Domingos, dera a pista. O grupo de 130 homens, chefiados pelo comandante Carlos Niemeyer, conseguiu localizá-lo no meio da mata, sem comida e sem dinheiro. Cães de caça haviam seguido o rastro do criminoso. Foi uma operação relâmpago, que se iniciara à meia-noite e terminou às 8h40 da manhã de terça-feira, dia 10 de agosto. Ao perceber a aproximação de seus perseguidores, Climério, avisado pela mulher de Oscar, embrenhara-se pelo bananal. Ele ali permaneceu toda a noite, armado com um revólver calibre 38. Acuado, rendeu-se sem resistência. Preso, foi recolhido, incomunicável, à base do Galeão pelo coronel Délio Jardim de Matos.

Climério Eurides de Almeida era investigador do Departamento Federal de Segurança Pública, mas nunca exercera suas funções. Servia no Palácio do Catete, na guarda pessoal do presidente da República.

A nota com a divulgação da notícia foi assinada pelo chefe de Polícia, general Âncora. Este, acompanhado pelos ministros da Aeronáutica e da Justiça, foram ao Catete para comunicar ao presidente Vargas que um membro da sua guarda pessoal estava envolvido no crime. Em seguida divulgaram uma nota: "Após tomar conhecimento do assunto e reiterar o interesse que tinha pela solução do caso, o Excelentíssimo Senhor Presidente da República tomou ele as providências necessárias para a identificação do indiciado, fornecendo a ficha do mesmo, esclarecendo-se, então, estar o investigador à disposição do Palácio Presidencial onde realizava exclusivamente serviços de observação externa".

Preso, Climério foi interrogado por diversas vezes. No dia 31 de agosto, foi levado ao quartel da base do Galeão para depor perante o coronel-aviador João Adil Oliveira, encarregado do inquérito, e o promotor da Justiça Militar Cordeiro Guerra. Nesse depoimento, ele revelou que fora chamado por Gregório Fortunato, no mês de abril, que o encarregara de entender-se com José Antônio Soares para "darem um jeito" de eliminar o jornalista Carlos Lacerda. Foi Soares quem contratou o pistoleiro Alcino João do Nascimento, o homem que deveria executar o "serviço", pelo preço de cem mil cruzeiros. Desde aquela ocasião, Climério, Soares e Alcino passaram a preparar a execução do atentado. De início, tiveram de familiarizar Alcino com a figura de Carlos Lacerda, passando por isso a freqüentar locais onde o jornalista comparecia, identificando o local da residência de Lacerda etc. Através do noticiário da *Tribuna da Imprensa,* estavam sempre a par dos comícios a que o jornalista comparecia, o que facilitou-lhes o trabalho de reconhecimento, chegando mesmo a planejar o atentado para um comício a realizar-se em Barra Mansa. Quando estavam a cinco quilômetros daquela cidade, o carro enguiçou e tiveram de modificar os planos. Finalmente acertaram tudo para o dia do comício no Colégio São José. Climério e Alcino foram para a porta do colégio observar. Mais tarde, a chamado de Climério, chegou o motorista Nelson Raimundo, já apalavrado. Nelson era amigo pessoal da guarda e fazia ponto perto do Palácio do Catete. Como as circunstâncias não fossem muito favoráveis, decidiram tomar rumo de Copacabana e esperar Lacerda à porta de sua residência. O carro de Nelson Raimundo ficou estacionado na rua Paula Freitas. Climério e Alcino dirigiram-se para a esquina da Hilário Gouvêa com Toneleros. Dali viram um carro pequeno estacionar em frente ao edifício Albevânia e dele saírem três pessoas. Havia ainda outras três pessoas na calçada (por coincidência, na mesma ocasião, também parava seu carro nas proximidades o jornalista Deodato Maia, do *Diário Carioca,* acompanhado pelos colegas Otávio Bonfim e Armando Nogueira) e um zelador do prédio. Climério se afastou de Alcino e atravessou para o outro lado da calçada. Nesse instante, declarou ele, ouviu uns estampidos. Por isso resolveu continuar a caminhada em direção à rua Siqueira Campos, onde tomara um táxi, rumando para a rua Silveira Martins. Ali fazia ponto o carro de Nelson Raimundo de Souza. Aguardou alguns minutos até que este chegasse e lhe desse informações sobre Alcino. Após inteirar-se de que o pistoleiro escapara ileso, determinou ao motorista que o levasse em casa. Quando chegou, já encontrou Alcino à sua espera. No dia seguinte, Climério foi com Alcino para Belford Roxo, onde tinha uma chácara, lá ficando até domingo, 8 de agosto. Nessa ocasião recebeu um recado de Valente, outro elemento da guarda pessoal: "Nelson está se abrindo e meteu você no fogo". O próprio Valente favoreceu a fuga de Climério, enviando-lhe cinqüenta mil cruzeiros com um recado de, no caso de serem presos, declararem que o mandante fora Lutero Vargas.

Segundo o depoimento do pistoleiro Alcino, prestado no dia 13 de agosto no quartel da Base Aérea do Galeão, a emboscada se deu quando Lacerda se despedira do major Vaz. Enquanto o jornalista se dirigia para a porta da garagem do edifício, o major, passando pela frente de seu carro, caminhou em direção à porta esquerda com intenção de entrar no mesmo. Nessa ocasião, Alcino atravessou a rua, colocou-se atrás do automóvel e, já da calçada, atirou contra Lacerda, segundo o pistoleiro – "procurando atingi-lo nas pernas". Ferido, o jornalista correu para o interior da garagem. Logo após ter disparado seu revólver, Alcino foi surpreendido pelo major Vaz, que se atracou com ele, procurando tomar-lhe a arma. Na luta, Alcino acionou o gatilho, disparando o revólver. Nessa ocasião, também ouviu um tiro partido da direção da garagem. Ainda em luta com o major, ambos caíram ao chão, para lados opostos, aproveitando o pistoleiro para fazer outro disparo na direção de Rubens Vaz e pôs-se em fuga, correndo para o carro de Nelson Raimundo, estacionado à sua espera. Ao fugirem, Alcino avistou o guarda que corria para eles atirando, tendo mesmo perfurado a traseira do automóvel. Alcino alvejou o guarda e entrou no carro que já estava com o motor em movimento, partindo para o centro da cidade. Só então verificou que Climério não regressava com eles. Saltou na esquina da Santa Luzia com México por determinação de Nelson Raimundo. Ali tomou um lotação para a Praça da Bandeira e de lá um táxi para a casa de Climério em Cachambi.

* * *

Pouco depois de Lacerda ter dado entrada no hospital Miguel Couto, autoridades e personalidades do mundo político para ali acorreram. Entre os primeiros, estava o brigadeiro Eduardo Gomes, que providenciou a autópsia do corpo do major Vaz e o seu enterramento. Depois de se inteirar dos detalhes do ocorrido, o brigadeiro teria dito: "Para honra da Nação confio que esse crime não ficará impune". Daí por diante, ele passou a promover todas as medidas, jogando todo o seu prestígio para que à Aeronáutica coubesse a apuração do crime.

"...Não queria botar mais um militar"

O embaixador João Baptista Luzardo era o nosso representante diplomático na Argentina. A 26 de julho de 1954, recebeu um chamado de Getúlio Vargas. Chegou ao Rio na tarde de 26 e na noite do mesmo dia foi ao Palácio.

Vargas queria falar sobre a crise que se apresentava na chefatura de Polícia e a possível substituição do general Armando de Moraes Âncora. Âncora estava, evidentemente, deslocado em sua função. Há menos de uma semana, em uma entrevista coletiva à imprensa, na Associação Brasileira de Imprensa (ABI), muito pressionado, muito perguntado, não soube se defender. Vargas considerou esse encontro um desastre e pensava em procurar outro chefe de Polícia. Não queria "botar mais um militar". Nas circunstâncias presentes lhe parecia melhor um civil, e recordava a Luzardo a vitória da Revolução de outubro de 1930, quando um dos seus primeiros atos havia sido a nomeação de Luzardo para chefe de Polícia. Queria a sua concordância para mandar lavrar o decreto de nomeação. Luzardo ouviu, atentamente, e pediu licença para discordar. O momento diferia muito daquele remoto mês de novembro de 1930. Então, ele era o representante do Partido Libertador a que se conferia um cargo de importância e responsabilidade. Agora, nas 24 horas de permanência no Brasil, sentira a gravidade da situação:

"Na hora atual, os militares não entregarão aquele posto de chefia. Eles estão dominando. É um posto de primeiríssima ordem. Está no domínio militar, no domínio do ministro da Guerra, e você não o tira, não consegue tirar, absolutamente não consegue. Não posso ser, não devo ser, a bem do seu governo e, também, para resguardar um pouco o meu patrimônio, bem conquistado. A situação é muito delicada, é premente e tem de nomear um homem de fibra para a chefia de Polícia do Rio de Janeiro. Eu me permito indicar dois nomes: um é o coronel Amaury Kruel e o outro, o coronel Correia Lima. Qualquer um desses dois coronéis. São getulistas, têm influência no Exército, valorosos militares com muito brio e servindo a uma causa como esta aí. Estará muito bem".

Luzardo seria aproveitado na presidência da Caixa Econômica, vaga com o afastamento de Ariosto Pinto.

O depoimento de Luzardo refere-se à ameaça que se fazia à viagem de Vargas a Belo Horizonte na inauguração das Usinas Mannesmann. O presidente estava disposto a ir. Luzardo era da mesma opinião:

"Getúlio, você é um homem que não recua nunca, diante de coisa alguma. Se puseram algo no avião, todos correm os riscos iguais. Acho que deve ir".

As manifestações em Belo Horizonte, ao contrário do que se esperava, irritaram os adversários, que deram ênfase especial às poucas linhas do discurso em que se defendia dos ataques sofridos.

Na tarde do dia 23, o general Caiado de Castro mandou cavar trincheiras nos jardins do Palácio do Catete. Luzardo examinou este dispositivo em companhia do chefe da Casa Militar. Às 22h, houve a última reunião ministerial".

Interrogado sobre o gesto de Vargas, respondeu:

"A minha opinião é de que a idéia de um suicídio não surgiu na noite da célebre reunião do Ministério, nem se agravou naquele instante em que o Beijo comunicava já a sua prisão, e ele não demoraria a ir para o Galeão. Não foi naquele instante. Eu tenho para mim que houve na vida de Getúlio momentos sombrios e que, no recôndito do seu sentimento, da sua consciência, havia aquela idéia do suicídio, porque não foi essa a primeira vez. Essa foi a primeira vez que lhe veio à tona e ele realizou, pelas circunstâncias especiais que cercaram o caso dele. Mas ele teve outros momentos. Durante a campanha da Revolução de 1930, quando nós preparávamos a campanha de 1930, na idéia de que nós tivéssemos sido derrotados no Rio Grande do Sul, de que fôssemos derrotados em Porto Alegre e ele fosse preso, ele não se entregaria. E ali ficou claro a mim, e amigos nossos perceberam que por trás desse 'não me entregaria' já estava a idéia: ele se suicidaria! Não queria ser exilado, nem bater no estrangeiro, nem passar por vexames de prisioneiro. Ele se suicidaria. De maneira que, no meu entender, eu que tenho esta idéia, vi claramente no Getúlio.

Tive ocasião de ver momentos delicados, momentos sóbrios em que nós fazíamos um esforço para penetrar nos seus pensamentos – o que era? Ninguém, de todos os homens tão inteligentes que cercaram o Getúlio, ninguém pôde levantar a ponta do véu, vislumbrar o que era. E chegamos à conclusão de que aquilo já era uma idéia que ele teria antes. No dia 24, quando ele se viu irremediavelmente perdido, que ele não escapava – o irmão já ia preso, ele ia ser dali a alguns instantes. E como ele tinha dito na reunião do Ministério: 'Levarão o cadáver, mas o presidente não irá preso, nem eu me prestarei a uma segunda hipótese de embarcar no Galeão para ser deportado. Eu não me prestarei a isso'. Então ele já estava muito preparado com esta idéia e desfechou. Aliás, como eu digo, eu o reputo um homem que trazia isso, tinha esse ponto de vista. Analisava, assim, o momento histórico que ele estava vivendo, e a sua coragem. Porque eu acho que não foi covardia, de nenhuma forma. Foi um homem que teve uma coragem excepcional. Tinha aquele ponto de vista, era dominado por aquela idéia, e no instante, então, quando chegou a oportunidade, ele cumpriu".

Ainda nessa ocasião, foi perguntado ao embaixador Baptista Luzardo a sua opinião sobre a carta-testamento e a missão de que Vargas incumbira João Goulart. Ele respondeu com relação ao manifesto:

"Mas com relação ao manifesto, eu tenho ouvido das pessoas mais diversas: foi feito, não é dele. Tudo isso eu não posso compreender, não posso compreender, não aceito. Aquilo é Getúlio indiscutivelmente. Ali está Getúlio, naquela carta está Getúlio. Está! O pensamento é dele mesmo. É aquilo o que ele pensava, o que ele fazia, quando ele fundou o Partido Trabalhista, quando ele preparou aquela coisa toda ele tinha precisamente a idéia que aí está. A luta que ele sentia, a pressão que estavam fazendo. E o pensamento dele! Meu Deus, como contestar uma coisa dessas! (...) O senhor vê nos discursos do Getúlio, que proferira como presidente, cada um tem um estilo. A idéia é uma só, sempre perseguindo a mesma idéia. A gente vê o jeito dele. Agora, o revestimento literário, essa coisa varia. Mas isso é tão comum por toda parte, professores, presidentes que não podem dizer grande coisa, não são oradores... Porque um sujeito, como presidente, lê um documento que ali está e depois de ele ler, é dele! É a Nação que está recebendo um pronunciamento do presidente da República, e nessas condições não se pode discutir! Ora, eu me lembro muito bem que, quando na campanha de 1950, cada um se encarregava. Fulano vai falar sobre o Maranhão, outro sobre Pernambuco. Então o discurso feito pelo Getúlio na campanha – ele leu aquele discurso, ele chegava lá, lia aquele discurso: 'mas meu Deus, isso é bobagem, isso é cretinice, eu não vou ler isso'. Era muito comum, eu vi 'eu não vou repetir uma coisa dessas'. Rasgava aquele discurso. Nós vimos muitas vezes o Getúlio quando ele falava de improviso. O Getúlio até era muito feliz na sua oratória. Não era longo, mas era feliz. O Getúlio falava bem, com muita expressão, muito sentimento, muita precisão em determinada idéia, que era o que agradava o público, que queria ouvir o Getúlio falar de improviso. Eu vi quando ele não gostava do discurso que mandavam para ele ler, ele não lia: 'Mas eu não vou ler isso'. E não lia mesmo! Todos nós sabemos que o escritor ao gosto do Getúlio era o Maciel. O que o Maciel escrevia o Getúlio lia sem refletir, agarrava e lia em público. Era o escritor dele. O Maciel era muito fiel ao pensamento do Getúlio. Vê-se nos discursos com muita precisão no termo, na maneira de falar do Getúlio. Ele era um confidente do Getúlio nos últimos tempos. O Maciel vivia dia e noite com o Getúlio. Então, a verdade é que nós sabemos, era que o Getúlio tinha as suas idéias gerais, deu até as idéias que ele tinha para o testamento e o outro preparou e trouxe. Está perfeito. É do Getúlio, o pensamento era dele. Vamos dizer aqui que enxertaram? Não enxertaram, o discurso está tal e qual ele mandou fazer, e o Maciel o fez".

HS: E a missão de Jango, como é que foi?

JBL: Bem, a missão ele via a situação dele. O Jango saiu daqui para ler aquele documento no Rio Grande do Sul: 'Se eu não puder ler no Rio Grande do Sul, leio na Argentina'. Esta é que é a verdade. Mas não teve que fazê-lo, os acontecimentos se precipitaram.

HS: A última pergunta. A última é uma interrogação dedicada para um antigo diplomata... mas exatamente um hábil diplomata saberá se livrar desta pergunta. O próprio Getúlio se refere a influências estranhas. Então, eu pergunto: nós temos a crise em si, que é a explosão. A questão do Galeão foi conduzida politicamente, ela inicialmente foi um caso de polícia. Foi transformada num caso de política, e a oposição a Vargas vinha desde o começo. Vargas deposto em 1945, quando volta em 1950 ele encontraria toda uma corrente política, que tinha orientação inclusive no terreno econômico, e tenta instaurar um governo nacionalista, um governo popular. Assim, 1945 se parece com 1954. É apenas a inversão de dois números e o desfecho trágico. O fato político é o mesmo. É a deposição de um homem que representava uma liderança popular, era o populismo que se implantava no Brasil e foi, depois, arrancado com Vargas em 1954. Eu pergunto: o senhor dá uma grande importância a essas circunstâncias da orientação dele, principalmente no terreno econômico, nas relações internacionais, essa questão toda de capital estrangeiro, de remessa de lucros, de Petrobras, da Eletrobrás, todas essas questões em que havia interesses – não eram naquele tempo as multinacionais, mas interesses estrangeiros ligados ao empresariado brasileiro e ligados, inclusive, a uma forte corrente política, que era declaradamente partidária da participação do capital estrangeiro, a UDN? Eu pergunto e gostaria, se fosse possível, de uma apreciação.

JBL. Evidentemente, o segundo governo constitucional do sr. Getúlio Vargas foi uma situação, foi um governo que desde o começo se apresentou um governo difícil. Daí a razão por que o Getúlio, como os senhores sabem, o Getúlio recusou durante um certo período. Não queria aceitar a sua reeleição, mas por nada. Eu fui sempre um dos poucos amigos que forçaram o Getúlio ou, pelo menos, o convenceram. O grande amigo, o grande homem, no meu entender, que forçou Getúlio, que argumentou decididamente para que o Getúlio aceitasse foi o Ademar de Barros. Quem disser o contrário está completamente enganado. Ademar achava que o Getúlio devia voltar, e o Getúlio só aceitou, a verdade é essa, quando o Ademar de Barros, depois de bem balancear as forças no Brasil e no estado de São Paulo, quando Ademar assumiu o compromisso de que São Paulo daria um milhão de votos ao Getúlio. Com esse milhão de votos de São Paulo e o que o Rio Grande e mais Minas dessem, o Getúlio estava eleito. Então, com essa promessa, porque com o resto ele não contava, aí foi aquele grande compromisso de honra que o Ademar de Barros assumiu. Repetiu tantas vezes, na minha presença, em Itu para o presidente Vargas. Porque, como os senhores sabem, eu era do Partido Libertador, muito amigo de Getúlio. Nunca aceitei aquela situação que se deu em 1945, aquela deposição do Getúlio como se deu. De maneira que eu achava que o Getúlio merecia voltar e que o Brasil desejaria a volta dele ao poder. Portanto, eu concordava que o Getúlio devia aceitar, que aquilo era verdade que o Rio Grande estava a fim. Para mim era insofismável que o Getúlio voltasse.

O inquérito do Galeão

A repercussão do atentado à vida de Carlos Lacerda e da morte do major Rubens Vaz foi a maior possível. A natureza do crime exigiu que fossem tomadas medidas imediatas, para apurar suas causas e finalidades. A polícia civil deu início a um inquérito logo após o atentado, pois a ocorrência fora cometida quase à porta do 2º Distrito Policial, e um guarda municipal fora também atingido pelos disparos do criminoso. Horas depois, o motorista Nelson Raimundo de Souza apresentou-se, espontaneamente, para depor, pensando que com a história que contasse estaria livre de quaisquer ligações futuras. Após esse depoimento, o inquérito parecia ter emperrado, pois nada caminhava no sentido de se apurar quais os verdadeiros culpados. A Aeronáutica designara um oficial superior para acompanhar as diligências da polícia.

O Alto Comando do Exército se reuniu para examinar a situação e depois deu uma nota condenando o atentado. Reuniu-se o Clube da Aeronáutica em sessão permanente. Reuniu-se o Clube Naval e depois o Clube Militar. Houve calorosos debates na Câmara dos Deputados, onde o deputado Afonso Arinos pediu a renúncia do presidente Vargas.

Na polícia o inquérito saiu das mãos do delegado Jorge Pastor para as do delegado Sílvio Terra, ex-chefe de Investigações do Departamento Federal de Segurança Pública (DFSP).

Carlos Lacerda, num depoimento feito ao jornal *O Estado de São Paulo,* publicado a 1º de junho de 1977, conta como foi que o inquérito saiu das atribuições da Polícia Civil, se transformando em um inquérito policial-militar. Ele se refere à primeira autoridade policial que o procurou logo que regressou à sua residência. Era um delegado.

"Bom, o sujeito apareceu lá para começar o inquérito, com as primeiras perguntas dele. A primeira era se tinha havido alguma alteração entre eu e o Vaz. A segunda pergunta dele foi pedir o meu revólver. Eu disse: 'É natural que o senhor peça o meu revólver, com o meu revólver eu deflagrei várias balas, mas para que o senhor quer o meu revólver agora, já?' Ele disse: 'É porque as balas são balas traçadeiras, essas balas pintadas de verde traçam, enfim, são balas diferentes das outras, é para ver o calibre'. Eu digo: 'Acontece que pela natureza das suas perguntas eu não lhe entrego o revólver, que eu já percebi onde o senhor quer chegar, o que o senhor pretende é que tenha havido uma alteração entre eu e o major Vaz, que nós tenhamos tido um pugilato. Eu não entrego a arma e o senhor retire-se da minha casa'. Ele disse: 'Mas eu, como autoridade, estou começando um inquérito'. Eu disse: 'O senhor me chame à polícia que eu vou; na minha casa o senhor não fica'.

Estava cheia a casa, o sujeito retirou-se assim meio encabulado e tal; e aí começou, eu não sei de quem partiu a idéia, não sei se foi do próprio Adauto ou se foi de alguma autoridade da Aeronáutica, alguém teve a idéia seguinte: 'Escuta, só há um jeito aí, porque se deixar isso com a polícia, a polícia vai acabar provando que você é quem matou o Vaz. A arma é uma arma de guerra, calibre 45, não é uma arma que qualquer civil possa portar, só militar tem direito a portar essa arma. Portanto, pelo calibre da arma, o que se faz indicar é um inquérito policial-militar, por causa do calibre da arma, que é uma arma militar'. Telefonaram para o Eduardo Gomes. O Eduardo Gomes interferiu junto às autoridades da Aeronáutica e exigiu um inquérito policial-militar, e aí o negócio deslocou-se da polícia para o IPM"[1].

Assim, pelo fato da vítima ser um oficial da Aeronáutica e a arma utilizada um revólver de calibre 45, de uso privativo das Forças Armadas, a Aeronáutica, baseada no Artigo 45 do Código de Justiça Militar, conseguiu a instauração do IPM. Muitos militares de outras armas e até mesmo da própria Aeronáutica não concordaram que o crime estivesse revestido das características de um delito militar. Mas como havia o desejo geral de que os verdadeiros culpados aparecessem e fossem julgados, e como também a opinião geral fosse de que o inquérito organizado pela Polícia Civil não estivesse caminhando no ritmo por todos desejado, concordaram que fosse instaurado o IPM.

O coronel-aviador Adhemar Scaffa de Azevedo Falcão, em um depoimento a nós prestado, declarou:

"Respondendo sobre o major Vaz, não convivi com ele, e não o conheci. Sabia que ele fazia parte de um grupo de oficiais-aviadores e de oficiais do Exército e da Marinha que acompanhavam o Carlos Lacerda em todos os seus comícios. A repercussão do caso dele na Aeronáutica foi grande. Grande porque, desde o início do atentado, se procurou transformar um inquérito simplesmente de polícia num processo político. A UDN, nessa época, praticamente liderava os comícios de Carlos Lacerda, e os oficiais mantinham grande contato no partido. Na ocasião, eu era subcomandante na base do Galeão, e prefeito da Aeronáutica da Ponta do Galeão. Ao amanhecer do dia do atentado, fui

1. Depoimento de Carlos Lacerda a *O Estado de S. Paulo*, 1-6-1977, p. 8.

surpreendido ao chegar à base com um chamado telefônico, por volta das seis horas da manhã, do coronel Délio Jardim de Matos, que era comandante de um dos grupos, para que eu mandasse a base toda comparecer ao velório do major Vaz e acompanhar o enterro. Conversei com o comandante da base, e chegamos à conclusão de que não devíamos mandar a base, mas simplesmente uma comissão, o que foi feito. Indicaram-se várias tentativas de provocar animosidade nos oficiais, porque grande número deles pertencia a esse grupo que acompanhava o Carlos Lacerda. Durante um certo tempo, o comandante da base e eu, o comandante superior de Transporte, brigadeiro Teixeira, que era seu chefe do Estado-Maior, conseguimos manter a disciplina. Porém, de fato aqui fora não sei se tinha aumentado a intensidade da efervescência, porque a polícia não chegava a encontrar o assassino. A Aeronáutica toda procurando, e não se chegava a encontrar. Transformaram o inquérito policial em inquérito político-militar. Os oficiais da Aeronáutica, entre eles major Borges, major Toledo, major Bahia, Hélio Costa Campos, e um oficial da Marinha, Geofredo Morais, compareceram à minha casa, altas horas da madrugada, para me convidar para fazer o inquérito policial-militar, sob alegação de que eu era o único oficial da FAB que faria um inquérito policial, com honestidade, com seriedade etc. Depois de várias ponderações, inclusive o compromisso deles de, na noite que viria após essa madrugada, não cassarem na presidência do Clube da Aeronáutica o brigadeiro Loyola, que era intenção fazer uma reunião para isso, e de que a disciplina seria mantida, concordei em fazer o inquérito. Esses oficiais me indicaram ao ministro da Aeronáutica, e eu fui chamado ao gabinete do ministro. Chegando lá, o ministro me disse para que me chamava, e mandou que se lavrasse a portaria me nomeando. Nesse ínterim, veio uma ordem qualquer do Palácio do Catete, e o ministro tornou a me chamar e disse:

– Não, você não fará o inquérito. Como é que você se dá com o Adil?

– Muito bem.

– Bem, então o Adil fará o inquérito, e você vai ajudar o Adil.

E assim foi feito. Dezenove horas depois de iniciado o inquérito policial-militar, nós conseguimos prender o assassino, o verdadeiro assassino, porque o que se procurava aqui eram mandantes, pessoas posteriormente provado que estavam ligadas com o crime, porém não era o assassino, que estava fora do rol daqueles que eles previam como indiciados. Foram feitas várias investigações, foram presas outras pessoas, e chegou-se à prisão do Gregório com a concordância do presidente da República, que mandou levá-lo ao Galeão. O inquérito corria normalmente, apesar de que havia muita interferência política. Constantemente comparecia à base o deputado Adauto Lúcio Cardoso, que queria por toda força que se conseguisse um mandante, e era preciso explicar a ele que não era "um" mandante que nós queríamos, e sim "o" mandante. Porém, ele dizia que a situação política exigia "um" mandante a qualquer preço.

Mas, felizmente, chegou-se ao Gregório. E, acima do Gregório, acredito que não há mais ninguém como mandante, apesar de se ter procurado encontrar Mendes de Moraes e outros. Mas isso foi ação da polícia civil, e não propriamente do inquérito. E os fatos foram, a fermentação continuava, de vez em quando havia ameaça de atacar a base, havia ameaça de se retirar os presos da base e levar para o Cachimbo, ou jogá-los em aviões no mar. Mas tudo isso passava, até que determinado dia, no dia 24 de agosto, eu chegava de madrugada na base, às seis horas, e encontrei lá o general Jandir Galvão, que era o chefe do Estado-Maior ou chefe do gabinete do general Zenóbio, ministro da Guerra. E já o Jandir procurava o coronel Adil, e não encontrando me disse:

– Você mesmo pode me responder: o Beijo foi chamado hoje para depor no inquérito do Galeão?

Eu digo:

– Não.

– Bem, mas ele recebeu uma intimação.

– Então não foi daqui, ele não foi chamado.

Chamei um escrivão, que era o tenente Sartori, e perguntei a ele:

– Foi feita uma intimação para o Beijo vir depor aqui?

Ele disse:

– Não.

– Bom, mas ele recebeu, e o Zenóbio manda pedir a você para chamá-lo hoje porque a situação lá embaixo está muito conturbada.

Disse então ao Jandir:

– General, o senhor pode dizer ao Zenóbio que fique descansado, que o Beijo não será chamado.

Ficamos conversando ali, quando o rádio começou a dar a notícia do suicídio, que surpreendeu a todo mundo. Posteriormente eu vim a saber que tinha realmente havido uma intimação, porém não partindo do inquérito. Porém, alguém conseguiu uma intimação falsa, ou talvez com a assinatura do Adil, e levou ao Beijo de madrugada. Basta ver nos autos do processo que não existe nenhuma intimação, senão muito posterior, quando ele realmente foi ouvido".

HS: Agora, outro ponto muito importante é exatamente essa questão da intimação de Beijo Vargas. Quer dizer, a intimação de todas as pessoas que foram convocadas ou presas partia de uma intimação oficial dentro do inquérito. Essa intimação não veio. Portanto, se houve apresentação de qualquer convite, ou um papel – e eu ouvi de Benjamim Vargas esta afirmativa de que ele recebeu uma intimação –, essa intimação era apócrifa, ou essa intimação era ilegal, essa intimação era extralegal, essa intimação, mesmo que tivesse a assinatura de uma das autoridades, não se revestia de todas as formalidades, então a comissão não havia convocado Beijo Vargas. Isso é que eu gostaria que confirmasse.

ASAF: Exatamente, não houve uma convocação de Beijo Vargas. Quem faria a convocação, como quem fez todas as convocações, seria eu. Portanto essa convocação não foi feita. Se alguém preparou uma convocação, ela foi extra-inquérito, ela foi com outro objetivo que não era o objetivo do inquérito, porque ele não seria ouvido naquele dia. Logo, não havia motivo para ele comparecer ao Galeão.

As ações do inquérito foram feitas com a autorização do presidente, e até excederam o previsto, porque autorizou o coronel Adil a usar o nome dele em toda correspondência que fosse necessária fazer para prender alguém. Logo, se ele patrocinava propriamente o inquérito, se ele havia dito ao Adil, na minha presença, que apurássemos o mandante, doesse a quem doesse, ele jamais seria chamado.

HS: Então, a origem do inquérito resulta de uma decisão do presidente da República de que se apurasse o fato até as últimas conseqüências, e das providências tomadas de acordo com essa decisão pelo ministro da Guerra, que o convidou inicialmente para presidir o inquérito, é isso?

ASAF: Não, porque quem tomou a decisão de abrir o inquérito policial-militar foi o ministro da Aeronáutica, porque é o chefe da Polícia da Aeronáutica em todo o território brasileiro. E posteriormente, designado o coronel Adil, e eu, para auxiliar o coronel Adil, fomos falar com o presidente da República para saber como deveríamos agir. Foi quando ele fez essas declarações que eu relatei.

HS: É evidente que o ministro da Aeronáutica, agindo assim, tinha agido já de acordo com o presidente da República. O presidente confirmou essa decisão, como também o fato de elementos da guarda – isso foi decisivo para o inquérito – terem sido apresentados à Aeronáutica, foi por determinação do presidente da República.

ASAF: Exatamente, tudo por determinação do presidente da República, porque o próprio Gregório foi conduzido à base do Galeão, acompanhado por um oficial do gabinete militar da Presidência da República.

HS: E no inquérito houve, naturalmente, pressões políticas que o senhor mesmo referiu. Essas pressões não influíram na decisão, porque a Comissão de Inquérito se portou dignamente, todos os seus componentes. Mas houve algum tipo de pressão, apesar desse cuidado da comissão, nos presos, ou mais notadamente em Gregório? Houve alguma ação física, não direi uma tortura, mas um castigo de uma privação, um processo qualquer para induzi-lo a dar o depoimento que conviesse mais a essas pressões políticas?

ASAF: Houve. Num determinado dia, não comparecendo à base do Galeão – é preciso dizer que eu tinha com o ministro da Aeronáutica um compromisso de não permitir violência, nem de fazer violência –, tendo pernoitado fora da base do Galeão, ao chegar lá, soube que Gregório tinha sido ouvido por elementos da polícia do então estado da Guanabara, entre eles o detetive Cecil Borer, e que nessa ocasião ele teria feito declarações importantes, tendo acusado o Mendes de Moraes. Foi tomado por mim o depoimento do Gregório a esse respeito. Ele confirmou o que teria dito ao Borer, e evidentemente aí cessou o inquérito, porque no momento em que entrava uma autoridade de patente superior ao do encarregado, nós não podíamos continuar investigando. Mas em conversa particular, depois, com o Gregório, eu reclamei a ele, porque tendo prometido que só a mim faria declarações, tinha feito aquelas declarações ao Borer e ao outro detetive. Ele me disse que por duas razões: uma, porque eu nunca tinha pedido a ele que falasse no Mendes de Moraes, e outra, porque ele tinha sido submetido ao pau-de-arara e outros processos dessa natureza. Eu não assisti, porque não permitiria isso de maneira nenhuma.

HS: Mas o coronel disse que, com o aparecimento do nome do general Mendes de Moraes, cessava a jurisdição da Comissão de Inquérito, dada a sua patente. E então, o que aconteceu? Esse inquérito ficou parado aí? Onde se encontra esse inquérito? Ele foi remetido à polícia, qual foi a conseqüência?

ASAF: O inquérito foi restituído ao ministro da Aeronáutica, que era o brigadeiro Eduardo Gomes, que encaminhou ao ministro da Guerra. E designou, então, o general Fiúza de Castro, chefe do Estado-Maior do Exército, para ouvir o Mendes de Moraes e fazer uma acareação do Mendes de Moraes com o Gregório.

HS: E sobre a seqüência disso, não teve mais conhecimento? Na Aeronáutica, ficou encerrado o assunto?

ASAF: Exatamente. Na Aeronáutica ficou encerrado o assunto. Depois de concluído, ele foi encaminhado para a Auditoria de Correção, que o encaminhou para a Justiça Civil, pois o crime não era de natureza militar.

HS: Então, o inquérito realizado no Galeão fez parte do processo geral que foi para a Justiça, que resultou na condenação?

ASAF: Exatamente.

MARIA CECÍLIA RIBAS CARNEIRO: Coronel, o senhor tinha conhecimento de que Carlos Lacerda, durante a campanha, estivesse sendo acompanhado por vários oficiais da Aeronáutica?

ASAF: Tinha, sim senhora.

MCRC: O major Rubens Vaz – não sei, estou supondo –, possivelmente não fosse uma pessoa ligada pessoalmente ao Carlos Lacerda, era um dos oficiais da Aeronáutica que estava designado, dentro daquele grupo de oficiais, para acompanhar o Lacerda naquela noite.

ASAF: Não, eu acredito que ele tivesse ligações com o Carlos Lacerda, porque naquele momento, naquela ocasião, todos esses militares que se acercavam do Carlos Lacerda tinham grande intimidade com ele. Todos conviviam com ele, todos eram chamados por ele a todo momento, tanto que a senhora, observando as fotografias do próprio enterro do major Vaz, a senhora vai encontrar o Carlos Lacerda sendo conduzido por soldados da Aeronáutica e cercado de oficiais do Exército, da Marinha e da Aeronáutica, que estavam sempre presentes onde ele estava.

HS: Mas não era uma decisão da Aeronáutica, que não tinha designado oficiais para isso. Era um grupo de oficiais da Aeronáutica, partidários de Carlos Lacerda, que participavam de sua campanha. Eles não se despiam da condição de oficiais, mas isso não implicava uma ligação da Aeronáutica.

MCRC: Eu tenho uma anotação que diz o seguinte: "apesar de todo o empenho do governo em apurar a veracidade dos fatos, e em descobrir os verdadeiros culpados, a Aeronáutica resolveu tomar a si a responsabilidade de elucidar o assassinato. O major-aviador Borges, que acompanhava o inquérito policial, declara mesmo, em discurso proferido na noite de 6 de agosto no Clube da Aeronáutica, quando se realizou uma importante reunião de mais de mil oficiais da Aeronáutica, Marinha e Exército, que a Aeronáutica levará as investigações até o fim, até onde a polícia não tiver coragem de levá-las". E acrescenta que "as autoridades policiais mostram-se pouco dispostas a enveredar por pistas baseadas em indícios que levem à suspeita de altas figuras do mundo político. E aquela reunião foi, exclusivamente, de militares, nem mesmo à imprensa foi permitido o ingresso. Finda a reunião, os oficiais entregaram aos jornalistas que os aguardavam uma nota". O senhor tem lembrança dessa reunião?

ASAF: Tenho, sim senhora, eu compareci.

MCRC: Possivelmente os ânimos estavam muito exaltados.

ASAF: Estavam muito exaltados. Falava-se francamente em depor o presidente da República, aliás, objetivo esse que precedeu mesmo o assassinato do major Vaz. Eu acho até que estava tudo preparado, senão esperando, porém desejando um atentado, porque as providências tomadas para que se desse realce político ao atentado foram muitas, como a missa de corpo presente no Clube da Aeronáutica, o velório no Clube da Aeronáutica, o transporte a pé do cadáver até o Cemitério de São João Batista, a aglomeração dentro do cemitério, a faixa que o brigadeiro Eduardo Gomes conduzia na frente do cortejo, que dizia que esse crime não ficaria impune. E assim, acredito que esse era o objetivo. O objetivo não era bem apurar a morte do major Vaz, e sim transformar o atentado em motivo para uma modificação política, e assim foi feito.

FRANCISCO TEIXEIRA: Eu queria apenas considerar dois fatos mais para completar o depoimento do Scaffa. O primeiro, a respeito do major Vaz. Evidentemente, do grupo de oficiais, sobretudo os da Aeronáutica, que passaram a ser acompanhantes e protetores de Lacerda em seus comícios e seus discursos, o Vaz era o menos conhecido deles. Era o menos politizado deles, e por conseguinte, o mais benquisto na Aeronáutica, porque nessa época, o Borges etc. já eram muito conhecidos como políticos. Quer dizer que, se o acidente tivesse se dado no dia de guarda do Borges, seria difícil obter aquela coesão da Aeronáutica para reprimir, portanto é o caso particular do Vaz, porque ele era muito discreto, não fazia alarde dessa posição, tanto que nós ignorávamos que ele fosse do grupo, enquanto que o Borges, o Lameirão, o Bournier, o Veloso e outros eram muito conhecidos. O segundo fato é a respeito da tortura ou das torturas no inquérito, se é que existiram, tivessem sido feitas por gente fora da Aeronáutica, que deu motivo à satisfação do Hélio, eu não estou muito de acordo. Acho que o Scaffa, e ele não quis declarar isso aqui, naturalmente até por modéstia, deve ter tido muita dificuldade em que os presos não fossem torturados. E a tortura que houve lá, se é que houve, ou a seção a que o Gregório foi levado, se ela foi dirigida tecnicamente pelo Borer, ela teve assistência de gente da Aeronáutica que estava acompanhando indiretamente o inquérito. Eu acho que naquele grupo de oficiais que pressionaram, que procuraram transformar o incidente num incidente político, que queriam um mandante político da família Vargas ou o que fosse, estariam dispostos até à tortura. E isso é que se deve ao Scaffa, por não ter havido isso lá. Eu penso até que o Scaffa ameaçou deixar o inquérito, caso...

HS: Ameaçou deixar não, deixou.

FT: ... ou deixou, ou ameaçou deixar, caso se realizassem torturas.

HS: Na mudança de ministro houve alguma repercussão no inquérito?

ASAF: Não, talvez tenha havido maior facilidade de comparecimento à base do Galeão de políticos da UDN, porque normalmente não iam muitos políticos, somente o deputado Adauto Cardoso e um ou outro que comparecia. Agora, é preciso deixar claro que não houve a menor influência do Carlos Lacerda no inquérito, porque disso eu mesmo fiz questão. Ele só teve dois comparecimentos ao Galeão. Um, quando foi chamado a depor, e fez o depoimento como vítima, na forma do código; e outro, após o suicídio. Perseguido pelo clamor público, foi pedir asilo no Galeão, e esteve primeiramente no Comando de Transporte Aéreo, e posteriormente na casa do capitão Hélio Costa Campos, hoje deputado federal.

BRIGADEIRO NICOLL: Eu queria dar um depoimento quanto ao que dizem, que o Scaffa torturou os presos, dizendo que isso não é verdade, porquanto na manhã em que ele tomou conhecimento da tortura do Gregório, feita por elementos da polícia, agiu energicamente, e só não abandonou o inquérito devido à minha pessoa, a pedido do Adil, que eu o procurasse na sua residência e fizesse com que ele prosseguisse no inquérito, porquanto era pessoa muito importante naquela fase, naquelas apurações. Eu o procurei, de acordo com o pedido do Adil, e o Scaffa, depois de muito relutar, dizendo que não admitia torturas durante a fase do inquérito, resolveu retornar, e prosseguiu junto ao Adil, até o relatório final[1].

(..)

---

1. Entrevista gravada com o cel. Adhemar Scaffa de Azevedo Falcão, brigadeiro Francisco Teixeira, brigadeiro Ricardo Nicoll, por Hélio Silva e Maria Cecília Ribas Carneiro, em 1977.

Assim, a 12 de agosto de 1954, o coronel-aviador João Adil de Oliveira foi encarregado do Inquérito Policial-Militar por portaria assinada pelo ministro da Aeronáutica, brigadeiro Nero Moura. O coronel Adil já fora designado anteriormente para acompanhar as investigações da Polícia Civil, como representante da Aeronáutica. Estas eram presididas pelo delegado do 2º Distrito Policial, dr. Jorge Luiz Pastor de Oliveira. O dr. João Batista Cordeiro Guerra, por sua vez, fora designado representante do Ministério Público Civil.

A partir do dia 12, o coronel Adil iniciou seu trabalho, assistido pelo promotor Nelson Barbosa Sampaio, como representante do Ministério Público Militar.

Vinte e nove horas após a abertura do IPM, foi capturado o pistoleiro Alcino João do Nascimento, que nesse mesmo dia confessou seu crime e deu a indicação dos demais participantes na trama.

A prisão efetuada pela Polícia Civil do motorista Nelson Raimundo, no dia 5, já possibilitara ver que o atentado tinha ligações com o pessoal que servia no Palácio do Catete. Nelson fazia ponto na esquina da Silveira Martins com Catete, bem defronte ao Palácio. Também se ficou sabendo que Nelson servia, com freqüência, aos elementos da Guarda Pessoal do presidente da República. Depois Nelson acabou por confessar que transportara Alcino e Climério Eurides de Almeida até o local do crime e depois dera fuga ao pistoleiro, levando-o até a cidade. Seu depoimento veio a coincidir com as informações posteriormente prestadas por Alcino. As várias detenções que se seguiram, resultantes dos sucessivos depoimentos obtidos, foram alargando o círculo dos envolvidos no atentado. Não somente os elementos da Guarda, como João Valente de Souza, José Antônio Soares, como outras pessoas a ele ligados e também depois alguns personagens da vida pública do País. À proporção que o inquérito prosseguia, crescia a ansiedade pública e o desejo ardente da UDN em encontrar um mandante do crime. No dia 14 de agosto, quando Valente prestou seu depoimento, ele confessou sua participação na fuga de Alcino e Climério e declarou ter atendido a um desejo de seu chefe, Gregório Fortunato. O envolvimento de Gregório no atentado contra o jornalista Carlos Lacerda fez com que se alargasse, mais ainda, o número de testemunhas ouvidas. Gregório manteve-se, por longo tempo, na negativa.

O deputado Euvaldo Lodi, o deputado Danton Coelho (que se recusara a depor), Benjamim Vargas (irmão do presidente da República), Vitor Costa, Arquimedes Manhães, Roberto Alves foram algumas das personalidades envolvidas, além de Lutero Vargas. Euvaldo Lodi foi o primeiro a ser acusado por Gregório. Seu depoimento é de 21 de agosto. Benjamim Vargas foi acusado de "favorecimento pessoal", pois Gregório lhe confessara a 8 de agosto que mandara matar Carlos Lacerda. Beijo Vargas não o denunciou. "Na manhã do mesmo dia 8, ordena o presidente da República que seu ajudante de ordens, major

Accioly, chame ao palácio o sr. Benjamim Vargas. Localizado este em Petrópolis, a ordem foi cumprida. Mas Gregório Fortunato toma a iniciativa de ir ao encontro de Benjamin Vargas. Esse encontro se dá no início da Serra de Petrópolis. Gregório convida Benjamim a vir em sua companhia, o que foi aceito. No trajeto da estrada Rio-Petrópolis para o Palácio do Catete, confabulam em voz baixa, para não serem ouvidos por Arquimedes Manhães e pelo motorista Artur Ramos da Silva, acompanhantes de Gregório". É nesse trajeto que Gregório conta a Beijo sua participação nos acontecimentos do dia 5. Somente no dia 15 Gregório foi entregue ao encarregado do IPM.

O inquérito prosseguia. Tudo fazia supor que houvesse participantes de maior categoria. A UDN, aflita pela descoberta de *um* mandante, pressionava através dos oficiais da Aeronáutica seus afiliados.

Lutero Vargas, embora citado seu nome em alguns depoimentos como possível mandante, não foi indiciado, pois o encarregado do IPM facilmente percebeu a preocupação dos criminosos em apontá-lo como responsável.

Finalmente Gregório, submetido ou não a torturas, "confessou" ser o general Ângelo Mendes de Moraes o verdadeiro mandante do crime. Por se tratar de um oficial do Exército de patente superior à do coronel Adil, este se viu na obrigação de remeter o IPM ao ministro da Aeronáutica, a 19 de setembro, na forma do parágrafo 1° do Artigo 115 do C. J. M. É o próprio marechal Mendes de Moraes que descreve, em suas memórias, o que ocorreu daí por diante:

"Eu estava ainda no D. P. Obras, exercendo o cargo de chefe, e não me elegera deputado porque não havia deixado o Exército.

Havia ido, como inspetor do Exército, ao Norte, em inspeção, quando, em Belo Horizonte, lendo o *Correio da Manhã,* soube do atentado; não o lamentei, mas o ignorava. Passou-se o tempo, eu fui para o D. P. O.

O inquérito prosseguia no Galeão. Gregório Fortunato, o negro guarda-costas de Getúlio, sofria o diabo para que denunciasse o mandante do crime. Até um 'banho aéreo' lhe deram, conforme me informou o coronel Scaffa alcão em minha casa.

Andavam à cata do mandante, e Gregório, desejoso de suavizar e diluir a sua responsabilidade, já havia passado por Danton Coelho, Benjamim Vargas, Lutero Vargas e Euvaldo Lodi, este deputado federal.

Até que, numa noite, recebi um telefonema do *Diário da Noite* dizendo que o Gregório havia dado o meu nome como mandante do crirne. Mas depois de haver mencionado tantos outros, mudando para ver se satisfaria a sede daqueles que o inquisitaram. Este servia:

Il nome!

Era eu o mandante. Estavam satisfeitos os senhores da inquisição do Galeão, estavam contentes os jornalistas, estava mais leve o negro Gregório Fortunato!

Desejaram que eu fosse depor no Galeão – não poderia ir devido à minha graduação elevada, e o inquérito era presidido por um coronel-aviador. Constituí um advogado de grande nome, Evandro Lins, mas em breve percebi que ele desejava e tecia para que eu fosse denunciado, sentando-me no banco dos réus, ao lado de facínoras, como Gregório e os seus sicários. Descobriram um outro indivíduo que fora meu motorista. Deram-lhe dinheiro para comprar uma casa na Ilha do Governador para que ele me envolvesse. Declarou que eu o houvera convidado a eliminar o jornalista, alegando entregar-lhe uma pistola ou revólver Colt. Mas essa acusação corria paralela ao 'Toneleros', pois não tinha ligação alguma com a outra. Mas tudo servia! Era a demonstração de que eu desejava eliminar Carlos Lacerda! Constituí meu advogado Justo de Moraes, e fui com ele à delegacia especializada, depor, à noite, sigilosamente, como um criminoso.

Prosseguia o meu Calvário! Sofríamos eu, minha mulher, minha família e todos os que sabiam que eu nada tinha que ver com o atentado. Na Câmara, um deputado desejava saber se a arma de 'Rosa Branca', o meu ex-motorista, o alcagüete da polícia, era distribuída a mim. Fez o requerimento – era o dr. Baleeiro, hoje ministro do Supremo Tribunal Federal e da UDN.

O Exército, sob pretexto de se haver comprometido a tudo fazer para que se encontrassem os mandantes, não quis envolver-se para prestigiar um dos seus chefes, com um grande passado, mais de quarenta anos de serviços, vida ilibada! Nada; tudo corria como desejavam os facínoras vingativos. Nunca infâmia e calúnia tiveram tanto prestígio, tantos defensores e adeptos!

Queriam ver o general no banco dos réus ao lado de grandes facínoras, e era tudo! O promotor inculcara-me como co-réu, e pediu a minha prisão preventiva, de crime inafiançável!

Somente encontrei um grande chefe de espírito e de camaradagem, o general Henrique Lott, que veio à minha casa perguntar-me sob palavra, se eu era ou não mandante do atentado.

Afirmei que *não;* nunca mantive intimidades com aquele sórdido negro. Ele poderia aceitar a minha negativa, de soldado para soldado, de homem para homem, como a expressão da amizade! Ficou satisfeito, mas disse do compromisso do Exército em querer a apuração da verdade.

Houve, entretanto, um chefe, meu colega, general-de-Exército, chefe do Estado-Maior do Exército, que se prestou a presidir no Q. G. a cena deprimente e degradante da acareação minha com Gregório Fortunato!

Fui ao Lott, e ele me aconselhou a aceitar, para não dizerem depois que fugira à acareação. Compareci. Fui armado porque se o negro sórdido me acusasse, eu o mataria ali. Revistaram-me e pediram-me a arma. Dei-a, mas eu levava duas.

Em uma mesa na sala de reuniões do Estado-Maior, para grandes conferências militares, transformada em cenário de uma cena degradante. Fiúza de Castro na presidência, Nicanor Guimarães à direita e eu à esquerda, quando surgiu escoltado de outra sala Gregório Fortunato. Sentou e, perguntado o que tinha de dizer, disse que reafirmava os seus depoimentos. Levantei-me e, às pressas, suspenderam a imoral e suja cena de acareação. Não assinei termo algum. Eu apenas disse 'infame!'

Mas o processo prosseguia: o juiz, íntegro magistrado, declarou que, havendo como protagonistas um general e um Major, o crime era militar. E assim foi para o Supremo Tribunal Militar, para julgar o fundamento da denúncia e julgar-me se assim o julgasse. Dividiram-se as opiniões. Houve quem, ali (o almirante presidente, um general e um juiz togado), achasse que eu deveria ser julgado 'para ficar provada a minha inocência'... Era o jogo dos lacerdistas.

O procurador do Tribunal, ministro Ivo de Aquino, deu um parecer brilhante, banindo a idéia do crime, pedindo o arquivamento de tanta miséria! O ministro Brayner fez um brilhante discurso, em seu voto, analisando a minha personalidade e evidenciando a calúnia. Por grande maioria foi julgado como crime militar e mandado *arquivar*!"[1]

(..)

O processo contra Gregório, Alcino, Climério e outros membros da guarda pessoal foi remetido ao Tribunal do Júri, onde foram julgados.

1. Marechal Ângelo Mendes de Moraes, *Minhas memórias e de outros*, volume 3.

A *Tribuna da Imprensa*

A campanha oposicionista a Vargas atingira o paroxismo dos artigos que, diariamente, Carlos Lacerda assinava em seu jornal, a *Tribuna da Imprensa.* Fora esse o clima que provocara o crime da rua Toneleros.

A edição do dia 5 de agosto do jornal de Carlos Lacerda vinha publicar o mais violento libelo não apenas contra os assassinos, ainda não identificados, mas visando diretamente a pessoa do presidente da República, a quem foi imputada não só a responsabilidade, mas a autoria intelectual do crime.

Ainda não fora sepultado o corpo do major Rubens Florentino Vaz, e a *Tribuna da Imprensa* estampava o artigo de Carlos Lacerda:

"Rubens Florentino Vaz, herói do Correio Aéreo Nacional, pai de quatro crianças, caiu esta noite a meu lado.

Meu próprio filho correu, com ele, o risco a que estão sujeitos os brasileiros entregues a um regime de corrupção e de terror.

Os que não cedem à corrupção caem sob a ação da violência.

Temos dito isto. Há, neste país, quem não saiba que a corrupção do governo Vargas gera o terror do seu bando?

Dia após dia, noite após noite, a ronda da violência faz o cerco aos que não cedem à coação do dinheiro.

Hoje, que mais posso dizer? A visão de Rubens Vaz, na rua, com duas balas à queima-roupa; a viagem interminável que fiz com ele até o hospital, vendo-o morrer nos meus braços, impedem-me de analisar a frio, neste momento, a hedionda emboscada desta noite.

Mas, perante Deus, acuso um só homem como responsável por esse crime. É o protetor dos ladrões, cuja impunidade lhes dá audácia para atos como o desta noite.

Este homem chama-se Getúlio Vargas.

Ele é o responsável intelectual por esse crime. Foi a sua proteção; foi a covardia dos que acobertaram os crimes dos seus asseclas que armou de audácia os bandidos.

Assim como a corrupção gera a violência, a impunidade estimula os criminosos.

Penso nessas crianças e no meu filho.

Rubens Vaz morreu na guerra. Morreu este querido amigo, na mais terrível, na mais insidiosa das guerras: a de um povo inerme contra os bandidos que constituem o governo de Getúlio Vargas.

Começou a ronda da hipocrisia para ganhar tempo e garantir a impunidade. Nunca houve crime tão fácil de ser descoberto. O mistério, no caso, é inadmissível. As fontes do crime estão no Catete. Seus agentes deixaram marcas: testemunhas, automóveis etc. A polícia só não terá os autores materiais dos atentados, se receber ordem para não fazê-lo.

O ministro da Aeronáutica declarou aos jornais que o major Vaz morreu em defesa de um amigo, mas não propriamente como major da Aeronáutica.

A distinção não é sutil; é apenas hipócrita. E o 'distingue' de quem não quer cumprir o seu dever e se esquiva sem ficar mal com os seus camaradas e com a própria consciência – e muito menos, como pai do crime, o empresário dos bandidos.

(..)

O governo de Getúlio é, pois, além de imoral, ilegal.

É um governo de banditismo e de loucura.

Nenhum homem digno pode a ele pertencer, pode tolerá-lo sequer, sem arrastar-se com ele na lama de sua indignidade funcional e política e, já agora, no sangue inocente que os bandidos a seu soldo derramaram"[1].

O inquérito policial fora instaurado. Tratando-se de um oficial da Aeronáutica e tendo sido o crime cometido com arma de guerra, foi mandado fazer o inquérito militar, por ordem do presidente da República e determinação do ministro da Aeronáutica, brigadeiro Nero Moura. Estas circunstâncias importantes eram omitidas, se não deformadas pelo noticiário da imprensa oposicionista, mais interessada em criar a crise política do que em apurar o crime.

No dia 9, sob o título *Vargas esconde os criminosos,* Carlos Lacerda escreveu em seu jornal:

"Venho denunciar à Nação os seguintes fatos:

1 – A confissão do motorista foi sonegada ao conhecimento da opinião pública para dar tempo à fuga do guarda-costas Climério.

2 – A confissão foi obtida em gravação no quartel da Polícia Militar. Depois de terminada a gravação, chegaram ao quartel os ministros da Justiça e Aeronáutica e o chefe de Polícia. Nessa ocasião, o promotor Guerra, fechado numa sala com o ministro Tancredo Neves, teve com ele forte altercação. A

1. *Tribuna da Imprensa,* Rio de Janeiro, 5-8-1954.

decisão fora de levar a gravação imediatamente ao presidente da República para que o sr. Getúlio Vargas, ouvindo a própria voz do motorista confessar que conduzira capangas presidenciais ao local do crime, entregasse esses capangas à Polícia.

Mas o sr. Tancredo Neves recusou-se a cumprir essa decisão sob pretexto de que 'não queria incomodar o presidente'. Eram cinco horas da manhã de anteontem.

Eram cinco horas da manhã. O ministro tinha na mão a confissão do motorista com o nome do capanga presidencial Climério. Somente à tarde ele levou ao conhecimento do sr. Getúlio Vargas o conteúdo da confissão. Enquanto isso, o Palácio do Catete dava fuga a Climério. Desde as cinco horas da manhã, pelo telefone do próprio quartel da Polícia Militar, tiveram conhecimento do nome de Climério não somente o general Caiado de Castro, como também outras pessoas não identificadas.

(..)

O governo se constitui de um grupo de náufragos que, sobre uma jangada, disputa ferozmente os restos do saque do barco que encalhou.

Não é preciso pregar a revolução, nem o estamos fazendo. A revolução foi feita pelo governo, que saltou as fronteiras da legalidade aos pulos, nessa charneca do crime. O que urge fazer é precisamente restaurar a lei, que só se pode fundar no respeito à autoridade legítima.

O sr. Getúlio Vargas não é mais a autoridade legítima desde o momento que se descobriu que gente sua é autora do atentado da rua Toneleros. Há realmente a cruel alternativa que resta ao presidente da República: entregar imediatamente à Justiça o seu criminoso. Mas iluda-se quem quiser com as notas blandiciosas do ministro da Justiça; engane-se quem quiser com a funda preocupação do sr. Getúlio Vargas, documentada nas fotografias desses mesmos dias de preocupação em que ele aparece às gargalhadas na sua fria e costumeira insensibilidade, recebendo visitantes no Catete.

O sr. Getúlio Vargas não entregará o mandante do crime. Pois se não entregou para ser julgado o criminoso quando os crimes eram apenas o de peculato, prevaricação, falso testemunho, pecados veniais dessa oligarquia, muito menos o fará agora, quando não só a pena é maior, como envolve o seu inevitável desmoronamento moral e político.

O que caiu ontem não foi um governo. Foi uma quadrilha. Isso o povo ficou a dever às suas Forças Armadas, sentinelas da democracia. Por sua vez, as Forças Armadas ficam a dever ao povo honesto, ao povo que tem por única arma a palavra e por escudo a proteção divina, a pregação e a exibição das provas, a obstinação e a disposição do sacrifício, que permitirá a tantos milhares de brasileiros ouvir e compreender que era chegada a hora de acabar com o sindicato do crime que é o regime de Getúlio Vargas, para colocar o Brasil nos rumos de dignidade e de austeridade que a sua vocação lhe impõe.

É preciso deixar bem claro que o povo espera confiante não deixem as Forças Armadas seja escamoteada a democracia precisamente na hora em que ela triunfa através das lágrimas de quatro órfãos e da coragem de uma menina viúva.

Estes dias são de perigo porque o desespero levará o sr. Getúlio Vargas às últimas conseqüências de seus atos.

Estes dias podem ser de Vitória e Justiça ou de dores irreparáveis. Mais do que nunca, o crime derrama-se do Palácio sobre a Nação. E ele não hesitará um só momento em transformar em golpe contra o povo a vitória amarga que o povo conquistou pela imolação, já agora sagrada, no major Rubens Florentino Vaz.

O primeiro dever do povo e, evidentemente, das Forças Armadas é precisamente o da vigilância.

É preciso que, à menor tentativa, ao mais leve esboço de gesto para consolidar pela força o poder que perdem pelo crime, partidos do sr. Getúlio Vargas ou do que resta do seu governo, seja feita a medicina preventiva, a economia de violência, que consiste em substituir o poder ilegítimo pelo poder autêntico.

Por outras palavras, se o sr. Getúlio Vargas, levado pelos próprios crimes da sua gente, tentar aproveitar-se destas horas aparentemente confusas para armar os elementos do seu golpe, é preciso que a Nação esteja preparada para dar o contragolpe antes que ele faça correr mais sangue de brasileiros.

(..)

O presidente da República tem ainda um resquício de autoridade, mas não tem nenhum poder para exercê-la. Por outro lado, tem ainda alguns poderes na mão, mas lhe falta autoridade moral para desempenhar-se deles. A Nação traumatizada clama por paz e segurança. Como resposta, Getúlio Vargas solta nas ruas do Rio de Janeiro duzentos homens formados na escola da impunidade e, agora, desesperados, muitos deles dispostos a tudo. É preciso que se restabeleça no País a autoridade legítima. Getúlio Vargas não é mais o chefe legítimo do governo. É o espectro dos seus crimes que paira sobre a Nação. A figura trágica em que se converteu, no seu sibaritismo silencioso, é hoje como uma promessa de maldição sobre o rosto puro e aflito do povo brasileiro"[2].

Já a oposição articulava a renúncia do presidente e preparava o vice-presidente para assumir o posto. O depoimento do jornalista Murilo Melo Filho, que promoveu, a pedido de Carlos Lacerda, o seu encontro com João Café Filho num apartamento do Hotel Serrador, narrou, detalhadamente, a entrevista

2. *Tribuna da Imprensa,* Rio de Janeiro, 9-8-1954.

em que Lacerda obteve de Café o compromisso de que assumiria a presidência no caso da renúncia de Vargas.

Já o deputado udenista Aliomar Baleeiro, em aparte ao discurso do líder Afonso Arinos, pedira, pela primeira vez, no plenário da Câmara, o afastamento de Vargas. A idéia fora endossada por Afonso Arinos, tornando-se o objetivo político em torno do qual iam se aglutinar as correntes oposicionistas civis e os grupos militares descontentes.

A manobra tinha que ter a sua caixa de ressonância na imprensa anti-Vargas. Por isso Carlos Lacerda termina um de seus artigos em um apelo patético:

"A Getúlio Vargas dirijo, de todo coração, um apelo supremo:

PRESIDENTE DA REPÚBLICA: RENUNCIA À PRESIDÊNCIA PARA SALVAR A REPÚBLICA.

GETÚLIO VARGAS, DEIXA O PODER PARA QUE O TEU PAÍS, QUE É O NOSSO PAÍS, POSSA RESPIRAR NOS DIAS DE PAZ QUE OS TEUS LHE ROUBARAM.

SAI DO PODER, GETÚLIO VARGAS, SE QUERES AINDA MERECER ALGUM RESPEITO COMO CRIATURA HUMANA, JÁ QUE PERDESTE O DIREITO DE SER ACATADO COMO CHEFE DO GOVERNO..."

(...)

"Não há dúvida de que o sr. Getúlio Vargas precisa sair. Não há dúvida de que o vice-presidente precisa assumir. Não há dúvida de que o povo deseja a paz.

Não há dúvida de que as Forças Armadas estão convencidas disso. Não há dúvida de que os chefes militares exigem respeito à Constituição e não desejam dar golpe. Não há dúvida de que a única maneira de resolver a crise brasileira é aplicar a Constituição, fazendo com que o substituto legal do presidente desmoralizado e incompatibilizado com o exercício do poder assuma o governo...[3]"

A 13, Lacerda conseguira do vice-presidente da República o compromisso de que assumiria o cargo vago com a renúncia reclamada de Vargas. Os editoriais da *Tribuna da Imprensa* insistiam na exigência da renúncia, já agora articulada em um plano que compreendia, se necessário, o *impeachment.* A 18, escrevia Lacerda em seu editorial:

"...O afastamento imediato do presidente da República é um ato de legítima defesa da honra e da segurança da Nação. E a legítima defesa é um procedimento rigorosamente jurídico, pois se destina a garantir a sobrevivência da ordem jurídica que, em circunstâncias extremas, não se pode proteger senão pelo emprego da reação imediata e direta.

---

3. *Tribuna da Imprensa*, 5-8-1954.

Imagine-se que o presidente do Supremo Tribunal seja surpreendido como chefe de uma quadrilha de moedeiros falsos.

Revelado o fato, com base em testemunhas idôneas, seria admissível que ele continuasse a presidir a mais alta Corte de Justiça do País, até que se apurasse a sua responsabilidade através de inquérito ou processo criminal? Admita-se que se descubra, com segurança, que o presidente da Câmara dos Deputados explora casa de lenocínio. Fundada a acusação em elementos impressionantes, se ele não renunciar, não será dever dos deputados destituí-lo imediatamente?[4]"

4. *Tribuna da Imprensa,* editorial de 18-8-1954.

A renúncia reclamada da tribuna

O crime da rua Toneleros logo repercutiu na Tribuna da Câmara. O líder da UDN, deputado Afonso Arinos de Melo Franco, chegava ao saguão do Hotel Normandy, de retorno a Belo Horizonte, vindo de uma excursão eleitoral por Jequitinhonha, Diamantina e Curvelo, quando um rapaz desconhecido deu-lhe a notícia do atentado a Carlos Lacerda e da morte do major Rubens Tolentino Vaz. Telefonou para o Rio em busca de esclarecimentos. Na noite de 8 para 9 recebeu a convocação de seus companheiros que queriam a sua presença na Sessão da Câmara naquela mesma noite, dia 9. Às nove horas da manhã, tomou uma camionete posta à sua disposição no hotel, passando a noite na então ainda precária estrada de rodagem, perfazendo doze horas até chegar à sua residência à rua Garibaldi. Logo lhe apareceu em casa Maurício de Lacerda, irmão de Carlos Lacerda, que fez o relato minucioso dos acontecimentos.

Na tarde do mesmo dia, subiu à Tribuna da Câmara para definir o ponto de vista da UDN.

Em um dos seus livros[1], o então líder da UDN deixou seu depoimento contemporâneo aos acontecimentos de que foi parte relevante. Porque o seu discurso marcou as linhas mestras de uma evolução inexorável que os fatos e as circunstâncias supervenientes apenas retocaram, sem alterar o rumo nem modificar a posição que a grande agremiação oposicionista e o seu líder haviam assumido e de que não recuariam jamais.

Afonso Arinos foi claro e duro na apresentação do problema. Ele imputa desde logo a responsabilidade do crime ao governo.

Configura o impasse político-militar que desponta e se avolumará insolúvel, e sugere a renúncia de Vargas, o que terá seu desfecho trágico, de conseqüências imprevistas, no gesto suicida da manhã de 24 de agosto:

1. Afonso Arinos de Melo Franco. *A Escalada.* Rio de Janeiro: José Olympio, 1965, 1ª edição, p. 317 e seguintes.

“Venho, depois de tantos pronunciamentos autorizados, depois de tantas palavras, ponderadas algumas, inflamadas outras, mas que vergastaram, todas, com indignação e sobranceria, o imundo atentado ocorrido na rua de bairro familiar desta capital, e que tendo por alvo uma das grandes vozes da oposição, veio ferir de morte um soldado do Brasil que ali se encontrava, como no comum da sua obscura vida, não em serviço ou tarefa de natureza pessoal, senão defendendo aquilo que há de mais puro e mais alto como inscrição nas cores da nossa bandeira – venho, sr. Presidente, em nome de meu partido, tecer algumas considerações – ai de mim, melancólicas! – formular, quem sabe?, alguns presságios – ai de mim, sombrios! – e levantar algumas indagações, possivelmente mais do que indiscretas, mais do que irreverentes, terrivelmente graves, dentro do silêncio que começa a se abater sobre o nefando crime. O que ocorreu não é fato sem precedente e não será, infelizmente, acontecimento sem conseqüências. Os réprobos da verdade, os perseguidos pelo clamor da opinião, os fugitivos, os agressores da claridade do livre debate, sr. Presidente, muitas vezes têm sido levados, por considerações primárias de autodefesa, a suprimir um e outro dos instrumentos ou dos veículos mediante os quais essas verdades se declaram, esses julgamentos se processam, esta luz da opinião pública espanca a obscuridade circundante. Mas, no caso que vitimou o major da Aeronáutica e que milagrosamente poupou o jornalista Carlos Lacerda, o desforço pessoal, a violência direta, dentro do seu caráter execrando, apresenta circunstâncias particulares de repulsão. Compreendo e aceito que o excesso desencadeado das paixões que turbilhonam da oratória do tribuno ou da pena do escritor possa, e até, certas vezes, deva provocar revides de natureza violenta. Mas nós temos de estabelecer uma gradação – e por que não dizê-lo? –, uma hierarquia entre as diferentes manifestações desse revide; temos que distinguir o duelista do homicida e o homicida do sicário. Temos de compreender que o torneio de cavalheirismo antiquado, obsoleto, tantas vezes reprovado pela legislação penal que é o duelo, não deixa de ser um revide pessoal, um desforço violento de paixões que se alçam na cólera. Temos também de aceitar que o ferro ou o fogo do homicida, que se erguem e se abatem contra a sua vítima, não podem deixar de apresentar certos laivos grandiosos de tragédia. E se não existe essa beleza trágica no impulso do homicida que se vinga, na fúria do assassino que dessedenta no sangue de outrem a sede da sua própria paixão, negaríamos nós, sr. presidente, algumas das mais belas, das mais comoventes páginas da poesia universal... Mas o sicário, o torvo sicário, o macilento, o álgido, o venal sicário, o assassino de aluguel, o homem que emprega a morte daquele a quem não odeia, isso, sr. Presidente, está além da sensibilidade dos corações bem formados e além da revolta dos cérebros mais pacientes. O que se passou na rua Toneleros não foi o golpe do duelista romântico, não foi o bote do homicida apaixonado, foi a espera, foi a tocaia noturna, foi a guarda do morcego repulsivo, para desferir sem ódio, para desferir sem razão, a fim de lançar convenientemente na sua conta de 'deve' e 'haver' o golpe traiçoeiro, o fogo mortífero, a emboscada da traição que, poupando aquele a quem deveria ser dirigida, veio, no entanto, ceifar, na flor da sua glória, uma das vidas de humildade mais rutilante, uma das vidas de modéstia mais poderosa, uma das vidas de obscuridade mais rica que este país tem produzido".

Reconstituindo aquele momento, Afonso Arinos descreve o cenário, atento e silencioso, enquanto os seus discursos iam crescendo em violência, condenando a degringolada política administrativa do governo, a corrupção, o favoritismo, o crime.

"É com esses sentimentos, é com essa mágoa calorosa, com essa dor e esse sentimento, que eu venho de parte do povo, em nome do meu partido, perguntar, reclamar e exclamar: em que país estamos nós? Em que país estamos nós em que fatos como estes se processam há dias, em que os acontecimentos como os relatados se desenvolvam há dezenas de horas e não há esperança de que se possa chegar ao fim desse túnel, e não há esperanças de que se possa chegar ao desmascaramento dessas farsas sucessivas, e não há esperança de que um pouco de alento venha levantar o velho e cansado coração.

Carlos Lacerda é um homem de quem muitas vezes me afastei; é um homem de quem divergi, de quem divergirei ainda, provavelmente, visto que nossos temperamentos raramente se coadunam. É uma paixão desencadeada, é um tumulto desoprimido pelo talento; é, muitas vezes, uma imprudência militante. Nunca, porém, censurei eu, nunca me levantei eu, nem me levantaria, contra os que, no legítimo exercício do revide às injustiças de que acaso tenham sido vítimas, num esforço autêntico e direto, pudessem procurar medir-se com o bravo e indomável jornalista. (...) O que realmente me deixa perplexo é essa idéia de mancomunação tranqüila, do entendimento sossegado, amparado e protegido daqueles que, tendo a sensibilidade pessoal menos viva, ou menos forte do que o instinto de conservação, colocam este instinto acima daquela sensibilidade e promovem, através de uma administração feliz dos seus próprios sentimentos, aquela transferência de risco, aquele seguro de risco que se chama a empreitada do assassínio. O que é grave no Brasil de hoje é que todos nós, da oposição ou do governo; todos nós, da polícia, do Exército, da Marinha e Aeronáutica; todos nós, da Universidade e da Igreja; dos clubes estudantis e das agremiações esportivas; lavradores, operários, intelectuais, diletantes, todos nós, neste país, sem nenhuma exceção, sabemos que os homens que mataram o major Vaz não queriam absolutamente matar Carlos Lacerda nem o major Vaz. Encontravam-se a serviço de outros homens que estavam, esses sim, interessados em que desaparecesse aquela vida que, para eles, é uma causa permanente de morte; aquela vida física que é como o veneno letal para muita vida moral. (...) Todos nós estamos seguros de que os intuitos primeiros, de que as fontes originárias daquele crime não estavam no punho homicida, no dedo que acionou o gatilho, na mente que fez mover-se o músculo daquele dedo. Estavam além, estavam mais longe. Situavam-se além, entre alcatifas e pelúcias, entre móveis e cristais preciosos, entre risadas e alegrias, entre ordens secas e demonstrações de poder. Quem são? Quais são? Onde estão? A nossa geração se desonrará se não responder a estas perguntas. Quem são? Quais são? Onde estão?"

O deputado Augusto do Amaral Peixoto, irmão do governador do estado do Rio de Janeiro, Ernâni do Amaral Peixoto, genro de Vargas aparteia:

"V. Exª. acaba de fazer uma acusação muito grave. Lembro apenas a V. Exª. que há homens que, no desejo de servir, chegam a cometer crimes bárbaros. Mas o que posso asseverar a V. Ex.ª – porque tive, ainda ontem, contato com essas pessoas a quem V. Ex.ª deseja referir-se – é que elas estão mais do que quaisquer outras acabrunhadas com o sucedido, e querem apenas que se esclareça totalmente esse fato para que a Nação brasileira não fique fazendo sobre elas o juízo que tristemente V. Ex.ª está fazendo".

Em resposta a Augusto Amaral Peixoto, Afonso Arinos declara:

"Não faço acusações a quem quer que seja. Estou, na mais alta tribuna do país, servindo de eco e transmissor de uma acusação nacional. Esta acusação não está condensada, não está cristalizada, não está personalizada, até este momento, em nenhum nome, que eu saiba. Está, entretanto, firmemente corporificada no sistema de governo que tem sido a desgraça deste país".

Foi nesse clima de exaltação que o deputado Aliomar Baleeiro levantou-se para pedir o *afastamento* de Vargas. Afonso Arinos apóia a sugestão:

"Sem influência de quem quer que seja, sem mesmo ter conversado com o deputado Baleeiro a respeito da sugestão que S. Ex.ª formulou, sem ter ouvido a minha bancada e sem ter ouvido os meus companheiros, civis e militares, que comungam conosco a mesma orientação e o mesmo pensamento, eu havia pessoalmente chegado àquela mesma conclusão. Tinha achado que neste caso especificamente político, porque ninguém seria lícito conceber que esse atentado tenha outros objetivos senão políticos, o interesse político do sr. presidente da República é o de não ser responsável, nem mesmo formal, nem mesmo honorário dos resultados dessa investigação".

E conclui, enfatizando a proposta da renúncia.

"É uma situação de inexplicável complexidade, de indiscutível gravidade, a que o sr. presidente da República deveria prestar atenção, não ouvindo aqueles que, por sentimentos de boa formação, de lealdade pessoal, os mais nobres, ou por outros sentimentos que me escuso de definir, os menos nobres, lhe recomendam não obedeça à voz da razão, não ouvindo a nós, que S. Ex.ª sempre suspeita de estarmos procurando afastá-lo da posição que conquistou com grande vitória sobre nós. (...) Afastar-se, licenciar-se, renunciar, são coisas que ocorrem nos países democráticos, que têm ocorrido muitas vezes e muitas vezes têm sido remédio para a solução dos problemas políticos sem remédio. Há nele, muitas vezes, um coração cansado, cérebro desencantado, uma alma fatigada por experiências negativas, a consciência de uma carreira que poderia ter sido um grande destino histórico, carreira de um homem a quem foi dado realizar três grandes revoluções que a República jamais empreendeu – a revolução liberal, a revolução ditatorial e a revolução trabalhista, ou revolução social, e que não realizou nenhuma delas, porque não teve espírito de revolucionário verdadeiro, porque não tem a inclinação e a envergadura do verdadeiro estadista, porque não é senão um amoroso permanente, um cobiçoso constante, um enamorado inalterável do poder"[2].

O crime da rua Toneleros extravasara da delegacia de polícia, gerara e crescia na República, no Galeão; ganhava ressonância na tribuna parlamentar. Daí por diante, os deputados e os jornalistas da oposição criariam a necessidade única de renúncia do presidente. Uma voz sobrepujaria todas as outras, a do jornalista Carlos Lacerda, estigmatizado como a vítima e que prosseguiria até a meta final, mesmo para ultrapassá-la.

A reconstituição daquela época, por isso mesmo, apresenta os mais gritantes contrastes. Se ouvirmos a oratória oposicionista, liderada pela palavra eloqüente do deputado Afonso Arinos, ou lermos, nos anais da Câmara dos Deputados, os debates que se travaram, sentimos que o cerco se aperta cada vez mais sobre o presidente da República.

Também a imprensa oposicionista, como a *Tribuna da Imprensa,* de Carlos Lacerda, configura um crepúsculo incontrolável do regime, o final inevitável de uma época, a marcha inexorável da tragédia.

Em seu longo exercício do poder, Vargas conseguiria uma larga popularidade, que se manteria após a sua morte. Conquistara e desfrutara, por várias vezes, o prestígio dos chefes militares. Tivera poder político de aliados que se alternavam nas mais variadas combinações. Nunca tivera a unanimidade das correntes políticas, embora sua filosofia o ensinasse que nunca tivera um adversário com que pudesse se reconciliar.

O chefe civil vitorioso da Revolução de 1930 havia permanecido no poder. Mas o rescaldo da fogueira jamais se apagara. Durante todo esse longo período, haviam permanecido homens e redutos, jamais assimilados, que manifestavam o seu antigetulismo personalizado, visando mais o homem do que as suas idéias – que variaram muito – e as formas de governo que expressara, em épocas e circunstâncias díspares.

Fora assim em 1932, 1935, 1937, 1938 e 1945.

Não é possível explicar 1954 sem remontar àquele outro ano cujos. dois últimos algarismos, por um capricho, vão agora se reproduzir, inversamente.

2. *Ibidem.*

Assim, 45 e 54 são dois números às avessas, mas há acontecimentos análogos e conseqüentes. O que foi em 1945 – a deposição de Vargas –, através da tentativa de sua renúncia, que ele jamais assinou, volta a ser tramado em 1954.

O atentado contra Carlos Lacerda ter-se-ia configurado, em outros governos, como um episódio policial. Há exemplos antes de 1954. Há casos depois de 1954. Por que não foi assim daquela vez? Por que o chefe militar da Nação, o presidente Getúlio Vargas, determinou que se apurasse o fato até as últimas conseqüências e permitiu que assim acontecesse o que não teria sido possível sem a sua ordem e a sua colaboração? No entanto, o que os jornais da época registram, no uso imoderado da mais completa liberdade de imprensa, livre da censura, que não houve naquele tempo – e que, em tantos outros períodos, tem coberto de impunidade os detentores do poder –, é a acusação a Vargas como o responsável e a insinuação de que é alguém da sua família o mandante do crime. Também o debate parlamentar assim informava, e a imprensa fazia eco dos discursos oposicionistas, enquanto minimalizava os pronunciamentos da defesa de Vargas.

É este o quadro que se apresentava ao povo do Rio de Janeiro, mantendo o clímax da exaltação. Vargas era o réprobo. Carlos Lacerda, com os pés engessados, era carregado por soldados da Aeronáutica e ia conferenciar com o vice-presidente da República, em um apartamento discreto do Hotel Serrador, para obter dele a promessa de que assumiria a Presidência da República no caso da renúncia de Vargas. A renúncia que os deputados udenistas iam reclamar-lhe, da Tribuna da Câmara.

"...HÁ UM PROPÓSITO DE GERAR A CONFUSÃO..."

O governador de Minas Gerais, Juscelino Kubitschek de Oliveira, havia convidado o presidente da República para a inauguração das Usinas Mannesmann, marcada para o dia 12 de agosto. Não foram poucos os amigos e colaboradores que tentaram dissuadir Vargas de comparecer àquela solenidade. Ele deliberou ir. Na oportunidade, proferiu um discurso em que mais se defendia do que acusava. Vargas começa recordando o esplêndido surto de desenvolvimento econômico de Minas Gerais, quando se inaugurara a nova e grande Usina Mannesmann, pondo ao alcance do infatigável esforço dos mineiros as mais adiantadas técnicas e vultosas inversões financeiras. Serão três mil operários, em uma fábrica que, a partir daquela data, produzirá mil e quinhentas toneladas mensais de tubos de aço sem costura, devendo, em meados de 1955, atingir o seu nível normal de produção, com oitenta mil toneladas anuais do produto. Isso significará para o País importante economia de divisas, principalmente quando a exploração efetiva do petróleo intensificar grandemente a procura e o consumo dos tubos. Lembra que havia prometido dar a Minas Gerais uma grande usina siderúrgica. Essa promessa se transformou em realidade.

Em um discurso de mais de duzentas linhas, menos de trinta linhas são reservadas para o que chama de *preservação da legalidade contra a desordem.*

Então, este homem, que era acusado de responsável por um crime e acuado para que renunciasse, quando a renúncia significaria uma aceitação de culpa, aproveita a oportunidade formal de se dirigir à Nação para se defender.

"Povo de Minas Gerais:

As minhas preocupações com o bem público não me deixam fugir ao dever, onde quer que tenha de ser cumprido. E eu o cumprirei até o fim.

Espalhando o gérmen da discórdia, procurando subverter a força e o prestígio da autoridade, falseando os fatos e fantasiando as intenções, há um propósito de gerar a confusão pela mentira, para levar o País à desordem, ao caos e à anarquia. Para o bem da nossa Pátria, podemos confiar nas reações saudáveis da opinião pública e no sentimento de patriotismo e disciplina das Forças Armadas. As classes armadas, sobre as quais repousa o sossego e a tranqüilidade da Nação, manterão a ordem e assegurarão o pleno exercício das instituições democráticas, a justiça cumprirá o seu dever com independência, e o povo, nas próximas eleições, manifestará livremente a sua vontade.

Empenharei a autoridade e a honra do governo para que a ordem seja mantida, as garantias asseguradas e as próximas eleições realizadas num clima de ordem e tranqüilidade. As injúrias que me lançam, as pedras que me atiram, a objurgatória, a mentira e a calúnia não conseguirão abater o meu ânimo, perturbar a minha serenidade, nem me afastar dos princípios de amor e humildade cristã por que nortelo a minha vida e que me fazem esquecer os agravos e perdoar as injustiças. Por outro lado, não terei condescendência para aqueles que se fazem agentes do crime ou instrumentos da corrupção.

No governo, represento o princípio da legalidade constitucional, que me cabe preservar. Dela não me separarei, e advirto aos eternos fomentadores da provocação e da desordem que saberei resistir a todas e quaisquer tentativas de perturbação da paz e da tranqüilidade públicas."

A posição de Café Filho

No dia 13 de agosto de 1954, o jornalista Murilo de Melo Filho procurou o vice-presidente da República, José Café Filho, no gabinete que ocupava no último andar do Ministério do Trabalho. Era meio-dia. A missão do jornalista consistia em acertar um encontro entre Café Filho e Carlos Lacerda.

As articulações político-militares para a derrubada de Vargas esbarravam em duas dificuldades: 1°) a dúvida quanto à disposição do vice-presidente em assumir o governo em caso de renúncia do presidente; 2°) a desconfiança de certos setores em relação à posição de Café Filho.

Os chefes da conspiração estavam de acordo em que a solução fosse a renúncia de Vargas. Era nesse sentido que Carlos Lacerda dirigia a sua campanha, pela *Tribuna da Imprensa,* e a oposição parlamentar orientava seu trabalho. O deputado udenista Aliomar Baleeiro fora o primeiro a lançar, no plenário da Câmara dos Deputados, esse apelo veemente, que o líder Afonso Arinos adotara como conclusão do seu discurso.

Ninguém conhecia o pensamento de Café Filho. A renúncia só teria sentido, como solução constitucional, uma vez obtida a certeza de que o vice-presidente assumiria o posto vago. Caso contrário, seria um salto no escuro.

Carlos Lacerda encarregara Murilo de Melo Filho de decifrar a esfinge. Para isso, o jornalista procurou o secretário do vice-presidente, Oséas Martins, que o levou à presença de Café Filho.

Murilo de Melo Filho relata o encontro e recorda a reação fisionômica de seu interlocutor, um misto de surpresa e de recusa, e reconstitui, pelas notas guardadas, o diálogo havido:

"Você sabe, Murilo, estou evitando encontros que signifiquem qualquer participação minha na conspiração contra o dr. Getúlio. Tenho recusado todos os contatos que revelam qualquer ambição de minha parte".

Murilo fez menção de levantar-se: "Direi a sua resposta e considerarei encerrada a minha missão".

Café barrou-lhe o gesto: "Não. Espere. Com o Carlos eu me encontrarei. Gosto muito dele. Mas receio, justamente, que venha pedir o meu compromisso de assumir o governo, na hipótese da renúncia do dr. Getúlio". E acrescentou: "Sei que o meu coração não agüentará o poder".

Afinal, acertaram a hora do encontro: 14h30. O local era um problema mais sério. Café achava que o encontro não poderia ser nem no seu apartamento, nem no apartamento de Lacerda. Disse: "Daria muito na vista".

Ficou a olhar fixamente o jornalista, como se quisesse sugerir o seu apartamento. Mas teve outra idéia: "Está aqui no Rio o O. G., lá de Natal, que você conhece. Vou pedir-lhe emprestado o apartamento onde está hospedado, aqui no Hotel Serrador. Chego antes, o Carlos vem alguns minutos depois. Assim ninguém saberá nem perceberá o nosso encontro".

Café chegou, pontualmente, ao apartamento 1.515 do Serrador. Carlos Lacerda, acompanhado de Murilo, chegou com sessenta minutos de atraso explicável, porque havia estado no quartel da Polícia Militar, à rua Salvador de Sá, tentando fazer o reconhecimento de alguns membros da guarda pessoal presidencial. Lacerda entrou no apartamento, na sua cadeira de rodas, com o pé engessado. Lá no fundo, em mangas de camisa, estava Café Filho. Conversaram durante duas horas e dez minutos. Nem os oficiais que os acompanhavam conheciam o objetivo do encontro, pois, despistados, sabiam vagamente de "um general que se hospedara no Serrador". Ao final da conversa, Lacerda tinha obtido do vice-presidente a promessa de cumprir sua obrigação constitucional – assumida numa eleição popular – de suceder o presidente Getúlio Vargas, em qualquer impedimento deste último.

Outro compromisso ficou, também, assentado: ninguém poderia saber daquele encontro. Durante treze meses, realmente, ninguém soube. Murilo de Melo Filho refere que o deputado Rômulo Almeida, então assessor técnico de Vargas, estava no apartamento 1.516 e não ouviu o que se acertou, ao lado de seu quarto, naquele dia 13 de agosto de 1954. Mas, em setembro do ano seguinte, o encontro foi revelado pelo diretor da *Tribuna da Imprensa* e registrado pelo jornalista Carlos Castelo Branco, na seção política de *O Cruzeiro.* Por isso Murilo de Melo Filho prestou o seu depoimento na edição nº 187 de *Manchete*, de 19 de novembro de 1955, acrescentando dois motivos: "1) Porque achei que deveria depor para mostrar que o sr. Café Filho não conspirou contra o sr. Getúlio Vargas. Naquela tarde do dia 13 de agosto, ele se viu diante de uma espécie de fato consumado e assumiu o compromisso de cumprir o seu dever de vice-presidente, sucedendo o sr. Getúlio Vargas; 2) Porque ainda estão gravadas, na minha memória, as suas palavras: 'Sei que o meu coração não agüentará o poder'".

O discurso no Senado

Alzira estava no Palácio do Catete quando o senador Sá Tinoco procurou-a, entregando-lhe as folhas mimeografadas: "Isto é o discurso que o Café está pronunciando, agora, no Senado. Havia um exemplar destes diante da cadeira de cada senador".

Alzira dirigiu-se ao gabinete de seu pai. Vargas despachava com o ministro da Justiça.

Leram, simultaneamente, o discurso de Café Filho:

"Dirijo-me ao Senado com a emoção de estar diante da própria Nação, de que sois uma imagem viva e real. A revelação dos fatos que venho trazer ao vosso conhecimento afigura-se um dever da minha consciência de homem público. Como presidente desta Casa, não posso nem quero mantê-la desinformada de uma atitude que acabo de tomar, envolvendo a responsabilidade do meu mandato, perante vós e o povo brasileiro, que me elegeu a 3 de outubro de 1950. Já não é lícito a nenhum brasileiro deixar de reconhecer que a Nação vive na hora presente um dos momentos mais difíceis da sua História. O atentado que teve por palco uma das ruas centrais do maior bairro residencial da Capital da República, e no qual perdeu a vida um herói da Força Aérea Brasileira e foram feridos um jornalista da oposição e um guarda em pleno serviço, logo deixou de ser um episódio meramente policial para se transformar na origem de uma crise política e militar. Paralelamente às revelações surgidas à margem do inquérito, já agora envolvendo outros aspectos além do crime, o evolver dos acontecimentos se tem verificado de modo a tornar cada vez mais larga e profunda a crise".

Considerava a hipótese da substituição:

"Foi diante desse estado de coisas que, em alguns círculos, se começou a admitir a hipótese de uma solução através da transmissão do poder supremo ao vice-presidente da República. O silêncio e a indiferença de minha parte poderiam ser erroneamente interpretados. Por outro lado, poderia parecer que a minha pessoa estava sendo obstáculo a uma solução da crise. Tomei então a iniciativa de procurar o excelentíssimo doutor Getúlio Vargas. Fui levar-lhe não só as impressões recolhidas em contato com os chefes militares e os líderes políticos de maior responsabilidade, mas propor-lhe também uma fórmula concreta, que me pareceu capaz de abrir margem a uma solução alta e impessoal, em que, acima de quaisquer sentimentos pessoais ou partidários, se colocassem os sagrados interesses nacionais. Essa fórmula consiste na renúncia simultânea do presidente e do vice-presidente da República, de modo a permitir, de acordo com a Constituição, a eleição de um novo presidente, dentro de trinta dias, para o término do período presidencial. Deste modo, não seria por causa da perspectiva da minha ascensão ao governo ou em virtude de qualquer ambição ou intransigência de minha parte nesse sentido, que a Nação não voltaria ao ritmo normal da sua vida, pelo qual tanto anseio. O excelentíssimo senhor doutor Getúlio Vargas ficaria à vontade para encaminhar essa solução. Não haveria o cunho de uma substituição imposta por adversários políticos. Ambos daríamos uma demonstração de espírito público, de abnegação patriótica e de sensibilidade cívica, colocando a Nação diante de uma situação nova, permitindo uma solução alta, isenta de qualquer mácula. Expliquei a Sua Excelência as razões do meu gesto. Narrei-lhe, com a sinceridade que a hora exige dos homens públicos, o resultado de várias conferências que eu mantivera. Expus-lhe a situação real do governo dentro do Senado, que conheço através do convívio que aqui tenho. Revelei-lhe o teor de uma conversa em que o líder Gustavo Capanema fez comigo um balanço de forças dentro da Câmara dos deputados. Transmiti-lhe o que tinha ouvido de chefes militares, especialmente dos ministros da Guerra e da Marinha. De nenhum destes líderes, tanto das forças políticas como das Forças Armadas, recolhi qualquer prova de garantia ou segurança, já não digo sobre a viabilidade de manter a atual situação, mas sobre a viabilidade de uma recuperação da autoridade do governo, tão duramente comprometida".

(..)

"A verdade" – prosseguia Café Filho – "é que de nenhum setor pode vir tal garantia ou segurança. Todos se sentem dominados pela incerteza e consciência dos perigos que rondam a Nação.

Daí a decisão que assumi, na tarde de sábado, dia 21, indo à presença do excelentíssimo senhor doutor Getúlio Vargas, para oferecer a contribuição única que de mim dependia, com base na minha própria renúncia. Assim agi na convicção de estar cumprindo o meu dever com a Nação. Sua Excelência, depois de ouvir-me, disse que precisava pensar e prometeu-me uma decisão, que ontem me foi transmitida de modo negativo. Eis aí, senhores senadores, o relato que eu considerei de meu dever trazer a esta Casa, como complemento indispensável à atitude que assumi".

O deputado Gustavo Capanema havia chegado. Vargas volta-se para o líder do governo e o ministro da Justiça:

"Mas o vice-presidente disse a mim, há dois dias, que hipotecava sua solidariedade, ratificando o seu apoio. E faz um discurso desses em que ele pretende pedir a minha renúncia, sem me ouvir".

Tancredo observa a face de Vargas, expressando a mais viva surpresa, e diz ao presidente:

"Eu conheço bem o vice-presidente Café Filho. Ele não tomaria uma atitude dessas só por motivos políticos. Deve estar militarmente muito bem apoiado para uma decisão dessas".

Vargas disse:

"Vamos ver, então, o que se vai seguir".

Tancredo reclama uma providência urgente:

"Mas o senhor tem de preparar uma resposta de hoje para amanhã, ou senão uma hoje mesmo: se o senhor vai aceitar ou não um apelo para a renúncia abrupta".

O presidente respondeu:

"Eu não posso aceitar este apelo, porque isto me coloca diante de um fato consumado. Não dão o direito de opção. Eu já mostrei, mais de uma vez, que não tenho apego ao cargo. Mas não posso sair do governo enxovalhado, com essa pecha de condescendência com o roubo e o homicídio. Tenho de ficar enquanto for necessário, para defender o meu nome".

Depoimento de Café Filho

Café Filho deixou o seu depoimento em dois volumes de *memórias políticas e confissões humanas*[1], publicados antes da sua morte. O capítulo que trata da crise de agosto é o nº 13 do primeiro volume. Dupla coincidência: o mês e o número que os supersticiosos têm como fatídicos.

Ele descreve os entendimentos que teve com o líder do governo, deputado Gustavo Capanema, e os ministros das pastas militares. Travava-se, na Câmara, um violento debate em que Capanema rebatia as acusações que procuravam envolver o presidente e seus familiares na trama do crime da rua Toneleros. Discutiam-se as implicações constitucionais do afastamento de Vargas e as dificuldades que teria o seu substituto legal, face à crise nas Forças Armadas.

Porque a proposta da renúncia, feita por Aliomar Baleeiro e endossada por Afonso Arinos, tornara-se a motivação de toda a campanha política e da imposição dos militares.

Café Filho assumira um duplo compromisso com Carlos Lacerda, no seu encontro do Hotel Serrador: o de assumir a Presidência – era este o imperativo constitucional – na renúncia de Vargas; e o de que essa promessa fosse mantida em sigilo.

Se manteve o sigilo, quanto ao combinado no encontro do Hotel Serrador, Café Filho apresentou outra solução ao líder do governo e aos ministros com os quais conversou, e esta era a de renúncia junto com Vargas.

A partir daí, torna-se difícil acompanhar o seu depoimento. No dia 21, ele é recebido, no Catete, por Vargas, "apreensivo mas cordial":

"Não o deixei tratar de nenhum assunto. Desta vez, assumi o comando da conversa, entrando direto ao motivo da visita.

Não havia tempo a perder. Urgia uma solução, antes que os ímpetos

---

1. Café Filho. *Do sindicalismo ao Catete – Memórias políticas e confissões humanas.* Rio de Janeiro: José Olympio, 1966.

juvenis da oficialidade mais impaciente e a pressão da opinião pública envolvessem os chefes militares mais serenos, fazendo a tropa sair dos quartéis para a rua.

Se eu fosse presidente – disse a Vargas, pondo as cartas na mesa –, também não aceitaria uma renúncia imposta. Dou-lhe razão. Mas a proposta que lhe trago é diferente. Reclama-se o seu afastamento e prega-se a minha ascensão. Pois bem. Vamos sacudir a Nação com um gesto: fomos eleitos juntos na mesma chapa, renunciemos agora juntos ao mesmo destino. Será um fato novo, capaz de cortar a agitação. Escolheremos para o governo uma pessoa de sua confiança, com a aceitação de todas ou, pelo menos, das principais agremiações partidárias, a quem caberá a missão de restabelecer a normalidade".

Vargas escutou-o e respondeu-lhe:

"Enganam-se os que me acreditam incapaz de renunciar", retrucou Getúlio. "Estou velho e esgotado. A situação é realmente difícil. Não contesto o quadro que me traçou. Posso largar isto definitivamente."

Tinha na voz uma amargura tão intensa, que parecia um pranto seco.

Pensou uns segundos e, com ironia, completou:

– Irá buscar-me depois uma patrulha da Aeronáutica.

– Isso, não! – discordei com veemência.

– Em tudo isto há muita paixão.

– Uma das condições da nossa renúncia será a garantia de que a sua pessoa de ex-chefe de Estado nada sofrerá. Eu mesmo me encarregarei de obter das oposições e das Forças Armadas este compromisso. Qualquer incompatibilidade pessoal cederá ao imperativo de restaurar a tranqüilidade pública.

Vargas era de índole contraditória. Vislumbrando certa receptividade à minha proposta, procurei intensificar a exortação:

– Lembre-se: não será uma renúncia forçada, mas espontânea e patriótica. A desordem está aí, como um círculo que se aperta em torno do seu governo, inquietando e parando a administração, com reflexos desfavoráveis em todos os setores de atividades. Ninguém domina os militares em rebelião, a não ser agravando os acontecimentos e provocando derramamento de sangue. Até no Catete já se realizam buscas. É nestas condições que lhe apresento uma fórmula para desarmar os espíritos e proporcionar-lhe um modo honroso de sair da encruzilhada".

Café Filho não se obrigara, desta vez, a conservar em sigilo o seu encontro. Assim falou, sobre ele, com Gustavo Capanema, Lourival Fontes, Elmano Cardim, Eduardo Gomes, Juarez Távora, Mascarenhas de Morais, Canrobert Pereira da Costa, Fiúza de Castro.

No dia seguinte, domingo 22, foi chamado ao Catete. Vargas lhe disse:

– Considerei com interesse a sua proposta de nossa dupla renúncia. Reconheço os seus bons propósitos e quero renovar os agradecimentos pelo seu gesto de colaboração; mas prefiro resistir ao meu posto. Estou velho. Não tenho o que perder.

Preocupado, realista e franco, respondi-lhe:

– Lamento sinceramente que não se encontre uma fórmula capaz de beneficiar o País e permitir ao senhor esquivar-se do incêndio inevitável. A agitação está chegando ao clímax. Não há sinais de que o governo consiga manter a ordem nos quartéis e nas ruas.

Aparentemente calmo e confiante, com dignidade, Getúlio me declarou:

– Os ministros militares me asseguraram que manterão a ordem. Ficarei no poder. Faço questão que o crime da Toneleros seja cabalmente apurado.

Mais ousado, insisti, ainda que indiretamente, na minha fórmula:

– Muito mais que o atentado, os arquivos de Gregório vêm abalando a opinião pública. Estão se divulgando fatos estarrecedores, sem nenhuma contestação.

Evitando o último assunto, que envolvia o seu filho Maneco na compra de uma fazenda a Gregório, e dando à sua deliberação um timbre definitivo, reiterou Getúlio:

– Não renunciarei de maneira alguma. Se tentarem tomar o Catete, terão de passar sobre meu cadáver.

Retomando a palavra, tive a impressão de estar sacudindo um sonâmbulo:

– Sua disposição pessoal é digna de respeito. Mas será infrutífera sem o apoio das Forças Armadas. Estas, divididas, não virão defendê-lo. Veja que não há, também, nenhum movimento popular em seu favor. Entre os seus correligionários, o que há é pânico.

Getúlio teve uma reação mímica intraduzível.

Queimei o último cartucho:

– Presidente, todos estão na expectativa.

– É, mas eu reagirei – interrompeu-me Getúlio.

– Considero cumprido o meu dever nesta conjuntura da vida nacional. Não participarei de nenhuma conspiração que pretenda, de um modo ou de outro, arrebatar-lhe o poder. Uma vez recusada, em termos irrevogáveis, a minha sugestão, está claro que me sinto também desobrigado de renunciar. Caso o senhor deixe desta ou daquela maneira este palácio, a minha obrigação constitucional é vir ocupá-lo.

Em toda a conversa, Getúlio mostrara-se categórico, sem hesitações, afirmativo. Manteve-se assim até o fim:

– Compreendo muito bem a sua atitude – disse-me ele. – Vejo que pretendeu cooperar numa solução. Mas daqui só me tirarão morto. O que eles querem é que eu não presida às eleições...

Ergui-me e, já de pé, despedindo-me, com uma voz que refletia o malogro do meu esforço, pude apenas saudar Getúlio:

– Adeus, presidente.

Ele, com um leve sorriso, retribuiu-me a saudação de partida:

– Até logo.

Não nos encontraríamos de novo. No tempo de trinta e seis horas, Vargas seria cadáver e eu o seu sucessor na Presidência da República".

Na segunda-feira, 23 de agosto, Café Filho convocou o Senado para comunicar-lhes as gestões que fizera, na tentativa de obter uma solução da crise, através da dupla renúncia:

"Eu não podia permanecer indiferente e calado, por várias razões. A República chegava virtualmente a um estado de desordem e acefalia. E não se achava uma solução. O impasse dava a impressão de que a possibilidade de me tornar presidente é que estava sendo um entrave. Dispus-me a agir, e, para arredar qualquer suspeita, resolvi levar nas mãos a própria cabeça.

A resposta negativa de Vargas não só me exonerara de qualquer compromisso, conforme o preveni, mas também me dispensava de qualquer sigilo.

Não podia sonegar a verdade nem ao presidente nem à Nação. Ao fazer o discurso, a matéria já não era secreta. Começava a transpirar, de maneira deturpada.

Dizia-se que eu propusera a Vargas a sua renúncia e omitia-se, não sei por que, a parte fundamental da minha iniciativa, que era a deliberação de resignar também o meu cargo, e, assim, a possibilidade iminente de assumir o governo.

Dispusera-me a abrir mão de tudo; bastaria que Getúlio concordasse.

Tendo colocado o mandato à disposição do chefe do Executivo para facilitar-lhe uma saída honrosa e abrir caminho à conciliação nacional, impunha-se-me a revelação dos passos que dera para a consideração do Senado, de que eu era o presidente.

É ridículo pretender que o meu silêncio teria influído numa crise das proporções da de agosto de 1954 ou presumir que a sorte de Vargas dependia de um vice-presidente inerme, num momento em que, segundo depoimento de Lourival Fontes, o problema fora colocado em termos de força material.

Ao dirigir-me ao Senado, na tarde de 23 de agosto, os brigadeiros, almirantes e generais já tinham tomado posição contra Getúlio. Nenhum discurso iria alterar o rumo dos acontecimentos.

Nem eu tinha por que esconder a minha atitude. Sentia-me, ao contrário, na obrigação de confessá-la.

O próprio Getúlio recebeu o meu discurso no Senado sem mágoa e sem hostilidade. Limitou-se a comentar, como me revelou Lourival Fontes:

– Precisamos reconquistar o Café".

Os depoimentos dos outros personagens contradizem a afirmativa de Café Filho de que o seu discurso e a sua atitude foram bem-recebidos por Vargas. É certo, como ele próprio declara, que não voltou a se encontrar com o presidente, depois da noite de 22.

Quarta Parte

Vésperas

Dia 23, Palácio do Catete

Na manhã de 23 de agosto de 1954, um homem da intimidade e confiança de Getúlio Vargas, Miguel Teixeira, preocupado com a gravidade da situação política e a posição pessoal do presidente, foi à casa de Oswaldo Aranha. Nesse encontro, concordaram que a crise se avizinhava do seu momento crítico. Teixeira propôs a Oswaldo irem os dois ao Palácio do Catete falar, pessoalmente, com Vargas. Oswaldo confidenciou-lhe que recebera um telefonema de Beijo Vargas transmitindo-lhe a proibição de sair de casa. Miguel Teixeira foi sozinho ao Catete.

Não conseguiu penetrar através dos portões fechados. Identificou-se, mas a ordem que havia era de só permitir o ingresso das pessoas convocadas pelo presidente. Depois de algum tempo, apareceu um oficial, comandante da guarda, que propôs a Miguel Teixeira entrar, esclarecendo que as pessoas que entrassem não sairiam. Ele aceitou e entrou.

Uma vez dentro do palácio, subiu ao segundo andar, onde era escasso o movimento. Sentou-se em um sofá, ao lado de Danton Coelho, que aguardava a vez de ser recebido. Apareceu a filha do presidente, Alzira, que era quem introduzia as pessoas convocadas. Explicou-lhe que tinha urgência de falar com seu pai, com o que ela concordou, fazendo-o entrar, entre dois personagens convocados. O primeiro foi o brigadeiro Epaminondas Gomes dos Santos, recém-nomeado ministro da Aeronáutica.

Quando Miguel Teixeira entrou não viu, no primeiro momento, o presidente no quarto. Verificou, depois, que ele estava atrás de um móvel, que encobria uma janela. Vargas, por essa janela, via o movimento de mobilização nos jardins do palácio, onde montavam metralhadoras, e observava o vôo de dois aviões que faziam evoluções, para efeito psicológico de atemorização, ou de simples observação. O presidente esclareceu a Miguel Teixeira que aquele aparato resultava de uma versão de que a infantaria da Aeronáutica – ele nem sabia que existia uma infantaria na Aeronáutica – ia atacar o palácio.

Essa versão, aliás, fora desmentida, momentos antes, pelo ministro da Aeronáutica. Contudo, o dispositivo de defesa persistia.

Miguel Teixeira falou de suas apreensões e transmitiu o pensamento de Oswaldo Aranha, que era o de reunir um grupo de cinqüenta amigos dedicados para resistirem até a morte, em caso de ataque. Vargas, muito tranqüilo, sereno, fumando o seu charuto, disse que não queria isso, que não era mais moço e que, se tivesse de resistir, seria um caso pessoal dele, e não pretendia sacrificar nenhum amigo. Estava velho, "já tinha comido muita carne".

Como Miguel Teixeira insistisse, Getúlio perdeu a serenidade e, com punho cerrado junto à face do amigo, disse: "Isto é um assunto pessoal meu".

Aconselhou Miguel a voltar à casa de Oswaldo Aranha e tranqüilizá-lo. E disse-lhe: "Você está com o crânio fendido". Era alusão a um acidente em que Miguel Teixeira tivera uma pequena fratura na cabeça.

Quando Miguel Teixeira saiu, entrou Maciel Júnior. Notou que Maciel estava nervoso, e liga esta circunstância ao episódio da carta-testamento, que teria sido entregue nessa ocasião.

O assunto da carta-testamento, segundo o depoimento de Miguel Teixeira, foi apurado quando Oswaldo Aranha regressou de São Borja, onde fora assistir ao sepultamento de Getúlio Vargas. Oswaldo teve um encontro com Maciel e obteve dele a confissão de que, realmente, Vargas o havia encarregado da redação final do documento, apelando para ele: "Fui seu amigo, atendia todas as suas pretensões, quero que você me preste um favor. Eu estou preparado para uma resistência heróica, não sei o que vai acontecer, daqui só me retirarão morto e eu quero deixar uma carta, um testamento". E deu a ele um pequeno retalho de papel, contendo, praticamente, a idéia do manifesto e as frases finais. Na opinião de Miguel Teixeira, o restante teria sido da exclusiva lavra de Maciel.

Miguel Teixeira foi um dos últimos amigos de Vargas que com ele estiveram na véspera de seu suicídio. Nesse encontro, de que ficou uma narrativa fiel, em seu depoimento, Miguel Teixeira relata:

"Eu tenho para mim, mas com certeza, que o presidente Vargas premeditou, durante uns trinta dias e tanto, o suicídio. E se condenou à morte não admitindo, sequer, a possibilidade de uma reconsideração. Ele estava condenado. A cada dia que passa, me convenço de que o meu saudoso, inesquecível e imortal presidente Getúlio Vargas não tinha outra solução senão o suicídio. Você quer me perguntar: 'Mas por quê?' É muito simples a resposta. Ninguém poderia depor o presidente em 1954. As Forças Armadas estavam com ele: não era o caso de 1945. Em 1945, a deposição foi tranqüila. E eu vou lhe apontar fatos para lhe demonstrar como ele não admitia reconsideração, estava já condenado. Todos os fatos que antecederam a tragédia confirmam o que estou dizendo. Ele declarava sempre: 'Vocês são mais moços, eu já comi muita carne.

O problema é meu e eu resolverei sozinho'. Mas Oswaldo Aranha, aquele grande coração, e a dedicação e o respeito que ele devotava ao sr. Getúlio, insistia: 'Mas Getúlio, se você não renuncia, vamos dar um exemplo às gerações vindouras; vamos morrer cinqüenta amigos aqui com você'.

'Não, o problema é meu' – ele disse – 'eu resolvo sozinho'. Mas procurou saber de seu médico particular, dias antes do suicídio..."

HS: Um esclarecimento. Isso aqui ouvi do Lutero Vargas, meu amigo, meu colega. Numa ocasião, conversando, Lutero me disse que dias antes ele havia perguntado qual era o lugar ideal, e ele teria então indicado dois dedos abaixo do mamelão esquerdo.

MT: Rigorosamente certo. Mas tem outra: no dia da malfadada reunião ministerial, quando ficou estabelecido que o presidente entraria em licença e o Portela, do Banco Boavista, me mostrou a nota, redigida com a letra do Oswaldo, em que tinha ficado resolvido o licenciamento do presidente, eles desceram. E lá, o ministro José Américo declarou – estavam tomando café, já de saída: 'Olha, com esta decisão nós salvamos o regime, mas agora precisamos salvar a vida do presidente'.

Oswaldo Aranha, juntamente com Danton, toma o elevador e volta. Encontram Getúlio na porta. E o Oswaldo: 'Getúlio, nós precisamos de você; você tem que terminar o seu governo'. E aduziu considerações de toda ordem. Getúlio ouviu tranqüilamente. Quando terminou, virou-se para o Danton e disse: 'Olha, Danton, daqui por diante tu precisas ter mais juízo. E quanto a ti, Oswaldo, ouvi tudo quanto acabas de declarar, mas eu pesei todos os prós e todos os contras e cheguei a uma conclusão. Solução menos ruim é o meu sacrifício pessoal' – e bateu com a porta. Isso me foi narrado pelos dois, tanto pelo Danton, quanto pelo Oswaldo".

A tarde e a noite de 23 fora do Catete

O dia 23 de agosto amanheceu ameaçador. Não havia mais nenhuma notícia que merecesse crédito porque todas elas inchavam-se, em boatos disformes. Pregava-se a renúncia de Vargas, como uma necessidade inadiável. Falava-se na reação, na descida da Vila Militar, fiel ao presidente, para dominar os focos da conspiração.

O líder da UDN, deputado Afonso Arinos, retrata o ambiente de inquietação e conta que, de madrugada, em companhia de seus colegas Bilac Pinto e Mário Martins e de seu filho Afonso, foi à casa do brigadeiro Eduardo Gomes, à cata de informes seguros.

A Câmara dos Deputados, que servira de caixa de ressonância durante a crise, na tarde de 23 ainda era palco de pronunciamentos. Afonso Arinos discursou, reafirmando o ponto de vista da oposição e a solução que preconizava. Lembrou o episódio ocorrido com o presidente francês Jules Grèvy, que se defrontou com grave crise política: "No momento em que ficou absolutamente certo, irrespondivelmente provado que a intimidade de sua casa, através da ação deletéria de familiares seus, tinha transformado o Palácio do Eliseu num antro de vergonhosa negociata – o assunto emocionou a Nação e o genro do presidente, Wilson, foi denunciado e indicado como corrupto e corruptor. As provas recolhidas no seu arquivo demonstraram o mal de corrupção que avassalava o organismo da Presidência. Estabeleceu-se um debate que durou muito tempo – cerca de um mês. O País foi abalado até os fundamentos da sua resistência e até os limites da sua tranqüilidade. Vacilava o presidente em compreender que não era a sua posição individual que estava em jogo, mas a honra do regime e o restabelecimento da confiança no poder; que nunca jamais se articulara a acusação de ter participado diretamente nos crimes de que eram acusados os seus familiares; em compreender que a crise precisava ter fim e que esse fim só chegaria com o restabelecimento da confiança no Poder Executivo, através da sua própria renúncia. Foi assim, sr. presidente, que, em novembro ou dezembro de 1887, compreendendo, afinal, a necessidade de restaurar a paz, reencaminhar o País na senda da dignidade e da honra, o presidente Jules Grèvy mandou à Assembléia Francesa a carta da sua renúncia. Assim estamos nós, neste momento, convencidos. Não foi, em qualquer dos pronunciamentos aqui verificados, o presidente da República retaliado, pessoalmente, na sua honra, ou jungido, pessoalmente, ao pelourinho das acusações. O que aqui dissemos foi que o País, provavelmente, não se restauraria; que não era possível a uma autoridade, que chegou aos limites do abandono e da demissão a que chegou a autoridade presidencial, reestruturar-se politicamente".

Estabelecia-se, na comparação, uma analogia desde logo incriminatória da família de Vargas, como envolvida no crime da rua Toneleros. O que não era verdade e ficaria exaustivamente demonstrado no inquérito procedido no Galeão.

O líder da UDN tinha, essa noite, um convite do vice-presidente Café Pilho. Era uma conversa a sós, em seu apartamento. Café formulara, em discurso no Senado, naquela tarde, seu apelo a Vargas pela dupla renúncia:

"Conversamos, debatemos e trocamos pontos de vista sobre a situação. E declaro à Casa, e afirmo à Nação, que, profundamente emocionado pelos acontecimentos, este homem, a cujo partido não pertenço, de cujo estado não sou originário, este homem de quem nunca fui, nem sou, amigo pessoal, falou-me com o coração nas mãos e com lágrimas nos olhos que a sua decisão de renúncia dupla era o último serviço que, como patriota e como democrata, ele tinha pretendido prestar à República. Este é o meu depoimento"[1].

1. Afonso Arinos de Melo Franco. *A escalada* (memórias). Rio de Janeiro: José Olympio, 1965, p. 343.

A última reunião ministerial

José Américo de Almeida e Oswaldo Aranha eram os últimos companheiros do movimento de outubro de 1930 que ainda estavam ao lado de Vargas na reunião ministerial de 23 de agosto de 1954. Deles ficaram vários depoimentos sobre os últimos dias do presidente. A entrevista, publicada em *O Cruzeiro* de 2 de outubro de 1954, concedida a Yedo de Mendonça, tem a vivacidade de um flagrante, pleno de autenticidade e de emoção do trágico desfecho que previra e de cujos antecedentes participara.

José Américo de Almeida morava à av. Nossa Senhora de Copacabana e vivia a inquietação que empolgava a cidade e preocupava mais ainda os membros do governo e os amigos do presidente.

Ele atendera ao chamamento do companheiro na campanha da Aliança Liberal, esquecendo agravos, para ocupar o Ministério, onde se mantinha arredio dos bastidores políticos, realizando uma obra administrativa imensa e silenciosa. Nem assim conseguira imunizar-se dos reflexos da crise que ameaçava as instituições:

"O presidente era o mesmo enigma que eu conhecera em 1930, refratário a toda confidência. Talvez ainda mais impenetrável, mais hermético, o que era próprio de sua formação avessa ao debate pessoal e de sua sobriedade de conceitos. Procurei arrancar sua impressão sobre o que se passava, galvanizando a opinião geral. E, abrindo uma brecha na reserva indecifrável, deplorou ele, num tom de revolta e de amargura, como se estivesse recebendo, novamente, o impacto do bloco de granito da estrada de Petrópolis: 'Era o pior que podia acontecer! Sobretudo neste momento!' Tinha a face arroxeada, como uma onda mortal de comoção.

Depois, estourou a bomba. Irrompeu o escândalo do arquivo criminoso, como um cano de esgoto que se tivesse arrebentado, a expelir a podridão secreta e ameaçando infectar altas esferas que lhe eram estranhas.

Tudo confluiu pela forma inelutável do que tem de acontecer, por uma determinação irrevogável, para a elaboração do desfecho fatal. A conspiração que evoluía, à espera de um motivo que pudesse autorizá-la (seria um contragolpe ao golpe problemático), adquiria, espetacularmente, por obra do acaso, essa configuração moral.

Fiquei pasmado. E, no primeiro despacho com o presidente, falei-lhe nisso.

Custava-me permanecer no meu posto depois dessas revelações escabrosas de violência e traficância, conquanto não me tivesse faltado, uma só vez, o apoio necessário para poder reprimir todo aproveitamento ilícito, como a indústria das tarefas, exploração inqualificável que vinha de longe.

Chocado, sob a pressão de apelos impacientes que estranhavam minha presença no governo, lembro-me, insistentemente, de meus precedentes de censor público, sempre na dianteira, e não quebrei o mutismo. Mas torturava-me o dilema inexorável: um imperativo de dignidade antiga aconselhava-me a fugir, a esquivar-se desse ambiente malvisto, a preservar meu nome, enquanto outro sentimento do dever dizia-me que, muito mais feio que ficar, seria desertar, em plena crise, sem noção das responsabilidades, podendo, desse modo, praticar, além de uma injustiça, um ato de deslealdade e fraqueza.

O código de honra tem dessas contradições.

Nessa ocasião, encontrei o presidente 'siderado', como diria Oswaldo Aranha. Deixando descair o queixo, seu único sinal de depressão, não disfarçava o estado de alma de um homem desesperado.

Tinha ele que reconhecer o erro da composição da guarda que acabara defendendo-lhe a vida em trincheiras de lama.

Surgiam imputações. Mas o que estava podre não era somente esse instrumento inconsciente. Era uma sociedade a decompor-se, a acamaradar-se com o outro, com o pântano, como um sistema alarmante de dissolução moral. Profissionais da fraude e cúpidos figurões cevavam-se nessas facilidades inconfessáveis, formando uma cortina de fumaça para as operações clandestinas, como cobertura da impunidade.

Pecara o presidente pelo excesso de confiança nas pessoas que o serviam e – o que sempre lhe notei – por falta de curiosidade do detalhe.

Se do outro mundo recorda passagens do nosso último convívio, estará agradecendo a impertinência pontual de meus avisos para que se livrasse de colaboradores suspeitos.

Tornava a absolvê-lo com testemunhos indubitáveis Lourival Fontes, chefe de sua Casa Civil, e justificava seu desconhecimento dos crimes de Gregório Fortunato: 'Trinta anos de serviços criaram uma confiança que degenerou nesse abuso de confiança'.

E assim, ia eu aplacando os meus conflitos, a consciência inquieta, até que se abrisse a porta larga. Era amigo do presidente e compreendia sua tragédia. Uma tragédia surda, sem impulsos, sem explosões, desconhecendo, altivamente, a sensação de perigo, mas entremostrando uma angústia devastadora, diante dos escândalos revelados. Convicto de sua inocência, jurando pela sua inocência, não dei o exemplo da fuga, à beira do precipício. Na hora insegura, gostaria de estar de fora, mas minha natureza sensível e minha obrigação moral prendiam-me a seu lado. Fora ficando até o momento crucial que poderia devorar-me. Agora, diante dessas barreiras, só me restava agir com lealdade e bom senso, com patriotismo e coragem, podendo ter, afinal, ao contato dos acontecimentos, um papel que me resgatasse os erros, porventura cometidos.

Já encontrei a postos dois ministros: Edgard Santos, da Educação, e Hugo Faria, do Trabalho, ambos ignorando, como eu, o motivo da convocação. O primeiro sabia, apenas por ter ouvido, ao entrar, que era um movimento da Vila Militar, o que tomei no sentido de 'levante', sem fazer comentários.

Apareceu depois Mário Pinotti, titular da Saúde, com quem passei a conversar sobre os pontos de seu programa que mais me interessavam: uma campanha maciça para erradicação da bouba no 'brejo' paraibano e o plano de disseminação de postos de higiene por todas as localidades desprovidas de assistência médica.

Nisso fomos chamados ao salão de despachos, onde penetramos, justamente no momento em que vinha chegando do outro lado o presidente Getúlio Vargas, acompanhado dos demais ministros, menos o das Relações Exteriores, Vicente Rao, que estava ausente.

Ocupamos nossos lugares marcados por pastas com a indicação dos ministérios, tendo também tomado assento o marechal Mascarenhas de Morais, chefe do Estado-Maior das Forças Armadas.

Embora um pouco mais magro, o presidente estava em forma, no seu natural, sem nenhuma lividez, nem a menor alteração no semblante ou na voz que refletisse um distúrbio interior.

Dir-se-ia um despacho coletivo, de rotina, sem qualquer encenação, só com a diferença que, pouco a pouco, foi a mesa rodeada por pessoas estranhas.

Dada a palavra, primeiro aos ministros militares, a começar pelo da Guerra, para exporem a situação de seus setores em face da crise, evidenciou-se logo não haver salvação possível. O general Zenóbio da Costa confessou, sem rodeios, que um fato novo viera modificar a posição do Exército em relação ao governo: dos oitenta generais que serviam no Rio, nada menos de 35 já haviam assinado um manifesto de apoio aos brigadeiros virtualmente sublevados. No seu modo de falar, cortando as frases, aos jatos, com um vigor impressionante, reconhecia a gravidade do momento, mas dispunha-se a reagir, se assim fosse decidido. Ressalvando, porém, futuras responsabilidades, advertia, com expressiva insistência: 'Mas haverá derramamento de sangue, muito sangue'. Era um bravo que se curvara à realidade das coisas. Não mantinha nenhuma ilusão quanto às conseqüências da ofensiva.

Só o Exército permanecera fiel. E agora dividia-se, traduzindo a mentalidade hostil do Clube Militar, marcada por uma reunião tempestuosa.

O presidente estava impassível e impassível ficou, como se nada tivesse ouvido.

O almirante Renato Guilhobel já não podia ter voz ativa, dada a linha adotada pelos seus camaradas da Marinha. Tinha um ar discreto de vencido que vinha, lealmente, confirmar a derrota. E foi positivo: 'A Marinha não pensa em levantar-se nem em depor o presidente, mas já se manifestou ao lado da Aeronáutica'.

O brigadeiro Epaminondas Santos, apesar de sua dedicação, não ocultou, por igual, a impotência em que se achava, em vista da unanimidade dominante em sua arma de oposição ao governo, de arcar com o compromisso de resistência e de luta.

E todos ainda revelaram que muitos dos oficiais superiores, que não tinham subscrito documentos, participavam da mesma orientação.

Que fazer? Baqueavam as últimas esperanças anuladas pela profundidade do movimento. Era uma situação liquidada, dependente, apenas, da ação, pronta a desencadear-se, no caso de provocação. A ruptura das Forças Armadas com o governo num país de povo inerme representava sua condenação irremissível.

E o presidente não deblaterou, não perdeu a serenidade, não teve uma palavra de recriminação ou de estranheza. Era o seu temperamento e, sobretudo, a disciplina dos instintos. Observei-o, lentamente, por estar à minha frente, na outra cabeceira, interessado em colher a impressão produzida por essas declarações atordoantes. E não havia a mais leve sombra de reação. Conservava o rosto imóvel, sem mostra de decepção, como se tudo corresse na medida dos seus cálculos. Tinha esse privilégio de, em qualquer circunstância, manter a mesma compostura.

Passaram, então, a ser ouvidos os ministros civis, na ordem das colocações.

O ministro Tancredo Neves afeiçoara-se de tal forma ao presidente que se tornara, ultimamente, com justiça, confidente de seu pensamento político. E as horas de adversidade tinham, cada vez mais, aprofundado esses sentimentos. Expressou-se com vivacidade e destemor, salientando esse devotamento pessoal e exaltando as qualidades e a obra do chefe que sucumbia, estoicamente, num círculo de ferro, tentou levantar os ânimos com veemência e emoção, concitando os militares a uma atitude belicosa. Prontificou-se, enfim, a cumprir ordens.

Seguiram-se os ministros Mário Pinotti e Edgard Santos com as mesmas afirmações de fidelidade política e de convicção democrática. Estavam, igualmente, pelo que o presidente resolvesse, considerando um ponto de honra a aceitação dos mesmos percalços, quando a situação perigava.

E chegou a minha vez. Colhido de surpresa, minha reação poderia ter sido puramente instintiva; mas já tinha a mente preparada para, se dependesse de mim, encarar com realismo o colapso iminente. Dera, antes, uns passos para ver se o presidente encontraria uma saída, sem detrimento de sua autoridade e sem risco de vida, em vez da atitude extrema ditada por seu temperamento. Fora ao Catete, numa segunda-feira, fora do meu despacho, o que era raro, sugerir-lhe a conveniência de se licenciar, dando, assim, uma prova de isenção, até que se esclarecesse o crime e fossem punidos os culpados. O que eu mais visava, entretanto, era poupá-lo aos vexames que lhe seriam impostos, quando já lhe faltava o controle do governo, de braços cruzados, diante das hostilidades que o golpeavam.

Não poderei dizer que ele aceitou a idéia. Também não reagiu. Quando lhe ponderei ser tal a desordem, que, vendo as coisas de fora, talvez se decidisse a não mais voltar ao poder, não se incomodou. Transparecia-lhe ao contrário, na expressão mais aberta, uma aura de desafogo. E, quando lhe repeti que, enjoado da vida pública, desesperançado de vê-la melhorar, só sentia o desejo de evasão, pareceu dessa vez que concordava, deixando escapulir, com um acento melancólico, que também já pensara nisso. Mas, logo depois, volveu a vigorosa obstinação de conservar o poder, dignificando o mandato que recebia do povo.

Tornei a refletir. A exposição dos ministros militares não deixara nenhuma dúvida sobre a insegurança do governo e diluía-se a autoridade suprema, de transigência em transigência, para atestar a imparcialidade, até o estado de anarquia. Seria bonito lutar, mas patenteava-se a inutilidade da luta. E havia o lado moral que, no entanto, não ajudava a causa. Só restava essa perspectiva, com as três armas unidas voltadas contra o poder constituído. Diante dessa torrente irresistível, do ímpeto de força material, volatizavam-se os princípios. E a resistência teria como conseqüência o que mais me aterrava: o horror da Revolução, a calamidade da guerra civil.

Seria a ruína total, o desastre irreparável, num país esgotado, sem consistência democrática, em condições de não poder suportar tamanho abalo. Inspirava-me a experiência de nossas transformações políticas sem sangue derramado.

Chegando a minha vez, só me cumpria ser franco e objetivo. Comecei dizendo que, em vista da crise insuperável que estávamos defrontando, o nosso pronunciamento não deveria pairar num plano vago; tinha que ser conclusivo e terminante. Frisei que sem paz não haveria governo; falharia sua função essencial, porque todas as reservas destinadas a uma ação criadora seriam devoradas pelo incêndio. E, escudado no testemunho dos detentores das pastas militares, apelei para o desprendimento do presidente, exortando-o a que afugentasse com grande gesto os espectros que nos rondavam, sombrios e ameaçadores.

Conhecia o homem que tinha à minha frente. Bater-se-ia como um leão se fosse coagido ou humilhado, mas, voluntariamente, com a cobertura moral de seus ministros, seria capaz de dar uma solução pacífica às dificuldades que nos assediavam, numa hora incerta do mundo. E acabei admitindo, expressamente, a renúncia que deveria ser acompanhada de um manifesto à Nação, expondo os seus motivos.

O ministro Apolônio Sales, que eu julgava um tímido, não deu parte de fraco. Expôs o pensamento viril com o seu timbre de voz, sem nenhum nervosismo, opinando, como os outros, que a decisão final caberia ao presidente, com quem estaria até o fim. E o ministro Hugo de Faria enunciou, por seu turno, essa disposição, com serenidade e firmeza.

Só faltava o ministro Oswaldo Aranha, misto de sensibilidade e de bravura romântica, suscetível a todas as paixões, como de todos os sonhos e de todas as renúncias. Refluíam-lhe na alma revolta as afinidades gaúchas que eu supunha amortecidas em duas vidas cortadas de bruscas separações e reconciliações emocionais. Pôs-se ao lado do companheiro em perigo, do velho lutador de suas lutas, com uma revelação que só depois compreendi: o apelo à resistência pessoal. O pacto de morte para que os dois se imolassem, lutando de armas na mão contra a invasão do inimigo. Mas, trabalhando por outras emoções, não chegou a repudiar a idéia mais humana da renúncia.

O ministro Tancredo Neves teve aí a lembrança de submeter o caso ao Congresso e ouvir os governadores, o que foi impugnado por ausência de base constitucional e tendo em conta a precipitação dos acontecimentos. O que ele colimava, certamente, era apenas tomar tempo, procurando, em desespero de causa, outras medidas salvadoras.

Já ninguém se entendia. Nessa altura, o presidente, sublinhando uma expressão que eu usara, ao expor meu modo de ver, recomendou que os pronunciamentos fossem conclusivos. Reclamava uma definição que pudesse habilitá-lo a tomar uma resolução que representasse, em suma, o pensamento do Ministério, desejando, talvez, libertar-se do compromisso fatal. Já delatava certa impaciência, olhando para o alto, como se estivesse acompanhando a espiral do charuto infalível que, nesse instante, lhe faltava com sua inspiração.

Fui, mais uma vez, afirmativo. Com uma voz leal e sincera, reiterei um ponto de vista. Tinham gorado os planos de resistência. Qualquer ato de indisciplina seria tocar fogo no estopim. Interpretei o fenômeno como uma contingência de nossa debilidade democrática. O governo chegara ao extremo de abrir mão de suas prerrogativas, perdendo a possibilidade de recuperar a posição. Já esquecia tudo para olhar somente a Pátria, a pique de ser lançada no caos. E dominava-me, ao mesmo tempo, a ânsia íntima de livrar a vida de um amigo. E a renúncia seria a bem dele, de sua paz de espírito, dos anos que lhe restavam de uma existência fatigada de conquistas.

O general Zenóbio da Costa reproduziu os seus propósitos de impor a disciplina. Se recebesse ordens, prenderia os generais e poria a tropa na rua, mas – não se cansou de repisar – seria derramamento de sangue.

E eis que dona Alzira Vargas do Amaral Peixoto, filha do presidente, aproximou-se da mesa e, postando-se a seu lado, tomou a palavra. Sem levantar a voz, sem ênfase, sem nenhuma pose teatral, transfigurou a cena.

Houve um frêmito na sala. Com a entonação resoluta e uma energia singular, dirigia-se ao ministro da Guerra, a encorajá-lo, como que o intimando a uma ação imediata que resguardasse a integridade democrática. Achava que o movimento era de gabinete, de generais sem tropa, podendo, assim, ser facilmente sufocado.

E, surpreso, o general Zenóbio replicou: 'Estou disposto a agir. Agirei; só fiz ver as conseqüências'.

Manuel Vargas, também filho do presidente, secretário do governo do Rio Grande do Sul, assegurou, formulando o mesmo apelo, que seu Estado apoiaria a legalidade. Era a solidariedade do sacrifício nos estertores da crise. O sangue que falava. Ainda interveio o deputado Danton Coelho, num assomo combativo, com incentivo à reação.

E compôs-se outro quadro, aumentando a tensão, na iminência de um choque. Chegou-se o general Caiado de Castro, por trás do ministro da Marinha, inflamado na sua fé, na intangibilidade do regime. Assinalou como seria desastroso mais esse precedente contra o mecanismo constitucional do País. E, antes que terminasse, deu-lhe o ministro da Guerra uma resposta surpreendente. Ofereceu-lhe um comando para a organização da resistência, que foi logo aceito. Estavam as coisas nesse pé quando o governador Amaral Peixoto propôs a licença como solução conciliatória.

Fui o primeiro a secundar a sugestão que suscitou ligeiro debate.

E, com a mesma aparência calma, o ar tranqüilo, a fala mansa, encerrou o presidente a reunião, com estas palavras incisivas: 'Como não chegaram a nenhuma decisão, declaro que aceito a licença. Mas se vierem depor-me, encontrarão meu cadáver'. Horrorizava-o a idéia de um fim de triunfal carreira mofino e humilhante. Preferia selar com sangue a derrota. O plano da aventura extrema contra todas as forças, todas as armas, de bater-se sozinho, vinha de outros episódios. Dito isso, retirou-se, sem se despedir, sem mais uma palavra.

Tinha, então, o passo firme, mas a testa franzida, a fisionomia quase carregada. Era só decisão. Parecia resignado à fórmula incruenta, conformado com o alvitre pacificador. Mas premeditava o ato heróico se fossem desfeiteá-lo. Receberia a bala qualquer intimação para deixar o governo. E já tinha guardado o documento dessa determinação da fibra indômita.

Finda a reunião, formaram-se grupos, comentando os fatos, com uma visível sensação de alívio.

Achava-me à porta, numa sala fechada, com Amaral Peixoto e Oswaldo Aranha, quando me ocorreu advertir: 'E o ministro da Guerra? Saiu irritado, disposto à ação. Mandem chamá-lo'. Oswaldo Aranha providenciou, sem perda de tempo, dominado pelo mesmo cuidado.

Já foi encontrado descendo a escada para cumprir a palavra dada de atuar com energia. Ia nessa disposição.

Ao voltar, fiz-lhe esta justa confissão: 'O senhor foi correto até aqui. Tive ocasião de dizer ao presidente que, se não fora sua presença no Ministério da Guerra, teria sido ele deposto desde o segundo dia da crise'.

Numa troca de impressões com o marechal Mascarenhas de Moraes, tive a fortuna de merecer uma referência abonadora de minha conduta na reunião. 'O senhor foi objetivo'.

O licenciamento proposto não sofreria objeções se houvesse da parte de todos discernimento do seu alcance. Por isso pedi a Oswaldo Aranha que, logo cedo, procurasse o brigadeiro Eduardo Gomes, com quem sempre se comunicava, para explicar-lhe as vantagens dessa fórmula: não provocaria reações nem comoção popular e seria uma ressalva para os chefes militares por não violentar a Constituição.

E comprometi-me a falar sobre o assunto com o general Juarez Távora, que estivera comigo, três dias antes, no Ministério da Viação, para tratar da construção de um açude, mas ventilando, de passagem, a questão político-militar.

Enquanto isso, Tancredo Neves redigia a nota da reunião.

Tudo havia serenado, mas eu andava preocupado. No meu coração intranqüilo, acumulavam-se presságios, por esta sensibilidade, muito minha, das nuvens que se aproximavam.

Tocado por tantos pressentimentos, despertei a índole cordial de Oswaldo Aranha: 'Acabamos de salvar o Brasil da revolução; vamos salvar agora a vida de Getúlio Vargas'.

Já tinha ido procurá-lo em seu gabinete para um exame desse caso pessoal: 'O presidente tem muitos amigos, mas nós dois, homens de 1930, temos para com ele compromissos mais íntimos. Vamos preparar uma saída menos trágica, vamos poupar-lhe a vida'.

Ele ouviu e retrucou: 'Em vez de licença, seja logo a renúncia'. Considerava, naturalmente, a licença inexeqüível.

Abracei dona Darcy Vargas, minha grande amiga, única pessoa da família do presidente com quem me dava com essa cordialidade, benfeitora da Paraíba, sempre presente nas suas calamidades, abracei-a, solicitando-lhe, comovido, que, nessa adversidade, fosse o anjo da paz, ao que ela respondeu sorrindo: 'Se ele levar uma bala, quero também levar outra'.

Voltando a casa, ao clarear do dia, saturado de emoções, não consegui dormir.

Foram chegando alguns amigos curiosos da noitada trepidante. E eis quando, passadas algumas horas, um deles, aturdido, saltou, com um grito de espanto, precipitando-se para o rádio que ainda reproduzia a notícia estarrecedora: "O presidente Vargas acaba de suicidar-se'.

Corri ao Catete. E por onde passava via um povo estupefato, na maior consternação, chorando o seu ídolo, o homem simples que gostava dos simples e tinha o segredo proverbial de fazer amizades.

Atingido o Palácio, rompi a onda, vendo máscaras convulsivas e ouvindo exclamações de desespero. Filhos do Sul, afeitos a lutas mortais, em espasmos de sensibilidades trituradas, não continham o pranto. Nunca vi tanta lágrima. O quanto pode um ser humano sofrer sofria essa gente amargurada, numa dor sufocada ou rebentando em soluços que explodiam como urros de maldição. E lá fora as multidões inconsoláveis esperavam a visitação – a hora funesta dos desmaios coletivos, de corações que não resistiam à brutalidade do choque.

Entrei no quarto. Lá estava ele estendido, muito pequeno, na plenitude de suas energias, com o peito varado. Não agüentei. Saí por não poder agüentar.

Perguntei a Oswaldo Aranha, três vezes, as causas do desenlace, sustentando: 'Mas houve um motivo novo. Ele não ia suicidar-se'. O documento que aparecia era para a resistência.

Fora a solução shakespeariana do homem que, desamparado, despojado de seus títulos, ao despertar, no ambiente matinal que é um convite à vida nova, via fugirem todas as suas razões de ser, ao impacto das últimas impressões que lhe eram ministradas. E, então, só distinguiu o vácuo que o devorou com uma atração de abismo.

Ferira-se no coração, no grande coração de amigo que o matara. Não tendo a quem enfrentar, enfrentou a morte. Deu grandeza ao epílogo"[1].

---

1. Entrevista de José Américo concedida a Yedo de Mendonça, publicada em *O Cruzeiro*, 2-10-1954.

"Alzira, seu pai!"

"...alguém me segurou pelos ombros e disse:

– Alzira, seu pai!"

Foi esta frase simples e expressiva que despertou a filha de Getúlio Vargas do torpor em que jazia, no corredor, os olhos fixos na porta do quarto do presidente.

Não começa por aí o seu depoimento dramático. Começa por aquele período agitado da República do Galeão. O filho de Getúlio, Lutero, fora chamado para depor. O ministro da Aeronáutica ainda era o brigadeiro Nero Moura – aconselhou a apresentar o comandante João Adil de Oliveira, que fora contemporâneo de Lutero no Colégio Militar. Alzira recorda que era noite quando Lutero voltou do Galeão e redigiu a nota que seria transmitida pelo rádio. Recorda perfeitamente esse dia por dois fatos importantes: 1º) foi essa a única noite em que Lourival Fontes ficou no Catete, enquanto o general Caiado de Castro dormia no chão, não tendo se afastado do Palácio durante todo o período da crise; 2º) foi nesse dia que o major Hernani Fittipaldi, ajudante-de-ordens, chegou com o famoso bilhete[1] escrito a lápis. Alzira lhe disse.

– Espera um pouco, que estou ocupada.

AV: Eu estava ouvindo o resto da gravação do Lutero, junto com o Tancredo e o Lourival, que estavam acabando de corrigir a ortografia. Depois eu fui a ele. Então ele me disse:

– Olha aqui, o "olho bobo" estava arrumando os decretos do presidente e encontrou isto. O que é que a senhora acha?

Eu disse:

– Me dá.

Coloquei o papel no bolso e subi. Chamei o Benjamim e disse:

1. Bilhete encontrado pelo ajudante-de-ordens de Getúlio Vargas, escrito a lápis, cujo conteúdo foi aproveitado no texto da carta-testamento.

– Olha, Beijo, você é farmacêutico do interior, e farmacêutico do interior é meio médico. Então, vem cá comigo.

Fui ao ajudante-de-ordens e perguntei:

– Papai tomou alguma coisa hoje, tomou algum remédio?

– Não.

Eu disse então ao Beijo:

– Vem ver a respiração dele.

O Beijo tomou o pulso, ele estava dormindo.

– Está normal, por quê?

Eu saí com ele e mostrei o bilhete. Ele disse:

– Não, está tudo bem, não te preocupes.

Eu respondi:

– Está bem, amanhã eu vou interpelá-lo.

No dia seguinte, de manhã cedo, fui para o Catete. Não fui para Niterói naquele dia. Esperei por ele – ele estava fazendo a barba e lhe disse:

– Ora, rapariguinha, onde é que você achou isso?

Eu respondi:

– O senhor faça o favor de ter mais cuidado com as suas coisas, porque quando não sou eu que estou cuidando, o senhor as vai espalhando por aí. E assim como foi o "olho bobo" de um amigo, podia ter sido um inimigo a pegar isso. Ele disse:

– Me dá, não é o que tu estás pensando, fica tranqüila.

Me deu o braço e ficou com o bilhete na mão. Eu nunca mais encontrei esse bilhete. Não sei se ele o destruiu. Encontrei depois, escrito pela letra dele, quase todo o texto da carta, a lápis, menos as cifras, que foram mais tarde inseridas pelo Maciel, segundo o depoimento do Miguel. Esta frase foi aproveitada na carta.

Então, começaram a surgir os vários mandantes, cada dia era um. Eu me recordo que houve um dia em que a mandante era eu. Mas não durou muito tempo, porque à noite o promotor que estava fazendo o inquérito me telefonou, foi meu colega de Faculdade de Direito, e me disse:

– Olá, Alzira, fica tranqüila, não há nada contra você.

Era o João Batista Cordeiro Guerra, o Guerrinha, hoje ministro do Supremo. Eu respondi:

– Ora Guerrinha, que besteira! Então eu sou a única que não dura nem 24 horas?

Ele me disse:

– Alzira, você está brincando com coisa séria.

Eu repliquei:

– Não, estou gozando, porque afinal de contas me imputarem de mandante de um negócio desses é besteira.

Ficou nisso a conversa. À noite, meu irmão, Manoel Antônio, que tinha casado e estava em lua-de-mel na Europa, chegava e eu disse:

– Eu vou ao Galeão recebê-lo – já estava instalada a República do Galeão.

O comandante Lúcio Meira, que era o subchefe da Casa Militar, me disse:

– Você não vai.

– Vou, meu irmão chega, então não vou recebê-lo?

– Então eu vou junto.

O Tancredo não foi, tentou me impedir de ir. Ele disse:

– Alzira, você não tem nada o que fazer lá.

– Eu vou!

E fui com o comandante Meira junto. Nós entramos, recebemos meu irmão e voltamos. Passados os dias, surgiu o tal negócio da venda do campo, que pertencia a meu irmão, Manoel Antônio, e que foi vendido por intermédio do Jango. Porquanto, não foi vendido ao Gregório, parece que era um testa-de-ferro dele. Logo, meu pai estava completamente alheio a isso, e Maneco também. Meu pai não sabia que ele tinha vendido.

MARIA CECÍLIA RIBAS CARNEIRO: Mas isso não influi.

ALZIRA VARGAS DO AMARAL PEIXOTO: Influi, porque foi uma das causas apontadas como o "mar de lama". "Mar de lama", aliás, de que eu nunca ouvi meu pai falar. Em todo caso...

MC: O Tancredo diz que assistiu à cena da chegada do Maneco ao Palácio, e que seu pai, antes de cumprimentá-lo pela chegada, logo perguntou sobre a venda da fazenda. O Maneco confirmou que a tinha vendido, seu pai teria fechado a cara para ele, e desde esse momento o dr. Getúlio nunca mais fora o mesmo.

AV: Não sei. Esse encontro confesso que não assisti, e portanto não posso afirmar nem negar. É possível que tenha acontecido, mas não posso garantir. Sei que meu pai ignorava o fato, e que isso foi jogado em cima dele como tendo vendido bens ao Gregório. Na realidade, o Gregório, no segundo governo, não era o mais mesmo. Tinha se modificado completamente e chegou a me dizer uma vez:

– Eu entrei pobre e saí pobre. Agora não pretendo sair pobre desse governo.

Mas isso são detalhes.

MC: O Tancredo diz que o dr. Getúlio tinha passado uma procuração para o Maneco vender a fazenda, a fim de pagar dívidas de sua campanha eleitoral.

AV: É possível, porque ele vendeu inclusive o terreno que ele tinha na Lagoa para poder custear a campanha. Eu me recordo que papai teria dito:

– Quando é que Manoel Antônio chega?

Eu respondi:

– Dia 18 – dia 18 ou 19, não estou bem certa.

– É capaz de ele chegar tarde para o enterro.

– Não amola, pai.

Isso foi depois do negócio do bilhete, de modo que eu andava alertada. Passaram-se os dias. No dia 23 de agosto, ao meio-dia, mais ou menos, eu estava no meu plantão dentro do Palácio do Catete. Eu havia mandado checar várias unidades e estava em poder da lista dos generais que haviam assinado o tal manifesto. Eram treze, e não oitenta.

MC: Isso é importante, porque até hoje não consegui os nomes.

AV: Eu tenho. Não sei onde é que está, mas tenho. Mas eu tinha um amigo que estava nos Fuzileiros Navais. Mandei chamá-lo e perguntei:

– O que é que há? Pergunta ao Camargo o que está acontecendo lá.

– A resposta do Camargo é que os fuzileiros não se mexem da ilha, a não ser que sejam atacados.

– Ótimo, é só o que eu quero saber.

MC: Almirante?

AV: É, almirante Camargo. Depois, chequei Santa Cruz, que naquela época era a única base que tinha alcance de vôo por mais de cinco minutos, porque o resto não tinha; e a Vila Militar, que era toda ela nossa. Terminado isso, chega o senador Francisco Sá Tinoco com uma folha de papel mimeografada, me entregou e disse:

– Olha, Alzira, eu vim correndo entregar isso a você. É um discurso que o Café está pronunciando agora no Congresso. Eu só vim entregar e vou voltar correndo, porque ele ainda está falando.

Pela primeira vez interrompi um despacho de meu pai. Entrei, e ele estava conversando com o ministro Tancredo Neves. Entreguei o papel a ele e disse:

– Esse discurso o Café está fazendo agora no Congresso.

O Tancredo disse:

– Então o Café faltou com a palavra!

Meu pai passou o papel ao Tancredo e eu saí dizendo:

– O senhor me desculpe, mas eu achei que isso era importante..

Passei a tarde inteirinha no Catete fazendo as minhas ligações, inclusive falando com alguns generais. Quando eu estava nesses despachos, o Aluísio me mandou o recado de uma pessoa que trabalhava numa multinacional, dizendo: A inana é para amanhã, dia 24. Eram mais ou menos onze e tanto da noite, quando eu entrei e encontrei meu pai conversando com o José Soares Maciel Filho, que era então presidente da Sumoc e diretor do Banco de Desenvolvimento. Eu disse:

– Já que o senhor está acompanhado, eu vou em casa hoje, porque há três dias que não vou a Niterói. Eu preciso ver a minha família, vou dormir lá. Olha, papai, o negócio é para amanhã. Cedinho eu estou aqui, mas eu tenho que ir em casa hoje.

– Está bem, pode ir tranqüila, minha filha.

Quando eu estou descendo do elevador, encontro o comandante Lúcio Meira, que me fez parar e diz:

– Você não vai agora.

– Mas é claro que eu vou. Eu não posso deixar de ir, há três dias que eu não vou a Niterói. Eu tenho que ver a minha tribo, minhas crianças estão esperando lá.

– Não, você vai perder essa barca.

– Não posso, porque daqui só tem barca de hora em hora, se eu perder essa, não chego nunca.

– Não, você antes de ir tem que conversar com o general Caiado, porque ele está muito nervoso e muito apreensivo. Você precisa transmitir a ele um pouco de otimismo, porque ele recebeu a visita do Eduardo Gomes e do Juarez Távora e está muito nervoso.

Eu então desci, fui ao gabinete do general Caiado e disse a ele:

– Olha, general, o que está acontecendo é isso, mas a Vila está conosco e não há perigo nenhum.

– Está bem, então vou ficar mais tranqüilo.

Tomei a barca e fui para Niterói. Quando chego a Niterói, encontro o Palácio do Ingá aceso e o Ernâni, que me esperava no alto da escada, me diz:

– O negócio piorou muito. Nós temos que voltar imediatamente. Não despache o carro.

– Mas como?! Eu estou chegando de lá agora e deixei tudo em paz.

– Então telefona.

Eu fui para o telefone e me disseram:

– Venham imediatamente!

Ernâni ainda me disse:

– Não podemos deixar as meninas aqui, nem as coisas de maior importância. Vamos deixá-las na casa de um amigo nosso.

– Não, neste caso vamos todos para o Rio.

Viemos em dois carros. Telefonei para a Zilca e pedi a ela que ficasse no apartamento com as meninas, enquanto Ernâni e eu íamos para o Catete. Foi feito isso. Quando cheguei lá, subi, e o único ministro que já tinha chegado era o Oswaldo, que estava conversando com meu pai. Depois chegaram os outros ministros. Papai disse:

– Já estão todos aí, então vamos descer.

Nesse momento o Oswaldo me puxa pelo braço e me diz:

– Minha filha, eu tenho muita confiança na intuição das mulheres, e sobretudo na tua. Me diz o que é que nós devemos fazer.

Me passou um frio pela espinha. Pela primeira vez, em todo esse episódio, eu senti a tragédia de perto e disse:

– Dr. Oswaldo, no momento eu não consigo pensar. O senhor desce, e daqui a pouco eu lhe digo uma palavra.

Fiquei na janela do Palácio pensando um pouco e depois desci. A reunião já havia começado. Estavam sentados todos os ministros – com exceção do ministro Vicente Rau, que estava em São Paulo –, e mais o Ernâni e o general Mascarenhas de Moraes. De repente, eu entrei, e atrás de mim entrou todo mundo. Entraram Maneco, mamãe, Danton, que já não era mais ministro, e os ajudantes-de-ordens entraram todos. Estou quieta no meu canto, ouvindo. Havia de tudo na cara dos ministros. Havia indecisão, havia medo, havia coragem também, mas havia sobretudo uma grande indecisão. Estava com a palavra o general Zenóbio, dizendo que eram oitenta os signatários do famoso Manifesto dos Generais. Não me contive e disse:

– Desculpe, papai. Escute, general Zenóbio, isso que o senhor está dizendo é uma mentira. Não é verdade que sejam oitenta os signatários, até agora só assinaram treze. O Manifesto está fechado no cofre do general Nicanor. Os outros assinarão depois. Nenhum dos que assinaram, a não ser o general Lott, é comandante de tropas, são todos de gabinete.

ERNÂNI DO AMARAL PEIXOTO: O Lott não era comandante de tropa!

AV: Era comandante de tropa em São Paulo. E continuei: – E assim mesmo, o general Lott não comanda no Rio. Portanto, é uma resolução de gabinete e o senhor sabe disso.

Depois, virei-me para o ministro da Marinha, almirante Guilhobel, e disse:

– O senhor sabe, tão bem quanto eu, que os navios não estão em condições de atacar ninguém. A única tropa que o senhor tem é a dos Fuzileiros Navais.

– É verdade.

– Eu estou lhe dizendo que tenho certeza que os Fuzileiros Navais não sairão, a não ser que sejam atacados.

– Eu também sei disso.

Virei-me para o ministro da Aeronáutica, que já era então o Epaminondas, e disse a ele:

– Brigadeiro, o senhor sabe, tão bem quanto eu, que a única unidade em condições de marchar, ou de fazer alguma coisa com independência de vôo, é Santa Cruz, e esta unidade está sob o comando do coronel Osvaldo Pamplona, que foi ajudante-de-ordens do papai e, portanto, é fiel.

– É verdade. E sei também que quem está fazendo esta mexida toda é o Eduardo Gomes. Mas eu não tenho como prendê-lo, porque não tenho tropas. Se o general Zenóbio me der tropa, eu prendo. Só não posso prendê-lo embaixo da minha cama.

Foram as palavras textuais do brigadeiro Epaminondas. O almirante Guilhobel virou-se então para meu pai e disse:

– Presidente, estou vendo que o senhor é um homem que tem o destino de ser traído pelos seus chefes militares.

O general Zenóbio ficou pálido e disse:

– Eu tenho essa informação da Vila Militar mesmo! Eu sei, falei agora, não quero citar nomes!

EAP: O Zenóbio virou-se para o Guilhobel, como se fosse agredi-lo, e falou: – O que é que o senhor disse?!.

AV: Não, isso foi para o Caiado de Castro.

EAP: Está no livro do Guilhobel. Ele virou-se para o Guilhobel e perguntou:

– O que é que o senhor disse?!

– Eu estou dizendo ao presidente que o destino dele é ser traído pelos chefes militares. É o que está acontecendo neste momento.

AV: O general Zenóbio ficou pálido e, não podendo agredir mais ninguém, agrediu o general Caiado de Castro, que era meio surdo. Começou a falar, e o Caiado, surdo, pôs a orelha em concha:

– O que é o que o senhor disse?

O general Zenóbio:

– Eu te dou uma tropa para comandar e você vai fazer.

– Ah, pois não, eu aceito.

No momento em que eu entrava na sala, havia um telefonema do Juscelino, governador de Minas, para o ministro Tancredo. Eu então escrevi a lápis um recado: "O ministro Tancredo não pode sair, neste momento está em reunião. Avise a ele para telefonar mais tarde". Passei um bilhete para o Tancredo e coloquei embaixo: "Resista" – e fiz o mesmo sinal para o Oswaldo: "Resista". Depois que terminou, meu pai disse:

– Já que meus ministros não decidem, eu delibero: mantenham a ordem no País, e eu peço uma licença.

Acabou a reunião, nós subimos todos com o papai. Quando eu estou subindo no elevador, encontro com o Maciel. Eu relatei o que havia sucedido e ele me perguntou:

– E o Zenóbio?

– O Zenóbio está junto com os ministros, redigindo a nota.

– Mataram o meu velhinho!

– Maciel, calma, o Oswaldo e o Ernâni estão lá embaixo junto com eles, não te preocupes.

Ele ficou quieto. Eu entrei, e papai então tirou uma chavezinha que ele tinha no bolso do paletó, e disse:

– Olha, se me acontecer alguma coisa, você sabe que esta chave abre este cofre, e neste cofre existem alguns valores que são da Darcy e uns papéis que são da Alzira.

– Ora, papai, não amola!

Nesse momento, entrou o ajudante-de-ordens:

– Presidente, o senhor foi macho mesmo, vamos comemorar!

– Não, eu vou dormir.

Foi para o quarto, e logo depois subiram o Tancredo, Oswaldo e Ernâni para mostrar a nota. Eu olhei e disse:

– Esta palavra aqui está errada, não foi isso o que ele disse.

– Então, você entra lá e pergunta a ele.

Eu entrei e disse:

– Papai, a nota não está certa.

– Não amola, me deixa dormir, eu não quero saber.

– Então eu posso corrigir?

– Não me amola, diz para eles que eu estou dormindo.

MC: Você teria dito que você, dr. Oswaldo e Tancredo tinham lido a nota e que estavam todos de acordo. Dr. Getúlio então teria dito: "Se estão todos de acordo, publiquem!.

AV: Não, ele não tomou conhecimento da nota. Ele se recusou. O Oswaldo teve então esta frase:

– Nós já salvamos o Brasil, agora precisamos salvar a vida do Getúlio.

Eu então fiquei repensando os meus contatos militares, inclusive com o general Ciro do Espírito Santo Cardoso, que tinha sido chefe da Casa Militar. Eu havia combinado com ele que, em caso de extrema necessidade, ele comandaria uma contra-ofensiva. Deviam ser umas quatro ou cinco horas da manhã quando entraram dois oficiais do Exército. Aí nossas opiniões divergem. Eu tenho a impressão de que um deles era o Mozart Dornelles, e o Ernâni acha que foi o Danilo Vargas. Chegaram com o Beijo ao segundo andar. Os dois ficaram sentados em frente a mim, e o Beijo entrou no quarto de meu pai. Vendo que ele estava acordado, entrei em seguida e disse:

– O que é que há?

Ele me disse:

– Vieram buscar o Beijo para depor no Galeão.

– E o que é que o senhor disse?

– Eu disse que, se quiserem o depoimento do Beijo, que venham buscá-lo aqui, hoje ele não pode sair.

– Já que foi essa a sua resposta ao Beijo, eu quero te comunicar que eu andei fazendo umas travessuras, inclusive mantendo certos contatos militares. Quero saber se posso continuar e se, no caso de alguma coisa acontecer, o senhor me dá resguardo.

– Não amola, pode fazer o que quiser.

Eu insisti. Ele então me respondeu:

– Você sabia que o Zenóbio já tinha sido convidado para ministro da Guerra do Café?

– Por que é que o senhor não me disse isso ontem, a coisa seria completamente diferente!

– Não adiantava mais nada. Vá dormir, não me amola mais.

Eu saí, voltei para o meu plantão, esperando as informações do resultado da reunião dos generais, porque o general Ciro e o coronel Dulcídio Cardoso, seu irmão, que era então prefeito, tinham ficado de me telefonar naquela ocasião. Vi quando meu pai levantou de pijama, passou pelo corredor, foi até o gabinete e voltou. O revólver sempre esteve na mesinha dele. A minha impressão é que ele foi apanhar a carta, que foi encontrada em cima da mesinha-de-cabeceira dele, em pé, atrás do abajur. No momento em que estou falando ao telefone, não vi quando o Beijo entrou no quarto dele pela segunda vez, quando comunicou o que o Âncora havia mandado dizer. Vi quando o garçom foi perguntar a ele se queria tomar café. Ele despachou-o, dizendo que mais tarde. Ele saiu, foi ao gabinete e voltou, e eu então fui atender o general Ciro ao telefone. O general me comunicou que o general Zenóbio havia dito que a licença era definitiva, porque, quando viu que o licenciamento era por dois meses, neste caso o Getúlio voltaria muito fortalecido, e então o Zenóbio fora obrigado a dizer que o licenciamento era definitivo. Quando eu estou ouvindo isso, antes que eu pudesse dizer ao general qualquer coisa, alguém me segurou pelos ombros e disse:

– Alzira, seu pai! Alzira, seu pai!

Eu saí correndo feito uma doida e me joguei sobre o corpo dele. Ele ainda estava vivo e tive a impressão de que esboçava um sorriso. Olhei para o médico, que estava ao lado, e ele me fez sinal de que não havia solução. Eu fiquei feito petrificada. Chegou a polícia, queriam vesti-lo, e disseram:

– Você agora tem que sair do quarto.

Eu saí, mas, quando eu estava entrando no gabinete dele para me isolar, de repente me lembrei da chave e gritei:

– A chave, eu quero a chave!

Pensaram que eu tinha enlouquecido, era natural. Fui procurar no bolso da roupa, não estava. Ele provavelmente tinha posto no bolso do pijama para abrir o cofre e retirar a carta. A chave foi encontrada debaixo do corpo dele. Eu entrei, nem vi o que ele tinha apanhado. Peguei tudo o que tinha dentro das gavetas, botei dentro de uma pasta e fiquei quieta. Só mais tarde é que eu vim a encontrar o terceiro exemplar da carta, não assinado, e uma outra, mal batida – devia ter sido batida por ele próprio ou por algum principiante –, que estava assinada. E uma terceira, a lápis, sem as cifras, escrita do próprio punho dele, que também está comigo.

RAP: Era o esboço da carta.

AV: Eu passei o resto do dia sentada na poltrona de frente para ele, sem poder chorar até a hora de ir embora, quando recebo a comunicação da morte da minha tia, que, ao ouvir a notícia da morte dele, caiu fulminada. Foi então que me disseram:

– O governo mandou oferecer honras militares e quer saber onde o dr. Getúlio vai ser enterrado, se em São Borja ou aqui.

Eu tive uma explosão:

– Mas tudo eu é que tenho de resolver?! Perguntem a mamãe!

– Ela mandou dizer que você é quem decide.

– Então ele vai para São Borja, e não quero honras militares. Ele volta para a terra dele.

Daí em diante, foi tudo uma confusão dentro da minha cabeça, e confesso a você que não tenho condições de continuar.

HS: Alzira, você me perdoe eu estar insistindo nisso, mas não é apenas uma homenagem à verdade, é uma homenagem ainda a seu pai. Eu preciso fazer ainda algumas perguntas. Uma delas é a seguinte: Benjamim Vargas entrou duas vezes no quarto de seu pai. Na primeira vez, ele teria comunicado que estava convidado para ir ao Galeão – isso para mim é muito importante. Na segunda, ele transmitiu a comunicação do Âncora. Há uns pontos que eu desejaria precisar. O Âncora já tinha deixado de ser chefe de Polícia. Neste dia era chefe de Polícia o Paulo Torres. O Âncora tinha assumido um comando qualquer. Se Beijo Vargas na primeira visita comunica que ia ser chamado ao Galeão, em que visita ele teria dito: "Você também vai depor" – porque isso o Beijo Vargas disse a mim, mas não detalhou se foi na primeira ou na segunda visita.

EAP: Isso eu estou ouvindo pela primeira vez.

AV: Só pode ter sido na segunda vez, porque na primeira ele respondeu como presidente da República:

– Você não vai, e se eles quiserem ouvir você, terão de vir aqui.

EAP: Isso é fácil de apurar, porque o Umbelino está aqui no Rio, que foi um dos portadores da notícia. Ele é sobrinho do presidente, filho do Viriato.

HS: Eu estive com Beijo Vargas várias vezes no apartamento dele, creio que na Sá Ferreira. Uma vez fui com o Napoleão Alencastro Guimarães e outra com o Lourival Fontes. Recordo-me bem dessas vezes que fui lá. Ele falava comigo com muita franqueza e me declarou isso. O depoimento que eu tenho do

Caiado de Castro relata mais ou menos a mesma coisa, e ele teve a expressão muito rude: "O presidente morreu de um coice do Beijo Vargas". Eu nunca admiti que tivesse sido voluntário, mas talvez tivesse cabido a ele essa triste missão de ter feito a revelação. Eu gostaria que o senador, que esteve presente também naquele momento – uma ocasião eu ouvi até uma reconstituição desse episódio, feita na televisão –, desse o seu depoimento.

EAP: Eu estava em Niterói com a Alzira, e viemos. Quando eu cheguei, o Tancredo estava saindo do gabinete do dr. Getúlio. Entrei, sentei-me na frente dele, ficamos conversando, os ministros todos chegando, já havia alguns lá embaixo. Ele pegou duas folhas de papel e assinou uma, dobrou-a e botou no bolso. Eu pensei que fosse alguma exposição que ele fosse fazer na reunião. A caneta com que ele assinou, que usava em cima da mesa, está em meu poder. Era uma caneta de pena antiga que ele usava, e que no dia seguinte eu recolhi. A certa altura, comunicaram que todos já haviam chegado. Ele então disse:

– Vamos descendo. Já estão todos aí, vamos liquidar logo essa reunião.

Eu achei que durante a reunião ele estava inteiramente desinteressado do que se falava. Ele já havia tomado a resolução dele. Depois é que eu concluí isso, porque ele estava inteiramente alheio, era como se ele fosse um estranho naquele meio. Ele olhava indiferente. Só houve uma intervenção violenta, no final:

– Já que os ministros não decidem, eu tomo a minha decisão: mantenham a ordem e eu entrarei com o pedido de licença.

Levantou-se, despediu-se dos que estavam mais próximos e saiu. Eu fiquei com o Oswaldo, Tancredo, Caiado e mais umas pessoas que não posso recordar no momento. O Tancredo ficou redigindo a nota. O Augusto, meu irmão, que havia assistido ao final da reunião, disse:

– O Zenóbio está fazendo verdadeiro comício lá embaixo, está exaltadíssimo, dizendo que vai prender todo mundo.

O Oswaldo me disse:

– É bom você descer para acalmar o Zenóbio.

Eu desci e falei com o Denys, que estava tranqüilo. Eu disse:

– O problema não é prender agora, é manter a ordem e a disciplina! Será publicada uma nota que está sendo redigida neste momento.

Eu havia sido procurado pelo Paulo Torres, que também assistiu a uma parte da reunião. O Paulo Torres me disse:

– Esses generais que assinaram não têm nenhuma possibilidade de resistência. Com uma ordem do presidente eu prendo os treze e não haverá nada, porque o Denys mantém a disciplina.

A reunião foi tumultuada, e houve a atitude do Zenóbio, que foi a pior possível. Depois tivemos a confirmação, quando soubemos que já estava convidado pelo Café, e só não foi nomeado porque o Juarez não deixou. No dia seguinte ele foi ao palácio cobrar a nomeação.

MC: Se não me engano, na gravação do Tancredo, ele diz que o Zenóbio saiu tão apressado da reunião, que desceu pelas escadas. O Aluísio Spinola me disse – ele fez até um desenho da planta do Palácio do Catete – que ele estava sentado num sofá com a mulher dele e dona Darcy, quando o dr. Getúlio saiu do quarto, passou por ele, entrou no escritório e voltou. Ele estranhou que o dr. Getúlio passasse só de pijama, porque ele nunca se exibia dessa maneira. O ajudante-de-ordens nessa ocasião era o Hélio Dornelles. Quando o dr. Getúlio voltou para o quarto, deixou a porta apenas encostada em um *paravent*. Quando o Aluísio escutou o tiro, a uma distância de quatro metros mais ou menos, teve aquela intuição, gritou pelo dr. Getúlio, correu e entrou imediatamente no quarto, seguido da mulher, de dona Darcy e mais uma porção de gente, cujos nomes ele não pode precisar. Ele conta como surgiu a presença do Éboli, aquele legista. Ele diz que no primeiro momento a família se opôs à idéia da autópsia, mas que o Éboli, que era uma pessoa que adorava o dr. Getúlio e estava comovidíssimo, insistiu dizendo: "Não, nós temos que fazer, justamente para evitar que amanhã existam dúvidas sobre a morte dele. Isso é uma coisa indispensável para a verdade histórica". Mas quem fez a autópsia não foi o Éboli, foi o Seve e o Jesse.

HS: Sobre isso eu tenho o depoimento do Seve ainda em vida, que foi meu redator e meu repórter. Ele também fez jornalismo quando estudante. Tenho também o depoimento do Jesse de Paiva, e inclusive o laudo da autópsia, que me foi dado. O Jesse me conta que no primeiro momento houve a idéia de não se mexer no cadáver.

O Tancredo diz, no seu depoimento, que até ele próprio se opôs, porque a autópsia foi considerada como uma profanação. Mas pessoas da família, me parece que o próprio Lutero, como médico, ajudaram na obtenção da permissão para que se fizesse a autópsia. A autópsia não foi feita em condições rigorosamente científicas, porque já haviam inclusive mudado a roupa dele. De modo que foi feita de uma maneira insuficiente, mas em todo o caso se ressentiu disso. Essa é a opinião que eu ouvi do Jesse e do Seve, que foi o primeiro a socorrê-lo.

MC: O Aluísio me disse que foi ele quem trocou a roupa dele, porque como se tratava do presidente da República, deveria haver certa dignidade de apresentação. Ele tirou o pijama e entregou a você, Alzira. Ele declarou aos legistas que havia feito isso. Como saísse muito sangue do coração, ele pegou uma quantidade bem grande de algodão e fez um tampão. Trouxeram uma mesa de massagens para o quarto. O Aluísio conta, também, que o Eduardo Gomes teria dito a ele que a FEB oferecia os aviões para transportar o corpo para São Borja, e que ele respondeu dizendo o maior dos palavrões. Quando o

Aluísio saiu para tomar o elevador, encontra vocês dois e relata o que lhe havia dito o Eduardo Gomes, como ele respondera, e que não sabia se tinha feito certo. Você então disse:

– Pode voltar lá e repetir o que você disse.

AV: É um detalhe que eu não posso precisar, mas acredito que seja verdadeiro, porque recusei as honras militares que me foram oferecidas depois.

EAP: Quando eu achei aquele envelope encostado no abajur, abri, vi o que era e dei ao Oswaldo, que leu para a Rádio Nacional, que irradiou imediatamente.

MC: Ele leu na sala, não é? O Tancredo diz que ele leu para todos.

EAP: Sim, para todos, junto ao elevador. O telefone estava num canto, e quando ele leu, muita gente se juntou em volta. Mais ou menos uma hora depois – não sei se o Fittipaldi ou o Dornelles –, um deles me chamou dizendo:

– O Café Filho está no telefone.

Eu não tinha lido o discurso, porque a Alzira recebeu, entregou ao dr. Getúlio, os jornais não haviam saído ainda, e eu, portanto, não sabia de nada. Se eu soubesse, não teria falado com o Café. Atendi o Café e ele disse:

– Preciso falar com você, com urgência.

– Café, não é possível nesse momento eu sair daqui! Tenha compreensão do que eu estou passando ao lado da Alzira e da dona Darcy. Mas se você quiser consultar sobre alguma coisa – eu fiquei logo pensando que ele quisesse fazer uma visita ao corpo –, eu vou mandar uma pessoa aí, o comandante Lúcio Meira.

– Está bem, mas depois eu preciso falar com você.

Eu disse ao Lúcio:

– Provavelmente ele vai consultar sobre a visita dele. Aconselhe-o a não ir, porque ele vai ser destratado não só pela família, mas por todos aqui dentro e pelo povo na rua.

A frente do Catete já estava coalhada de gente, o palácio estava cercado pelo povo. Eu disse isso, embora continuasse ignorando o pronunciamento dele no Senado. O Lúcio foi, e afinal o que ele queria era saber se devia ir ou não ao palácio, e o Lúcio aconselhou-o a não ir. Mais tarde ele voltou a insistir em um encontro. Queria encontrar-se comigo na casa de Valadares, o que recusei terminantemente. Disse ao Valadares:

– Você diga ao Café que eu janto e almoço com os meus amigos. Eu não o considero amigo e nego-me terminantemente a conversar com ele. Se ele, como presidente da República, precisar falar com o presidente do PSD, que me chame ao palácio, mas oficialmente, todo mundo sabendo. Encontros escondidos com ele, recuso-me terminantemente a ter.

HS: Quero chamar a atenção para um ponto, que é possível que tenha escapado a vocês. Houve há tempos uma publicação na *Manchete* de uma entrevista do Murilo Melo Filho, em que ele narra um encontro que promoveu entre Carlos Lacerda e Café Filho no Hotel Serrador. Vocês têm conhecimento deste fato? O Murilo foi encarregado pelo Carlos Lacerda de promover um encontro com o Café Filho naquele período. Eu tenho isso em depoimento, inclusive com data. Aconteceu que o Café disse:

– Eu não quero ter entendimentos com ninguém nesse momento, mas com o Carlos eu terei.

O encontro foi no Hotel Serrador, onde o Carlos Lacerda chegou engessado e tal. Tiveram os dois uma conversa longa, que visava o seguinte: queriam saber se o Café Filho assumiria a Presidência da República no caso da renúncia do presidente. O Café relutou no começo, mas acabou admitindo que isso era um imperativo do seu cargo. Esse fato foi guardado em silêncio pelo Murilo Melo Filho durante dezoito anos, e só foi relatado porque houve uma indiscrição do Carlos Castelo Branco, então ele confirmou isso. Por aí constata-se, embora o Murilo tenha feito isso como defesa do Café Filho, que o Carlos Lacerda, depois do crime da Toneleros, obteve a concordância do Café Filho de que substituiria o presidente da República. Posteriormente o Café Filho faz aquele convite e o pronunciamento no Senado, no momento em que ele já tinha um compromisso. O movimento de conspiração se baseou também na afirmativa de Café Filho de que assumiria a Presidência da República. Isso é um fato que eu relato no meu livro.

EAP: Mais grave é uma conversa do Café Filho com o Capanema, que era o líder do governo. O Café comprometeu-se com o Capanema a determinadas providências junto aos ministros militares, e só ir falar com o dr. Getúlio depois da conversa. Não teve as conversas e foi levar aquele quase ultimato ao dr. Getúlio. Tanto que, mais tarde, quando ele convidou o Capanema para líder, ele recusou e muitos do partido estavam insistindo para ele aceitar, e o Capanema disse:

– Mas eu tenho razões de ordem moral para não aceitar!

O Capanema era muito reservado, na presença dos outros ele não falou, mas me chamou para um canto e me contou o caso:

– Ele procedeu dessa maneira comigo, é um desleal! Eu não posso ser líder de um presidente que age dessa maneira!

Anexos

Circular do ministro do Exército general Canrobert Pereira da Costa

Circular que o general Canrobert Pereira da Costa dirigiu aos comandantes de Regiões:

"Prezado general. Nestes últimos dias, em conseqüência da agitação político-partidária que cerca a campanha da sucessão presidencial, tomou vulto o boato, engendrado por contumazes exploradores da situação, de que se prepara um 'golpe' com o intuito de desviar o problema sucessório de sua natural solução democrática.

Quero, com a franqueza que caracteriza as minhas atitudes, afirmar ao distinto general, para que transmita aos seus subordinados, se julgar conveniente, que tal tentativa encontrará de minha parte a mais formal repulsa, como encontrará, aliás, do próprio sr. presidente da República, como me afirmou recentemente Sua Ex.ª.

Qualquer tentativa visando ao afastamento da prática democrática restabelecida a 29 de outubro terá que se iniciar com a minha retirada, violenta, do exercício das funções que exerço, pois de maneira alguma permitirei a utilização do Exército para instrumento de compressão da vontade do povo e não concordarei que por nosso intermédio seja desrespeitada a Constituição Federal.

O momento que atravessamos é de sérias dificuldades. Tais dificuldades, por certo, se agravarão com a aproximação do pleito, devido aos apetites em choque, à incompreensão de alguns e à indiferença de muitos. Urge que, agora, mais do que nunca, nos congreguemos para a defesa do regime imperante e para repelir toda e qualquer ameaça, venha de onde vier, às nossas instituições, não deixando, ainda, que o Exército abjure de seus sagrados compromissos com a Pátria.

Valho-me deste para dar, então, aos companheiros, todos perfeitamente ciosos de seus deveres, meu pensamento sincero sobre o momento que vivemos, para que não subsistam dúvidas sobre minha atitude, para que não tenham reflexos no Exército novos boatos que certamente surgirão e para que possamos, com tranqüilidade, prosseguir em nosso trabalho profissional, visando exclusivamente aos elevados interesses do Brasil.

Aproveito a oportunidade para apresentar-lhe os meus cumprimentos"[1].

1. *A Noite*, 02-1-1950.

MINUTA DO ACORDO INTERPARTIDÁRIO (1948)

Os partidos que subscrevem este documento, representados pelos presidentes, e ressalvada a autonomia das respectivas organizações, estabelecem as presentes bases de entendimento comum, entre si e com o governo da República, visando aos seguintes objetivos:

1º – Consolidar o regime e aperfeiçoar a sua prática:

a) Pelo estrito cumprimento da Constituição, como critério fundamental de toda a atividade pública;

b) Pelo acatamento aos poderes constituídos federais, estaduais e municipais, conciliando-se o princípio da autoridade e da conseqüente responsabilidade funcional com o exercício dos direitos e liberdade, assegurados em lei;

c) Pela defesa e fortalecimento das instituições contra toda ação ou reação que possa ameaçá-las ou atingi-las.

2º – Promover a elaboração e execução imediata de um plano econômico e financeiro, assumindo igualmente o compromisso de velar pelo equilíbrio orçamentário:

a) Para intensificar a produção, principalmente a agrícola, no empenho de resolver preferencialmente o problema do abastecimento, devendo-se, para isso, envidar todos os esforços a fim de tornar mais atraentes e compensadoras as condições do ambiente rural;

b) Para dotar as zonas mais produtivas de meios de transporte adequado, que atendam de maneira mais pronta e econômica ao escoamento das safras e, com prioridade, dos gêneros de primeira necessidade;

c) Para, mediante essas providências e todas as outras, que foram julgadas necessárias, realizar uma vigorosa política de redução do custo de vida.

3º – Cumprir, o quanto antes, pela legislação complementar ou ordinária, os preceitos constitucionais de ordem econômica e social, destinados a elevar o nível de vida do homem brasileiro:

a) Pela concessão do bem-estar, como: casa, alimentação vestuário, educação e assistência médica;

b) Pelo combate ao pauperismo;

c) Pela aplicação efetiva da legislação trabalhista, harmonizando os interesses do trabalho com os do trabalhador.

Cláusulas

I

Será formado um conselho, composto de um representante de cada partido coligado, com o fim de regular as relações entre essas entidades, tendo em vista não só a elevação dos processos políticos, mas também a pacificação dos espíritos na União e nos estados, mediante o respeito dos mesmos partidos entre si, de modo a proporcionar condições mais propícias à eficiência da ação administrativa. Esse Conselho, no desempenho de sua missão, terá em conta a alta autoridade que cabe, na política do País, ao chefe de Estado, de acordo com a tradição do regime presidencial.

II

Enquanto não for organizado o Conselho Nacional de Economia, de que trata o artigo 205 da Constituição Federal, será criada uma comissão para, sob a supervisão do presidente da República, elaborar ou coordenar os planos administrativos de emergência e estabelecer suas propriedades. Essa comissão se comporá de representantes dos ministérios da Fazenda, da Agricultura, da Viação, do Trabalho e Educação e da Saúde e de um representante de cada partido coligado, com a assistência de técnicos especializados para o estudo de cada problema.

III

Para o bom encaminhamento, no Poder Legislativo, das medidas previstas neste documento, se constituirá, em cada casa do Congresso Nacional, uma comissão composta dos líderes dos partidos coligados. Ambas as comissões realizarão trabalhos conjuntos para o estudo das mensagens presidenciais e dos projetos a serem apresentados, em execução deste compromisso.

Carta de Getúlio Vargas a Salgado Filho[1]

Eminente amigo
senador Salgado Filho

Constitui para mim grata satisfação pessoal e cívica receber a visita dos delegados incumbidos de transmitir-me a deliberação unânime do Diretório Nacional do Partido Trabalhista Brasileiro, tomada em reunião extraordinária de 6 do corrente, para indicar meu nome à convenção como candidato à Presidência da República no pleito de 3 de outubro vindouro.

Esse pronunciamento prévio, como era natural, desvaneceu-me profundamente, embora, por haver já ocupado os mais altos postos na carreira pública, sempre tenha e continue a ter o mais vivo desejo de cooperar para o bem geral fora de posições oficiais, como tão reiteradas vezes venho fazendo sentir a todos quantos me honram com a sua visita nesta morada distante dos centros de agitação política. Estão, entretanto, sempre presentes ao meu espírito os insistentes apelos quotidianamente recebidos de todos os pontos do País, para concorrer à próxima eleição presidencial. Fui dos primeiros a apoiar a democrática sugestão do governador Walter Jobim para que se tentasse o encontro de um candidato comum, capaz de realizar não só os desígnios dos diversos partidos nacionais, como um conjunto de soluções para os prementes problemas da vida política, econômica e administrativa de nosso país. Apressei-me mesmo a dar àquela sugestão todo o meu apoio pessoal e a encarecer junto dos nossos correligionários a conveniência de nos encaminharmos a favor da generosa tentativa do ilustre governador gaúcho. Não foi, assim, por obra ou imposição nossa que não se chegou a um entendimento geral. Bem sei que, nesta altura, a União Democrática Nacional já sufragou, pelo voto unânime de seus convencionais, o nome do eminente brasileiro brigadeiro Eduardo Gomes, assim como o Partido Social Democrático está às vésperas de aprovar a escolha do preclaro compatriota dr. Cristiano Machado.

1. Itu, 7 de junho de 1950. Carta em que Getúlio aceita sua candidatura ao próximo pleito.

Sem me querer furtar à imposição proveniente da direção do Partido Trabalhista Brasileiro, desejaria que, antes de qualquer resolução definitiva. V. Ex.ª tomasse a seu cargo a patriótica tarefa de consultar as direções supremas do PSD e da UDN sobre a possibilidade de um reexame da situação.

Não obstante já estarem lançadas duas candidaturas de dois nomes ilustres, dignos em todos os sentidos; não obstante se apresentar agora, como injunção partidária, o meu nome para concorrer nesse pleito, mais uma vez me dirijo a todos. E desta vez o faço solenemente, perante a Nação, num apelo no sentido de pormos de lado compromissos, injunções, interesses partidários, veemências e anseios de luta, para alcançarmos em comum acordo, entre os expoentes do sentimento nacional, uma solução digna de nós e digna de nosso povo.

Com este gesto, desejo contribuir para a paz entre os brasileiros e para que todas as forças vivas do Brasil depositem sua confiança nas soluções democráticas.

Se, entretanto, as circunstâncias não permitirem uma solução favorável, por parte das nobres direções da União Democrática Nacional e do Partido Social Democrático, fica V. Ex.ª autorizado a transmitir a todos os nossos companheiros de luta e aos trabalhadores em geral minha firme decisão de submeter-me ao desejo deles, aceitando a candidatura que já também me oferecera o eminente governador de São Paulo, dr. Ademar de Barros, por ele e pelo Partido Social Progressista, na forma do entendimento escrito e firmado por nós ambos para marcharmos de comum acordo na próxima sucessão presidencial.

Caso as urnas confirmem a indicação de meu nome, prometo consagrar todos os meus pensamentos e energias ao serviço da administração do nosso país, dentro dos preceitos do regime vigente e fiel aos ideais de unidade nacional, paz social e estímulo e amparo a todas as forças da produção e do trabalho.

Julgando assim ter respondido à confiança em mim depositada pela alta direção do Partido Trabalhista Brasileiro, tenho a honra de subscreverme.

(a) Getúlio Vargas.

Manifesto dos Coronéis

"A S. Ex.ª o sr. General Ministro da Guerra

Aos Exmos. srs. generais, Chefe do EME, chefes do DTP e do DGA, comandantes de Zonas Militares.

Oficiais superiores que se julgam credenciados por todo o seu passado militar, sentem-se no iniludível dever moral, por lealdade aos chefes e consciência de suas próprias responsabilidades perante os subordinados, de submeter à consideração do Alto Comando a presente exposição dos graves problemas com que se defronta o Exército, nesta hora de sérias apreensões.

O descontentamento e as inquietações que lavram entre os quadros permanentes e semipermanentes, sobretudo nos postos menos elevados, estão a criar perigoso ambiente de intranqüilidade, agravado pelo enfraquecimento da confiança nos chefes, que já se esboça e amplia. Os desestímulos e o conseqüente arrefecimento do entusiasmo pelos deveres profissionais ameaçam de estagnação duradoura a máquina militar entorpecida em sua eficiência pela deterioração das condições materiais e morais indispensáveis a seu pleno funcionamento. Prenuncia-se indisfarçável crise de autoridade, capaz de solapar a coesão da classe militar, deixando-a inerme às manobras divisionistas dos eternos portadores da desordem e usufrutuários da intranqüilidade pública. E, com o comunismo solerte sempre à esquerda, serão os próprios quadros institucionais da Nação ameaçados, talvez, de subversão violenta.

Urge, pois, se promova decidida campanha de recuperação e saneamento no seio das classes armadas. E é para apoiar tal campanha – cujos fins imediatos visarão, por certo, a revigorar o respeito ao princípio de autoridade e aos sadios postulados da disciplina – que reafirmamos aos altos chefes responsáveis o nosso firme propósito de secundá-los por todos os meios a nosso alcance, na restauração dos elevados padrões de eficiência, de moralidade, de ardor profissional e dedicação patriótica que, em todos os tempos, asseguraram ao Exército respeito e prestígio na comunidade nacional.

Estamos certos de que, para garantir de início o clima espiritual indispensável à realização de um amplo e fecundo programa, bastará, como medidas efetivas e imediatas, seja dado público testemunho cabal e positivo, da firme decisão de solucionar os sérios problemas – causas profundas e reais da crise que já se delineia e seria erro ou imprevidência não querer enxergar.

É bem verdade que, dentre esses problemas todos – sob o ponto de vista da segurança nacional –, um dos mais sérios é o do aparelhamento real do Exército para o cumprimento, a qualquer instante, das indeclináveis missões que lhe cabem. Generaliza-se – triste é confessá-lo – o sentimento de que temos mesmo involuído quanto à preparação dos quadros e da tropa, assistência aos conscritos, manutenção e renovação do equipamento militar. E tal sentimento, aliado à consciência do quanto já pesam as instituições armadas no orçamento minguado de uma Nação ainda pobre, tem servido para motivar o mais sério desalento, ainda mais ressentido ante o surpreendente dos vultosos fundos atribuídos largamente a outras Forças Armadas, fora de qualquer planejamento equilibrado e de conjunto.

A inadequação e precariedade das instalações em todo o território nacional, quartéis insuficientes, velhos ou de empréstimo, ausência de depósitos até mesmo com risco de segurança de vidas, deficiência e desaparelhamento dos hospitais, o pouco que ainda temos – se excetuadas luxuosas construções do Serviço de Intendência – condenando à ruína pela exigüidade dos recursos atribuídos à sua conservação; fardamento das praças comprovadamente inadequado, equipamento bélico em grande parte obsoleto, material motomecanizado a deteriorar-se por falta de meios indispensáveis à sua manutenção racional, inexistência de material de comunicação até mesmo nas unidades especializadas; a tropa mal assistida e pior enquadrada, devido à crônica escassez de quadros subalternos e de monitores, e com sua instrução prejudicada por dificuldades de toda a ordem, inclusive a já quase irremediável carência de terrenos apropriados aos exercícios de campanha: agravando, dia a dia, o problema do recrutamento de graduados e especialistas; relegado a plano secundário o aperfeiçoamento profissional dos quadros; estimulado o êxodo de oficiais para fora das unidades de tropa e sobrecarregadas a cadeia de comando e a administração por uma pletora de órgãos de atribuições mal delimitadas, tais os sintomas e índices mais alarmantes do grau de despreparo a que atualmente chegamos. É bem verdade que para tanto concorreu uma lamentável conjuntura de circunstâncias, fazendo com que, ao acelerar-se, embora desordenadamente, o ritmo de desenvolvimento do País, acarretando profundas transformações na ordem social e econômica ao impacto da dinâmica convivência mundial, menos pudesse o Exército, à míngua de recursos e consciente das dificuldades financeiras que vêm atormentando a Nação, aparelhar-se à altura de suas novas mais amplas e mais complexas responsabilidades. E nos deixamos ficar retardatários em meio ao processo do País.

Vasto e demorado só poderá ser, porém, um programa de empreendimentos que vise à recuperação do tempo perdido, alçando o Exército ao nível de eficiência e preparação que dele estão a exigir os altos imperativos da segurança nacional. Ora, para tanto, o que mais importa no momento é restabelecer a coesão do conjunto, reforçar os laços de disciplina e de confiança mútua, dar remédio justo aos anseios bem motivados, às preocupações bem fundamentadas, ao descontentamento bem justificado, robustecendo a classe contra tendências desagregadoras de qualquer natureza. E tanto mais urge fazê-lo quanto a ameaça sempre presente da infiltração de perniciosa ideologia antidemocrática ou de espírito de partidarismo político, semeador de intranqüilidade e conflitos, cada vez avulta na hora presente, estimulada ao calor das paixões e das ambições sempre exacerbadas em períodos pré-eleitorais.

Sem dúvida, o que mais está a alastrar o desânimo e o descontentamento entre os jovens oficiais não é a falta de perspectivas mais amplas de carreira que leis e mais leis de numerosas reestruturações nunca poderão assegurar, senão apoiadas em rigoroso e justo processo de rejuvenescimento dos quadros que tanto tarda entre nós: mas, sobretudo, a chocante e injustificável disparidade de acesso entre as diversas Armas e Serviços que dia a dia se agrava, com as mais danosas repercussões para a coesão moral do corpo de oficiais, sem que providências efetivas sejam tomadas para eliminá-la ou reduzi-la a limites toleráveis. Daí a descrença pronunciadora de graves tensões que vai assaltando o espírito da oficialidade jovem, não mais convicta de encontrar em seus chefes, mesmo naqueles que mais perto podem sentir-lhe o problema, os defensores serenos mas intransigentes de suas justas aspirações.

E, por outro lado, é a inflação desmesurada dos altos postos que está a traduzir-se em perigoso desprestígio da autoridade – o excesso dos quadros superiores numa estrutura que, por modesta, não lhes pode oferecer, a todos, funções compatíveis com a sua hierarquia, acarretando perda de eficiência do conjunto, propiciando o ócio remunerado e oferecendo, assim, lamentável exemplo aos olhos de todos os subordinados. Ressente-se com isso a solidez de toda a estrutura militar, afetada simultaneamente no princípio da autoridade e nos laços de confiança que fundamentam a disciplina consciente, como se não bastasse ainda o espetáculo pouco salutar das carreiras vertiginosamente feitas na reserva a coberto de leis em extremo generosas que multiplicam e barateiam os postos máximos da hierarquia, com desprezo até das mais elementares restrições vigentes para o acesso na atividade.

Infelizmente não são apenas essas as causas principais da intranqüilidade e do descontentamento que se vão difundindo por todo o Exército.

A emigração de militares para cargos civis sempre mais bem remunerados, onde, dissociados dos interesses profissionais e dos problemas de sua classe, nem sempre se podem conservar imunes às intrigas de política partidária e ficar inteiramente a salvo da onda de corrupção administrativa que acende escândalos nas manchetes dos jornais – de tudo isso advindo incalculáveis prejuízos ao prestígio das Forças Armadas –, cada vez mais inquieta os que preferem se dedicar inteiramente aos afazeres profissionais, principalmente porque aquelas funções consideradas com grande liberdade como detentores e correr às promoções e comissões diversas como se permanecessem no serviço das armas, aproveitando-se ademais muitos deles de tão singular situação para auferirem vantagens, ora de ordem militar, ora de caráter político.

O clima de negociatas, desfalques e malversação de verbas que infelizmente vem nos últimos tempos envolvendo o País e até mesmo o Exército, está, por outro lado, a exigir se oponham sólidas barreiras que lhe detenham o transbordamento dentro das classes armadas, cujo padrão de honestidade e decoro administrativo, acima das mais leves suspeitas ou críticas, só se poderá manter se além de rigorosas normas de administração e controle, vigorar alerta um espírito coletivo de decidida contenção e repulsa contra quaisquer desmandos ou falências morais, sobretudo na gestão dos dinheiros públicos.

A falta de aparelhamento eficiente dos órgãos de assistência social, reconhecidamente incapazes de atender às necessidades dos militares e suas famílias, provendo com presteza reais facilidades, e nas condições vantajosas que deles seria justo esperar, vem acrescendo as dificuldades de vida com que lutam, principalmente, os oficiais subalternos, subtenentes e sargentos, distraídos de suas tarefas e perturbados no cumprimento de seus deveres profissionais pelas múltiplas preocupações que decorrem da obrigação moral de assistir a seus familiares na satisfação das mais elementares necessidades de subsistência. E, não fora tão grave e premente esse problema, se não assistíssemos à compreensão cada dia maior do padrão de vencimentos militares ante a espiral inflacionária dos preços, e se, ademais, não perdurasse, flagrante e acabrunhadora, eterna disparidade em relação ao pessoal das outras Forças Armadas que têm asseguradas, onde quer que seja, condições de vida muitíssimo superiores.

Sabido é que em todas as guarnições, embora em escala variável, lutam os militares de terra com dificuldades cada vez maiores para a manutenção de um padrão de vida compatível com sua posição social. Ante as reconhecidas aberturas do erário, importaria isso nada mais do que num sacrifício maior a que, de espírito alevantado, se sujeitariam todos, não estivessem agora outros problemas de muito maior profundidade, tais como os apontados anteriormente, a disseminar perniciosa onda de ceticismo ultilitarista e a corroer a crença nos altos valores morais que são, de fato, o sustentáculo das instituições armadas.

Perigosas só poderão ser hoje, nos meios militares, as repercussões que já se pressentem e anunciam de leis ou decisões governamentais que, beneficiando certas classes ou grupos, acarretarão pronunciado aumento do custo já insuportável de todas as utilidades. A fixação de altos padrões de vencimentos para os funcionários diplomados em cursos superiores – vencimentos que se duplicarão ao cabo de alguns qüinqüênios –, caso não promova injustificável disparidade entre militares e civis, só poderá, através de emendas apressadas introduzidas nas Casas do Congresso, sem maior exame de todas as suas conseqüências, redundar em outra série de males e desníveis dentro da própria classe militar. E a elevação do salário mínimo que, nos grandes centros do País, quase atingirá o dos vencimentos máximos de um graduado, resultará, por certo, se não corrigida de alguma forma, em aberrante subversão de todos os valores profissionais, destacando qualquer possibilidade de recrutamento para o Exército de seus quadros inferiores.

Ante a gravidade da situação que se está a criar para breve, impõe-se alerta corajoso, pois não se poderá prever que grau de dissociação serão capazes de gerar, no organismo militar, as causas múltiplas de tensões que, dia a dia, se acumulam.

E é preocupados e justamente alarmados ante perspectivas tão sombrias, que nos animamos a trazer aos altos chefes responsáveis, leal e francamente, esta exposição, a nosso ver, fidedigna do ambiente em que, na hora presente, se debate o Exército, cujos quadros só devem aspirar vê-lo reintegrado na antiga tradição da austeridade, de eficiência, coesão e consciência profissional que dele sempre fizeram o baluarte e o guardião da nacionalidade brasilcira.

Rio de Janeiro, fevereiro de 1954.

Este documento, pelo que a imprensa noticiou na época, foi assinado pelos seguintes oficiais do Exército:

Coronéis

Antônio Henrique de Almeida Morais
Dario Coelho
Orlando Ramagem
Syseno Sarmento
Alfredo Souto Malan
Antônio Mendonça Molina
Jurandir Bizarria Mamede
Amaury Kruel
Landry Salles Gonçalves
Almerio de Castro Neves
Olímpio de Sá Tavares
Adhemar de Queiroz

Silvino Castro da Nóbrega
Paulo Enéas Ferreira da Silva
Luiz Carneiro de Castro e Silva
Antônio Negreiros de Andrade Pinto
Félix Toja Martinez
Annibal de Andrade
Aristóteles Munhoz Moreira
Ramiro Gorreta Júnior
Milton Pio Borges da Cunha
Antônio Moreira Coimbra
Anthero de Matos Filho
João Franco Pontes
João Punaro Bley
Adalberto Pereira dos Santos
Milton Pio Borges da Cunha
João Armindo Correia da Costa
Aristóbolo Codevilla Rocha
Elízio Carlos Dale Coutinho
Paulo Leite de Rezende
Mirabeau Pontes
Luís Tavares da Cunha Mello
Edson Pires Condeixa
Pedro Eugênio Pires
Mário Ferreira Barbosa Pinto
Humberto Morais Barbosa de Amorim
Joaquim José Gomes da Silva Júnior
José Luiz Bettamio Guimarães
Antônio Carlos da Silva Muricy
Alberto Ribeiro Paz
Alfredo Américo da Silva

TENENTES-CORONÉIS

José Alexínio Bittencourt
Paulo Braga de Souza
Virgínio da Gama Lobo
Luís Gomes do Nascimento
Ayrton Salgueiro de Freitas
Antônio Jorge Correia
Walter de Menezes Pais
Newton Castelo Branco Tavares
Décio Gorrensen de Oliveira

Raul Pires de Castro
Araken de Oliveira
Moacyr Nery Costa
Antônio Luiz de Barros Nunes
Golbery do Couto e Silva
Nilton Fontoura de Oliveira Reis
Ramiro Tavares Gonçalves
Aércio Rebouças
Sílvio Coelho da Frota
Antônio Marques de Amorim
Clóvis Bandeira Brasil
Adauto Esmeraldo
Antônio da Costa Lins
Otávio de Oliveira Braga
Hélio Barbosa Brandão
Agostinho Teixeira Cortes
Fritz de Azevedo Manso
Ednardo Dávila Melo
Euler Bentes Monteiro
Mozart de Andrade Souza
Oldemar Ferreira da Silva
Napoleão Nobre
Maelmo de Faria Mascarenhas e Lemos
Alcyr Palmeiro
Demósthenes Américo da Silva
Lauro Moitinho dos Reis
Ovídio Saraiva de Carvalho Neiva
Henrique Fernando Vieira
Geraldo de Menezes Cortes
Lucídio de Arruda

Discurso do deputado Arthur Bernardes, proferido na sessão extraordinária do dia 15-9-1953

O sr. Arthur Bernardes (Como líder de partido): – Sr. presidente, sou um político que imolou sua popularidade no serviço do seu país. Não me arrependo, porém, disso. Creio que por este preço lhe terei prestado serviços de alguma valia: o minério de ferro, ao tempo da Itabira; a Hiléia Amazônica, mais recentemente, e, por último, o petróleo, custaram-me, e a quantos se empenharam nesses debates, enormes sacrifícios.

Já tive ensejo de dizer desta tribuna que uma das tarefas mais árduas para o político, no Brasil, é defender as riquezas naturais do País. Estrangeiros se mancomunam contra elas e conseguem, não raro, aliciar nacionais para traírem sua Pátria.

O Brasil é um país de grandes responsabilidades na civilização, pelo seu tamanho, pelas suas riquezas naturais, pelo coeficiente de sua população e pelo grau de inteligência do povo que o habita. Ele tem, portanto, responsabilidades enormes, tanto na civilização como, principalmente, no continente; vive, entretanto, descuidado de si próprio, como é prova o estado atual a que chegamos. Não se compreende e menos se justifica que um país das possibilidades do Brasil tenha chegado a situação de penúria interna e de desmoralização no conceito das outras nações.

Estas considerações dão que pensar aos homens que se preocupam não só do presente, mas especialmente, do futuro. Isso é tarefa para nós, políticos. Somos aqui um viveiro de estadistas, uns sabendo mais, outros sabendo menos. Todos, porém, temos de nos especializar nas ciências do Estado, para que possamos preparar situação melhor para os nossos conacionais.

Seja, entretanto, devido ao regime de alternações sucessivas na representação política, seja por outros motivos, o certo é que a escola de estadistas do passado como que declina nos dias presentes. É preciso, todavia, um esforço de nossa parte para evitar que esse declínio continue, é indispensável estimular os políticos a se aperfeiçoarem cada dia mais no conhecimento das ciências do Estado.

Temos, no momento, a resolver questão máxima – a do petróleo. Tão relevante apresenta-se esse assunto para nós, e até para estranhos, que vivemos apoquentados há muito tempo pelos pretendentes a esse combustível. Quando nós mesmos não lhe dávamos ainda o valor que ele tem, já estrangeiros viviam devassando as nossas florestas, à procura de terrenos petrolíferos. Guardavam disso o maior segredo e punham-se a adquirir terras, na esperança de que pudessem vir a obter concessões para explorá-las. Isso se caracterizou bem na feitura da Constituição ora em vigor. Não é segredo para ninguém o fato de um dos trustes ter mandado emissário ao Brasil empenhar-se no sentido de, na feitura da Constituição, se permitir pudessem estrangeiros explorar o subsolo brasileiro. E isso se conseguiu, porque, realmente, o texto de nossa Carta Magna faculta que, em determinadas condições, estrangeiros o façam.

Nesta altura dos acontecimentos, procurei conhecer o que era o petróleo. Já me dedicara, profundamente, à questão do minério de ferro, pretendido pela Itabira Iron, e havia também estudado a questão do Instituto Internacional da Hiléia Amazônica, que outra coisa não era senão o desmembramento do território nacional. O caso da Hiléia Amazônica ficou, até hoje, parado, sem seguimento nesta Carta, à espera não sei de quê. Pretendo, neste meu retorno à Câmara, ainda que transitório, requerer a vinda do tratado para ser debatido e votado.

Sou homem de vida precária. Faltarei – não estará talvez muito longe esse dia – e receio esperem meu desaparecimento para fazerem transitar por aqui semelhante matéria, que, então, uma nova legislatura não conheça senão por ouvir dizer. Os perigos dessa ordem, que rodeiam o Brasil, são enormes, são ignorados de todos os brasileiros, pode-se assim dizer. Desejaria, por isso, tratar deles numa sessão secreta, em que pudesse alertar os colegas para esses assuntos, cuja gravidade aumenta dia a dia.

Mas, dizia, dedicando-me ao estudo do petróleo, pude ver, nos relatórios das companhias petrolíferas estrangeiras que trabalham no Brasil, coisas surpreendentes. O que li nesses relatórios publicados no *Diário Oficial* causou-me impressão tão profunda que continuei a estudar, também profundamente, a questão do petróleo. Esses relatórios não são os mais novos. Os últimos devem ter dobrado, se não multiplicados várias vezes, os algarismos que aqui vou citar, porque o consumo do petróleo dobra de seis em seis ou de dez em dez anos. A esse tempo, pude constatar que entre oito companhias com sede no Distrito Federal, controladoras da grande maioria do comércio de petróleo do País, quatro efetuaram cerca de noventa por cento dos negócios. E aí pude ver que os principais itens de seu balanços, publicados no *Diário Oficial* de 1947, relativos ao ano anterior, de 1946, assim se expressavam: a Standard Oil, com um capital de 77 milhões de cruzeiros, obteve, naquele ano de 1946, o lucro líquido de 257 milhões e mais 39 milhões, retirados para o fundo de reserva; a

Shell, com o capital de 148 milhões, retirou um fundo de reserva de 271 milhões e distribuiu 68 milhões em dividendos; a Atlantic, com 41 milhões de capital, obteve 63 milhões de lucro líquido e retirou 44 milhões para o fundo de reserva; a Caloric, com 15 milhões, obteve 86 milhões de lucro líquido e retirou 31 milhões para fundo de reserva. Estes lucros correspondem a juros altíssimos, como nenhum capital brasileiro consegue auferir. Basta dizer que só a Standard, a maior delas, alcançou um lucro líquido correspondente a 332 por cento do capital. Ora, essa parte da indústria do petróleo – a referente à distribuição – é isenta de riscos.

O SR. ADOLFO GENTIL – Por obséquio, para esclarecer-me, poderia V. Excelência informar se, quando se referiu ao capital dessas empresas, computou também suas reservas? Terá V. Ex.ª tomado simplesmente o capital? O Banco do Brasil, por exemplo, tem o capital de cem milhões de cruzeiros e uma reserva aproximada de três bilhões.

O SR. ARTHUR BERNARDES – Que são lucros. As reservas também são lucros.

O SR. ADOLFO GENTIL – Quando V. Ex.ª fez o cálculo da rentabilidade do capital não calculou, comparativamente, as reservas das companhias?

O SR. ARTHUR BERNARDES – Se se somar o lucro líquido verificado nestes balanços com os fundos de reserva deles também constantes, observa-se o seguinte: a Standard, com um capital de 77 milhões de cruzeiros, obteve o lucro líquido de 297 milhões...

O SR. ADOLFO GENTIL – Parece que não me fiz compreender, ilustre deputado. V. Ex.ª – mais uma vez pergunto –, quando faz o cálculo do capital, não se refere à reserva que a companhia já possui?

O SR. ARTHUR BERNARDES – V. Ex.ª diz bem: as reservas que elas já retiraram de lucros líquidos auferidos no Brasil... Sim, porque os capitais dessas companhias, via de regra, são, inicialmente, mínimos. Os lucros que elas vão aqui acrescendo o capital.

O SR. ADOLFO GENTIL – Por exemplo: a Standard tinha o capital de setenta milhões de cruzeiros, se não me engano, e não possuía nenhuma reserva em 1947?

O SR. EUZÉBIO ROCHA – Sr. deputado Arthur Bernardes, V. Ex.ª permite?

O SR. ARTHUR BERNARDES – Com prazer.

O SR. EUZÉBIO ROCHA – Gostaria de contrapartear o ilustre deputado Adolfo Gentil, esclarecendo que o capital inicial da Standard foi somente de cinco milhões de cruzeiros, e o capital a que se refere V. Ex.ª é todo ele feito de lucros acumulados no Brasil.

O SR. ARTHUR BERNARDES – Sim, sem dúvida. Preciso dizer que estes dados são extraídos de um único relatório. Foi o que vi publicado em 1947, relativo ao ano anterior, de 1946.

O SR. ADOLFO GENTIL – Ilustre sr. deputado, a única pergunta que fiz, a fim de me esclarecer, foi se, em 1947, a Shell ou a Standard, qualquer uma delas, na rubrica de ativo só possuía capital, ou possuía também capital, outras reservas, fundos de reserva, reservas legais? Sobre isso é que gostaria de ser informado.

O sr. Arthur Bernardes – Isso não posso informar a V. Ex.ª, porque não levei minhas indagações mais adiante. Baseei-me no que referi aqui, em um só relatório publicado no *Diário Oficial* do ano de 1947, relativo ao ano anterior.

Ora, sr. presidente, se a indústria do petróleo é assim lucrativa, se só uma das suas quartas partes o industrial aufere lucros assim fabulosos, perguntei a mim mesmo: havemos de consentir que essas explorações continuem em mãos estrangeiras?

Agora, então, que se trata de explorar o petróleo brasileiro, devemos ter um cuidado maior, querer que essa indústria fique em mãos de brasileiros.

Cumpre, pelo vulto do seu capital, do pessoal que nela trabalha, que ela pertença ao Estado. E passei a advogar a exploração estatal para o nosso petróleo.

Evidentemente não só eu, como quantos perfilharam esse ponto de vista, tivemos de lutar, desde logo, contra os interessados estrangeiros, que nos opunham todos os óbices e faziam a propaganda mais contrária à verdade; porém, à surdina, de modo que nós outros não a pudéssemos desfazer.

Tive ensejo de dizer desta tribuna, não sei se na atual ou na anterior legislatura, que o Brasil é um país de gente pobre. Somos um agrupamento humano de 55 milhões, a aspirar a cargos públicos. Por que isso? Pela pobreza do povo, que habita, entretanto, um país rico. O que nos cumpre, portanto, é transformar nossas riquezas naturais em produtos industrializados para o fim de melhorar as condições de vida da Nação e enriquecer os brasileiros. Até aqui temos entregue nossas riquezas, nossas grandes riquezas minerais, aos estrangeiros. Eles é que se locupletam com os lucros de sua transformação. Ainda agora o minério de ferro, cuja exploração era ambicionada pela Itabira, pretensão essa por mim combatida, acabou sendo cedido aos Estados Unidos e à Inglaterra, num tratado para nós ridículo e humilhante.

Em relação ao valor econômico desse minério de ferro, basta dizer à Câmara que o preço ajustado entre o governo brasileiro e os governos americano e inglês foi um preço fixo de cem cruzeiros por tonelada de minério que fosse exportado pela Vale do Rio Doce.

Qual é o preço, atual, do minério de ferro?

O sr. Adolfo Gentil – A Vale do Rio Doce vende presentemente a dezoito dólares a tonelada. Esse é o preço que o Brasil está recebendo pelo seu minério de ferro, e não o de cem cruzeiros.

O sr. Arthur Bernardes – Na opinião de V. Ex.ª.

O sr. Adolfo Gentil – Não; na opinião da Carteira de Câmbio do

Banco do Brasil. É por quanto vende a Companhia Vale do Rio Doce seu minério de ferro aqui: a dezoito dólares a tonelada.

O SR. DILERMANDO CRUZ – Vendia até há dois meses. Hoje, não é esse preço, sabe V. Ex.ª, mas o de treze dólares.

O SR. ADOLFO GENTIL – Treze dólares é o mínimo que o exportador terá de entregar ao câmbio oficial. É o preço mínimo, que é outra coisa.

O SR. CARMELO D'AGOSTINO – V. Ex.ª sabe qual o preço pelo qual é vendido esse minério? A dezesseis dólares. E temos de vendê-lo de acordo com o tratado, a preço inferior àquele pelo qual o mundo o está adquirindo.

O SR. ADOLFO GENTIL – De qualquer maneira, são dezesseis ou dezoito dólares, porque o mercado flutua.

O SR. CARMELO D'AGOSTINO – Admito que tenha havido lapso por parte do nobre orador a respeito do preço de venda, mas também não é esse o preço que deve existir nesse caso.

O SR. ARTHUR BERNARDES – Dezoito dólares e cinqüenta cêntimos é o preço corrente nos mercados por tonelada de minério de ferro, no momento atual.

O Brasil contratou por um preço fixo de cem cruzeiros por tonelada, ao tempo em que realizou o célebre Acordo de Washington. O resultado é que esses dezoito dólares e cinqüenta cêntimos devem equivaler a trezentos e poucos cruzeiros. Pois bem, são os estrangeiros que embolsam a diferença de cem para trezentos cruzeiros. É essa vantagem que nos traz o capital colonizador. Vive-se a falar que o Brasil precisa de capitais; mas são eles próprios, srs. deputados, que mandam anunciar isso nos nossos jornais, para incutir em nossos cérebros essas idéias e acabarmos aceitando-as. Sabemos que o capital estrangeiro vence em seus países de origem um juro correspondente a três e quatro por cento. Não vence mais. É um juro mínimo. Aqui e nos países da América Latina, ele daria evidentemente dez, doze e quinze por cento. Isso, todavia, já não estava bastando. Eles não querem esses juros, pretendem juros equivalentes aos lucros da Standard, isto é, 332%. Desejam apossar-se das nossas riquezas por uma nonada, de graça, por assim dizer.

Além do caso do minério de ferro que vendemos por um preço miserável, ainda temos o caso do manganês.

Há em Lafayette, Minas Gerais, uma grande mina de manganês, das maiores do mundo. Essa mina exporta para o exterior e não paga sequer o custo do frete, exporta com prejuízo da Central do Brasil. Ela registra nos Estados Unidos os lucros anuais da exploração, e lá faz a sua escrita, para não pagar aqui o imposto de renda.

O SR. DILERMANDO CRUZ – O deputado Lúcio Bittencourt acaba de comunicar que hoje, na Comissão de Constituição e Justiça, deu parecer favorável ao projeto que proíbe a exportação do manganês de Lafayette, manganês metalúrgico, com teor metálico acima de 44%. De forma que, para V. Ex.ª deve ser uma boa notícia constatar que o Parlamento vai tomar providências há muito reclamadas pela siderurgia mineira e a nacional.

O SR. ARTHUR BERNARDES – Boa notícia. Mas aí está o manganês: o estrangeiro não paga sequer o frete da Central do Brasil para levar ao porto o minério que vem do interior. Somos nós que o pagamos.

O SR. LEOPOLDO MACIEL – Neste ponto, estou de pleno acordo com V. Ex.ª e com o ilustre deputado Dilermando Cruz, porque se continuarmos e exportar o minério de manganês de Lafayette, dentro de vinte anos teremos de ir buscar manganês para Volta Redonda e outras usinas no Amapá ou em Mato Grosso.

O SR. ARTHUR BERNARDES – Volta Redonda é um caso especialíssimo. Ainda espero poder tratar dele.

Mas, voltando ao manganês de Lafayette: esse manganês sai sem pagar nenhum imposto, nenhuma taxa em Minas Gerais. Goza de isenção total de impostos e taxas. Sai pagando frete inferior ao custo. Os lucros da empresa não pagam o imposto de renda aqui; vão pagar nos Estados Unidos. O prefeito da cidade se queixa de que o emprego de caminhões excessivamente grandes e pesados por essa empresa estrangeira estraga freqüentemente as ruas, obrigando a Prefeitura a despesas repetidas.

Há assim, srs. deputados, um engano a respeito do que possa ser para nós esse apregoado capital estrangeiro, de que, dizem, necessitamos para desenvolver o Brasil. Ele poderá vir para desenvolver o Brasil, porém em favor do estrangeiro. Quase nada fica para o nacional. Assim, à medida que nos pomos no conhecimento desses fatos, revoltamo-nos, como é natural, e nos julgamos no dever de lutar intransigentemente na defesa do interesse nacional. É a isso que os supostos prejudicados chamam nacionalismo, nacionalismo exacerbado, nacionalismo vesgo, esquecidos de que este nacionalismo nós o aprendemos com o insigne Ruy Barbosa.

Em sua *Oração aos moços* e bacharelandos em Direito em 1921, na capital de São Paulo, Ruy se exprimiu por esta forma:

"Agora, o que a política e a honra nos indicam é outra coisa. Não busquemos o caminho de volta à situação colonial. Guardemo-nos das proteções internacionais. Acautelemo-nos das invasões econômicas. Vigiemo-nos das potências absorventes e das raças expansionistas. Não nos temamos tanto dos grandes impérios já saciados quanto dos ansiosos por se acharem tais à custa dos povos indefesos e mal governados. Tenhamos sentido nos ventos que sopram de certos quadrantes do céu. O Brasil é a mais cobiçável das presas e, oferecida, incauta, ingênua, inerme a todas as ambições, tem de sobejo com que fartar duas ou três das mais formidáveis. Mas o que lhe importa é que dê começo a se governar a si mesmo, porquanto nenhum dos árbitros da paz e da guerra leva em conta uma nacionalidade adormecida e amenizada na tutela perpétua dos governos que não escolhe. Um povo dependente no seu próprio território e nele mesmo sujeito ao domínio de senhores não pode aspirar seriamente, nem seriamente manter, a sua dependência do estrangeiro".

Aqui está, senhores, uma lição cuja sabedoria a gente compreende melhor à medida que estuda esses problemas do Brasil e vê quanto o brasileiro é neles ludibriado.

Como se vê, nacionalismo não é só nacionalizar, como equivocadamente o disse o ilustre ministro da Fazenda, há poucos dias, em sua exposição no Senado. Não é, pelo menos, só isso. Se nacionalizar fosse tornar nacional, como disse Sua Excelência, teríamos, no caso do minério de ferro, de estar exercendo um nacionalismo para nacionalizar aquilo que já era nacional. Seria o mesmo caso, agora, quanto ao petróleo: não tínhamos de nacionalizar o petróleo por já ser ele nacional. Nacionalismo, no sentido corrente desse vocábulo, quer dizer – e os léxicos o confirmam – afeição à pátria. E só essa afeição à nossa terra é que nos pode levar ao sacrifício de defender-lhe os santos interesses, que são comprometidos pelo próprio governo, que devia defendê-los.

O SR. EUZÉBIO ROCHA – Permite V. Ex.ª um aparte?

O SR. ARTHUR BERNARDES – Com satisfação.

O SR. EUZÉBIO ROCHA – Após haver o ilustre ministro Oswaldo Aranha pronunciado o seu brilhante discurso de esclarecimento ao Senado e à Nação, como alguns jornais tirassem de suas palavras conclusões que não me pareciam as mais precisas, porque afirmavam que Sua Excelência se situava contra o monopólio estatal do petróleo, tive ensejo de me comunicar com o ministro Oswaldo Aranha – porque fui um dos que divulgaram sua célebre carta na qual declarava que fora do monopólio estatal do petróleo não havia solução alguma compatível com a dignidade brasileira – para saber se razões novas haviam mudado seu pensamento. E o ministro Oswaldo Aranha reafirmou-me que continua hoje, como ontem, inteiramente favorável ao monopólio estatal do petróleo. É a bem da verdade, e para que se consigne nos anais da Casa esse pronunciamento do ilustre ministro, que dou a Vossa Excelência este aparte.

O SR. ARTHUR BERNARDES – Estimo ouvir o aparte de Vossa Excelência. Mas, por muita consideração que se tenha ao sr. Oswaldo Aranha, um ministro de Estado não pode esquivar-se a esses reparos. Será um equívoco. A exacerbação patriótica a que alguns se referiram não traduz outra coisa senão a revolta do espírito contra o abandono em que tem estado a nossa Pátria por parte daqueles aos quais competia zelar por ela. Esse nacionalismo é ainda diferente daquele a que aludiu ainda há poucos dias um ex-embaixador estrangeiro, quando aqui proferiu uma conferência pública. É possível que o nacionalismo que ele censurou fosse inconveniente às grandes nações. Mas as pequenas, as indefesas, precisam conservar e cultivar o seu nacionalismo, sem o qual não subsistirão. Basta dizer que anda por aí a inovação de um mundo só, da restrição às soberanias etc.; tudo isso iria criar o poder absoluto dos fortes, dos poderosos, das grandes potências em detrimento das outras.

Ora, nós preferimos sobreviver, sobreexistir com a soberania que adquirimos com a nossa independência.

Mas, sr. presidente, tratemos do petróleo. A importância desse combustível é tal que ainda agora vimos o que aqui ocorreu. Um ex-embaixador vem de longe, nesta hora em que temos de decidir do petróleo, para censurar o nacionalismo: outro embaixador estrangeiro, recentemente chegado, antes de entregar suas credenciais ao chefe do governo, faz declaração em favor da livre participação nas iniciativas industriais; a seguir, um chefe de Estado poderoso manda conselhos às nações latinas no sentido de aceitarem o capital estrangeiro colaborando.

Serão coincidências? São coincidências que ainda coincidem com uma outra: a vinda, também recentemente, ao Rio de Janeiro, de um chefe de Estado vizinho, que, numa visita de cortesia, aqui esteve para dizer-nos que o seu país vive muito próspero, muito feliz, com o regime de iniciativa particular. E isso proclamado nesta Casa, que já se havia pronunciado em sentido contrário a semelhante iniciativa. E ainda mais – esse chefe de Estado veio também propor-nos outra grave coisa: a criação dos portos francos na Amazônia!

O sr. Adolfo Gentil – Permita, nobre deputado. Vossa Excelência, que é estudioso, conforme declarou no início do seu brilhante discurso, dos assuntos do petróleo, podia dizer qual o seu ponto de vista a respeito do capital brasileiro que acaba de firmar um acordo com a Bolívia, a fim de explorar o seu petróleo? Que acha Vossa Excelência dessa atitude do Brasil em relação àquele país?

O sr. Arthur Bernardes – Agradeço a V. Ex.ª o aparte. Ele me vem ajudar, e ajudar neste sentido: um país que vai buscar petróleo longe, na Bolívia, fazendo enormes despesas com a construção de uma estrada de ferro, esse país não tem o direito de dar o seu petróleo a estranhos. (Muito bem; muito bem. Palmas.) Quanto ao capital a que V. Ex.ª se referiu, estimo também que V. Ex.ª tenha abordado esse ponto. Nas primeiras escaramuças sobre o petróleo, estrangeiros interessados em obtê-lo em concessão espalhavam que o Brasil não poderia explorar o seu petróleo por não ter dinheiro, nem técnicos, nem máquinas. E nós, muitos de nós, brasileiros, passávamos a repetir aquilo que ouvíamos dos interessados.

Entretanto, os fatos vieram mostrar que não precisamos do capital estrangeiro – volto a este ponto –, não precisamos de máquinas de determinado país, e não nos faltarão técnicos. Há firmas que oferecem e contratam esses técnicos. As máquinas não se encontram em um só país, nem em dois. Vários países as fabricam, e os industriais vivem das suas indústrias, têm interesses em fabricar e vender.

Quanto ao dinheiro, precisamos não esquecer, primeiro, o trabalho de 55 milhões de brasileiros; segundo, que temos mercadorias exportáveis; terceiro, que temos vales-ouro, que podemos emitir, como já o fizemos no passado. Temos, ainda, nos institutos, grandes depósitos, além da Caixa Econômica.

Cumpre, ainda, não esquecer que os que falam em capital, ou falta de capital brasileiro para exploração dessa indústria, se esquecem de que os velhos países levaram um século para chegar ao atual estado de desenvolvimento da sua indústria. E nós somos incipientes, estamos começando agora. Não é natural que se exija de quem começa o que é impossível.

Entre outras alegações, ouve-se, também, freqüentemente, que o consumo do petróleo está crescendo no Brasil; o consumo dos dólares, das cambiais, das divisas está também crescendo, e nós não temos onde buscar essas divisas. É um argumento especioso.

Devemos estimar que o consumo de petróleo cresça, porque é sinal de que há desenvolvimento, progresso, trabalho. Quanto às divisas, respondo a esses interpelantes com outra interpelação: se déssemos em concessão o petróleo ao estrangeiro, economizaríamos divisas? Deixaríamos de consumir mais petróleo? Não. Teríamos de pagar-lhe em cruzeiros, porém esses cruzeiros iriam sair daqui mais hoje, mais amanhã, em forma de dólares ou de divisas para a pátria de origem desses capitais. De sorte que é um engano acreditar que precisamos entregar o petróleo a estrangeiros por não termos divisas com que pagar o necessário ao nosso consumo. Não há nada, senhores, que justifique a entrega do petróleo a estrangeiros. O petróleo não é só um mineral valioso, não é só combustível que encerra mais caloria do que todos os outros, mais rendoso na propulsão das indústrias e das máquinas: o petróleo é, antes de tudo, uma arma de guerra, que só deve permanecer sob o controle do Estado. E a Bolívia já se viu em situação como esta: em guerra com o Paraguai, havendo dado concessão do seu petróleo a uma dessas empresas estrangeiras, no momento mais precioso essa empresa passou a fornecer gasolina boliviana ao Exército paraguaio, na Guerra do Chaco. Nem ao menos se pode confiar na lealdade dessas empresas! É uma arma de guerra sobre a qual o Estado deve ter as mãos em qualquer momento que se faça necessário.

Só essa razão leva qualquer homem de Estado a opinar contra a entrega do petróleo ao estrangeiro. Mas, ao lado disso, nós somos, como dizia ainda há pouco, um país de pobres, um país de candidatos a empregos públicos, um país de burocratas, com o Estado ameaçado de cair pela burocracia. Não há mais receita suficiente para pagar os funcionários públicos. É preciso emitir para satisfazer à despesa ordinária.

Essa situação é insustentável. Contamos, então, com uma fonte de recursos, quase inexaurível, no petróleo, e não devemos abrir mão dele. Lembremonos, sobretudo, de que temos trinta e tantos milhões de brasileiros sem instrução e sem saúde. Somos talvez, no mundo, o país que tem um número de analfabetos que envergonha qualquer nação!

Há um elemento na fabricação da opinião pública em nosso país, perigosíssimo. É exatamente um desses trustes. Eles governam telégrafos, rádios e têm à sua disposição colunas em todos os grandes jornais do Rio de Janeiro. Essa gente tem um departamento chamado de publicidade, com material e pessoal enormes, tendo autores de artigos de fundo, comentaristas, noticiaristas etc., para forjar uma opinião pública, trabalho oculto que aqui se desenvolve com desconhecimento de brasileiros e, principalmente, do governo.

Espero poder voltar ainda a este assunto para melhor elucidá-lo. Por agora, srs. deputados, quero encarecer-lhes a necessidade de não aprovarmos as emendas do Senado ao projeto da Petrobras, porque estas o modificam em pontos essenciais. Se aceitas, poremos por terra toda a construção da Câmara em matéria de petróleo, e será a escravização do Brasil.

Esta hora é decisiva para nossos destinos: não só para os destinos econômicos, mas também para os destinos políticos, que são conseqüência dos primeiros.

Minha vinda a esta Casa foi precisamente para dar à nossa votação a expressão que ela deve ter. Não vamos aqui votar um projeto qualquer, mas uma lei que marcará os destinos da nacionalidade, a que não podemos ser indiferentes.

A prova de que assim é, temo-la no fato de que essas intervenções de fora se fizeram sentir aqui dentro precisamente na hora em que a Câmara dos Deputados tem de dar a sua última decisão sobre o petróleo.

Ou tomamos o rumo a que estamos destinados, que é o de virmos a ser uma grande nação, uma grande potência no futuro, ou havemos de ser uma espécie de China, de que todas as nações abusam. A China, porém, tem um longo passado, pôde formar o seu espírito na filosofia e nas ciências, é uma nação apreciada a muitos respeitos. Nós somos uma nação de ontem, uma nação nova, que nada pôde construir que a recomenda, nem mesmo a segurança da sua soberania

Por tudo isso, srs. deputados, devemos esperar que a Câmara se coloque acima de si mesma, compreenda a importância deste nosso voto e se decida a honrar os feitos dos nossos antepassados, que tanto fizeram para nos dar uma pátria livre e fadada a grandes destinos! (Muito bem, muito bem. Palmas prolongadas. O orador é cumprimentado.)[1]

1. Discurso do deputado Arthur Bernardes, proferido na Sessão Extraordinária do dia 15-9-1953.

Discurso de Gustavo Capanema

O sr. Euzébio Rocha – Sr. presidente, serei muito rápido.

Acabo de receber dos generais Felicíssimo Cardoso, Artur Carnaúba, Antônio José Henning, Leônidas Cardoso e Vicente de Paulo Teixeira Vasconcelos veemente protesto contra um telegrama passado pelo senhor delegado da Ordem Política e Social Francisco Rosas, nos seguintes termos:

"Centro Estudos Defesa Petróleo Economia Nacional – Almirante Barroso, 97 – 6º andar – DF.

B. – Solicitarei amigavelmente transferência Congresso Petróleo para agosto apelando patriotismo vg hospitalidade brasileira vg pois poderá parecer um acinte autoridade governo bem como ilustre hóspede pt Não sendo atendido vg Congresso será proibido mês julho pt – Francisco Rosas, diretor Divisão Polícia Política".

Sr. presidente, estaríamos diante do grave fato de se suspenderem as garantias constitucionais dos brasileiros por uma simples visita de representantes de nação estrangeira.

Quis consignar nesta Casa o meu protesto por tal ato, embora acredite que o governo não endosse, de forma alguma, as deliberações atrabiliárias e excessivas do sr. delegado de Ordem Política e Social.

O sr. Antônio Corrêa – Entendo que esse telegrama é a maior acusação que se formulou contra o governo da República. Nem o mais exaltado deputado da oposição chegou a afirmar, em documento público, que o governo da República estaria subserviente a representante de nação estrangeira.

O sr. Euzébio Rocha – Muito obrigado.

Era o que tinha a dizer, sr. presidente. (Muito bem; muito bem.)

O sr. Gustavo Capanema – Senhor presidente, peço a palavra, de acordo com o Regimento, para responder, como líder da maioria, a essa grave crítica feita ao Governo da República.

O sr. presidente – Tem a palavra o sr. deputado Gustavo Capanema, como líder de partido.

O sr. Gustavo Capanema (como líder da maioria) – Sr. presidente, o telegrama assinado pelo diretor da Divisão de Polícia Política ao presidente do Centro de Estudos e Defesa do Petróleo não representa, de forma alguma, o pensamento do governo. (Muito bem.)

O sr. Antônio Corrêa – Isso é o que a Câmara esperava ouvir de Vossa Excelência.

O sr. Gustavo Capanema – O fato, que deu origem a esse telegrama, segundo informação que ontem me foi dada, é que ao sr. ministro da Justiça pareceu aconselhável que, nos dias de visita do sr. ministro das Relações Exteriores dos Estados Unidos da América, não houvesse nenhuma demonstração, por mais leve que fosse, de hostilidade àquela ilustre personalidade, ou ao seu grande país.

O sr. Antônio Corrêa – Permite V. Ex.ª um aparte?

O sr. Gustavo Capanema – Peço a V. Ex.ª que não me aparteie agora, porque estou fazendo a simples exposição de um fato. Preciso dizer serenamente a verdade à Câmara dos Deputados. (Muito bem.) E não quero ocultar a seu respeito nenhuma circunstância. (Muito bem.)

Ao sr. ministro da Justiça pareceu que, enquanto aqui permanecesse o ilustre secretário de Estado sr. Dean Acheson, seria conveniente não se realizasse um congresso, animado, segundo Sua Excelência pensa, de viva hostilidade com relação à política externa dos Estados Unidos.

Por esse motivo, recomendou ao diretor da Divisão de Polícia Política uma intercessão amistosa junto ao presidente do Centro de Estudos e Defesa do Petróleo no sentido de que o congresso projetado se adiasse e, desse modo, aquela visita transcorresse num ambiente da maior cordialidade.

Esta foi a intenção e tal foi o ato do sr. ministro da Justiça.

O sr. Euzébio Rocha – V. Ex.ª me permite um aparte, ilustre líder?

O sr. Gustavo Capanema – Um minuto ainda. Pois bem: o funcionário a quem foi confiada essa delicada missão, por assim dizer, diplomática, missão que, creio, teria sido de um modo mais proveitoso, desempenhada pelo próprio ministro da Justiça, aquele funcionário passou o telegrama ontem aqui lido pelo qual não apenas pede a providência, que ao sr. Francisco Negrão de Lima pareceu conveniente, mas ainda faz ao destinatário essa comunicação espantosa.

O sr. Euzébio Rocha – Vossa Excelência diz bem espantosa.

O sr. Gustavo Capanema – ... de que, se a solicitação não pudesse ser atendida, o Centro de Estudos e Defesa do Petróleo estaria proibido de realizar o seu projetado congresso.

Ora, sr. presidente, pelo espírito do sr. ministro da Justiça não podia passar a idéia de semelhante violência. E, quanto ao sr. presidente da República, creio que não foi parte no caso. Não tive, hoje, oportunidade de conversar com S. Ex.ª, mas acredito que o chefe da Nação não foi consultado sobre o assunto. Foi o que concluí da conversa de ontem com o titular da pasta da Justiça.

Como quer que seja, a verdade é que o telegrama de que ontem tomou conhecimento a Câmara dos Deputados não representa o pensamento do governo. O pensamento do governo é justamente o contrário do que diz o telegrama. O Centro de Estudos e Defesa do Petróleo e os congressos por ele promovidos e realizados funcionarão como e quando queiram. O único limite às suas atividades é o que prescreve a lei. (Muito bem.) A Constituição assegura o direito de associação e o direito de reunião, com a ressalva do objeto lícito e da não perturbação da ordem pública. Dentro desse limite, o funcionamento do Centro de Estudos e Defesa do Petróleo será assegurado pelo governo.

O SR. EUZÉBIO ROCHA – Peço a V. Ex.ª me conceda o aparte antes de terminar, porque desejo declarar que, de forma alguma, e quem assim não julgar está cometendo grave erro, o Centro de Estudos e Defesa do Petróleo tem propósitos belicosos ou desfavoráveis aos Estados Unidos ou a qualquer outra potência. Pelo contrário, deseja que o povo americano e o povo brasileiro confraternizem no respeito recíproco à nossa soberania. Mas, julgar que discutir o problema do petróleo no Brasil seja acinte a um ministro do Exterior estrangeiro, isto, sim, seria afronta. Quem assim pensa não está representando nem o pensamento da Nação nem o pensamento do governo. Diz V. Ex.ª muito bem.

O SR. GUSTAVO CAPANEMA – Nestes termos, sr. presidente, o que me cabe, afinal, dizer, nesta oportunidade, é que o Centro de Estudos e Defesa do Petróleo, assim como o congresso por ele promovido, funcionará livremente, para sustentar o que lhe parecer necessário e conveniente relativamente à nossa política exterior ou às diretrizes da nossa ação governamental em matéria de petróleo. O único limite a essa liberdade é o que decorre da lei. Assim se procede em todas as nações livres do mundo. (Muito bem; muito bem. Palmas.)[1]

---

1. Documentos Parlamentares – CVI – Petróleo (Petrobras III), vol. VII.

Mensagem entregue pelo Centro de Estudos e Defesa do Petróleo e da Economia Nacional à Câmara dos Deputados

Excelentíssimos Senhores

Membros da Câmara dos Deputados

I – O Centro de Estudos e Defesa do Petróleo e da Economia Nacional (CEDPEN), sociedade civil, fundada em 21 de abril de 1948, "com o objetivo de congregar o povo brasileiro, sem distinção de sexo, religião, classe social ou filiação partidária, em prol da união mais ampla pela emancipação econômica do Brasil, reunindo todas as forças vivas da Nação em defesa da exploração do petróleo brasileiro pelo monopólio estatal", tem a honra de reafirmar a Vossas Excelências seu ponto de vista sobre o magno problema, ora em discussão nesta Casa do Congresso Nacional.

II – O CEDPEN, há mais de quatro anos, vem lutando contra a entrega total ou parcial, direta ou indireta, ostensiva ou dissimulada, da exploração de nossos recursos petrolíferos a trustes estrangeiros, e conta com o apoio da esmagadora maioria da opinião pública, traduzido em manifestações inequívocas provenientes de todos os recantos do território pátrio.

III – Já por diversas vezes, senhores deputados, teve o CEDPEN a honra de comparecer a essa Casa. Em 12 de novembro de 1948, sua Diretoria, cumprindo resolução da I Convenção Nacional de Defesa do Petróleo, e prestigiada por considerável massa popular que se concentrou nas escadarias do Palácio Tiradentes, fez entrega ao excelentíssimo senhor presidente da Câmara de um Memorial em que era reclamado o arquivamento do impatriótico anteprojeto de Estatuto do Petróleo, e encarecida a necessidade de não se efetivarem as concessões de refinarias aos grupos Drault Erananny (Refinaria do Distrito Federal) e Soares Sampaio (Refinaria União), concessões essas, aliás, já naquela data inteiramente caducas, por não-cumprimento de várias cláusulas do Edital de Concorrência. Mais tarde, voltou a Diretoria do CEDPEN a essa Casa para encaminhar à apreciação de Vossas Excelências o anteprojeto elaborado pela referida I Convenção, que consubstanciava a tese defendida por esta organização, estabelecendo o monopólio estatal para todas as fases da indústria do petróleo, a ser exercido por um departamento autárquico, dotado de personalidade jurídica, e com ampla autonomia financeira e administrativa.

IV – A primeira fase da campanha do CEDPEN, coroada com a I Convenção, conseguiu barrar a marcha do anteprojeto de estatuto, que foi praticamente arquivado, e levou o governo passado a adquirir a refinaria de Cubatão e a frota nacional de petroleiros. Ficaram assim destruídos pelos fatos os argumentos de falta de recursos e de impossibilidade de aquisição de equipamentos com os quais se pretendeu justificar aquele anteprojeto. A luta do CEDPEN foi árdua. Contra a campanha nacional de esclarecimento da opinião pública, empreendida por esta Instituição, foram desfechadas ofensas e intrigas, secundadas por violências policiais. Mas o apoio popular venceu as pressões e manobras dos trustes e esta entidade emergiu da batalha ainda mais fortalecida. Centenas de Câmaras Municipais, cinco Assembléias Legislativas Estaduais e cerca de seiscentos oficiais de nossas Forças Armadas lhe manifestaram então seu público apoio.

V – As grandes organizações monopolistas estrangeiras, que ambicionam o domínio de nosso petróleo, não descansam, porém. Voltam ao assalto com insistência, tentando sucessivas formas de penetração no aproveitamento da grande riqueza nacional. Quando não lhes é possível obter o máximo, em face da resistência dos brasileiros, procuram abrir brechas por onde possam entrar de modo dissimulado. Foi assim que, em princípios do ano findo, tentou o truste da Standard Oil montar em Niterói uma grande refinaria, utilizando-se ardilosamente de um grupo de "testas-de-ferro", encabeçado pelo senador Max Leitão. Esse grupo entraria no negócio com capital simbólico, e o truste o financiaria com vultoso empréstimo, garantindo para si não só a administração técnica e comercial da indústria, como a distribuição dos seus produtos. Contra mais essa investida levantou-se o CEDPEN, realizando, de 5 a 7 de junho de 1951, a II Convenção Nacional. Novamente compareceu então a Diretoria da entidade a essa Casa para protestar contra a inominável violência das autoridades policiais, que tentaram dissolver a tiros a sessão de instalação do Conclave.

VI – Encontra-se agora em discussão na Câmara o projeto nº 1.516, do Poder Executivo. Contra esse projeto, ergueu-se novamente o CEDPEN, apoiado por impressionante solidariedade pública. Em documentado estudo, estampado em diversos jornais, e profusamente distribuído em folheto por todo o território nacional, demonstrou o CEDPEN, com irretorquíveis argumentos, o caráter entreguista no referido projeto, que contém inúmeras e variadas brechas, capazes de dar ao truste as oportunidades para penetrar na exploração do petróleo nacional, visando ao futuro domínio de toda a indústria. Esse trabalho, senhores deputados, é do conhecimento de Vossas Excelências, pois foi também amplamente distribuído nas duas casas do Congresso.

VII – A repercussão nacional da nova campanha do CEDPEN atingiu proporções extraordinárias. Prova disso foram as demonstrações públicas de solidariedade por ocasião do quarto aniversário da fundação da entidade, a 21 de abril último. E as manifestações populares contra o projeto da Petrobras encontraram eco no parlamento. É cada vez maior o número de deputados que se declarara pelo monopólio estatal e contra as pretensões dos trustes. O governo, entretanto, se recusa a atender aos anseios da Nação, e acaba de forçar a adoção do regime de urgência para a discussão e votação do projeto, já repelido pela opinião pública.

VIII – Em face de tão graves circunstâncias, julga o CEDPEN de seu dever comparecer a essa Casa, para manifestar a vontade do povo brasileiro, de que seja rejeitado o projeto oficial e estabelecido definitivamente o monopólio do Estado para todas as fases da indústria do petróleo.

IX – A tese do CEDPEN é conhecida. Não será demais, todavia, resumi-la ainda uma vez. O CEDPEN se opõe, como já foi dito, a qualquer participação, mesmo parcial ou indireta, de capitais estrangeiros na exploração do nosso petróleo, pois tais capitais seriam pura e simplesmente os capitais dos grandes trustes que já tantas atribulações e malefícios têm causado a outros povos.

X – O CEDPEN se opõe também à participação de capitais particulares, mesmo brasileiros, não só para eliminar os possíveis "testas-de-ferro", como porque, sendo a indústria do petróleo essencialmente monopolista, deve ser integralmente exercida pelo Estado, destinando-se os lucros só ao financiamento da expansão de suas próprias atividades, como a aplicações que venham beneficiar toda a coletividade.

XI – O CEDPEN considera absolutamente indispensável que o monopólio estatal abranja todos os ramos da indústria, incluindo não só a pesquisa, a lavra, o transporte especializado e a refinação, como o próprio comércio distribuidor. De nada valeria estabelecer o monopólio estatal apenas para os quatro primeiros ramos, e em seguida entregar seus produtos à rede comercial dos trustes. Foi esta a solução adotada na Colômbia, onde o truste açambarca praticamente a totalidade dos lucros da exploração da antiga concessão de Mares, apesar de serem os quatro primeiros ramos da indústria nominalmente nacionalizados. A distribuição comercial interna e externa dos produtos da empresa "nacional" colombiana é feita por uma filial da Standard Oil. Foi esta ainda a solução adotada pelo Conselho Nacional do Petróleo para a Refinaria de Mataripe, cujos produtos são entregues por preços baixos às filiais dos trustes, que os revendem ao público por preços consideravelmente mais altos, absorvendo deste modo parte substancial dos benefícios que o petróleo do Recôncavo já deveria estar proporcionando ao País. O CEDPEN, ao insistir neste ponto, que considera da maior importância, esclarece que o monopólio estatal da distribuição não excluiria a presença de pequenos revendedores, varejistas, operando à base de comissões fixas. O monopólio estatal é, no entanto, indispensável no comércio atacadista, isto é, na distribuição em grosso.

XII – O CEDPEN considera ainda indispensável que a entidade a ser criada para exercer o monopólio estatal tenha a maior flexibilidade e autonomia, de modo a funcionar em moldes comerciais, sem prejuízo da necessária fiscalização de suas atividades pelo parlamento e pela opinião pública. É inteiramente falso que o CEDPEN preconize ou tenha preconizado a entrega da exploração do petróleo a uma repartição pública comum, e isso pode ser constatado pela simples leitura do projeto elaborado em 1948 pela I Convenção.

XIII – Finalmente, o CEDPEN considera que, à entidade a ser criada para exercer o monopólio estatal, devem ser fornecidos amplos recursos financeiros, de modo a obter-se um rápido desenvolvimento de suas atividades, para que o Brasil, no menor prazo possível, se liberte da dependência de importação de produtos petrolíferos.

XIV – Coerente com esses princípios, o CEDPEN, em nota pública, aprovou o substitutivo apresentado na Câmara pelo deputado Euzébio Rocha e mais 26 parlamentares, com emendas estendendo o monopólio estatal ao comércio distribuidor atacadista; declarando caducas as concessões de refinarias a particulares e promovendo a completa nacionalização do atual comércio distribuidor por meio da desapropriação das instalações das filiais dos trustes que operam no território nacional.

XV – Examinando agora o substitutivo apresentado pela União Democrática Nacional, o CEDPEN lhe dá também sua aprovação, observadas, entretanto, as emendas indispensáveis ao projeto Euzébio Rocha, e excluída a possibilidade de virem a ser criadas, por leis especiais, empresas subsidiárias da autarquia estabelecida no projeto udenista.

XVI – O CEDPEN espera que todos os deputados favoráveis à tese do monopólio estatal aceitem estas sugestões e encontrem um terreno comum, evitando assim a dispersão de esforços, que viria em detrimento da causa que defendemos. O CEDPEN se coloca à inteira disposição das duas casas do Congresso, com o elevado propósito de colaborar na solução do problema, que empolga toda a Nação.

XVII – Reafirmando, por conseguinte, sua tese sobre a exploração do petróleo brasileiro, o CEDPEN protesta contra a pressão governamental, orientada no sentido de fazer aprovar, em regime de urgência, o projeto entreguista nº 1.5.6, e faz sentir, ao mesmo tempo, ao Parlamento, que outra qualquer solução, fora do monopólio estatal, contraria frontalmente os interesses nacionais e a vontade manifesta do povo.

Rio de Janeiro, 20 de maio de 1952.

General Felicíssimo Cardoso, presidente. General Arthur Carnaúba. General Antônio José Henning. General Leônidas Cardoso. General Vicente de Paula Teixeira de Vasconcellos.

Parecer da Comissão de Segurança Nacional

1. Foram-nos dados a relatar o projeto nº 1.516-51, que veio acompanhado da mensagem nº 460-51, do Poder Executivo, e o de nº 1.595-52, de autoria do nobre deputado Euzébio Rocha, do Partido Trabalhista Brasileiro.

2. Examinando-se a mensagem e os dois projetos, chega-se à conclusão de que a mensagem é uma peça que se encaixa melhor no dispositivo do projeto do deputado trabalhista do que no que a acompanhou, oriundo da Presidência da República.

Basta que se examine este pequeno trecho para se ter a prova real do que vimos de afirmar:

"É fora de dúvida, como o demonstra a experiência nacional, que, em matéria de petróleo, o controle nacional é imprescindível. O governo e o povo brasileiro desejam a cooperação da iniciativa estrangeira no desenvolvimento econômico do País, mas preferem reservar à iniciativa nacional o campo do petróleo, sabido que a tendência monopolística internacional dessa indústria é de molde a criar focos de atritos entre povos e entre governos. Fiel, pois, ao espírito nacionalista da vigente legislação do petróleo, será essa empresa genuinamente brasileira, com capital e administração nacionais".

O governo dá-nos prova cabal, sincera e irretorquível de que conhece o assunto e deseja evitar o drama completo, tocando as raias da tragédia, dos povos que, impensada ou levianamente, se deixaram enlaçar pelos tentáculos dos trustes internacionais, cujas qualidades de solércia, intriga e poder ninguém desconhece. Torna-se mister que o povo não encontre nem um ponto, nem uma anfractuosidade, por menor que seja, para tomar qualquer apoio, porque, se isto lhe for concedido, em pouco tempo envolverá insidiosamente o conjunto, alapardando-se de mil modos e maneiras até chegar à oportunidade de sugá-lo totalmente, como o fizeram em muitas nações, cuja riqueza só tem servido para aumentar a miséria de seu povo. Os exemplos da Venezuela, da Colômbia e do Peru, nossos bons vizinhos, são frisantes. A descoberta do petróleo foi o diabo em carne e osso que surgiu para atormentar aquela gente pacata e boa, cujo sossego e segurança dela há muito se acham divorciados. Diz sabiamente o anexim "põe tuas barbas de molho, quando vires arder as do vizinho". Para nós, portanto, não devem ser aceitas as amargas lições dos que estão sofrendo por terem aceito as falaciosas propostas dos trustes, onde avultam sempre, impreterivelmente, homens como Deterding – "um Napoleão na audácia e um Cromwell na profundidade do pensamento". Friamente, solertemente, matematicamente, vão-se infiltrando, camuflando-se como protetores, para ocupar posições seguras de onde possam dominar todos os anseios e aspirações de um povo. Se já sabemos qual a sua tática, devemos evitá-los à outrance desde agora, a fim de que não fiquemos manietados e peados no momento em que quisermos agir.

Ainda mais, o dr. Getúlio Vargas não deseja "criar focos de atrito entre povos e governos", como sucedeu no Irã, no México etc.; assim a nossa legislação não deverá permitir brechas, por onde o perigo se possa insinuar. E o projeto governamental contém essas abertas, essas portas de invasão?

Sim, como iremos mostrar.

O projeto governamental determina, no Artigo 3º, que o capital inicial de quatro bilhões de cruzeiros "até o ano de 1956 será elevado a um mínimo de dez bilhões de cruzeiros. Para o capital inicial o projeto estabelece condições no sentido de o governo ficar com 31 por cento das ações, mas, na segunda fase, quando o capital for aumentado, não há nada, absolutamente nada, que garanta ao governo a maioria das ações e assim ele poderá perder o controle da sociedade. O artigo 12º fornece ensanchas, para que os trustes tomem pé na criação da Petróleo Brasileiro S.A., pois seu § 2º determina que "as obrigações serão abertas à tomada voluntária pelas entidades públicas e particulares". Assim, qualquer empresa brasileira da Standard Oil, por exemplo, poderá adquirir essas obrigações que, pelo § 1º do artigo 12º, poderão ser convertidas em ações. Nesse § 1º é que está a incógnita capaz de constituir o perigo. Há limitação para as ações ordinárias, mas não há nada no projeto que impeça a conversão das obrigações em ações preferenciais que, além de não terem limitações, dão direito a voto.

Desta forma estará a Standard Oil na direção da sociedade, cujo controle o governo deseja integralmente em mãos brasileiras, consoante os patrióticos termos de sua mensagem.

Outro perigo no projeto nº 1.516-51 está contido no artigo 17º, pelo qual a Petróleo Brasileiro S.A. poderá operar "através de empresas que organizar ou a que se associar". Deste modo, a Sociedade poderá associar-se aos trustes que já exploram a distribuição dos produtos e subprodutos do petróleo, dando a eles as vantagens magníficas concedidas pelos artigos 18º (garantia e financiamento tomados no País e no exterior), 19º (isenção de impostos e taxas e quaisquer outros ônus fiscais), 20º (isenção de direitos de importação) e 21º (direito de desapropriação).

Por tudo que acabamos de palear, o projeto governamental está inçado de esparrelas que o próprio governo, como bom patriota, teme. Há, no projeto, verdadeiras "bocas-de-lobo" – buracos com aculcos estrepes no fundo, com os quais tudo devemos fazer para não vermos o nosso Zé Povo neles espetado.

3. O ilustre ministro Mário Bittencourt Sampaio, em esplêndida e oportuníssima palestra realizada na reunião conjunta de nossa comissão com as de Economia e Transportes, pontificou o seguinte, no que tange ao capital da sociedade:

O projeto, adotando norma que vem sendo seguida, ultimamente, em outras iniciativas de vulto, fixa os recursos para esses empreendimentos em dez bilhões de cruzeiros.

Pensamos que, quando se atinge essa cifra, já não há mais necessidade de justificativa.

Realmente, não foi feita uma única alegação que amparasse, direta ou indiretamente, a estipulação de tal montante.

Não há referência a programa algum.

Admitamos, porém, que haja justificativa para esse capital.

Pode-se supor, de início, que em face do seu imenso vulto tenhamos que admitir a clássica alegação da falta de recursos do Estado.

Examinemos, então, qual seria a arrecadação prevista:

Imposto único (artigo 7º)	%
Óleo combustível – aumento de	64,0
Óleo "diesel" e "gás oil"– aumento de	64,7
Gasolina – aumento de	61,8
Óleos lubrificantes	155,3

Esses aumentos percentuais determinarão um aumento médio ponderado de 59%.

A quota destinada à Petrobras S.A., segundo os programas de importação das companhias, elaborados para efeito de orçamento cambial, darão, feita a extrapolação na base do aumento do consumo, o seguinte:

Exercício	Milhões de Cruzeiros
1952	1.278
1953	1.534
1954	1.841
1955	2.220
1956	2.664
Total	9.537

A fonte de recursos prevista no artigo 9º dará:

Veículos terrestres	Milhões de Cruzeiros
a) 197.000 carros particulares equivalentes a Ford e Chevrolet (1.400kg), dos quais 20% com mais de cinco anos	316
b) 54.000 táxis, tomando-se o mesmo tipo médio do carro do item anterior e considerando-se 50% com mais de cinco anos	10
c) 202.500 caminhões de duas a cinco toneladas, dos quais 50% com mais de cinco anos	81
d) 15.000 ônibus, de 30 a 50 passageiros	48
Total	455

De acordo com esses dados e a lei do crescimento dos mesmos, poderemos considerar para esse dispositivo a seguinte arrecadação:

Exercício	Milhões de Cruzeiros
1952	455
1953	495
1954	535
1955	575
1956	615
Total	2.075

Podemos dispensar o cálculo da receita correspondente ao produto dos impostos de importação e de consumo sobre veículos e o imposto de remessa para o exterior de seus valores e de outras fontes secundárias.

Aviões	Milhões de Cruzeiros
358 aviões comerciais, dos quais 410 com mais de 2.000HP	2,3
725 aviões de recreio, dos quais apenas um com mais de 2.000HP	4,7
	7,0

Exercício	Milhões de Cruzeiros
1952	7
1953	7
1954	7
1955	7
1956	7
	35

Podemos dispensar o cálculo das demais fontes.

RESUMO

Fontes de Recursos	Milhões de Cruzeiros
Capital inicial (Patrimônio da União, relacionado com petróleo)	4.000
Cota de 25% sobre o imposto único majorado	9.537
Veículos terrestres	2.675
Aviões	35
Total geral	6.247

Assim, para realizar um capital que, sem justificativa de qualquer natureza, foi arbitrado em dez bilhões de cruzeiros, do qual a União deveria subscrever apenas 51%, ou seja, cinco bilhões e cem milhões, o projeto estabelece medidas que determinarão uma arrecadação superior a dezesseis bilhões e 247 milhões de cruzeiros.

Essa arrecadação irá inflacionar verticalmente e determinará um substancial aumento nos preços de todas as utilidades essenciais, não só pela majoração do custo da produção, como da circulação.

Se a arrecadação para a contribuição estatal excede de mais de sessenta por cento, o que foi convencionado para a totalidade do empreendimento, por que apelar para o capital privado nacional e estrangeiro?

A subscrição desse capital – que não nos convém – seria inclusive financiada pelo nosso pobre contribuinte, como conseqüência do que se encontra enunciado no artigo 5º ao dispor que a União transferirá aos estados, municípios e às pessoas referidas nos artigos 7º, 9º e 13º as ações que lhe couberem, desde que excedam 51 por cento das ações ordinárias.

O Estado poderia ter tudo, mas abre mão da metade em benefício dos seus sócios desnecessários e inconvenientes.

Reconhecendo novamente que está tributando demasiadamente, o projeto prevê, em seu artigo 11º, que os excessos que se verificarem poderão ser aplicados, ao arbítrio do Poder Executivo, a outras atividades.

A União, devendo subscrever apenas 51% do capital, ou seja, cem milhões, terá ao seu arbítrio para aplicar em outras atividades onze bilhões e 247 milhões de cruzeiros, ou seja, mais do dobro da quantia destinada à finalidade precípua.

Não obstante essa situação folgada e brilhante, fazem um apelo patético para que seja admitido o capital estrangeiro em parcelas de início moderadas, podendo, a seguir, no entanto, ampliar sua participação através de brechas deixadas no projeto.

O artigo 12º autoriza a Sociedade a emitir, até o dobro do seu capital social integralizado, obrigações ao portador que poderão ser tomadas, de acordo com o § 2º desse mesmo artigo, voluntariamente, pelas entidades privadas, obrigações essas que pelo § 1º, ainda do mesmo artigo, poderão ser convertidas em ações, segundo o que determinarem os estatutos.

Ficaria, assim, completa a obra da entrega, e, para maior facilidade, as pessoas ligadas aos trustes poderiam participar da sociedade.

O projeto enfraquece o Estado, tirando-lhe imensa fonte de recursos, fortalece os trustes, isto é, a concentração do capital, encarece o custo de vida e inflaciona de forma maciça, o que determinará novos aumentos de vencimentos e salários.

Esses aumentos vêm, com exceção apenas do que foi feito, no último governo, pela Lei nº 488, reduzindo praticamente a zero a hierarquia administrativa.

O Congresso Nacional, em outubro de 1936, fixou o padrão A em duzentos cruzeiros e o padrão O em três mil e quinhentos cruzeiros.

No aumento atual, a tabela em discussão, pelos interessados, prevê para o padrão A três mil e quinhentos cruzeiros e para o padrão O dez mil cruzeiros.

Em quinze anos, a relação entre o menor e o maior vencimento será de 1/7 para 1/3.

Nem na Suécia se chegou a tal extremo.

O Estado é o maior empregador do País; a sua política de salário decide da conduta dos demais empregadores.

Estamos aproximando os vencimentos do proletariado aos da classe média, no momento exato em que se pretende enfraquecer o Estado e em que se irrita o contribuinte pela cobrança de tributos desnecessários e, mais ainda, quando se concentra o capital.

A nosso ver não há nada mais perigoso para as nossas instituições sociais. A exploração do petróleo pelo Estado constitui, no momento, a única medida realmente eficaz para fortalecê-lo e torná-lo capaz de enfrentar, com êxito, a onda de dissolução social. Fazemos nossas todas essas considerações, porque são simples e claras, portanto lógicas. Tudo o que foi afirmado está provado por "a mais b", cartesianamente, sem sofismas e sem recorrer ao método do absurdo.

4. Analisando, dissecando, acompanhando e pesando o projeto do deputado Euzébio Rocha, somos levados a aceitá-lo, porque atende de modo absoluto às necessidades prementes da nossa nacionalidade, sem correr o risco de cairmos na boca do leão, levados pelos nossos próprios passos.

O receio de que, sem a colaboração do capital e da técnica alienígena, não teremos o óleo que remove montanhas, o que antes do seu surgimento só a fé o fazia, em tempo hábil e em proporção satisfatória – não procede.

O capital já foi sobejamente acima demonstrado como podemos adquiri-lo. Os técnicos, desde que os paguemos bem, encontramo-los em todos os centros cientificamente adiantados. O material poderemos consegui-lo com facilidades, como ficou provado com a aquisição da refinaria de Cubatão e a frota de petroleiros; basta que se saiba escolher os homens, homens capazes de colocar sempre, em primeiro lugar, os interesses da Pátria.

Por tudo isso indico o projeto 1.595-52 como substitutivo ao projeto governamental, e a ele apresento emendas:

1ª – Suprima-se o parágrafo único do artigo 5º.

O substitutivo deve silenciar sobre o assunto, de modo que, na ocasião azada, a Petrobras S.A. possa absorver as atividades das empresas estrangeiras que fazem a distribuição e o comércio dos derivados do petróleo importado.

2ª – O item "b" do artigo 6º fica assim redigido:

b) Pelo produto da majoração, durante 7 (sete) anos, de Cr$ 0,30 (trinta centavos) sobre o imposto único que incidir sobre cada litro de gasolina.

Esse acréscimo, consoante ponderou o competente mestre engenheiro Mário Bittencourt Sampaio, feitas as deduções previstas, em benefícios dos pequenos municípios de maneira a assegurar à União 51%, dará, em sete anos, Cr$ 9.020.000.000,00, aos quais serão adicionadas as importâncias de Cr$ 350.000.000,00, correspondentes à refinaria de Mataripe, de Cr$ 650.000.000,00, à de Cubatão, e de Cr$ 600.000.000,00, relativas à frota de petroleiros. Tudo isso daria Cr$ 10.620.000.000,00, importância maior do que o limite preconizado pelo projeto governamental.

3ª – Ao artigo 15º seja acrescentado:

"Parágrafo único – A Sociedade fará a aquisição das duas refinarias – Rio de Janeiro e São Paulo –, autorizadas a funcionar, alienando os terrenos concedidos para tal fim, para atender às despesas".

4ª – O artigo 24º passa a ter a seguinte redação:

"Art. 24º: Fica a Sociedade autorizada a contratar serviços de companhias independentes para a pesquisa e lavra do petróleo, dentro das seguintes condições:

a) As despesas efetuadas pelas companhias com pessoal e material e o desgaste dos equipamentos e maquinarias utilizadas, desgaste esse determinado na forma convencionada, são relacionadas pela Sociedade;

b) Se não for encontrado o petróleo, a empresa se retirará depois das tentativas previamente enumeradas, e nada receberá, sendo lícito à Sociedade prosseguir na tarefa, se o desejar;

c) Se for encontrado petróleo, em quantidade considerada comercial, todas as despesas, na conformidade da letra 'a' deste artigo, serão pagas com o produto da venda de uma parcela de cinqüenta por cento da produção reservada para esse fim até o limite das despesas. Essa venda é feita pela Sociedade na base do preço oficial. Além disso, a empreiteira terá uma bonificação em torno de quinze por cento da produção variável, segundo o conhecimento da região durante o período de quinze anos".

Através desse artigo poderemos contar com a cooperação direta do capital e da técnica estrangeiros, sem abrir mão do controle estatal, realizado de modo seguro pelo mecanismo adotado, que, aliás, é o empregado presentemente no Canadá e no México. Neste, a Pemex, instituição oficial do governo mexicano, "ajusta a execução de todos os trabalhos relacionados com a pesquisa e lavra do petróleo, com uma das dez empresas existentes, das quais oito são norte-americanas independentes, uma belga e uma francesa".

Adotado este processo, poderemos acelerar a obtenção do óleo nacional sem empregar capital inicial, ficando livre de despesas em caso de insucesso.

5ª – O atual artigo 24º passa a ser artigo 25º.

5. Para que se possa verificar a exceção do substitutivo do nobre deputado Euzébio Rocha, com as emendas que apresentamos, exibimos o seguinte esquema da lavra do ministro Bittencourt Sampaio:

Exercício	Industrialização (1)	Pesquisa e lavra (2)	Petroleiros (3)	Total necessário	Arrecadação (4)	Saldo (5)
1952	360	200	–	560	720	100
1953	360	250	–	610	880	270
1954	440	250	–	690	1.080	310
1955	440	250	–	690	1.230	540
1956	410	–	–	410	1.460	1.020
1957	80	–	–	80	1.760	1.680
1958	–	–	–	–	1.940	1.940
Total	2.090	950	–	3.070	9.020	5.950

6. Estamos inteiramente convencidos de que a solução por nós apresentada resolve de modo completo, lógico e seguro o magno problema que tanto nos aflige, sem o perigo de ver nosso país em convulsões provocadas pelos comunistas pela falta de combustível líquido, em caso de guerra.

Ouvimos a brilhante conferência do ilustre general Juarez Távora e achamo-la muito pessimista, obrigando em horizonte próximo a paralisação dos nossos transportes e, em conseqüência, uma gigantesca luta social, pela suspensão do fornecimento dos produtos de petróleo de origem americana.

Asseverou S. Ex.ª que a Rússia está mais e melhor armada em submarinos que a Alemanha no fim da guerra passada; sabemos disso, porque ela levou técnicos da zona ocupada e os sugou e continua a sugar o quanto pode. Além do mais, utilizou-se das fábricas, usinas, laboratórios, estaleiros etc., dos tudescos, transferindo alguns para suas plagas. Portanto, tudo nos leva a crer que esteja, de fato, muito bem servida para atuar não só no mar, como também no ar, para impedir o suprimento de homens e material bélico oriundos das ilhas satélites.

Devemos ter sempre presente, e os estadistas americanos, ingleses, franceses e russos com toda a certeza têm, a profecia do pai da geopolítica, Belford Mackinder: "Quem dominar a Europa Oriental, controlará a ilha mundial; quem dominar a ilha mundial, controlará o mundo".

Presentemente as nações democráticas têm apenas uma pequena crosta de contacto com os soviéticos que dominam a *heartland* do continente eurasiático, a *ilha mundial,* na justa e pitoresca designação de Mackinder. E para mantê-la e ampliá-la têm que cruzar os céus e os oceanos, levando os recursos das ilhas satélites: a América, a Austrália e a África. Daí sentirem os "vermelhos" a necessidade de serem fortes no mar e no ar para impedir o afluxo das correntes de recursos. Todavia, os ocidentais não estão de braços cruzados e tudo farão para que a "ilha mundial" não caia na mão dos soviéticos, dando-lhes, em conseqüência, a hegemonia universal. Deste modo, os mares serão cuidadosa e eficientemente vigiados, a fim de que nada falte às ilhas satélites, de sorte que as agitações sociais não venham favorecer o inimigo comum.

O mundo islâmico, compreendendo a região árida da África do Norte e o Oriente Médio, está hoje pendendo mais para o lado comunista; deste modo os democratas não poderão contar com o seu petróleo e, assim, os americanos têm angustiante interesse em descobrir novas jazidas em terras americanas, para suprir a falta que irá fazer aos ocidentais o petróleo que irão certamente perder. Sendo nós seus aliados, temos a certeza de que seremos auxiliados por eles, mesmo que desprezemos a colaboração perigosa dos trustes, isso porque há hodiernamente um interesse maior, uma importância de valor mundial.

A guerra submarina será talvez terrífica, mas os nossos petroleiros poderão, trazendo o óleo cru do Peru e da Venezuela para as nossas refinarias, incorporar-se nos mesmos comboios em que navegarem os navios americanos em busca do nosso minério de ferro.

Na atual conjuntura, os americanos procuram fazer tudo para estabelecer um clima de harmonia, de paz e de cooperação, de maneira que, na guerra que se avizinha, a luta se localize no continente eurásico.

Em conclusão: parece-me que nada temos a temer com a solução estatal – há um interesse vital, grandioso, insubstituível perante o qual se reduzem a zero a audácia, a solércia e a fome insaciável de ouro dos trustes internacionais de petróleo e a concupiscência, o descaramento e o impatriotismo dos seus corruptos e conspurtos "testas-de-ferro".

Sala das sessões, em 7 de março de 1952 – Arthur Bernardes, presidente – Lima Figueiredo, relator – Galdino do Vale – Negreiros Falcão – Abelardo Andréa – José Guiomard – Oscar Passos – Vitorino Corrêa – Benjamin Farah – Arruda Câmara[1].

---

1. Comissão de Segurança Nacional, Publicação Autorizada, Projeto n°s 1.516-51 e 1.595-52, p. 535-546.

Manifesto dos Generais

"Considerando que o inquérito policial-militar, em andamento na base aérea do Galeão, já apurou, indiscutivelmente, que foi a guarda pessoal do presidente da República, sob a chefia de Gregório Fortunato, homem de sua absoluta confiança, que o planejou e preparou, dentro do palácio presidencial, ou fez executar, o atentado em que foi assassinado o major-aviador Rubens Florentino Vaz;

Considerando que depois de haver o presidente da República assegurado à Nação que o crime seria apurado e os culpados entregues à justiça, elementos de sua imediata confiança, ainda dentro do palácio presidencial, alertaram os criminosos e lhes forneceram os meios necessários à fuga, inclusive vultosa quantia em dinheiro;

Considerando que é, assim, duvidoso que se possa chegar à punição de todos os culpados;

Considerando que as diligências do inquérito trouxeram à luz farta documentação em que se demonstra a corrupção criminosa nos círculos mais chegados ao presidente da República;

Considerando que tais fatos comprometem a autoridade moral indispensável ao presidente da República para o exercício de seu mandato;

Considerando, enfim, que a perduração da atual crise política militar está trazendo ao País irreparáveis prejuízos em sua situação econômica e poderá culminar em graves comoções internas, em face da intranqüilidade geral e da repulsa e indignação de que se acham possuídas todas as classes sociais do País,

OS ABAIXO ASSINADOS, oficiais-generais do Exército, conscientes de seus deveres e responsabilidades perante a Nação, honrando compromissos públicos e livremente assumidos, e solidarizando-se com o pensamento dos camaradas da Aeronáutica e da Marinha, declaram julgar, em consciência, como melhor caminho para tranqüilizar o povo e manter unidas as Forças Armadas, a renúncia do atual presidente da República, processando-se sua substituição de acordo com os preceitos constitucionais.

Rio, 22 de agosto de 1954

a) General Álvaro Fiúza de Castro, general Canrobert Pereira da Costa, general-de-Divisão Nicanor Guimarães de Souza; general-de-Divisão Juarez Távora; general Alcides Etchegoyen; general-brigadeiro Emílio Ribas Júnior; general Edgard Amaral; general Altair de Queiroz; General J. Machado; general Peri Constant Bevilacqua; general Humberto Castelo Branco; general Paulo Kruger da Cunha; general Ignácio José Veríssimo; general Barros Falcão; general João Batista Rangel; general Nilo Horácio de Oliveira Sucupira; general Antônio Coelho dos Reis; general Delso Fonseca; general Henrique Lott."

A Carta-Testamento

"Mais uma vez, as forças e os interesses contra o povo coordenaram-se novamente e se desencadeiam sobre mim.

Não me acusam, insultam; não me combatem, caluniam e não me dão o direito de defesa. Precisam sufocar a minha voz e impedir a minha ação, para que eu não continue a defender, como sempre defendi, o povo e principalmente os humildes. Sigo o destino que me é imposto. Depois de decênios de domínio e espoliação dos grupos econômicos e financeiros internacionais, fiz-me chefe de uma revolução e venci. Iniciei o trabalho de libertação e instaurei o regime de liberdade social. Tive de renunciar. Voltei ao governo nos braços do povo. A campanha subterrânea dos grupos internacionais aliou-se à dos grupos nacionais revoltados contra o regime de garantia do trabalho. A lei de lucros extraordinários foi detida no Congresso. Contra a justiça da revisão do salário mínimo se desencadearam os ódios. Quis criar a liberdade nacional na potencialização das nossas riquezas através da Petrobras, mal começa esta a funcionar, a onda de agitação se voluma. A Eletrobrás foi obstaculada até o desespero. Não querem que o trabalhador seja livre. Não querem que o povo seja independente.

Assumi o governo dentro da espiral inflacionária que destruía os valores de trabalho. Os lucros das empresas estrangeiras alcançavam até quinhentos por cento ao ano. Nas declarações de valores do que importávamos, existiam fraudes constatadas de mais de cem milhões de dólares por ano. Veio a crise do café, valorizou-se o nosso principal produto. Tentamos defender seu preço, e a resposta foi uma violenta pressão sobre a nossa economia, a ponto de sermos obrigados a ceder.

Tenho lutado mês a mês, dia a dia, hora a hora, resistindo a uma pressão constante, incessante, tudo suportando em silêncio, tudo esquecendo, renunciando a mim mesmo, para defender o povo que agora se queda desamparado. Nada mais vos posso dar a não ser o meu sangue. Se as aves de rapina querem o sangue de alguém, querem continuar sugando o povo brasileiro, eu ofereço em holocausto a minha vida. Escolho este meio de estar sempre convosco.

Quando vos humilharem, sentireis minha alma sofrendo ao vosso lado. Quando a fome bater à vossa porta, sentireis em vosso peito a energia para a luta por vós e vossos filhos. Quando vos vilipendiarem, sentireis no meu pensamento a força para a reação. Meu sacrifício vos manterá unidos e meu nome será a vossa bandeira de luta. Cada gota de meu sangue será uma chama imortal na vossa consciência e manterá a vibração sagrada para a resistência. Ao ódio, respondo com o perdão. E aos que pensam que me derrotaram, respondo com a minha vitória. Era escravo do povo e hoje me liberto para a vida eterna. Mas esse povo de quem fui escravo não mais será escravo de ninguém. Meu sacrifício ficará para sempre em sua alma, e meu sangue terá o preço do seu resgate.

Lutei contra a espoliação do Brasil. Lutei contra a espoliação do povo. Tenho lutado de peito aberto. O ódio, as infâmias, a calúnia não abateram meu ânimo. Eu vos dei a minha vida. Agora ofereço a minha morte. Nada receio. Serenamente dou o primeiro passo no caminho da eternidade e saio da vida para entrar na História."

Relato do lamentável acontecimento referente à morte do Presidente Getúlio Vargas, elaborado pelo então diretor do Instituto Médico Legal, dr. Jessé de Paiva

"Pouco depois das oito horas do dia 24 de agosto de 1954, quando eu já tinha conhecimento da trágica morte do presidente da República, dr. Getúlio Vargas, pelo rádio, e me apressava para sair de casa, rumo ao Instituto Médico Legal, recebi recomendação da Chefia de Polícia, no sentido de, o mais urgente possível, comparecer ao Palácio do Catete, para as providências periciais que se impunham. Dirigi-me, então, ao instituto e, de lá, convoquei imediatamente o prof. Nilton Sales, chefe do Serviço de Necropsia, o médico legista de dia, dr. José Alves Assunção de Meneses, os drs. Nelson Caparelli e Mário Martins Rodrigues, o auxiliar de autópsia, José Francisco da Silva, e mais o fotógrafo de nossa instituição, sr. Ismar de Carvalho e Melo. Lá chegamos por volta das dez horas, depois de vencer inúmeras dificuldades, face à massa humana que existia fora e no interior do Palácio Presidencial a embaraçar o nosso caminho. Quando conseguimos chegar ao quarto do infortunado presidente, que também estava literalmente cheio de pessoas amigas, deparamos com o presidente que, já vestido, jazia inerte sobre o seu leito e, nos primeiros contatos havidos com o diretor do Instituto de Criminalística, dr. Antônto Carlos Éboli, também presente, sentimos a natural tendência dos familiares no sentido de que a perícia se resumisse em simples inspeção cadavérica. Conhecendo a nossa responsabilidade no histórico momento que vivíamos, procurei o então chefe de Polícia, coronel Paulo Torres, e lhe fiz sentir a conveniência de se fazer cumprir a legislação penal vigente em casos de morte violenta, como fora a do extinto presidente, para que a verdade médico-legal fosse retratada, e a história não viesse a ser deturpada, em relação à causa jurídica da morte, ocasião em que recebemos, do sr. coronel chefe de Polícia, carta branca relativamente ao cumprimento de todos os requisitos legais atinentes ao caso em lide. Para facilitar as nossas atribuições, resolvemos conversar a respeito com nosso ilustre colega, filho do saudoso presidente, Lutero Vargas, a quem apelamos no sentido de facilitar a iniciativa da perícia que se fazia indispensável, no que fomos atendidos, embora com apreciável e natural retardamento, em virtude da prolongada permanência de pessoas amigas, que não se queriam afastar do leito mortuário.

Afinal, depois das quatorze horas, iniciamos a competente perícia que se limitou a uma meticulosa inspeção externa do cadáver, quando logo pudemos verificar as tatuagens de pólvora constatadas nos dedos das mãos do periciado, notadamente no dedo médio da mão esquerda e em torno do ferimento de entrada do projétil, localizado na região precordial, próximo ao mamelão esquerdo, que por sua vez estava para dentro do rasgão estrelado, circundado por zona de esfumaçamento situado no bolso esquerdo superior do paletó de pijama, características essas típicas dos disparos de arma de fogo encostada, a traduzir, por si só, a figura do suicídio. Em seguida, procedeu-se à incisão torácica indispensável à retratação do trajeto do projétil, da frente para trás e da esquerda para a direita e um pouco para baixo, localizando-se na massa muscular da parede torácica posterior. O referido projétil foi retirado e confrontado com os demais, contidos no cilindro da arma funesta, quando pôde ser constatada a perfeita semelhança dos mesmos.

Em face dos elementos técnicos recolhidos, foi firmado pelo dr. Nilton Sales o atestado de *causa mortis* correspondente como sendo 'ferimento penetrante da região precordial, por projétil de arma de fogo, com lesões de órgãos torácicos e hemorragia interna'.

Por fim, atendendo-se a desejo da família, procedeu-se ao embalsamamento do corpo, de forma a permitir que o seu sepultamento viesse a ser realizado dias depois, em São Borja.

(a) Dr. Jessé de Paiva"

NOTA OFICIAL DO PARTIDO TRABALHISTA BRASILEIRO

"Com os olhos em lágrimas, perfilados ante o corpo de seu chefe imortal, os membros do Partido Trabalhista Brasileiro cumprem o dever de se dirigirem ao povo para, verberando o procedimento dos caluniadores, cujas mãos ficarão na história tintas de sangue, manifestarem sua determinação inquebrantável de continuar a resistência em prol da emancipação econômica e social do Brasil.

Aos maus brasileiros, que abusam de franquias democráticas jamais gozadas em tão alto grau em nossa Pátria para servirem ao capitalismo estrangeiro e darem pasto ao seu ódio insopitável contra o homem que os derrotou nas urnas, advertimos que continuaremos na estacada, defendendo com mais ardor e mais idealismo a memória inolvidável do maior dos brasileiros, sacrificado em holocausto à ordem e à tranqüilidade públicas.

Estaremos unidos mais do que nunca, esquecidos de quaisquer divergências internas, porque o sangue inocente de Getúlio Vargas foi a comunhão que nos uniu para sempre sob a mesma fé, abrindo-nos, de par em par, o coração do povo brasileiro, que jamais conheceu, em toda a sua gloriosa história, exemplo tão dignificante de renúncia e página tão formosa de amor à Pátria. Cada gota de sangue do nosso grande chefe será, de fato, a chama imortal a viver para sempre em nossos corações. Nós a transmitiremos às gerações porvindouras para que completem e aperfeiçoem a obra iniciada.

Os trabalhadores estão órfãos. Os pequeninos ficaram em desamparo. Mas nós, que somos uma parcela deste povo triste, nós juramos, com as mãos postas sobre o corpo hirto do nosso grande chefe – cujo espírito nos guiará até a morte – fazermos do seu ideal o nosso ideal, das suas últimas declarações o nosso programa, para, dentro da ordem, defendermos a efetiva independência da Pátria e as conquistas dos trabalhadores, de que ele foi o paladino, e por cuja causa não perdoaram os detentores do poder econômico. 'Esse povo de quem fui escravo jamais será escravo de ninguém'.

(a) João Goulart"

"A Comissão Executiva Nacional e a Bancada Federal do PTB, fazendo suas as palavras da mensagem acima, dirigida ao povo brasileiro pelo deputado João Goulart, resolveram aprovar os seguintes princípios:

I – Absoluta independência do Partido, em face do governo atual, desautorizando a colaboração de qualquer de seus membros com o mesmo.

II – Reclamar a libertação imediata de todos os líderes sindicais e trabalhadores que se encontrem presos ou detidos, com manifesta violação dos preceitos constitucionais.

III – Reafirmar sua fidelidade aos ideais democráticos e o seu propósito inviolável de lutar pela ordem constitucional, que deverá ser restabelecida e preservada.

IV – Recomendar às suas bancadas no Legislativo que protestem contra as violências praticadas pelas autoridades públicas, inclusive contra a imprensa e, especialmente, contra a Rádio Continental e a Rádio Mundial.

V – Defender os princípios consubstanciados na última carta do presidente Getúlio Vargas, que são: a) combate aos abusos do poder econômico; b) defesa do regime de liberdade social; c) luta pela libertação econômica do povo brasileiro.

Rio, 25/8/1954

(a) A. Sousa Neves
Vice-Presidente"[1]

1. *O Radical*, 28-8-1954.

Discurso de João Goulart, no cemitério de São Borja, diante do caixão de Getúlio Vargas

"Meu caro amigo Getúlio Vargas.

Nosso grande e inesquecível chefe.

Aqui estamos com o coração cheio de amargura e os olhos cheios de lágrimas para prestar-te a nossa última homenagem. Se viveste com dignidade, morreste com honra.

A minha homenagem, a homenagem dos são-borjenses, a homenagem de todos os brasileiros presentes e dos que acompanham esta cerimônia em espírito, a maior homenagem que poderíamos te prestar será a leitura da carta que me entregaste antes de te despedires da vida e entrares para a História.

Esta carta será a bandeira, o lema e o catecismo de todos os trabalhadores do Brasil, que, tenho certeza, represento neste instante e que choram como chora todo povo brasileiro a sua morte. Há de ser, também, o hino do povo que recebe com lágrimas o sangue que deste por ele.

Disseste, Dr. Getúlio, duas horas antes de morrer, com a consciência tranqüila, como só podem ter os grandes homens que sempre trilharam o caminho do bem e da verdade, palavras que unirão o povo brasileiro na defesa de todos os princípios que pregaste, desde que iniciaste a vida pública, princípios que não morrerão, que serão o nosso estandarte de luta, a nossa bandeira, e que farão com que o nosso pensamento esteja sempre junto do teu pensamento.

A nossa bandeira será a bandeira dos princípios que defendeste durante toda a tua vida, nosso grande amigo e chefe Getúlio Vargas.

'Não me acusam, insultam-me! Não me combatem, caluniam-me! Não me dão direito de defesa. Precisam sufocar a minha voz e impedir a minha ação para que não continue a defender, como sempre defendi, o povo e principalmente os humildes. Sigo o destino que me é imposto.

Porque me coloquei contra os grupos econômicos e financeiros internacionais fui objeto de uma revolução e venci.'

Realmente foi essa revolução que trouxe novos horizontes para todos os trabalhadores do Brasil. Foi esta revolução que inspirou e criou as leis do trabalho, pela qual puderam ter liberdade o povo que era escravo e principalmente o trabalhador que vivia oprimido e humilhado.

Deste liberdade aos trabalhadores, e a reação nunca te perdoou.

'Iniciei o trabalho de libertação e instaurei o regime de liberdade social. Tive de renunciar. Voltei ao Governo nos braços do povo.'

Voltaste, sim, nos braços deste mesmo povo, que, nesta hora, com lágrimas, vem reafirmar aquela solidariedade que nunca te faltou e que te levou ao Catete e que te levará agora à suprema glorificação. Voltaste nos braços deste povo que nunca esqueceste, nem mesmo minutos antes de deixares esta vida, a caminho da eternidade.

'À campanha subterrânea de grupos internacionais, aliou-se a dos grupos nacionais, revoltados contra o regime de garantia ao trabalho. A lei dos lucros extraordinários foi detida no Congresso. Contra a justiça da revisão do salário mínimo, desencadearam os ódios.'

Os trabalhadores sabem que enfrentaste ódio e reação para criar aos que trabalham apenas mais um pouco de pão e tornar as suas existências um pouco mais compatíveis com a dignidade das criaturas humanas.

No entanto, contra mais esse pedaço de pão que deste aos trabalhadores, fazendo justiça, levantou-se a reação que te leva a esse túmulo.

'Quis criar a liberdade nacional na potencialização das nossas riquezas através da Petrobras. E, mal começa esta a funcionar, a onda de agitação se voluma. A Eletrobrás foi obstaculada até o desespero.'

Lembramo-nos, Dr. Getúlio, quando na Bahia enlambuzaste as mãos no petróleo do nosso solo, procurando fazer a independência do Brasil e dos brasileiros. A reação jamais concordou com essa atitude. O grande crime que cometeste foi de procurar fazer com que as riquezas saídas do solo, deste mesmo solo onde entra agora teu corpo inanimado, não caíssem nas mãos dos trustes e monopólios. Este foi o teu crime e por isso desejavam o teu castigo!

Disseste ainda: 'Não querem que o trabalhador seja livre. Não querem que o povo seja independente. Assumi o governo dentro da espiral inflacionária e descobri os valores do trabalho. Os lucros das empresas estrangeiras alcançavam até quinhentos por cento ao ano'.

Muitos dirigentes dessas mesmas empresas devem estar neste instante com as mãos tintas de sangue, do sangue do homem que procurou impedir a concretização de seus impatrióticos desígnios.

'Nas declarações de valores do que importávamos, existiam fraudes constatadas de mais de cem milhões de dólares por ano.'

Eram estas as unhas aduncas que roubavam e sugavam o suor dos trabalhadores e do povo brasileiro, que desejavam a tua destruição. Precisavam aniquilar o nosso grande chefe e amigo porque ele representava a liberdade do povo e da Pátria. Mas, eles se enganam. Não destruíram Getúlio Vargas nem seus ideais que sempre estiveram vivos e, agora mais do que nunca, brilham na alma e no coração dos brasileiros.

Nós, dentro da ordem e da lei, saberemos lutar com patriotismo e dignidade, inspirados no exemplo que nos legaste. Embora entrando o teu corpo inanimado agora na terra, as tuas idéias entram definitivamente no coração de todos os brasileiros.

'Veio a crise do café. Valorizou-se o nosso principal produto. Tentamos defender seu preço e a resposta foi uma violenta pressão sobre a nossa economia, a ponto de sermos obrigados a ceder.'

Aqui está, também com o coração entrecortado pela dor, o teu ministro, o teu amigo Oswaldo Aranha, que é testemunha desse esforço. O Brasil responderá àqueles que exigiam através do teu sacrifício o sacrifício do nosso povo e da nossa Pátria.

'Tenho lutado mês a mês, dia a dia, hora a hora, resistindo a uma agressão constante, incessante, tudo suportando em silêncio, tudo esquecendo, renunciando a mim mesmo para defender o povo que agora queda desamparado. Nada posso lhe dar a não ser o meu sangue. Se as aves de rapina querem o sangue de alguém, querem continuar sugando o sangue brasileiro, eu ofereço em holocausto a minha vida. Escolho este meio para sempre estar convosco'.

Morreste como mártir, tiveste a glorificação que só têm os grandes estadistas, os que sabem viver e morrer. Deste em holocausto a tua vida para que não fossem sacrificadas mais vidas deste povo sofredor e miserável, deste povo que sempre conduziste com dignidade e que soubeste honrar até na morte.

'Quando vos humilharem, sentireis a minha alma sofrendo ao vosso lado. Quando a fome bater, à vossa porta, sentireis em vosso peito a energia para a luta, por vós e por vossos filhos. Quando vos vilipendiarem, sentireis no meu pensamento a força da reação. Meu sacrifício vos manterá unidos. O meu nome será a vossa bandeira de luta.'

Tenho certeza, Dr. Getúlio, que o teu nome há de ser sempre a nossa bandeira de luta e nossa bandeira de vitória a favor dos pequeninos e humildes por quem viveste e por quem deste a tua vida. Getúlio Vargas há de ser sempre o nosso chefe de ontem, o nosso chefe de hoje, o nosso chefe de amanhã.

'Cada gota do meu sangue será uma chama imortal na vossa consciência e manterá a vibração sagrada da resistência.'

Lutaste como um bravo e, injuriado e caluniado, ainda nos últimos instantes de tua vida afirmaste em uma mensagem de despedida ao nosso povo que: 'Ao ódio respondo com o meu perdão'.

Só os grandes homens sabem perdoar. Somente um homem como o amigo poderia perdoar aqueles que nesta hora estão com as mãos respingadas de sangue. Perdoaste, e nós, em cima do teu corpo inanimado, seguindo o teu exemplo e com a alma partida, perdoaremos também, colocando o estandarte do teu nome sob o pavilhão auriverde da nossa Pátria.

Disseste ainda: ‘E aos que pensam que me derrotaram, respondo com a minha vitória’.

A tua vitória foi selada com as lágrimas do povo que tanto amaste e tanto defendeste.

‘Mas esse povo de quem fui escravo não mais será escravo de ninguém.’

Para isso estamos aqui, falando em nome de São Borja, falando em nome de todos os trabalhadores de nossa Pátria, dos mais humildes aos mais categorizados, do Amazonas ao Chuí. Eu digo, Dr. Getúlio, este povo não será escravo de ninguém, porque a bandeira que levantaste será a nossa bíblia, o nosso hino, e nos conduzirá um dia à vitória que sempre almejaste para o povo que tanto amaste e pelo qual derramaste o teu sangue.

Disseste mais: ‘Meu sacrifício ficará para sempre. E minha alma e o meu sangue serão o preço do meu resgate. Lutei contra a espoliação do Brasil. Lutei contra a exploração do povo. Tenho lutado de peito aberto’.

De peito aberto também morreste, Dr. Getúlio, porque morreste como só sabem morrer os homens de coragem e de dignidade.

‘Ódio, infâmias, a calúnia não abateram o meu ânimo. Dei-vos a minha vida e agora ofereço a minha morte.’

Ofereceste mesmo tudo a este povo que neste instante está aqui derramando lágrimas sobre este caixão, com o coração dolorido e amargurado. Ofereceste a vida pelo povo por quem lutaste toda a existência. Mas, esteja certo, Dr. Getúlio, este povo que dá esta prova de solidariedade nunca trairá os teus ideais. Este povo saberá lutar com todas as suas forças para a vitória de tuas idéias, que será a definitiva redenção social e econômica de nossa Pátria, para a felicidade de todos os brasileiros.

‘Nada receio. Serenamente dou o primeiro passo a caminho da eternidade. E saio da vida para entrar na História.’

Nada podem recear os homens que são capazes de todas as renúncias e que dizem, ao despedir-se deste mundo: ‘Ao ódio dos meus inimigos, respondo com o meu perdão’. As portas do além já estão abertas. Já estás lá, Dr. Getúlio, porque só os homens de bem e os superiores são capazes deste gesto. Foste bom e justo. A tua bondade e o teu espírito de justiça há de nos inspirar sempre.

Dr. Getúlio, já estás a esta hora na história do mundo. Ainda ontem os jornais de Londres afirmavam que havia morrido o grande estadista do mundo. Saíste da vida para entrar na História e podes baixar ao solo que defendeste até as suas entranhas, através da lei regulando o nosso petróleo, levando a certeza de que este povo que amaste e que também te ama, jamais te esquecerá.

Tu estás vivo dentro do nosso coração, e vivos os ideais que defendeste.

Até a volta, Dr. Getúlio. Vai como foram os grandes homens. Tu, que soubeste morrer, levas neste momento o abraço do povo brasileiro, levas especialmente o abraço dos humildes, levas o abraço daqueles que de mãos calmas e honradas constroem a grandeza de nossa Pátria.

Nós estamos contigo, e contigo está todo o povo brasileiro."[1]

---

1. *O Radical,* 28-8-1954.

Discurso de Oswaldo Aranha, pronunciado por ocasião do enterro de Getúlio Vargas em São Borja

"Getúlio.

Não era possível os teus restos serem recolhidos ao seio maternal de tua terra sem que antes, tendo contigo vivido os últimos dias de tua vida, eu procurasse, ante a eternidade que nos vai separar, conversar contigo, como costumávamos conversar nos nossos despachos sobre a vida, as criaturas e os destinos do Brasil. Não sei se neste instante poderei conversar contigo como outrora conversamos. Eu estou, como todos os brasileiros, constrangido, dolorido, ferido na alma, ao ver que te arrancaram a vida aqueles que te deviam conservar para melhor sorte do povo e do Brasil. Quero que Deus me dê, neste instante, um pouco da tua mansidão, um pouco da tua bondade e generosidade, para que nós possamos suportar neste transe, quando já no horizonte do Brasil, na sorte do povo e no futuro de nossa Pátria, já se carrega de nuvens negras da insegurança e da violência. Disseste que só o amor constrói para a eternidade, e este teu amor será aquele que vai construir o Brasil. Não há quem tenha forças nem poder para trocar o amor que está no coração dos brasileiros e não tenha forças e poder para mudar os destinos desta Pátria contrariamente às suas tradições, pelos golpes da ilegalidade, da traição e das armas. Neste momento, Getúlio, conversando com aquela intimidade boa e generosa com que nos entendíamos, quero te dizer que o povo todo chorou, chora e chorará por ti, como nunca imaginei pudesse um povo chorar. Se é verdade aquilo que se disse, quando morreu um grande homem da História que orgulha todos os sul-rio-grandenses, quando morreu Castilhos; se é verdade o que disse Pereira da Cunha, numa hora de emoção, declarando que, se houvesse um processo para a cristalização da lágrima, o túmulo dele não seria de mármore, eu te diria que se houvesse esse processo para a cristalização da lágrima, tu não te enterrarias no fundo da terra de São Borja e do Rio Grande, mas na mais alta montanha da geografia política do Brasil, porque nunca se chorou tanto, nunca um povo foi tão dominado pela dor ao perder um filho, como neste instante o povo brasileiro diante de tua morte.

Getúlio.

Saímos juntos daqui há vinte e tantos anos; íamos todos levados pelo teu sonho e teu ideal. A tua filosofia era inspirada nos humildes, nos necessitados, na assistência de quantos viviam à margem da sociedade brasileira espalhados por esta imensidão, por estas terras abandonadas e abandonados eles também em suas terras, os trabalhadores. Todos tínhamos um sonho só: era integrar o Brasil em si mesmo, era fazer com que o Brasil não pertencesse às classes dominantes, aos potentados ou poderosos, e que entre nós existisse, pela condição humana, de pobres e ricos, maior igualdade e fôssemos todos igualmente brasileiros. A preocupação dominante da tua vida eu não direi que era fraternal, direi que era material, porque eu o testemunhei: o teu ideal era dividir igualmente entre todos os seus filhos o carinho, o amor e a possibilidade de assistência, de vida e de futuro. O que mais te feria eram as discriminações, as separações, era este contraste horrível que só não emociona os homens que não têm formação cristã e faz com que enquanto uns vivam no gozo, no luxo e na grandeza, outros se afundem na fome, na miséria e no desespero. Conheci o teu íntimo, como talvez poucos homens puderam conhecer, porque, entre os grandes títulos de minha vida, um dos maiores era a confiança do teu pensamento e do teu sentimento, a honra da tua amizade, que acidentes políticos nunca modificaram, antes estreitaram e engrandeceram entre nós. Saímos daqui há vinte e poucos anos. Voltamos juntos, e tenho consciência de que se tu voltas, neste momento, para a terra de São Borja, para um túmulo, e eu não volto para a cidade de Alegrete, ainda é por causa do teu amor, da tua generosidade e do teu desprendimento, porque sei, tenho consciência e devo dizer a todos e a todo o País, que tu morreste para que nós, os que te assistiam, os teus amigos, não morressem contigo. Devo declarar que, se ainda vivemos, é porque tu te antecipaste na morte, para nos deixar na vida. O teu suicídio é o grande suicídio, o suicídio altruístico, aquele que faz a mãe, e do pai pelo filho, o pai, e que foste pai e filho como ninguém, e por isso soubeste fazer pelos teus. Ninguém mais do que eu o pôde testemunhar. Todos os meus apelos eram no sentido de que a tua vida era da maior necessidade para o Brasil. Praticaste não o ato de renúncia da tua vida, praticaste a grande opção, que só os fortes sabem fazer, a opção altruística que, entre a vida e os seus prazeres e a morte, decide-se pela última.

Se ele tivesse querido, nesta hora, meus senhores, seria mais forte do que nunca, em vida; mas não mais forte do que é agora na morte, porque a morte é eterna e a vida, passageira. Ele seria mais forte porque tinha no seio das Forças Armadas e no coração do povo, que é invencível, os elementos para resistir, dominar e vencer. Mas procurou vencer-se a si mesmo, não derramar o sangue daqueles que sabia, como disse momentos antes, os melhores, os bons, os amigos. Não foi, como se disse, o suicídio de um grande homem, tu te mataste para evitar que o novo Brasil se suicidasse e para que, de ti, da tua morte e do teu sangue, surjam, como numa transfiguração, o futuro e o destino, e nós, nos contemplando, possamos ter, neste momento, a convicção de que deste com o teu sangue a certeza de que o Brasil surgiu de ti, da tua filosofia, que será cada vez maior. E ai daquele que quiser mudar o curso dos destinos de nossa Pátria! Este destino surgirá como uma emanação deste túmulo e se espraiará pelo tempo dos tempos e por todos os horizontes, numa afirmação renovada das tuas idéias e dos teus sentimentos. Quando se quiser escrever a História do Brasil, queiram ou não, tem-se de molhar a pena no sangue do Rio Grande do Sul, e ainda hoje, quem quiser escrever e descrever o futuro do Brasil, terá de molhar a pena no sangue do teu coração.

Getúlio.

Saímos daqui juntos. Tenho consciência de que não voltamos juntos porque tu quiseste poupar a minha vida. Naquelas horas trágicas e difíceis, quando o Judas preparava um novo Cristo na História do Brasil, nós sentíamos que a traição estava às nossas portas, e a negação de apóstolo e do Senhor era feita pelos que mais juravam a sua fé. Naquela hora, nós tínhamos um pacto, o pacto dos homens desta terra, o pacto dos homens dignos, que todos poderiam deixar de resistir, segundo a inspiração de suas vontades, porque não querias derramar sangue para te conservares no poder, mas nós decidimos ficar juntos de ti, porque estávamos dispostos a fazer tudo pelo Brasil, a fazer todos os sacrifícios, menos o de sermos humilhados, porque a humilhação é incompatível com a dignidade humana. Tu te antecipaste para nos poupar a vida. Não sei! As tuas decisões sempre foram as melhores, mas não sei se não fora talvez melhor para nós termos ido juntos, já que juntos vivemos, juntos sonhamos, e eu te acompanhei por toda esta tua longa vida.

Quando, há vinte e tantos anos, assumiste o governo deste País, o Brasil era uma terra parada, onde tudo era natural e simples; não conhecia nem o progresso, nem as leis de solidariedade entre as classes, não conhecia as grandes iniciativas, não se conhecia o Brasil. Nós o amávamos, de uma forma estranha e genérica, sem consciência da nossa realidade. Tu entreabriste para o Brasil a consciência das coisas, a realidade dos problemas, a perspectiva dos nossos destinos. Ao primeiro relance, viste que a grande maioria dos brasileiros estava à margem, e a outra parte estava a serviço das explorações estrangeiras.

E então, este espírito que conhecemos, retemperado no drama da fronteira, se alarmou nos seus estudos e se multiplicou na generosidade de seus sentimentos. Trouxeste uma cruzada que não está marcada no tempo e não tem horizonte fixado, que é a da integração dos brasileiros pelos brasileiros no seu próprio destino. Até então o Brasil não era nada, esperava por tudo. Não havia consciência do nosso progresso. Tu ofereceste a realidade, penetraste nela, tudo deste pelo novo Brasil que há de surgir, que há de crescer e se multiplicar e, quando integrado na sua grandeza entre as maiores nações do mundo, que fatalmente viremos a ser, o teu nome estará não neste túmulo, mas no topo de um pedestal, onde a gratidão de todos os brasileiros te levará como reconhecimento.

Getúlio.

Não tenho nem idéias, nem pensamento, nem forças para falar. Estou vivendo, nesta hora, ao teu lado, o turbilhão das minhas emoções, que se agrupam entre espasmos de dor e lágrimas, entre conjecturas e dúvidas, e, olhando para ti, sei que estou olhando para o Brasil e vendo que tu, ao entrares para a eternidade, tornaste maior o teu nome na História. Começo a pensar o que será de nós, os brasileiros, neste transe que se abre com a tua morte.

Direi, procurando interpretar as palavras que João Goulart acabou de proferir em nome do seu partido, que nós, os teus amigos, continuaremos, depois da tua morte, mais fiéis do que na vida: nós queremos o que tu sempre quiseste para este País. Queremos a ordem, a paz, o amor para os brasileiros.

Neste instante, quando ainda agitados pelo remorso ou atormentados e com as mãos tintas da traição, eu, receoso diante da afronta que se fez ao povo brasileiro com o teu afastamento do poder e da vida, a maior das afrontas que registra a história política do Brasil, porque se verificou não uma eleição com a tua morte, mas a consagração definitiva do amor do teu povo pelo teu amor pelo Brasil: neste instante, diante do teu túmulo, não há lugar para exaltações, para paixões, o que ofenderiam a tua bondade, de que tanto se abusou neste País. Diante de ti não há lugar para recriminações. Há sim, para afirmar ao Brasil inteiro a mensagem de um homem que não queria morrer, mas continuar os seus ideais. Nós queremos, seguindo as tuas lições, um entendimento, mas fique bem claro que os entendimentos têm de se fazer entre os humildes, entre os trabalhadores, entre o povo e os homens capazes de assumir responsabilidades, mas jamais com os traidores. A traição não teve guarida no teu coração, não pode ter no nosso. Assim como detestamos a traição, perdoaremos os traidores. Sigam o seu destino perseguidos como Judas, pelo tempo dos tempos, recebendo o castigo da reprovação. Pela torpeza que cometeram, apesar do dever e dos compromissos de honra assumidos. Nesta hora, aos que já estão adotando providências que indicam para o Brasil os rumos da violência, da supressão de direitos elementares, da perseguição, responderemos como o povo brasileiro com o coro de suas lágrimas.

Haveremos, juntamente com aqueles que rendem as homenagens ao teu sentimento, de jurar fidelidade eterna, às idéias do teu amor, que desse túmulo emana, como disseste do teu próprio sangue, a flâmula da redenção, pela ordem, pela concórdia, pela paz. Estão eles atemorizados com o que fizeram. Estão atemorizados pelo remorso. Estamos ameaçados de dias incertos, negros e sangrentos, mas contra tudo isso, contra este crime que se pressente contra o povo brasileiro, clama a tua vida de tolerância, de bondade e de generosidade, porque se é verdade que sabias ser bom com teus amigos, eu que testemunhei a tua vida, posso dizer que não houve no Brasil homem melhor para os seus inimigos.

Getúlio.

Vamos encerrar o nosso despacho, a nossa conversa, aquela conversa que tínhamos tantas vezes por semana, em que tanto me inspirava, me aconselhava e decidia. É que procurei dar o melhor de mim mesmo pela sorte e pelos destinos do nosso País. Vamos encerrar a nossa conversa com a afirmação, ou melhor, com a informação que te costumava dar do que sinto, vejo e prevejo para o nosso País. Teremos dias intranqüilos, criados por aqueles que deveriam dar tranqüilidade, dias incertos, provocados por aqueles que disseram que iriam defender as leis, que são as que dão segurança à vida do povo. Teremos dias de erros graves e de crimes, mas podes estar certo de que defenderemos a tua memória, porque tu não nos legaste a tua morte, mas a eternidade de tua vida. Podes ir tranqüilo, porque venceremos, inspirados em teus sentimentos de amor e igualdade. O teu apelo será atendido. Tudo faremos para atendê-lo, para que o Brasil viva dirigido não por ódios, por sentimentos subalternos, nem por vinganças ou recriminações, mas dentro da realidade generosa e fraterna. A tua vida é a maior lição que recebeu o Brasil. A tua morte é apenas um episódio da tua vida. Não chega nem a interromper o teu destino.

Muitas e grandes vozes te falaram neste instante, muitos e grandes pensamentos trouxeram-te nesta hora o testemunho da admiração que despertaste em todo o Brasil. O povo está falando nas ruas, com as suas lágrimas, com o seu desespero, com a sua inconformação. Tu ouviste aqui a voz dos trabalhadores pelos seus líderes, a voz de Minas demonstrando a sua fidelidade mais alta que suas montanhas, para te trazer, através de um dos nossos companheiros, de um daqueles que ilustravam a tua família governamental, a sua palavra de despedida.

Eu, Getúlio, não te dou minha despedida, posto que tu não te despediste de nós, porque nós iremos todos os dias, a ti, buscar inspiração para os nossos atos.

Quero te dizer agora, homem que tem que enfrentar um futuro ao qual havia pretendido renunciar, por isso que era minha decisão encerrar a minha vida pública, que diante da nossa realidade, quando tu te tornas ainda maior, eu me reincorporarei a quantos de hoje para o futuro continuarão a obra daquele que foi, entre os brasileiros que eu conheci e entre os grandes homens com quem tenho convivido no mundo, um dos maiores, mas sem dúvida, o melhor entre os melhores.

Não te trouxe o meu abraço, que separa para sempre, que nem o meu abraço que une ainda mais, nem o beijo com que nos aproximamos dos mortos queridos, mas aquele aperto de mão amigo de todos os dias para que continuemos, tu na eternidade, eu nesta vida, o diálogo de dois irmãos ligados pela terra, pela raça, pelo serviço e pelo amor do Brasil."[1]

1. Extraído de *O Radical*, 26-8-1954.

Telefonema – O pistoleiro Vargas

"Morreu no seu posto. Não devia ser outro o fim dum dos homens mais representativos de seu tempo – um tempo que viu derrocados os valores calmos da cultura e da paz.

Seja qual for a opinião que se possa ter dele, o sr. Getúlio Vargas esteve à altura das convulsões políticas do mundo atual. Sem ele, o Brasil não marchasse talvez de acordo com a transfiguração por que passou a história contemporânea. Pode-se afirmar que ele chegou na hora. O que era o Brasil aparentemente pacífico do PRP sabem os que viveram numa época de pequenos conchavos e de grandes abdicações, em torno duma minguada minoria partidária. O clima político trazido pela Revolução de 1930 arejou o País, colocou-o no compasso das grandes esperanças que agitam nossa época, criou uma legislação adequada à fase nova da história, e anunciou um Brasil novo.

O holocausto de Vargas coloca-o acima de intrigas e discussões. Ele soube ser lógico, quis levar até o fim a arrancada que começara com o Movimento de 1930.

Como sua vida não foi de paz, não podia ser de paz a sua morte.

A carta de Vargas é um dos maiores documentos de nossa História política contemporânea. É o testemunho da extraordinária habilidade desse condutor de homens. De um golpe, ele força a História e propõe a redenção de todas as suas possíveis faltas e pecados.

Um documento tão alto encerra admiravelmente a existência agitada do caudilho. Com ele, Vargas procura absolver-se e redimir-se de todas as faltas que lhe imputaram. Fere ele alguns pontos extremamente importantes do momento nacional, particularmente quando conclama à luta contra os imperialismos.

Aponta ele, assim, em testamento, um caminho que deve ser seguido – o da luta pela emancipação nacional.

Oswald de Andrade"[1]
Rio de Janeiro, 30 de agosto de 1968

---

1. Escrito a lápis, em laudas compridas. Sem data. Deve ter sido publicado no *Correio da Manhã*, à época do suicídio de Vargas. "Telefonema" era o nome da coluna que mantinha naquele jornal.

A CORRESPONDÊNCIA ENTRE CARLOS LACERDA E ÂNGELO MENDES DE MORAES

Ao marechal e deputado
Ângelo Mendes de Moraes.

Respondo ao seu telegrama de 27, recebido esta manhã.

Não sei qual a versão do meu depoimento em que se baseou para dar a explicação e fazer o apelo que o seu telegrama contém. Sinto-me no dever, contudo, de atendê-lo com esta explicação.

Por gentileza do juiz-presidente do Tribunal do Júri, disponho da gravação integral do meu depoimento verbal. Tão logo tenha conseguido que o datilografem, remeterei uma cópia a V. Ex.ª. Verá, então, que apenas respondi a perguntas do juiz, do promotor e do advogado da defesa, sobre matéria de fato: se éramos adversários, se havia antecedentes em nossa amizade política e pessoal etc. Isto porque V. Ex.ª foi mencionado no processo, por Gregório Fortunato, como um dos mandantes. Quanto a conjeturas sobre possíveis mandantes do atentado, declarei expressamente que *nenhuma de minhas respostas deve ser tomada como concordância, explícita ou implícita, com a versão que o incriminou, dada por Gregório Fortunato.*

Cheguei mesmo, como V. Ex.ª verá, a negar verossimilhança a tal versão. Até porque, declarei e está gravado, Gregório Fortunato mandava mais do que os pretensos mandantes. De começo mandou os cúmplices atribuírem o crime a Lutero Vargas. Depois, ele próprio atribuiu a "Euvaldo Lodi e Mendes de Moraes" a autoria intelectual do crime. Fatos e circunstâncias que mencionei convenceram-me de que era preciso dizer ao júri – e disse – que não se deve cair, postumamente, quatorze anos depois, na esparrela armada por Gregório Fortunato. Ele quis, evidentemente, cobrir-se ou cobrir terceiros, jogando ao fogo notórios adversários meus para desviar o curso do inquérito e tumultuá-lo. Invocando o seu nome, servindo-se da inimizade entre V. Ex.ª e eu, ele quis envolver o Exército, na pessoa do general Mendes de Moraes.

O rito anacrônico e kafkiano do Código de Processo Penal em vigor perturba por tal modo os depoimentos, exaure de tal maneira os que participam da maratona judiciária que, afinal, baralha as versões, tornando-as confusas e até inexatas ao virem a público. Asseguro-lhe que o meu depoimento não insinua que o atentado da Toneleros tenha tido a sua participação; ao contrário, acentuando que não me compete julgar um processo no qual fui vítima, dei a minha opinião pessoal de que V. Ex.ª, ao contrário do que Gregório Fortunato fez crer, não foi um dos mandantes daquele crime.

Afirmei no depoimento que, enquanto o Brasil for governado como propriedade privada do grupo que se apossa do Poder, haverá sempre, nos subterrâneos da sociedade, cães de fila ou mercenários que, por fanatismo, ignorância ou pobres gorjetas, tentarão eliminar pela violência os que ousam se opor a essa forma de usar o Poder e se apropriar do País como *cosa nostra.* Foi o que se deu em 1954, com vítimas de parte a parte. E o que acaba de se confirmar em Brasília, pela conduta de autoridades assassinas, que invadem a Universidade, espancam e tiroteiam estudantes, professores e deputados.

O crime de Brasília é mais uma provocação para levar o País à ditadura declarada. A meia ditadura sob a qual o Brasil se degrada já não basta para esconder a corrupção e disfarçar a incapacidade dos que usurparam o governo e humilham a Nação. Ao ver que não conseguem o apoio do povo, porque este já os identificou como impostores, falsos moralistas, falsos patriotas, falsos democratas, movidos unicamente por ambições pessoais e irresponsabilidade moral, tratam de criar condições para tornar vitalícia a ditadura provisória que os levou ao Poder. Para evitar eleições livres, para impedir que as Forças Armadas cumpram o compromisso que têm com o povo, tratam esses aproveitadores de comprometer o Exército com a violência, criando uma cumplicidade irretratável, uma complacência que só se poderá encobrir pela implantação da ditadura por longo tempo. Daí as provocações que afinal se convertem em orgia de violência. Daí essa exibição de irresponsabilidades sob a qual prospera a mais cínica das formas de corrupção: a corrupção generalizada, garantida pelas armas.

Em 1954, para tentar envolver o Exército, Gregório Fortunato recorreu ao artifício de envolver o nome de um general, o nome de V. Ex.ª que, por antecedentes notórios, tornava plausível a alegação. Hoje, o ministro da Justiça não envolve um general, envolve a todos os generais, na repugnante atividade de provocador e mandante de crimes que mancham o governo. É invocando a proteção do Exército, é alegando que o Exército assim o deseja, que o ministro da Justiça cria condições para a prática de crimes como esse de Brasília.

Atendendo, assim, ao seu apelo, por dever de justiça e respeito à verdade, tal qual a vejo e a sinto, faço, por minha vez, a V. Ex.ª, um apelo.

Na altura em que se encontra de sua vida pública, e com as responsabilidades de quem possui o honroso título de marechal do Exército, além do mandato de deputado, hoje quase inútil, tanto a Câmara se deixou acuar e desmoralizar, apelo a V. Ex.ª para que ajude a limpar o Exército da culpa dos que exploram a força das armas e o prestígio da instituição para matar moços desarmados e humilhar tudo aquilo que fez a honra de uma nação.

Não deixe, marechal, que perante o povo e a História o Exército seja confundido pela solércia de aventureiros políticos e pelegos dos militares, com esse regime de irresponsabilidade moral e mediocridade intelectual que somente serve à insânia de uns e à cobiça de outros.

Não é possível que o Exército permaneça impassível diante dos crimes que o governo comete em seu nome. A instituição militar ficará sempre comprometida com essa ignomínia, se não reagir a tempo. Não é possível que as Forças Armadas do Brasil aceitem o papel de mandantes que esses criminosos lhe atribuem como justificativa dos crimes que praticam. Cubram-se de vergonha os que aceitarem, pelo silêncio, a pecha de mandantes desse crime contra o povo brasileiro. Malditos sejam os complacentes e os coniventes. Parta de alguma voz, de preferência a de um homem de farda, a defesa da farda que todos os brasileiros esperam: a declaração de que as Forças Armadas não são coniventes com o roubo e o assassinato e não permitem que se abuse da sua força para impor ao País, por mais tempo, a usurpação que o asfixia e o humilha.

Gregório quis, na sua pessoa, envolver o Exército no crime que, por conta própria ou de terceiros, mandou praticar. O ministro Gama e Silva e outras autoridades envolvem todo o Exército nos crimes que autorizam e endossam. A situação, pois, é hoje pior do que em 54. Naquela época, o povo apelava para o Exército em busca de proteção contra o crime. Hoje, o crime é praticado em nome do Exército. Para quem pode apelar o povo desarmado?

Tantos anos separados por motivos políticos de que se originaram quezílias pessoais, permita que – a exemplo do que fez V. Ex.ª ao me visitar no Palácio Guanabara, em 1964, numa hora grave para a nossa terra – eu faça este apelo: defenda o Exército repelindo os crimes que estão sendo cometidos, em nome dele, contra o povo brasileiro.

Não faz sentido protestar contra a ocupação militar russa na Checoslováquia se não repelirmos, aqui dentro, o abuso da força e do prestígio das corporações militares, para justificar os crimes que um regime invisível e governantes irresponsáveis praticam, a nação permitindo que o povo seja enganado, roubado e, na pessoa de seus melhores filhos, os estudantes e os professores, espancado e assassinado.

Vítima que foi da insinuação que visava, na sua pessoa, envolver o Exército, pode V. Ex.ª sentir o que representa, para todo o Exército, ser envolvido, como instituição, nos crimes do governo, que a esta altura só alega combater a subversão, pois a corrupção já não tem quem a combata num governo em que tantos a praticam.

A minha pobre voz, que tantas vezes se procurou silenciar, hoje silencia, voluntária e temporariamente, por mais que me custe, para não servir de pretexto na intriga com o Exército, levante-se a sua palavra de militar e de homem público. Diga, marechal, que o Exército não é responsável pelos erros do governo que ele impôs à Nação e que, tanto quanto a ela, também a ele decepciona e desserve. Diga, Marechal, com a autoridade de quem sempre foi contra o comunismo, que a hostilidade ao comunismo não pode servir de pretexto à implantação do terror e da estupidez como normas de governo.

O que passou, passou. O que importa é o que está se passando. A pretexto de defender o Brasil do comunismo, um governo imposto pelo Exército o está comprometendo para sempre com a imensa maioria do povo brasileiro, que não tem para quem apelar ou para onde fugir. A alternativa que se está criando para o povo é armar-se contra o Exército ou, impotente diante das armas, odiar o Exército. Haverá maior tragédia para uma nação do que a de estar na obrigação de escolher entre o terror e o ódio?

Até quando o Exército permitirá que usem a sua força e o seu prestígio para desencadear o crime e justificar a usurpação, o roubo e o assassinato? O povo olha para o Exército com medo e com raiva. Quando voltará a vê-lo com admiração e confiança? Depende dos próprios militares. E não, infelizmente, de quem não tem a honra de poder falar, em nome das Forças Armadas, contra os crimes que se cometem em seu nome.

Agradecendo a atenção do seu telegrama, e na expectativa de lhe enviar a cópia da gravação do meu depoimento, subscrevo-me

cordialmente,

(a) Carlos Lacerda

Rio, 14 de setembro de 1968.

Exmo. Sr. Dr. Carlos Lacerda

Tenho a satisfação de acusar o recebimento de sua carta. Dificilmente o senhor poderá avaliar o efeito que a mesma produziu em meu espírito e bem assim no resquício do meu lar, ainda levado, com as suas palavras, a recordar os amargurados momentos vividos durante a permanência daquela infâmia, lançada contra mim por um desprezível e sórdido indivíduo com a qual, além de vingar-se do asco com que o tratava, conseguiria envolver em seu crime um general do Exército, após haver tentado fazê-lo com outros homens públicos, como Lutero Vargas, Euvaldo Lodi, Benjamim Vargas, Danton Coelho, sem o êxito do grande impacto que esperava. Com isto, pensava, não somente diluía a sua culpabilidade, mas também a sua responsabilidade, em uma trama cujo primarismo de organização era suficiente para afastar a idéia da colaboração de qualquer homem medianamente inteligente ou experimentado, principalmente eu, com mais de quarenta anos de vida pública, militar com todos os cursos, aqui e no estrangeiro, que me davam condições para idealizar coisa mais eficiente e menos arriscada.

Naquela época, de nada valeram o meu passado, o meu sentimento de hierarquia e disciplina, para me jogarem de parceria até com o motorista do carro que servia ao prefeito e ao general. Mas a opinião pública, especialmente ávida de sensacionalismo, não vê nada, quer é escândalos, quer vítimas e assim eu, creia, Dr. Carlos Lacerda, naquele drama, fui a sua maior vítima, pelo que sofreu, pelo que desceu, ameaçado de figurar, depois de quase meio século de serviços à sua Pátria, em um banco de réus, de parceria com os mais desprezíveis sicários. E isto seria um espetáculo de primeiríssima para a ralé, para a canalha!

Dali, eu só conhecia, apenas, Gregório Fortunato, por tê-lo visto três ou quatro vezes, uma das quais no Regimento Floriano, sob o meu comando, onde proibi a sua entrada, porquanto a Guarda do Presidente seria a própria Unidade; outra no Teatro Municipal, de cujo elevador o expulsei, quando o presidente Getúlio foi visitar a ornamentação do mesmo para o carnaval de 1951, e a terceira no 1º Batalhão de Caçadores, em Petrópolis (a que o juiz Mayrink dá uma versão falsa e tendenciosa), quando, em um grupo do qual faziam parte o general Lamartine, o general Nelson de Melo e outro, se aproximou, humildemente, Gregório Fortunato para dizer-me que era meu admirador e, se eu desejasse voltar a ser prefeito ou chefe de Polícia, que ele me ajudaria, obtendo como resposta minha que seria de lamentar a triste situação do País, pois para um homem ocupar tais *cargos dependeria de sua proteção,* dando-lhe as costas. (Isto foi confirmado em carta pelos presentes, aos quais me dirigi na ocasião.) Quanto ao encontro no Palácio Rio Negro, eu demonstrei que no dia mencionado, absolutamente, não estive em Petrópolis (testemunho do senador Kruel).

Esses foram os contatos que, em toda a minha vida, tive com Gregório Fortunato, capazes de evidenciar as razões que esse indivíduo, primário, de origem humilde, mas bajulado e homenageado por colegas meus e homens públicos importantes, tinha para dispensar-me um certo rancor, pois, além de tudo, nunca lhe apertava a mão. Os que me conheceram no Exército, e que sabem o quanto elevada eu colocava e dignificava a posição de general, tinham e têm a convicção de que jamais desceria a confabular com Gregório ou Rosa Branca.

Por aí, poderá o eminente brasileiro e prestigioso político brasileiro, que ora me escreve em termos de justiça, bem avaliar a minha revolta, a minha humilhação, o meu sofrimento durante aquela dura fase em que a dor e o pesar substituíram, neste lar, a satisfação, a alegria e a felicidade.

Suas palavras de repúdio, embora nos trouxessem um grande conforto e mesmo tenham o valor de uma reparação, vieram como as de Dreyfus, um pouco tarde, porque nada nesse mundo poderá reparar o mal feito e nem compensam curar as feridas trazidas a mim, à minha esposa e aos meus filhos, sabedores de que tudo o que se articulara era pura calúnia e rematada infâmia. Mesmo assim eu lhe agradeço o belo gesto. Os homens impulsivos são assim mesmo, quando menos se espera – um grande gesto de justiça, esquecendo os ódios e os rancores.

Em seu depoimento perante o juiz Mayrink, várias vezes surge a afirmativa de que éramos adversários desde o tempo em que V. Ex.ª era vereador. Pergunto a mim mesmo o que fiz ao sr. Carlos Lacerda para que ele tomasse de tanto ódio contra mim, senão o simples exercício do cargo de governador do atual estado da Guanabara, não tendo durante esse lapso cometido qualquer ato de violência, ilegalidade ou falta de probidade que o levassem ao rancor que sempre demonstrou?

Teria V. Ex.ª, como governador, oportunidade de verificar que a minha gestão foi, sem dúvida alguma, das de maior lisura e probidade que por ali passaram. Portanto, não houve e nem havia razão para tais divergências.

As barreiras existentes entre nós, que se afiguravam intransponíveis ou indissolúveis, passaram, desde agora, a ser matéria vencida, de vez que tanto V. Ex.ª quanto eu sempre estivemos imbuídos do mesmo espírito público, do mesmo patriotismo, do mesmo horror à corrupção. Cada um, entretanto, a seu modo. Caminhamos na mesma direção, por linhas paralelas; não havíamos achado um ponto de encortro, senão o infinito. Chefiei com Dutra o movimento para implantar a democracia no Brasil (1945), tomei parte em outros que eliminaram o comunismo, a subversão e a corrupção, ainda latentes no Brasil. Nada impede, portanto, que prossigamos, juntos ou separados, para o saneamento geral de nossa Pátria, pois embora velho, ainda me restam o mesmo ardor, o mesmo espírito público e a mesma disposição que faltam a muitos moços hoje anestesiados pelos prazeres da vida e alheios aos interesses nacionais.

O Exército e as Forças Armadas, de um modo geral, ainda constituem as únicas forças vivas para a manutenção da ordem, da segurança interna e das nossas tradições de família, de nacionalidade e de amor à Pátria.

Por isto é que os elementos da subversão e da corrupção querem desmoralizá-las, para a consecução de suas ambições inconfessáveis e impatrióticas, destruindo o seu cerne que é a disciplina. É da técnica comunista. Lenin já o pregava.

Tem, portanto, V. Ex.ª, toda a razão quando menciona as manobras em tão funesto sentido – desmoralizar os chefes, desarticular a hierarquia, quebrar a disciplina. Isto vem desde a monarquia, passando por Toneleros e outros fatos.

Poderá contar, neste fim de vida, no ocaso em que estou, com o meu apoio e colaboração, no sentido de evitar o "Exército seja confundido pela solércia de aventureiros políticos e pelegos militares, com esse regime de irresponsabilidade moral e mediocridade intelectual que somente serve à insânia de uns e à cobiça de outros".

E depois de "tantos anos separados, por motivos políticos de que se originaram quizilas pessoais", poderemos, ainda, Deus o sabe, juntos, servir a causa do Brasil.

Cordialmente

(a) Ângelo Mendes de Moraes

P.S. – Já estava esboçada essa resposta à sua carta, quando recebi a cópia do seu depoimento, aliás desnecessária, no qual tive a oportunidade de ver a sua *resistência* às insinuações do juiz Mayrink, procurando, ainda, envolver o meu nome, remontando até ao caso da Mayrink Veiga e do Rosa Branca, que ele deve apreciar e considerar como um homem digno do seu apreço.

M. M.

As duas versões do texto

Seis dias antes do 24 de agosto de 1954, o major Fitipaldi, ajudante-de-ordens de Vargas, encontrou sobre a mesa de trabalho do gabinete presidencial, no Palácio do Catete, um pequeno bilhete, escrito do próprio punho pelo presidente: "À sanha dos meus inimigos deixo o legado da minha morte...". Naquele dia, ampliando as tensões de uma crise político-militar, Lutero Vargas havia sido chamado a depor no inquérito do Galeão, e o ajudante-de-ordens, naturalmente preocupado, procurou dona Alzira e confiou-lhe o achado.

Conta dona Alzira que procurou o presidente e mostrou-lhe o bilhete. Getúlio rasgou-o e disse-lhe apenas: "Não é nada disso que tu estás pensando".

Este bilhete só viria a ser encontrado dias após a morte de Vargas, mas, no dia do suicídio, o major Fitipaldi, tendo memorizado, transmitiu-o à imprensa, como sendo o "bilhete de suicídio" que teria sido encontrado na cômoda do quarto presidencial.

O bilhete era, na realidade, um rascunho da carta-testamento que o presidente Vargas redigiu, a lápis, em cinco folhas de um bloco oficial com o timbre da Presidência da República.

Foi esse texto, de nítido caráter pessoal, que serviu de base a outra versão de carta-testamento, esta nitidamente política, redigida pelo professor Maciel Filho e que terminaria por transformar-se, daí por diante, na plataforma do Partido Trabalhista Brasileiro.

Foram certamente as diferenças fundamentais e essenciais existentes entre os dois documentos que levaram a família Vargas a postergar por tanto tempo a divulgação do original, escrito e assinado de próprio punho pelo presidente. Enquanto este é um documento em que deixa nítida a intenção de suicídio de Vargas, inclusive depois de examinada e recusada a possibilidade de renúncia, a sua versão política é, obviamente, um manifesto de resistência e uma bandeira de luta.

Não há qualquer dúvida de que o presidente tenha assinado também o texto da carta-testamento elaborada pelo professor Maciel Filho. Uma das cópias foi assinada pouco antes da última reunião de seu Ministério, na presença do então ministro Tancredo Neves e do governador Amaral Peixoto, que desconheciam seu conteúdo. Resta saber se o presidente o fez com plena convicção da possibilidade de uma resistência ou se apenas para atender aos setores de seu governo que acreditavam que ela era possível.

A julgar pela sua versão pessoal, onde é evidente o desencanto e a desesperança, a segunda hipótese é mais viável. O presidente, aos 73 anos, confessa-se velho e cansado, acuado não só pela sanha de seus inimigos, mas atingido também pela fraqueza dos amigos, a felonia dos hipócritas e traidores e a insensibilidade moral dos sicários, integrantes de sua guarda pessoal. Talvez isto, mais que a pressão dos adversários, o tenha levado à morte e feito com que abandonasse o agnosticismo, que o acompanhara durante toda a vida, voltando-se para Deus.

Carta, "o legado da morte"

"Deixo à sanha dos meus inimigos o legado da minha morte.

Levo o pesar de não haver podido fazer, por este bom e generoso povo brasileiro, e principalmente pelos mais necessitados, todo o bem que pretendia.

A mentira, a calúnia, as mais torpes invencionices foram geradas pela malignidade de rancorosos e gratuitos inimigos, numa publicidade dirigida, sistemática e escandalosa.

Acrescente-se a fraqueza de amigos que não me defenderam nas posições que ocupavam, a felonia de hipócritas e traidores a quem beneficiei com honras e mercês e a insensibilidade moral de sicários que entreguei à Justiça, contribuindo todos para criar um falso ambiente, na opinião pública do País, contra a minha pessoa.

Se a simples renúncia ao posto a que fui elevado pelo sufrágio do povo me permitisse viver esquecido e tranqüilo no chão da Pátria, de bom grado renunciaria. Mas tal renúncia daria apenas ensejo para com mais fúria perseguirem-me e humilharem-me. Querem destruir-me a qualquer preço. Tornei-me perigoso aos poderosos do dia e às castas privilegiadas. Velho e cansado, preferi ir prestar contas ao Senhor, não de crimes que não cometi, mas de poderosos interesses que contrariei, ora porque se opunham aos próprios interesses nacionais, ora porque exploravam, impiedosamente, aos pobres e aos humildes. Só Deus sabe das minhas amarguras e sofrimentos. Que o sangue dum inocente sirva para aplacar a ira dos fariseus.

Agradeço aos que de perto ou de longe trouxeram-me o conforto de sua amizade.

A resposta do povo virá mais tarde...

(a) Getúlio Vargas"[1]

---

1. *O Estado de São Paulo* – Documento – Entrevista de Alzira Vargas do Amaral Peixoto a Villas-Boas Corrêa, Antônio Carbone e Lourenço Dantas Mota, p. 6, em 16-7-1978.

Índice

C

D

E

F

G

H

J

K

L

M

N

Q

R

S

V

W

IMPRESSÃO:

GRÁFICA EDITORA
Pallotti
IMAGEM DE QUALIDADE

Santa Maria - RS - Fone/Fax: (55) 222.3050
www.pallotti.com.br
Com filmes fornecidos